广视角·全方位·多品种

权威·前沿·原创

皮书系列为
"十二五"国家重点图书出版规划项目

经济特区蓝皮书

BLUE BOOK OF
SPECIAL ECONOMIC ZONES

中国经济特区发展报告
（2012）

ANNUAL REPORT ON THE DEVELOPMENT OF CHINA'S
SPECIAL ECONOMIC ZONES (2012)

主　编／陶一桃
执行主编／袁易明

社会科学文献出版社
SOCIAL SCIENCES ACADEMIC PRESS (CHINA)

图书在版编目(CIP)数据

中国经济特区发展报告.2012/陶一桃主编.—北京:社会科学文献出版社,2013.4
(经济特区蓝皮书)
ISBN 978-7-5097-4508-3

Ⅰ.①中… Ⅱ.①陶… Ⅲ.①经济特区-经济发展-研究报告-中国-2012 Ⅳ.①F127.9

中国版本图书馆CIP数据核字(2013)第072448号

经济特区蓝皮书
中国经济特区发展报告(2012)

主　　编 / 陶一桃
执行主编 / 袁易明

出 版 人 / 谢寿光
出 版 者 / 社会科学文献出版社
地　　址 / 北京市西城区北三环中路甲29号院3号楼华龙大厦
邮政编码 / 100029

责任部门 / 经济与管理出版中心 (010) 59367226　　责任编辑 / 王玉山
电子信箱 / caijingbu@ssap.cn　　　　　　　　　　 责任校对 / 白　云　王彩霞
项目统筹 / 恽　薇　高　雁　　　　　　　　　　　 责任印制 / 岳　阳
经　　销 / 社会科学文献出版社市场营销中心 (010) 59367081　59367089
读者服务 / 读者服务中心 (010) 59367028

印　　装 / 北京季蜂印刷有限公司
开　　本 / 787mm×1092mm　1/16　　　　　　　　 印　张 / 26.25
版　　次 / 2013年4月第1版　　　　　　　　　　　 字　数 / 427千字
印　　次 / 2013年4月第1次印刷
书　　号 / ISBN 978-7-5097-4508-3
定　　价 / 89.00元

本书如有破损、缺页、装订错误,请与本社读者服务中心联系更换
▲▲ 版权所有　翻印必究

中国经济特区发展蓝皮书

谷牧题

本蓝皮书得到
教育部哲学社会科学发展报告培育项目"中国经济特区发展报告"立项资助和深圳市宣传文化基金资助。

经济特区蓝皮书编委会

主　　　编　陶一桃

执 行 主 编　袁易明

执行副主编　钟若愚　伍凤兰

主 编 助 理　周轶昆

主 任 委 员　吴　忠　陶一桃

编委会成员　（按姓氏笔画排序）
　　　　　　万曾炜　朱廷峰　吴　忠　林　起　俞友康
　　　　　　郝寿义　钟若愚　赵康太　陶一桃　袁易明

主编简介

陶一桃 博士、教授（博导）。1958年生于哈尔滨，1986年考取上海财经大学中国经济思想史专业博士研究生，从师于著名学者胡寄窗，1989年获博士学位。1994年调入深圳大学，曾任经济系主任、经济学院党委书记、经济学院院长。现任深圳大学党委副书记兼纪委书记，深圳大学中国经济特区研究中心主任；深圳大学政治经济学博士生导师；兼任武汉大学博士生导师；中国经济思想史学会副会长；广东省社科联第五届委员；广东省经济学会副会长；广东省《资本论》研究会副会长；深圳市第四届人民代表；深圳市妇联第三届执委；深圳市政协第五届委员。

主要学术著作有：《中国古代经济思想史评述》（中国经济出版社，2001年），《经济文化论》（中国冶金工业出版社，2000年），《经济学是一种生活方式》（中国社会科学出版社，2002年），《西方经济学的问题演进》（中央编译出版社，2002年），《中国经济特区史论》（社会科学文献出版社，2008年），《粤港深公共经济制度比较》（人民出版社，2010年），《中国经济特区史要》（商务印书馆，2010年），《深圳经济特区年谱》（中国经济出版社，2010年）等。承担国家社科基金重点项目"经济特区与中国道路"；所主编的《中国经济特区史论》2010年获广东省哲学社会科学优秀成果著作类一等奖，2010年获得国家社科基金"中华外译项目"，《中国经济特区史论》一书已由英国Emerald出版社出版。

执行主编简介

袁易明 1963年生。经济学博士，教授、博士生导师。深圳大学中国经济特区研究中心副主任，《中国经济特区研究》主编，深圳市产业经济研究会副会长、曾聘任世界银行地区研究顾问。

长期致力于经济增长、产业结构理论与政策研究。近年来主持研究课题包括世界银行课题、国家教育部、水利部等课题25项，主笔完成世界银行课题报告2个，深圳市政府重大政策课题报告10个。

出版学术著作8部：《资源约束与产业结构演进》《中国经济特区产业结构演进与原因》《平等——效率的替代与选择》《产权、机制、效率》《台湾香港公营经济》《政治经济学的现代形态》《市场经济的两大结构》《世界国有企业研究》等。

专著《台湾香港公营经济》（1998年）是国内该领域第一部学术专著，2002年完成的研究《平等——效率的替代与选择》建立了中国经济运行效率、所有制结构与平等间关系的分析框架和结构模型；在《经济学动态》《南开经济研究》《学术研究》《海外事情研究》（日）等国内外刊物发表论文90余篇。

多次受邀参加国际学术会议并演讲，2012年1月在联合国开发计划署"中非发展与减贫"国际会议上发表主题演讲，2011年2月受邀参加在亚的斯亚贝巴非盟总部由非洲联盟委员会、联合国非洲经济委员会和OECD主办的学术会议并演讲，2010年9月在北京中国—非洲经济特区基础设施发展经验高级别会议上演讲，2010年3月受世界银行和韩国国家发展研究院邀请在首尔"创新产业发展"国际学术会议演讲。

摘　要

在中国进入"深水区"改革的特定的制度建设阶段和中国经济特区的建设由沿海向沿边推进的背景下，2012年中国经济特区发展报告从产业转型、可持续发展、科技创新、政府运行改革、社会发展、社会保障、文化产业、金融产业等多角度分析一年来中国经济特区的发展状况并进行经济特区的发展比较，进一步地探讨经济特区发展面临的挑战与对策。

本报告主要内容有：（1）中国经济特区发展2012年度总报告；（2）中国经济特区产业转型发展报告、资源效率与可持续发展报告、创新发展报告、文化产业发展报告、政府改革进展报告、社会保障发展报告、金融产业发展报告以及社会建设与管理创新进展报告等专题报告；（3）深圳、珠海、汕头、厦门、海南等最初建立的五大特区以及上海浦东新区、天津滨海新区、武汉—长株潭"两型社会"试验区与成—渝统筹城乡综合配套改革试验区的分述报告；（4）经济特区建设与我国区域开发开放路径的形成，世界经济特区的建设与发展。

本报告的创新之处在于构建经济特区发展研究的逻辑框架与分析方法，在对各经济特区进行系统分析的基础上，提出经济特区经济、社会、科技、文化、环境发展建议。

Abstract

In the "deep-water" reform phase in China's institutional construction, and against the background of China's special economic zones (here afer SEZs) expanding from the coast to the borders, this book, studied and compared the SZEs' development status, and explored the opportunities and challenges during their developing process, on the basis of issues of industrial transformation, sustainable development, technological innovation, government institutions reform, social development, social security, culture industry, financial industry, etc.

This book includes: (1) General report of 2012 SEZs development; (2) Development reports of industrial transformation, resource efficiency and sustainable development, innovation, cultural industry, government reform progress, social security, financial industry, advances in social construction and management innovation, and some featured papers; (3) Sub reports of the development of the first comprehensive SEZs, including Shenzhen, Zhuhai, Shantou, Xiamen and Hainan, and Shanghai Pudong New Aera, Tianjin Binhai New Area, Wuhan-Changzhutan "ety" Environment-Friendly and Resource conservative society Experimental Zone, Chengdu-Chongqing Urban and Rural Comprehensive Reform Pilot Region; (4) The open path formation of SEZs construction and regional development in China, the study of the world's SEZs construction and development.

The innovatiue aspect of this report is it bulids a logical framework and presents a analytical method for studying SEZs development. On the basis of a systematic analysis of the various special economic zones, this book provides policy suggestions about the economc, social, science and technology, culture, and environmental development of SEZs.

目 录

从沿海开放到沿边开放
——开放拓展战略的意义及喀什经济特区发展
应该注意的几个问题（代序） …………………………… 陶一桃 / 001

BⅠ 总报告

B.1 中国经济特区发展年度报告 ………………… 陶一桃 李 猛 / 001

BⅡ 专题报告

B.2 中国经济特区产业转型发展报告 …… 袁易明 周轶昆 陈小可 / 015
B.3 中国经济特区资源效率与可持续发展报告 …… 钟若愚 庄伟锋 / 038
B.4 中国经济特区创新发展报告 ………………… 张 凯 樊 琨 / 062
B.5 中国经济特区文化产业发展报告 …………………… 钟雅琴 / 087
B.6 中国经济特区政府改革进展报告 …………………… 陈家喜 / 101
B.7 中国经济特区社会保障发展报告 …………… 高兴民 许金红 / 126
B.8 中国经济特区金融产业发展报告 …………………… 郭茂佳 / 158
B.9 深圳经济特区社会建设与管理创新进展报告 ………… 张克听 / 193

BⅢ 分报告

B.10 深圳经济特区发展报告 ………………… 伍凤兰 赵文强 / 212

B.11 珠海经济特区发展报告 …………………………… 陈红泉 / 244

B.12 汕头经济特区发展报告 …………………………… 陈红泉 / 258

B.13 厦门经济特区发展报告 …………………………… 刘伟丽 / 270

B.14 海南经济特区发展报告 …………………………… 刘伟丽 / 279

B.15 上海浦东新区、天津滨海新区发展比较报告
——基于金融中心建设指标的分析 ………… 章 平 张 扬 / 288

B.16 武汉—长株潭"两型社会"试验区发展报告 ……… 范霄文 / 309

B.17 成—渝统筹城乡综合配套改革试验区发展报告 …… 范霄文 / 333

B.18 附录一 经济特区建设与我国区域开发开放路径的形成
………………………………………………………… 罗海平 / 352

B.19 附录二 世界经济特区的建设与发展 ……………… 罗海平 / 376

B.20 后 记 ……………………………………………… 陶一桃 / 391

CONTENTS

Preface / 001

B I General Report

B.1 The annual report of China's special economic zones *Tao Yitao, Li Meng* / 001

B II Special Subject Report

B.2 The industrial transformation development report
   Yuan Yiming, Zhou Yikun and Chen Xiaoke / 015

B.3 The resource efficiency and sustainable development report
   Zhong Ruoyu, Zhuang Weifeng / 038

B.4 The innovative development *Zhang Kai, Fan Kun* / 062

B.5 The cultural industry development report *Zhong Yaqin* / 087

B.6 The government reform progress *Chen Jiaxi* / 101

B.7 The social security development report *Gao Xingmin, Xu Jinhong* / 126

B.8 The financial industry development report *Guo Maojia* / 158

B.9 The social construction and management innovation progress development report *Zhang Keting* / 193

BⅢ Subsidiary Report

B.10 Development report for Shenzhen special economic zone
　　　　　　　　　　　　　　　　Wu Fenglan, Zhao Wenqiang / 212

B.11 Development report for Zhuhai special economic zone
　　　　　　　　　　　　　　　　　　　　Chen Hongquan / 244

B.12 Development report for Shantou special economic zone
　　　　　　　　　　　　　　　　　　　　Chen Hongquan / 258

B.13 Development report for Xiamen special economic zone　Liu Weili / 270

B.14 Development report for Hainan special economic zone　Liu Weili / 279

B.15 Comparative development report for Shanghai Pudong new area and Tianjin Binhai new area　　　　Zhang Ping, Zhang Yang / 288

B.16 Development report for Shenzhen special economic zone
　　　　　　　　　　　　　　　　　　　　　　Fan Xiaowen / 309

B.17 Cheng-Yu reform experimental zone development report　Fan Xiaowen / 333

B.18 Appendix One: The construction of special economic zone and the formation of China's regional development path　Luo Haiping / 352

B.19 Appendix Two: The construction and development of special economic zones in the world　　　　　　　Luo Haiping / 376

B.20 Postscript　　　　　　　　　　　　　　　　　Tao Yitao / 391

从沿海开放到沿边开放

——开放拓展战略的意义及喀什经济特区
发展应该注意的几个问题
（代序）

陶一桃*

经济特区的兴起与发展不仅是地缘政治的需要，更是国家区域经济发展战略的体现。随着中国社会对外开放以经济特区、沿海开放、沿江开放、沿边开放等形式的渐次推进，中国区域经济发展的新版图日渐清晰明朗。从沿海开放到沿边开放是在中国大地上确立、完善市场经济体系的战略大思路；是中国社会实现协调发展的大举措；是全方位开放路径的积极探索；是科学发展的伟大实践；是全面实现现代化的整体部署。它不仅以战略眼光规划着中国社会全面发展的宏伟蓝图，同时将对中国未来的发展产生深远而巨大的影响。

（一）从沿海开放到沿边开放的历程

从中国改革开放的历程来看，中国的开放是从四个特区开始的。按照当时的思路，在中国未来的开放进程中，将有三个主要的经济支撑区域：长三角、珠三角和环渤海。事实证明，创办经济特区是英明而正确的，它不仅推动了市场经济体系的普遍确立，带来了一座城市或一个区域的发展与繁荣，而且在非均衡发展战略的引导下，形成了区域间的有效不平衡，即通过主动地扩大地区间的政策上的差别，形成特殊地区的潜在利益，有效吸引资金、技术和管理经验进入特殊政策筑建起来的经济增长高地，提高这一地区的经济繁荣程度和效率水平，形成鲜明的地区间不平衡与效率差别，然后再将这种效率差别传递回

---

* 陶一桃，深圳大学党委副书记、中国经济特区研究中心主任、教授、博士生导师。

内地，从而带动整个社会经济的发展①。可以说，这就是创办经济特区的初衷，也是经济特区的一个重要的功能。

随着经济特区的发展，中国城市综合配套改革的历程也悄然起步。第一轮城市综合配套改革试点是从1981年国务院批准湖北沙市为试点城市开始的，推至整个80年代，到1987年，经国务院直接单批确定，连同各省、自治区批准的试点城市共有72个。这时期，尽管已经确立了改革开放的大目标，但此时还没有明确提出建立社会主义市场经济的改革目标，所以改革的主要任务就是打破旧体制，为创新做准备。这期间的武汉市的"两通起飞"，石家庄市的"撞击反射"、"简政放权、搞活企业"等，都为社会主义市场经济体系的建立，做了有益的探索。

第二轮城市综合配套改革试点是从1992年国家体改委批准常州市为新一轮综合配套改革试点城市开始的，执行至整个90年代，到了1998年全国综合试点城市又增加了55个。这期间党的十四大已明确提出建立社会主义市场经济的改革目标，各试点城市以微观经济体制转型为中心，在企业改革、市场体系发育、政府职能转变和新型社会保障体系建立等方面取得了较大的成绩，并发挥了较好的示范作用，加快了所在地区和全国改革的进程。

第三轮城市综合配套改革的试点是从2005年6月国务院批准上海浦东新区为国家综合配套改革试验区开始的，这一时期，中央针对片面追求增长速度、增长方式粗放、民生社会矛盾等凸显问题，提出科学发展和构建和谐社会的战略思想，这一轮试点的主要任务就是科学发展与和谐社会两大主题②。

从城市综合配套改革试点到国家综合配套改革试点再到国家综合配套改革试验区，不仅标志着市场经济体系的基础确立，更意味着改革的深化和全面协调发展的大理念的形成。因此自2005年开始的从时间逻辑上作为第三轮城市综合配套改革试点的国家综合配套改革试验区，其实质内涵已发生了变化。如果说在它之前的城市综合配套改革试点还是以冲破传统体制束缚，建立市场经

---

① 参见张耀辉《区域经济理论与地区经济发展》，中国计划出版社，1999，第86页。
② 参见苏东斌、钟若愚《中国经济特区导论》，商务印书馆，2010年3月第1版，第325~334页。

济体制,推动市场经济在全国的普遍确立为目标的话,那么国家综合配套改革试验区则更多的是以制度创新为目标。即把解决本地区实际存在的发展问题,与中国改革开放进程中现实存在的难题结合起来,依靠本地区的优势突破改革发展的"瓶颈",从而为完善市场经济体制,应对全球经济的挑战,实现科学发展探索出一条可以在全国示范推广的模式或路径。

继中国城市综合配套改革试点、国家综合配套改革试验区后,2009年以来,国务院陆续批准了一批国家层面的区域性规划方案。可以说,相继出台的国家级区域振兴规划几乎覆盖了全国每一个经济区域。至此,从经济特区、沿海开放、沿江开放到沿边开放的整体区域发展的大布局也全面展现出来。

(二)综合配套改革试验区的特点

综合配套改革试验区的核心在于"综合配套",其目的就是要改变多年形成的单纯强调经济增长的片面发展观。要从经济发展、社会建设、城乡关系、土地开发、环境保护和社会福利等多个方面和领域推进改革,形成相互配套有效促动的管理体制和运作机制,真正从部分人、部分地区先富起来,走向普遍富裕和科学发展。所以,国家综合配套改革试验区作为推动中国社会改革向纵深迈进的一种制度安排,显示出了以下四个特点[①]:

1. 由于市场经济体系的普遍确立和改革开放物质和精神成果的积累,国家综合配套改革试验区无论试验的主题还是试验区的使命与任务都更加明确,如武汉城市圈和长株潭城市群主要承担国家资源节约型和环境友好型社会建设方面的改革试验的使命,探索、创新有利于能源节约和生态环境保护的体制机制。

2. 由于老特区,尤其是深圳经济特区成功的经验和失误与教训,都在降低着中国改革开放的试错成本,所以国家综合配套改革试验区有可能,并有条件由初期一个城市的改革突破,转变到更加注重推动区域协调发展。如上海浦东、深圳、天津滨海新区主要是在一个城市或特殊区域进行改革的试验,而武

---

① 参见胡利民、崔美荣《国家级综合配套改革试验区审批的新动向》,《今日中国论坛》2009年第1期。

汉是在以武汉为核心的城市圈，长株潭则是在以长沙、株洲与湘潭三个城市组成的城市群示范区域，成都与重庆其实就是在一个"川渝板块"分别来进行改革的试验。

3. 由于协调发展大思路的日渐清晰和区域间差距的逐渐缩小，国家综合改革试验区在选择上更加注重基础条件，即由开始注重区域的位置向注重区域的市场经济的试验基础的转变。如果说上海浦东、深圳市、天津滨海新区主要得益于区位优势，那么武汉城市圈、长株潭城市群、成都和重庆市则主要在于良好的改革试验的基础。当然这是相对而言的，因为无论是上海浦东还是深圳、天津滨海新区都不仅具有区位优势，同时也有多年来积累的良好的改革基础。

4. 由于中央政府执政理念与职能的转变，国家对综合改革试验区的支持的方式也从优惠政策的给予重点转向自主权的给予。如以前国家偏重在财政、税收、金融等方面给予改革试验区政策优惠，现在更加注重赋予地区自主改革的特权，鼓励试验区大胆创新，探索实践，试点方案由各地区自主制定后再报国家发改委，这就为各地立足实际，积极主动探索发展路径留下了足够的空间。可以说，自主权的给予，选择权的赋予，是调动包括地方政府在内的经济主体的积极性与创造性的最重要的，也是最根本的前提。这是国家政策理念的调整，也是政府职能转变与规范的体现。从根本上说，有一份自由，就会有一份发展。自由是发展的前提，也是发展的内容本身。因为，自由的经济制度是市场经济的灵魂。

国家综合改革是从沿海发达地区城市的先行先试先闯，向推动全国性的改革突破的转变。先行试验的深圳、上海浦东、天津滨海新区三大改革试验区都在东部沿海地区，其主要的使命是带动东部沿海地区的率先发展。而在中部与西部设立配套改革试验区，并赋予其明确的发展使命，这说明市场经济的普遍确立，为中国大地的协调发展、全面发展提供了可能，科学发展既是社会各领域的全方位的同步发展，又是中国版图的全面发展。国家综合试验区的推出，国家发展战略向中西部拓展，既是理念的选择，更是现实的选择，没有现实的基础——市场经济普遍确立，发展战略向中西部拓展将不可能实施。

（三）开放战略拓展的意义

从沿海开放到沿边开放是在中国大地上确立、完善市场经济体系的战略大思路；是中国社会实现协调发展的大举措；是全方位开放路径的积极探索；是科学发展的伟大实践；是全面实现现代化的整体部署。它不仅以战略的眼光规划着中国社会全面发展的宏伟蓝图，同时也将促进产业结构区域间的合理布局，不同区域间由要素禀赋等构成的比较优势的形成与有效发挥；扩大中国经济增长的对外辐射力，从而开拓更加广阔的国际市场；减弱世界经济危机对以外向型经济为主的经济增长模式的正面冲击，建立具有日益增长空间的稳定而又可持续的内生的经济发展实力；形成全国范围内的逐渐趋于平衡发展的共同繁荣的以区域间协调互补为特征的经济共同体。所以它对中国未来的发展将产生深刻而持久的影响，它的战略意义是深远而巨大的。

1. 将有效发挥不同城市或区域地理位置，在全国协调发展中的政治、经济的独特性，形成由地理区位和要素禀赋构成的既能带动一方经济起步、腾飞，又能促进整体经济可持续发展的比较优势。如以两岸人民交流先行先试为先导，以建立服务周边地区新的对外开放综合通道为方向，以建立东部沿海地区先进制造业的重要基地和自然与文化旅游中心为目标的《支持福建加快建设海峡两岸经济区的若干意见》；以成为全国内陆型经济开发开放战略高地为定位，以建成全国现代化农业高技术产业基地和彰显华夏文明的历史文化基地为目标的《辽宁沿海经济带发展规划》；以建成长江中下游水生态安全保障区和国际生态经济合作平台为目标的《潘阳湖生态经济区规划》等，在国家的整体规划中都把区域优势与要素禀赋的比较优势转化为国家整体可持续发展的"先天优势"。

2. 以"举国体制"的政治资源优势，有效地推动了产业结构的调整和产业区域间的日趋合理布局。以区域经济发展规划为标志的开放战略的拓展，解决或正在解决着中国二元经济和区域经济发展不平衡这个历史积淀的大问题。所以开放战略的拓展既顾全大局，又充分体现了各地区产业发展的特点和差异性的需求；既避免了区域规划的地方化趋向，又避免了全国规划的一刀切的问题与弊端，不仅更加符合区域经济发展的现实情况，而且十分有利于全国范围内的产业结构的调整与承接转移，尤其是东、中、西部地区的合理布局。2008

年起，中国的中西部和东北的增长速度已超越东部地区，在相当大程度上深深得益于从沿海开放向沿边开放的大战略思路的实施与成效。

3. 扩大中国经济增长的对外辐射能力，开拓更广阔的国际市场，从而减弱世界经济危机对以外向型经济为主要经济增长模式的正面冲击。中国的改革开放是从东南沿海开始的，欧美不仅是中国制造的主要消费者，也是中国对外贸易的最大的最重要的国际市场。全球金融危机的冲击，不仅让我们切实思考对外向型经济的过分依赖给我们的社会带来的问题和尴尬，更让我们思索开拓更广阔的多边的国际市场的必要性。以建设新亚欧大陆桥头堡为主要目标之一的《江苏沿海地区发展规划》；旨在成为面向东北亚的、重要开放门户的《中国图们江区域合作开发规划纲要》；实现"五口通八国，一路连欧亚"的新疆喀什经济特区的批准，都在体现国家开放拓展战略的同时，对中国社会经济的发展，尤其是产业结构的提升与合理化；解决告别劳动力成本低廉优势之后所带来的发展困境，产生类似中国社会改革开放之初，承接亚洲"四小龙"产业结构更新换代所形成的共赢效果。

4. 将强有力地促进、形成具有日益增长空间的稳定而又可持续的内生的经济发展实力，将强有效地规划、形成全国范围内的逐渐趋于平衡发展与共同繁荣的，以区域经济协调互补为特征的经济共同体。所有发展规划的核心都是人的发展，所有经济增长的目的都是人的经济价值的提升。使亿万中国人民分享改革开放的成果的关键是可支配收入水平的提高。所以让人们有能力消费，让百姓有尊严地生活，让民众幸福地创造财富与价值，才是改革开放的最崇高也是最纯朴的目标。孔夫子曾说："百姓足，君孰不足；百姓不足，君孰与足"。看来，让百姓富足是人类进步的永恒的主题。

尤其应该强调的是，区域经济的协调发展与共同繁荣，还可以在逐步消除区域差距，解决城乡二元矛盾，缓解、削弱收入不平等的过程中，在邓小平"不争论"的大智慧下的推动下，深化改革进程，完成制度变迁，从而实现建设经济繁荣、制度文明的现代化国家的宏伟目标。

（四）新老经济特区功能及比较

国家综合配套改革试验区的设立是在经济社会发展的新阶段，在科学发展观的引领下，为促进地方经济社会发展而推行的具有给地方政府发展自主权的崭新举措。从某种意义上可以说，它们是继深圳等"老特区"之后的"新特区"。综合配套改革试验区作为"新特区"，它们有着不同于"老特区"的一些特点。这些特点的形成既源于国家发展战略的转变，更体现了中国改革开放进程所带来的变化，同时也充分展现了完善市场经济的客观需要和社会制度变迁的内在要求。

从建立的背景和目的来看，老特区是在计划经济背景下创办的，它可谓计划经济汪洋大海中的一块令人瞩目的绿洲。它创办的目的就是完成由计划经济向市场经济的转型，为由普遍贫穷走向共同富裕探索一条切实可行的发展道路。新特区是在市场经济体制已经基本确立的背景下设立的，以制度创新的方式完善市场经济体系是新特区的主要目的。

建立特区的任务和发展手段不同。老特区的主要任务是解决对内改革和对外开放的问题，引进外资是其发展的重要手段。新特区是要综合解决经济发展中的体制矛盾，制度创新是其发展的重要手段。

特区的区域和模式的选择不同。老特区的选择主要着眼于沿海的计划经济相对薄弱的城市或地区，一方面以较轻的计划经济的负担和较少的传统意识形态束缚赢得较低成本支付的优先发展，另一方面凭借沿海的区域优势，引进外资，以出口替代迅速打开关闭了近半个世纪的国门，为中国社会的开放打开一扇窗户，架起一座通往市场经济和国际社会的谋求民族发展、富裕和尊严的桥梁。新特区则是着眼于从国家区域发展总体战略出发，探索新的历史条件和发展进程中区域协调发展的新模式，从而实践并验证中国道路的可行性与正确性。我认为，所谓的中国道路，就是指以创办经济特区的方式，完成由计划经济向市场经济的转型，探索由普遍贫穷走向共同富裕的路径，在渐进的制度创新中完善市场经济体系，从而引导中国社会成为一个市场经济的法治国家，全面实现现代化，走向真正持久的繁荣与富强。

从某种意义上说，喀什经济特区既不同于老特区，在某些方面又有别于国家综合配套改革试验区的特征。它没有老特区率先改革开放的政治资本，没有沿海开放城市几乎"与生俱来"的先天优越的内外部市场经济的环境，比如，深圳毗邻世界最自由的市场经济的地区——香港，上海即使在计划经济时代，也是经济发展水平比较高的地区。同时，它没有作为国家综合配套改革试验区的某些城市、城市圈、区域的改革经验的积累和良好的社会发展的基础，这些社会发展基础包括基础建设、教育、人口素质和社会公共设施、社会福利体系的制度安排等社会资本、资源和制度存量。但是，喀什作为新兴的具有自身特色的经济特区，它具有"人无我有"的发展条件和担负国家战略部署的广阔的区域与制度的发展空间。具体来说有三个特点：

1. 作为新兴特区，喀什是站在巨人肩膀上开始发展建设的。所谓站在巨人的肩膀上是说，它既享有国家的强有力的扶持政策，又得到经济发达地区、省份或城市的人财物的援助。这些都构成其他城市、地区所没有的，而喀什经济特区发展所独有的具有"父爱情结"的政治和政策上的发展条件。

2. 喀什经济特区是在中国社会经历30多年的改革开放实践，市场经济体系已经普遍确立，社会规制逐步完善，许多发展的经验得以确认，某些成长的路径得以肯定，成绩与问题、坚守与摒弃、方向与目标都已日渐清晰明确的大背景下建立的。尽管它同其他特区或综合配套改革试验区一样，必然面临着自身发展道路、方式和路径的确立与选择，但它的起步与发展得天独厚地拥有已走过道路的前车之鉴，发展代价的教育蓝本，选择失误的经验与教训提醒，体现成功与绩效的正确发展理念的示范。所以喀什经济特区的发展完全有可能，也应该站在一个较高的起点上，以较低的试错成本，获得较显著的发展收获。

3. 喀什经济特区具有"弱势即空间"的发展特点。自然条件恶劣，生产力资源相对匮乏、工业基础较为薄弱、市场经济水平整体相对落后，无疑构成了喀什经济特区发展的短板，但喀什经济特区可以举全国可借鉴的发展模式，"应势利短"制定发展规划甚至变短板为特色，合理布局产业结构，独具特色地营造喀什产业成长的发展之美，让喀什真正走一条具有喀什特色的发展之路。正如喀什经济特区发展规划中所表述的：喀什经济开发区要开辟出一条非传统的城市发展道路，只有突破传统上依赖资源投入推动新城发展的固有模式，走低碳生态型可持续发展道路，才能给喀什以不竭的内生发展动力。

国务院33号文件明确了喀什的定位，一是要充分发挥喀什对外开放的区域优势，把喀什建设成为我国向西开放的重要窗口，推动形成我国"陆上开放"与"海上开放"并重的对外开放的新格局。二是要吸引国内外资金、技术、人才，高起点承接产业转移，促进产业集聚发展，构建现代产业体系，将喀什建设成为推动新疆跨越式发展的新的经济增长点。

我以为，在实现上述发展目标的过程中，喀什经济特区在发展实践中应该注意以下几个问题：

1. 尽管发展与经济增长依然是喀什经济特区所面临的首要任务，但喀什经济特区还必须认真吸取并牢牢记住唯 GDP 和单纯追求经济增长速度曾经给我们的经济和社会带来的问题。发展是硬道理，改革是大前提，制度创新是根本。与国民幸福同时增长的 GDP 的增长才是健康的增长，与人们的福祉一同上升的增长速度才是有真正意义与内涵的增长速度，对环境有效保持友善的经济发展，才是真正的可持续的发展。站在一个较高的起点上，继承中国 30 余年改革开放的经验与教训，喀什经济特区的起步与发展应该会减少盲目与狂热的代价，多些理性、务实、科学的考量。

2. 尽管完善市场经济从而带动新疆经济的发展提升是喀什经济特区的一大使命，但完善市场经济的过程绝不是一个简单的经济建设过程，而是一个社会整体发展的过程。我以为，对喀什经济特区而言，首先，发展教育，全面提高劳动者技能、知识水平和人文素养，从而形成现实与潜在的人力资本，是确保喀什经济特区能够迅速成长，可持续发展的内在条件。因为没有人的现代化，就不可能有现代化的城市，更不可能实现现代化。其次，理念的更新是喀什经济特区发展的思想前提。理念不能直接改变社会，但理念能够改变人，而人则能改变社会。更新理念作为一种无形的生产力，它对促进经济发展和社会变革是一种超越物质，高于资本的深层力量。

3. 喀什作为处于民族地域的新兴特区，它的发展必然要尊重、保持、利用民族文化的遗产和特有的魅力。现代化一定是一个不同的文化以不同的方式现代化的过程，而绝不是用现代化去同化不同文化的过程。我以为，无论怎样发展，喀什经济特区一定并应该是一个充满民族文化特色的特区，是一个民族文化都得以闪耀的特区，一个具有鲜明民族性的特区。

4. 发达地区或城市的援建，是喀什经济特区不同于其他特区的中央给予的"厚爱"政策，也为喀什经济特区实现快速发展，迅速起步，甚至以"拿来主义"为我所用提供了良好的条件与可能。援建城市、区域或省份的确把

资金、人才和发达地区的成熟先进的管理理念、行政运作模式带到喀什，尤其影响当地政府的行为方式和执政理念，加快政府职能的转变。但从根本上说援建还只是外部的力量，真正持久的发展还要靠喀什经济特区，确切地说是靠地方政府自身认知能力、发展理念、执政水平和摒弃急功近利的远见卓识。

中国经济特区的发展是整个中国改革开放举足轻重的一步棋，也是中国区域经济发展的一种道路探索。但是，并不存在可以照搬的特区发展的现成模式，深圳经济特区更不是经验批发商。区域经济发展在不同层次、不同阶段必然呈现其发展道路、方式和内涵的多样性。我们不是要在喀什再建一个深圳（深圳对口援建喀什），而是要把今天的喀什建成一个现代化的新喀什。

波兰思想家米奇尼克说："我们不是为了一个美好的明天而奋斗，而是为了一个美好的今天而奋斗；我们不是为了一个完善的社会而奋斗，而是为了一个不完善的社会而奋斗。"我想说，从沿海开放到沿边开放这一美丽蓝图的实施与推进，将为美好中国带来繁荣昌盛的绚丽的明天，这个明天，就是实现中国梦的激动人心的历程。

总报告
General Report

中国经济特区发展年度报告

陶一桃 李 猛[*]

2012年中国经济特区已经站在了一个新起点上，同时也进入了攻坚克难的后半程。那么在这一新的历史阶段，如何坚持走以人为本、环境友好、集约高效、开放创新、和谐可持续发展的崛起之路，必将是其持之以恒、一以贯之的前行路径。

一 2012年经济特区发展的基本背景

2012年中国经济特区经济发展的基本背景是，继续推进经济社会协调发展战略，实践科学发展，即延续了"十一五"特别是十八大以来特区发展的思路。

2012年中国经济特区经济发展的新动向，主要是细化、深化和落实各经

---

[*] 陶一桃，女，深圳大学党委副书记、中国经济特区研究中心主任、教授、博士生导师；李猛，男，深圳大学经济学院副教授、博士。

济特区科学发展的政策及规划，促进区域协调发展、推动转变发展方式、加强资源管理规划和建设，包括进一步实施、完善西部开发和东北振兴规划等区域规划和建设，并着手加快主体功能区的建设，加大对西部地区、资源型城市和中部地区等的政策支持力度，经济发展格局正在从"单极突进"向"多轮驱动"转变。具体而言，继早期建立的深圳、厦门、珠海、汕头、海南等特区后，上海浦东新区、天津滨海新区、两江新区、兰州新区[1]、舟山群岛新区和南沙新区[2]目前分别成为进一步深化改革的重点"先行区"，作为"增长极点"引领区域经济、社会的发展。同时，国家级保税区、国家级高新区、出口加工区边境经济合作区、保税物流中心、保税物流园区、国家级保税港区、特殊经济开发区重点开发开放试验区、综合保税区等各类经济特区发展潜力进一步凸显，伴随着相关政策和规划相继推出和落实，中国经济特区发展版图被进一步细化。各类型的经济特区正在出现一些新的发展重点，其中尤为引人注意的是各类型经济特区的工业和城市发展相继出现巨大变化，其中长三角、京津冀、珠三角等范围内的传统经济特区通过自主创新和结构调整，经济质量不断提升，带动及辐射作用进一步增强。另外，北部湾经济区、长株潭城市群、关中—天水经济区等一批新的中西部"增长极"正在加快形成。但同时，各经济特区发展的基础支持条件进一步偏紧，交通、煤炭、电力、石油、土地制约严峻。随着资源产品价格的进一步上涨，工业向资源型上游行业的集中进一步凸显。资源价格扭曲和短期化投资行为，正在导致目前经济增长技术进步的缺失和高耗能高污染问题的恶化和固化。

---

[1] 2012年8月20日，国务院以国函〔2012〕104号文件印发了《国务院关于同意设立兰州新区的批复》。其定位及目标：西北地区重要的经济增长极、国家重要的产业基地、向西开放的重要战略平台和承接产业转移示范区，带动甘肃及周边地区发展、深入推进西部大开发、促进我国向西开放。

[2] 2012年9月6日，国务院印发了《国务院关于广州南沙新区发展规划的批复》（国函〔2012〕128号），原则同意《广州南沙新区发展规划》，9月12日，根据国家发改委关于印发广州南沙新区发展规划的通知，批复设立"广州南沙新区"为国家级新区，南沙新区的开发建设上升到国家战略。至此，广州南沙新区成为我国第六个国家级新区。其定位及目标：立足广州、依托珠三角、连接港澳、服务内地、面向世界，建设成为粤港澳优质生活圈和新型城市化典范、以生产性服务业为主导的现代产业新高地、具有世界先进水平的综合服务枢纽、社会管理服务创新试验区，打造粤港澳全面合作示范区。

（一）政策背景

近年来，国务院出台了一系列关于经济特区发展的带有"指导意见""若干意见"字眼的文件，包括《关于支持河南省加快建设中原经济区的指导意见》《国务院关于广州兰州新区发展规划的若干意见》《国务院关于进一步促进贵州经济社会又好又快发展的若干意见》等。

数十部相关政策文件定位清晰、层次分明。它们主要对应国家级新区、区域规划和改革开放试验区。

其中，国家级新区[①]是国家重点支持开发的经济发展区域。同国家级新区相比，国务院批准设立的相关试验区（合作区）及改革开放试验区范围比较大，主要包括：成都、重庆的城乡统筹试验区，深圳前海深港现代服务业合作区，武汉及长株潭环境友好型和资源节约型社会综合配套试验区以及温州市金融综合改革试验区等。

与国家级新区相比，区域规划文件显得更加细致，更具可操作性，其主要内容包括战略定位、基础设施、重点产业、空间布局、规划准则及原则、生态保护等相关内容。这些规划包括《黄河三角洲高效生态经济区发展规划》《广西北部湾经济区发展规划》《鄱阳湖生态经济区规划》和《江苏沿海地区发展规划》等。

同时，政策还有各自的侧重点。具体而言，国家级新区具有改革先行先试区、新产业集聚区等特征。从促进改革发展的角度来看，国家级新区实质上是新的特区。其目的在于快速促进所在区域的经济、社会发展，从而辐射并带动周边区域。由此可见，规划和建设新区就是培育新"增长极"。经济发展格局进一步从"单极突进"向"多轮驱动"转化。

另外，设立试验区（合作区、示范区）的目的是，为深化体制改革进行试验，从而为更大范围和更广区域的探索和改革总结教训、经验。

国家级新区、区域规划和改革开放试验区有所不同，区域规划体现得更加

---

① 具体包括：上海浦东新区、天津滨海新区、重庆两江新区、浙江舟山群岛新区、兰州新区和广州南沙新区。

具体，既有指导原则和思想，同时又有重点产业、空间布局、环境保护等具体内容。所以，区域规划的根本目标是提高发展区域的科学化程度。

党的十七大以来，中国经济特区发展的指导思想发生了巨大变化——进入了一个促进科学发展的新阶段。一方面继续贯彻促进经济社会协调发展的思想和政策，另一方面积极促进特区转变经济发展方式，建立两型社会，统筹区域、城乡发展，促进经济社会环境协调共进，经济特区发展的总体思路是连贯的，内容更明确、更细化、着力点更突出。

1. 着力创新引领

国际发达国家的经验表明，科技创新和创新性人才的培育、储备对一国或地区经济的跨越式发展十分重要。反观我国高层次创新型人才和原创性核心科技缺乏的现状，已经不能适应市场化、城镇化、工业化、信息化和国际化深入发展的要求。这就对起到示范作用的经济特区提出了更加迫切的要求。为了一改中、长期我国忽视自主开发新技术，重视引进技术，轻视基础研究的不利局面，目前应特别强调开发研究和基础研究、应用研究三者的协调发展，同时加强对战略技术研究开发和科技投入的政策指引和规划，以培植中国经济发展的后劲和国际竞争中的实力。

2. 突出转型升级

在国际产业转移的大背景下，国际金融危机对沿海经济特区的冲击，表面上来看是对经济增长速度的冲击，而实质上是对经济发展方式的冲击。综合判断国内外经济形势，"发展方式"的转变已经刻不容缓。基于此，加快经济特区发展方式由主要依靠投资、出口拉动向依靠消费、投资、出口协调拉动转变，突出由主要依靠物质资源消耗向主要依靠劳动者素质提高、科技创新、管理创新等方面进行转变尤为重要。重点发展知识密集型的"高尖精新"工业，建立现代工业体系至关重要，并使工业逐步向服务业延伸，加快战略性新兴产业发展，实现产业融合和升级。

3. 着眼可持续发展

在环境容量日益紧张、自然资源日益紧缺的背景下，作为示范和辐射全国的经济特区要想实现可持续发展，必须重新构建推动技术创新、促进环境友好、鼓励资源节约的社会价格体系。不完善的价格形成机制，是现阶段中国建设环境友好型和资源节约型社会政策中最大的缺陷之一。同时，进一步解决能源效率低、污染大等一系列经济社会问题，要下决心加快开放市场，让更多的新能源企业进入市场，最终让一次性能源从以煤炭为主逐渐变成多元化能源格局，只有这样经济才能够真正地可持续发展，环境才能得到根本改善。

（二）经济社会背景

现阶段，中国经济社会经历着前所未有的"转型"，主要体现在人们的诉求变得更加多样化和高级化，思想更趋于多元化和复杂化，而网络等新媒体的出现，无疑又增添了更多的新的变数。

从2012年中国经济特区经济发展的内外部环境来说，主要是中国工业现代化和加速城镇化对工农业商品和服务的结构升级提出了更高的需求，这既支撑了中国经济的适度、稳步增长，也为各经济特区提供了持续发展的强大支撑。2012年中国经济特区的不少经济特征在发展上均出现了趋同性和一致性：一是经济呈现出适度、稳定增长；二是工业现代化进程稳步、持续推进，新能源、互联网和生物医药等战略性新兴产业快速发展；三是物价水平普遍上涨，尤其是燃料、原材料、动力涨价对原材料、能源行业扩大投资有明显推动作用，但同时节能降耗压力凸显；四是固定资产投资继续保持高位水平，特别是房地产投资。

从中央政府来说，2012年坚持科学发展观，促进区域经济社会协调发展的国家意志非常明确，并在政策、规划和财政方面继续给予大力支持；从各经济特区的发展实际状况来看，在后经济危机背景下，区域合作和竞争态势凸显，追求经济稳定增长的动力十分巨大，特别是向矿产资源、能源、原材料和房地产部门集中投资的态势明显。同时，在科学发展观指导下，各经济特区在转变发展方式、节能减排、节约用地、生态保护方面取得了较好的进展，全国环境形势总体趋于好转，但同时，经济特区发展的基础支持条件如煤炭、电力、石油、土地、交通进一步偏紧，节能降耗压力很大[①]。根据2012年最新统计数据，中国

---

① 值得注意的是，《中国能源白皮书2012》特别指出了目前中国能源科技水平与发达国家存在的差距，主要表现在自主创新的基础比较薄弱，核心和关键技术落后于世界先进水平，一些关键技术和装备依赖于国外引进。

一次能源生产总量达到31.8亿吨标准煤,居世界第一位。2006~2012年,我国人均一次能源消费量达到2.6吨标准煤,提高了31%[①]。此外,后次贷危机对沿海区域的经济特区出口产生了一定影响,目前正逐渐趋于稳定。

二 2012年经济特区发展现状与评述

总的看来,近年来各类型经济特区在推动科学发展、促进和谐社会建设中取得了新进展、适应了新形势、实现了新跨越,并为中国实施的从沿海到内陆的"极点拉动""由点到线""由线集面"的经济梯度发展战略发挥了至关重要的作用。除当初建立的五大特区——深圳、汕头、珠海、厦门、海南,以及六个国家级新区——浦东新区、天津滨海新区、重庆两江新区、浙江舟山群岛新区、广州南沙新区和甘肃兰州新区之外,作为起到补充、深化作用的改革开放试验区(合作区、示范区)和区域规划自20世纪80年代以来相继成立,国家级高新区、国家级保税区、国家级保税港区、保税物流园区、保税物流中心、出口加工区边境经济合作区、特殊经济开发区、综合保税区、重点开发开放试验区等各类型经济特区发展潜力进一步凸显。进一步梳理经济特区经济发展的现状,为经济特区进一步推进改革提供一个良好、坚实的理论和实践基础,也为今后中国区域经济进一步发展指明新的方向。

(一)沿海经济特区的调结构、促转型

现阶段,中国经济发展方式转变的形势更加紧迫,中央经济工作会议强调要突出把握好稳中求进的工作总基调,加快经济结构调整,促进经济自主协调发展。中央批示深圳、汕头、珠海、厦门、海南经济特区的范围、职能不断优化和扩大。具体来说:

1. 深圳

在中央赋予的"四市一区"(即全国经济中心城市、国际化城市、中国特

---

① 国家统计局、国家发展和改革委员会、国家能源领导小组办公室:《全国单位GDP能耗等指标公报》,www.stats.gov.cn,2012-10-25。

色社会主义示范市、国家创新型城市和综合改革配套试验区）的定位基础上，2012年进一步加快调结构、促转型，构建"高新软优"的现代产业体系。一方面加速三大产业的互相融合和渗透，促进了产业结构向知识化、信息化、服务化、高度化方向发展；另一方面加速推动以跨国公司为主导的全球价值链和产业链分工发展，使文化创意设计、软件开发等生产性服务业在产业转移中成为新的热点。这些为深圳市进一步推动产业升级和优化提供了难得的机遇。深圳市为构建和实现"高新软优"的产业体系，一是抓住"高端"，抢先占领产业制高点。大力推动信息技术和高新技术向传统产业融合和渗透，加快推进传统优势产业的转型升级。二是扶持"新兴产业"。牢牢抓住具备增长潜力和代表未来发展方向的新产业，着眼长远、集中力量扶持战略性新兴产业发展。三是加快和推进结构"软化"。进一步推动信息技术与制造业、服务业深度融合，增强知识技术、人力资源等"软要素"对现代产业发展的强大驱动力。四是保证"优质"，提升现代产业体系的国际竞争力。培育和引进一批优质产业，打造一批具有国际竞争实力的跨国公司或企业，创造一批具有高附加值和核心技术产权的国际知名品牌。

2. 珠海

珠海根据当前经济社会的新形势，把加快转型升级、创造珠海质量，作为破解目前发展难题、赢得未来竞争新优势的关键举措。在获得中央批准的横琴新区规划基础上，充分发挥横琴新区的地理优势①，推进与香港、澳门和珠三角的合作，通过提升珠海的国际辐射力和影响力，加快发展模式由粗放型向集约型转变，努力打造成带动珠三角、服务港澳地区的现代示范区。

3. 汕头

汕头特区利用海滨港口的优势，发展和打造广东省的石化产业基地；主要以海洋为特色，以工业发展为依托，打造现代化的工业走廊。在空间上构建"东西扩延、南北对称、中心带动、区域协调"的城市发展新格局，形成和发展"三条城市经济带"——（1）城市经济带；（2）工业经济带；（3）生态经济带。同时以生态系统划分为基础，构建起以"三城相望、山

---

① 横琴新区地处粤、港、澳的接合部。

辐水聚、一心两湾、顺势成环"为特征的多功能、多层次、立体化的生态景观框架。

4. 厦门

厦门特区在新形势下,以全面提高人民生活的水平和质量为出发点和落脚点,大力夯实科学发展观和"以人为本"的理念,不断推进三大创新[①],努力增创三大优势[②],着力提升五个水平[③],要率先基本实现社会主义现代化。不断壮大工业产业规模,建设海峡西岸先进制造业基地。在走新型工业化道路的同时,大力培育和壮大"旅游、物流"两大支柱产业。

5. 海南

海南特区以建设国际旅游岛为宗旨,通过旅游推进对外开放,全面带动产业开放。在此基础上,一是扩大海南岛的自由贸易区功能和范围,为我国加强双边多边经贸合作和实施自由贸易区战略摸索新的经验;二是统筹城乡发展,加快推进城乡一体化和基本公共服务的均等化,将财政增收的大部分用于民生改善方面;三是不断加大体制创新,逐步完善省直管市县管理体制,科学划分两级政府职权,努力构建更具活力的体制机制;四是建设生态文明,把保护生态环境、建设生态文明放在发展的首要位置,建设环境友好型、资源节约型社会,努力创建和打造生态文明示范区。

(二)六个"新区"肩负国家战略

上海浦东新区肩负的国家战略:围绕建设成为上海国际航运中心核心功能区和上海国际金融中心的战略定位,在强化国际航运中心、国际金融中心的环境优势、创新优势和枢纽功能等方面积极探索和实践,着力建设成"科学发展"的先行先试区、"四个中心"(国际经济中心、国际金融中心、国际贸易中心、国际航运中心)的核心区、综合改革的试验区、开放和谐的生态区。

天津滨海新区肩负的国家战略:滨海新区与深圳和浦东开发的起点不同,

[①] 推进三大创新包括推进观念创新、推进体制创新和推进技术创新。
[②] 增创三大优势包括增创产业优势、增创区位优势和增创环境优势。
[③] 提升五个水平包括提升经济集约化水平、提升城市化水平、提升开放水平、提升人民生活水平和提升社会文明水平。

天津滨海新区的开发是在我国融入全球化的形势下开始的,其发展模式主要遵循科学发展观,走新型工业化的发展道路。以高新技术产业、金融和信息、重化工业等为主的中心区,通过产业的互相融合和渗透,促进产业结构向知识化、信息化、服务化、高度化方向发展,并带动环渤海地区经济的崛起。面向东北亚、依托京津冀、服务环渤海、辐射"三北",努力建设成为中国北方对外开放的门户、现代制造业与研发转化基地和国际物流中心,逐步打造成经济快速发展、社会日益和谐、环境更加优美的"宜居生态型"地区。

重庆两江新区肩负的国家战略:重庆市和成都市设立全国统筹城乡综合配套改革试验区是继2005年6月和2006年5月国家设立上海浦东新区和天津滨海新区两个综合配套改革试验区之后,第三个也是内地首个设立的综合配套改革试验区。成渝综合配套改革试验区的主要任务是在城乡统筹方面进行探索和创新,促进城乡经济社会协调发展、科学发展。通过5+3战略性布局,加快培育一批具备高成长性的新兴产业集群区。

舟山群岛新区肩负的国家战略:主要瞄准新加坡、中国香港等世界一流港口城市,拉动整个长江流域经济。2011年6月30日,国务院正式批准设立浙江舟山群岛新区(国函〔2011〕77号),舟山成为我国首个以海洋经济为主题的国家级新区。其定位及目标:浙江海洋经济发展的先导区、海洋综合开发试验区、长江三角洲地区经济发展的重要增长极。发展目标:舟山群岛新区将建成中国大宗商品储运中转加工交易中心、东部地区重要的海上开放门户、中国海洋海岛科学保护开发示范区、中国重要的现代海洋产业基地、中国陆海统筹发展先行区。

甘肃兰州新区肩负的国家战略:2012年8月20日,国务院以国函〔2012〕104号文件印发了《国务院关于同意设立兰州新区的批复》。其定位及目标:西北地区重要的经济增长极、国家重要的产业基地、向西开放的重要战略平台和承接产业转移示范区,主要发展战略性新兴产业、高新技术产业、循环经济的重要集聚区,"两型社会"和城乡统筹发展的重点示范区,未利用土地综合开发区,带动甘肃及周边地区发展、深入推进西部大开发、促进我国向西开放。

广州南沙新区肩负的国家战略:2012年9月6日,国务院印发了《国务院关于广州南沙新区发展规划的批复》(国函〔2012〕128号),原则同意《广州南沙新区发展规划》,9月12日,根据国家发改委关于印发广州南沙新区发展规划的通知,批复设立"广州南沙新区"为国家级新区,南沙新区的开发建设上升到国家战略。至此,广州南沙新区成为我国第六个国家级新区。其目标及定位:面向世界、依托珠三角、连接港澳、服务内地,不断建设成为粤港澳高品质生活圈、以生产性服务业为主导的现代产业集聚区、具有世界级先进水准的管理服务创新试验区,全面打造粤、港、澳合作示范区。

(三)人口和产业继续向特区外转移

总的来看,在经济特区引领、示范下三大地带的格局继续保持稳定。其中,在东部地带,长三角地区、珠三角地区、京津冀地区仍是最主要的人口集中区和经济产出区;此外,山东半岛、辽宁东部地区、福建围绕海峡西岸经济区建设继续发展。在中西部地带,2000年开始西部大开发、2003年实施东北振兴战略、2004实行中部崛起战略之后,我国区域经济的基本格局未发生大的改变,这表明特区与区域发展的路径依赖,也表明协调区域发展、缩小地区差距任重道远(详见表1)。

表1 2012年前三季度各地带比较

	面积	人口	GDP	第一产业	第二产业	第三产业	人均GDP	单位国土面积产出
	占全国比重(%)						为全国倍数	
东部地区	11.18	39.85	59.21	40.22	61.02	61.99	1.65	5.79
中部地区	17.33	32.21	23.45	32.31	23.19	21.27	0.81	1.48
西部地区	71.49	27.94	17.34	27.47	15.79	16.74	0.69	0.27

注:各地带人均GDP和单位国土面积GDP为算术平均值。
资料来源:根据国家统计局《中国统计摘要·2012》整理计算。

经过30多年的发展之后,产业转型正明显地改变着中国特区和沿海城市的人口结构,珠三角地区的流动人口呈现出负增长。

根据中国特区中最大的"移民"城市——深圳特区最近发布的2012年数据[①]，2012年度深圳市流动人口进一步减少。此前，东莞、广州也陆续发布了常住人口下降的数据。以上现象主要由于近年来产业结构的转型升级，伴随着劳动密集型企业外迁，劳动力也随之发生转移；另外，特区的生活成本高昂等，多重因素的叠加效应已经或即将改变我国部分特区和沿海城市的人口结构。

此外，一些制造厂商为缓解企业运营成本和招工压力，开始把生产基地逐步向中国中西部地区或印度尼西亚、越南等东南亚国家转移。同时经济指标下滑也是非户籍人口减少的一个重要原因。[②] 但也有一些专家认为，珠三角对人才的吸引力逐步下降是流动人口减少的主要表现。[③] 今后可以预见，随着我国老龄化的迫近，劳动力的总供应量会逐渐减少，同时加上未来特区沿海城市高房价、高物价以及薪酬待遇缺乏竞争力、中西部地区就业空间增大，多重因素的叠加效应将使中国特区城市的"用工荒"和"就业难"长期并存。

三　经济特区发展面临挑战

总体而言，2012年既是各经济特区进一步加快发展和继续走向科学发展的一年，也是既有问题依然存在、形势仍旧严峻的一年。留存的主要问题既需要切实的措施也需要长期的努力加以解决。这些一再被人们论及的问题包括：转型提质的紧迫性增强，可持续发展的压力不容忽视；外延性发展特征仍然突出，创新能力亟待提升；特区经济发展的资源环境压力依然很大，特区经济发展的支持系统亟待加强。具体而言，需继续研究和实践的若干问题有：

---

① 深圳自20世纪90年代开始产业转型升级以后，高端产业越来越多，而劳动密集型的制造业开始减少，一些劳动密集型企业向中国内陆地区迁移，劳动力也随之迁移。
② 当前国际国内的经济状况不景气，不少企业反映订单减少，所需要的工人也就少了。还有一些工厂倒闭，工人出现了一定的流动，从而影响了非户籍人口的变化。
③ 中国人民大学经济学院教授陶然认为，珠三角既有发展模式的一个显著特点，就是在经济高速增长阶段大量利用外来流动人口，却没有通过相应的制度充分保障其权利。近年来沿海地区不断出现的"民工荒"表明，不仅是中、高端劳动力，甚至是低端劳动力也成为短缺品，地方政府要保持经济活力和可持续发展，必须通过完善制度吸引各层次劳动力。

（一）经济特区转型升级的紧迫性增强

2012年我国经济发展总体战略的内涵被进一步深化，促进"科学发展"的理念得到进一步的增强。展望2013年，新的发展规划和政策性文件有望陆续出台，作为中国经济发展的"先行先试区"，特区经济在经历了30多年高速度的增长之后，其土地、环境的承载能力以及投资的边际报酬等均已逐渐接近饱和程度，后危机时代背景下世界经济的高频率波动，较高的外向依赖度也会进一步加剧"经济特区"的发展风险。因此，加快转变发展方式、提升发展质量正成为经济特区科学发展的重中之重。因此特区发展促转型、提质量必然要走在前列，并进一步发挥区域带动和辐射作用。由此可见，应该牢牢把握转型升级、调整结构这条主线，持续推进发展方式的转变，以更加具有针对性的制度建设，促进中国经济增长能够实实在在地转到以创新驱动为主要特征的发展道路上来。

（二）经济增长靠投资、外向型发展格局无法持续

回顾2012年，经济特区固定资产投资仍然在高位运行。但与此同时，消费和出口对经济增长的拉动作用明显不足，这一不合理的需求格局亟待改变。目前国内经济正经历较长时期的经济下行，主要原因在于长期依赖廉价劳动力和廉价资源发展外向经济，以致无法抵御来自全球经济衰退所形成的外部冲击，这也就反证了建立一个内需主导型经济的重要性。

（三）资源、环境的压力不容忽视

从国际、国内经济环境看，贸易摩擦将日趋激烈，国内外环境因素造成了未来特区发展的各种约束不断加大，土地、劳动力等资源供给将日益短缺。同时，环境污染问题尚需进一步解决。粗放式发展模式的一大恶果，就是以牺牲人们赖以生存的环境为代价去换取短期的经济增长，大量的高污染、高耗能项目致使人们生存的家园被严重破坏，导致人们生活质量的下降，乃至生命本身都受到高污染的威胁。生态文明建设面临前所未有的巨大考验。

四 下一年发展路径与对策建议

1. 继续加大对企业和产业转型的扶持力度

后金融危机背景下,特别是 2012 年下半年至 2013 年上半年的经济形势仍然比较严峻,因此,建议继续加大对转型企业和产业的扶持力度。尤其是加强对相关企业转型发展的扶持,其中包括人才、资金、技术等层面的扶持,不断营造一个良好的适合其发展和生存的环境。

2. 发挥"消费需求"对我国经济增长的贡献作用

经济特区长期依靠低成本、高能耗的出口和投资拉动,然而这种增长模式未来将无法维持,因此经济特区要逐步建立以消费拉动经济的增长模式。主要建议:一是切实构建我国居民收入倍增的有效机制。二是不断培育引导新的消费热点,促进居民消费的多样化,并不断提升企业和居民的消费意愿。三是扩大民生工程的覆盖范围和领域。

3. 逐步促进和加快创新资源的聚合

特区发展离不开技术、人才、信息、管理等创新要素和资源,基于此,经济特区要加快优化市场环境,适于人才发展环境、文化环境和制度环境建设,使之早日成为高端制造业、服务业的集聚区,节能减排的示范区,不同层次人才的聚集区和体制创新的先行区。

今后,围绕着中国构建社会主义和谐社会的目标,特区改革将更加注重向社会民生领域倾斜,更加注重发展的协调和平衡。目前建设和谐社会的落脚点"已经从思想意识形态层次的论证阶段慢慢地向制度建设层面转移"。回顾百年前,中国近代维新派的代表人物——梁启超就曾经在《少年中国说》中这样写道:"国之老少无定形,而实随国民之心力以为消长。"不断"改革"的目的,就是让人民的幸福长起来,让社会的活力长起来,让社会制度的优势长起来。改革是国家和地区永远向前的引擎,将保证中国这艘行进在民族复兴征程上的巨轮,坚定不移地驶向光明、理想的彼岸。

著名经济学家苏东斌教授在其著作《中国经济特区导论》中强调指出,市场经济不仅是科学发展的强大动力,而且是科学发展的制度保证。从经济社会发展的意义上看，特区目前的"新使命"是要加快发展方式的转变。而且只有不断深化制度改革、扩大开放，确确实实建立起社会主义市场经济，才能实现发展方式的真正转变，才能真正使中国社会走上科学发展的康庄大道。

参考文献

［1］ 国家统计局2000~2012年《中国统计年鉴》。
［2］ 国家统计局：《新中国五十五年统计资料汇编》，新华出版社，2005。
［3］《中国统计摘要·2012》。
［4］ 全国及各省市区2012年统计公报。
［5］ 国家统计局网站 www.stats.gov.cn 有关数据。
［6］ 中国政府网 www.gov.cn 有关政策。
［7］ 国土资源部 www.mlr.gov.cn 有关规划、政策和公报。
［8］ 国家环境保护总局 www.mep.gov.cn 有关规划、政策和公报。
［9］ 国家发展与改革委员会 www.ndrc.gov.cn 有关规划、政策。
［10］ 十八大报告《坚定不移沿着中国特色社会主义道路前进　为全面建成小康社会而奋斗》。

专题报告

Special Subject Report

中国经济特区产业转型发展报告

袁易明　周轶昆　陈小可*

一　经济特区产业发展背景

全球经济复苏放缓，供需出现严重失衡。2011年全球经济依然复杂多变。随着国际金融危机的后续影响和欧洲债务危机的不断蔓延，全球经济继续减速运行。先进经济体复苏乏力但总体上增长好于预期，新兴和发展中经济体的增长则受本国紧缩性宏观经济政策的影响呈现放缓趋势。

目前，全球金融体系还很脆弱，美、英等主要发达国家在其公共债务水平居高不下的情况下仍然继续实施量化宽松政策，释放出大量的流动性，加剧了国际金融市场的动荡。为刺激经济增长，欧美等发达国家纷纷加大投资力度，进一步加剧了全球供需的失衡。受全球产能过剩影响，跨国直接投资规模和国

---

* 袁易明，中国经济特区研究中心副主任、教授、博士生导师。周轶昆，深圳大学中国经济特区研究中心讲师、经济学博士。陈小可，深圳大学中国经济特区研究中心硕士研究生。

际贸易增速明显放缓。短期内由于全球缺乏革命性的新兴产业技术，全球产业尤其是制造业总体上处于萎缩状态。全球经济复苏及产业供需再平衡将是世界各主要经济体面临的长期挑战。

发达国家再工业化战略将改变国际产业分工格局。2011年美国推出了高端制造合作伙伴计划，并成立白宫制造业政策办公室，制定和整合重振美国制造业的政策与资源，开始全面落实和推行再工业化战略。2011年美国制造业采购经理人指数一直保持在50以上，美国制造业开始步入了罕有的连续扩张期。阿迪达斯、福特和星巴克等著名跨国企业都将其全部或部分产品制造逐渐从中国转回美国。根据波士顿咨询公司的预测，未来五年将有15%的美国企业从中国回流美国。与此同时，欧盟、英国和日本等发达国家和地区也纷纷出台重振制造业的政策，鼓励企业把制造业工作岗位带回本国，并引发了一大批国际资本从中国回撤。以美国为首的发达国家再工业化战略对全球产业，尤其是制造业的国际分工格局将产生深远影响。国际产业分工和产业转移将出现新的变化，全球产业结构正在进行新一轮深度调整。

绿色低碳是未来国际产业转型方向。美、英、欧等发达国家和地区纷纷出台了激励绿色低碳发展的政策措施。英国最早发布了《英国低碳转型发展规划》，制定了《英国可再生能源战略》《英国低碳工业战略》等配套文件，将绿色低碳产业作为新的经济增长点。美国把绿色低碳产业作为应对金融危机、重振经济的战略选择，并出台了《美国清洁能源与安全法案》。欧盟则推出发展绿色低碳技术的"路线图"，计划在风能、太阳能、生物能源、碳捕获和碳储存等六个具有发展潜力的领域，大力发展绿色低碳技术。韩国将"低碳绿色增长"作为国家战略，提出要大力发展绿色低碳产业。

由此可见，未来世界的竞争将是绿色低碳科技的竞争，谁掌握了绿色低碳技术，谁就占据和掌握了未来产业竞争的战略制高点和经济发展的主动权。绿色增长和低碳经济将成为未来国际产业转型的方向。

国内产业转型升级面临巨大压力。产业发展进入了成本上升的阶段，我国劳动力、土地、原材料、资金等要素成本不断上升。目前，我国的工业综合成本已经超过了越南、印度尼西亚、孟加拉国等新兴发展中国家。这些国家普遍加快了本国产业结构调整的步伐，利用更为廉价的劳动力成本积极抢夺全球低端制造业市场。根据波士顿咨询公司的报告,越南的生产成本比中国低 15%~30%,印度尼西亚比中国低 40%,而劳动力成本最低的孟加拉国仅是中国的 20%。

产能过剩矛盾日益凸显。工信部的数据显示,目前我国的钢铁、水泥、汽车、船舶、纺织等 22 个行业都存在着不同程度的产能过剩问题,一些行业已出现经营困难,一些行业处于整体亏损状态。其中,钢铁产能过剩约 2 亿吨,水泥产能过剩 5 亿多吨,汽车市场需求已饱和,但产能已突破 2000 万辆。产能过剩导致了企业库存不断上升,汇丰 PMI 数据表明,我国企业成品库存指数目前已创下近十年来的最高水平并还呈现继续上升态势。

二 经济特区产业转型发展主要特征

(一)深圳经济特区

深圳 2011 年第一产业增加值为 5.70 亿元,同比降低 22.3%;第二产业增加值为 5343.33 亿元,同比上升 11.8%;第三产业增加值为 6153.03 亿元,同比上升 8.5%。以三次产业投资总额观察,其中一产投资额为 0.06 亿元;二产投资额为 469.95 亿元,同比降低 2.0%;三产投资额为 1666.38 亿元,同比上升 14.0%。

强力推进"国家自主创新城市"建设。自主创新实现"四个领先",深圳市社会研发投入总额占 GDP 总额的 3.66%,位居全国前列。企业创新水平亦处于全国领先地位,拥有两个 PCT 国际专利申请全球五强企业,在超材料、新一代移动通信、基因测序和基因组分析等技术方面也处于全球领先地位。深圳单位面积产值与高新园区税收高居全国首位。不断加强基础创新能力建设,2011 年国家级创新载体数量的新增数量约为以往的总和。深圳市荣获 2011 中国十大创新城市首席。

着眼于构建可持续的竞争优势,提升自主创新能力。2011 年深圳市投入运行的国家超级计算深圳中心,其运算速度位居世界第四;基因信息资源将以挂牌成立的国家基因库为其开发利用的基础。新增 134 家国家、省、市级研究中心和技术中心，包含国家级 20 家。国际创新合作项目逐步展开，尤以华大基因与国际水稻所、美国加州大学戴维斯分校的合作为先，超材料领域的光启研究院于 2011 年申请超过 1000 件国内专利和 PCT 国际专利。

扶持战略性新兴产业发展。深圳经济特区坚持战略性新兴产业和现代服务业同步发展，以推动新一轮产业转型升级：超前布局战略性新兴产业，其中互联网、生物、新能源等六大战略性新兴产业规划政策体系逐渐形成。12 个战略性新兴产业基地和 11 个集聚区启动建设，新兴产业集聚发展。随着资本、技术、产业等要素资源的整合，超材料、基因工程、移动互联网、云计算和新材料等产学研资联盟组建，新兴产业创新也有所提高。逐步开始新一代移动通信 TD‐LTE 规模试验、规模化应用基因诊断和新能源汽车研发等。

在战略性新兴产业中，生物产业增加值 174.96 亿元，同比上升 24.0%；互联网产业增加值 1380.72 亿元，同比上升 18.9%；新能源产业增加值 254.10 亿元，同比上升 20.7%（见表 1）。三大战略性新兴产业（生物、互联网、新能源）整体增速是 GDP 增速的 3 倍多；工业总产值增速落后高新技术产品总产值增速约 7%；一般服务业税收增速落后现代服务业税收增速 11.7%。

表 1　深圳 2011 年战略新兴策略发展情况

	产　业	增加值（亿元）	增速（%）
现代产业	现代服务业	4150.31	8.5
	先进制造业	3786.79	15.3
第三产业	交通运输、仓储和邮政业	424.80	9.7
	批发和零售业	1206.31	10.9
	住宿和餐饮业	225.16	3.6
	金融业	1562.43	8.6
	房地产业	1032.49	6.2
支柱产业	金融业	1562.43	8.6
	物流产业	1122.36	14.9
	文化产业	771.00	21.0
	高新技术产业	3738.00	22.2
战略性新兴产业	生物产业	174.96	24.0
	互联网产业	1380.72	18.9
	新能源产业	254.10	20.7

在现代产业中，现代服务业增加值4150.31亿元，同比上升8.5%；先进制造业增加值3786.79亿元，同比上升15.3%。在第三产业中，交通运输、仓储和邮政业增加值424.80亿元，增长9.7%；批发和零售业增加值1206.31亿元，同比上升10.9%；住宿和餐饮业增加值225.16亿元，同比上升3.6%；金融业增加值1562.43亿元，同比上升8.6%；房地产业增加值1032.49亿元，同比上升6.2%。

引资引智相结合，优质高端资源不断集聚。9家大型总部企业于2011年引进深圳市。签约与大型央企、知名民企如大唐集团、百度等合作项目共计311项，超过8000亿元的意向总投资；签订与中科院、北大等22所院校战略合作协议，引进29项科技经贸人才合作项目。

（二）珠海经济特区

2011年珠海经济特区实现地区GDP总产值1403.24亿元，同比上升11.3%。其中，第一产业增加值37.70亿元，同比上升3.2%，对GDP增长的贡献率为0.7%；第二产业增加值786.42亿元，同比上升14.4%，对GDP增长的贡献率为69.5%；第三产业增加值579.11亿元，同比上升7.9%，对GDP增长的贡献率为29.8%。三次产业的比例由2.7∶54.8∶42.5调整为2.7∶56.0∶41.3。现代服务业增加值321.96亿元，增长8.5%，占GDP的22.9%。民营经济增加值345.35亿元，同比上升11.1%，占GDP的24.6%。

全年完成固定资产投资638.37亿元，比上年增长28.4%。分产业看，第二产业投资152.11亿元，增长22.7%，其中制造业投资123.18亿元，增长17.3%；第三产业484.35亿元，增长29.9%。

高技术制造业高速增长。医药制造业增长25.0%，航空航天器制造业增长12.3%，电子及通信设备制造业下降13.3%，电子计算机及办公设备制造业增长26.6%，医疗设备及仪器仪表制造业增长30.0%。加快发展高端新型电子信息、生物医药、新能源及新能源汽车等战略性新兴产业，实现先进制造业"上天入海"重大突破，顺利开展中海油深水海洋工程装备制造基地、中航通用飞机珠海制造基地等重大项目建设，珠海航空产业园填补了全省空白，抢占了产业发展制高点，成为国家高技术产业基地和国家新型工业化产业示范

基地。以"两少两有两高"为主的高新技术产业加快发展,高新技术产品总产值5760亿元,占工业总产值的41%。

集聚发展优势高端产业。生物医药、新能源汽车、先进装备制造等一系列重点产业发展规划及扶持政策的制定与实施,使产业高端集聚发展得以推进。整合珠海24个工业园(片)区合并为8大特色园区,评出三灶生物医药等5个产业集群为省产业集群升级示范区。优势支柱产业电子信息、家用电器、石油化工等成长壮大,这些产业占珠海规模以上工业增加值的79.1%。现代服务业如休闲旅游、商务物流、金融服务、文化创意等加快发展,启动建设横琴长隆国际海洋度假区、十字门中央商务区等重大项目,两届中国国际航空航天博览会在珠海成功举办,银行机构数量达到26家,海洋经济和现代生态农业加快发展,首批国家农业产业化示范基地坐落斗门生态农业园,海洋经济总产值增长189亿元,同比上升76.5%。

促进产业转型升级。扶植产业转型朝集群、高端、生态、错位的方向发展,初步形成现代产业体系,加强三次产业之间的协调。服务业增加值的55.5%被现代服务业增加值占据,规模以上工业增加值的20.5%和42.5%分别被高技术制造业和先进制造业增加值占据。

(三)汕头经济特区

汕头经济特区第一产业增加值71.15亿元,同比上升3.5%;第二产业增加值792.22亿元,同比上升13.6%;第三产业增加值540.06亿元,同比上升11.2%。三次产业结构由2010年的5.3∶56.1∶38.6微调为5.1∶56.4∶38.5,其中第一和第三产业的比重呈下降趋势,仅第二产业比重呈上升趋势。属于第三产业范畴的批发和零售业同比增长11.1%,住宿和餐饮业增长5.4%,金融业增长6.3%,房地产业增长6.0%。民营经济增加值850.53亿元,同比上升11.9%。汕头市人均GDP 25958元,同比上升10.1%。

产业发展以规模扩张为主,产业转型升级趋势明显。2011年汕头市完成工业增加值735.38亿元,同比上升14.1%,占GDP的比重为52.4%,工业对经济增长贡献率为60.3%。全市实现工业总产值3005.94亿元,同比上升14.7%。其中,规模以上工业总产值2251.16亿元,同比上升18.3%。规模以上工业总产值占全部工业总产值的74.9%,同比上升2.0%。国有及国有控股企业产值同比上升7.6%、股份制企业产值同比上升20.4%、集体企业产值同比上升19.5%、外商及港澳台商投资企业产值同比上升12.7%;大中型企业完成产值759.71亿元,同比上升9.3%;重工业产值占规模以上工业总产值的36.1%。

制订现代服务业发展计划,推进现代产业体系建设和高端产业集聚发展,统筹执行战略性新兴产业倍增计划、提速现代服务业计划、提升传统优势产业计划和综合开发海洋计划。积极引进和发展一些世界500强企业和大型央企参与产业。出台《加强总部经济发展的若干意见》《现代产业用地使用权出让办法》等政策措施。加快建设一批公共服务平台,提升企业自主创新能力。产业集群的数量提升到17个,龙湖工艺毛织服装、澄海玩具礼品、龙湖输配电设备列入省级产业集群升级示范区,汕头已成为国家化妆品、包装装潢印刷、玩具礼品产业的重要生产基地。

(四)厦门经济特区

2011年厦门第一产业增加值25亿元,同比下降4.0%;第二产业增加值1304亿元,同比上升17.4%;第三产业增加值1207亿元,同比上升13.1%。三次产业的比重为:1.0∶51.4∶47.6。其中,围绕提升现代服务业,积极培育壮大支柱产业,以航空业、计算机软件业、金融业、商务服务业、专业技术服务业为主的生产性服务业增长较快。GDP增长率居全省第二位,第三产业增幅居全省首位。

支柱产业地位突出。2011年,厦门经济特区三大支柱行业企业共有1270家,完成工业总产值3370.48亿元,占全市规模以上工业的75.5%,对全市工业经济增长的贡献率为76.5%,拉动工业总产值增长14.0个百分点。

高新技术产业稳步发展。2011年厦门高新技术产业总产值3201.53亿元,比上年增加610.53亿元,增长23.6%;产业规模稳居全省首位,占全省高新技术产业总产值的35.9%。产业增加值809.19亿元,占全市地区生产总值的比重为31.9%,比上年提高0.3个百分点,对地区经济的拉动作用进一步增强。截至2011年底,全市高新技术企业数663家,比上年增加139家,增长

26.5%，占全省高新技术企业总数的44.4%。

产业链战略表现优异。2011年厦门经济特区重点培育的13条产业链完成工业总产值2940.78亿元，占全市规模以上工业的65.9%，比上年同期增长19.1%，高出全市规模以上工业增幅0.8个百分点。这13条产业链对全市工业经济增长的贡献率为68.3%，拉动工业总产值增长12.5个百分点。

值得关注的几个问题是，一是新增企业数量少、个头小，工业增长明显乏力，厦门经济特区工业的增长主要还是靠原有企业的发展来支撑，2011年几乎没有新的、大的工业投资项目投产并达产。二是工业投资规模偏小。造成工业投产项目偏少。造成后劲不足企业亏损或利润下降的主要原因是原材料和能源价格的上涨。三是工业生产经营面临成本上涨压力。企业亏损或利润下降也是由原材料和能源价格的上涨导致的。

（五）海南经济特区

2011年海南经济特区第一产业增加值659.15亿元，同比上升6.2%；第二产业增加值714.50亿元，同比上升15.2%；第三产业增加值1141.64亿元，同比上升13.3%。

旅游业成为重点产业地位确立。推进转型升级，旅游业成为重点，体博会、车博会、观澜湖高尔夫世界杯赛、邮轮游艇峰会、大帆船赛、环岛公路自行车赛等活动成功举办，推进了展览旅游业的发展；推出了一批邮轮游艇、民俗风情等方面的旅游新产品，创新成为旅游业的一大亮点；各项旅游配套设施逐步完善；旅游地方法规的实施以及海南旅游产业投资基金的设立，规范了旅游市场秩序，且环境综合治理方面取得成效。

传统工业增长势头依然强劲。2011年，海南工业完成增加值475.04亿元，同比上升13.4%。规模以上工业增加值437.94亿元，同比上升14%。所属重点工业行业的石油加工业产值475.60亿元，同比上升11.6%；电力、热力的生产和供应业产值113.69亿元，同比上升14.1%；交通运输设备制造业产值118.88亿元，同比上升22.3%；非金属矿制品业产值80.96亿元，同比上升15.1%；造纸及纸制品业产值82.55亿元，同比上升20.3%；医药制造业产值75.75亿元，同比上升3.9%；化学原料及化学制品制造业产值80.06亿元，同比上升21.1%。

金融业加速发展，但发展速度较其他产业仍显缓慢。2011年末，海南省金融机构本外币存款余额4504.54亿元，同比增长6.8%。金融机构本外币贷款余额3194.59亿元，同比上升27.1%。银行业金融机构资产总额6191.92亿元，同比上升13.2%；利润总额67.32亿元，同比上升10.0%。

加速发展金融等现代服务业，海口农商银行、农垦集团财务公司成立，新增9家小额贷款公司和5家村镇银行，拟建招商银行海口分行、中信银行海口分行，正式营运中信证券等7家证券公司营业部和3家保险公司分支机构，阳光人寿保险总部落户海南取得实质性进展。海南省信贷增长680.51亿元，同比上升27.1%，增幅居全国首位；银行类金融机构税后利润67.32亿元，同比上升10.0%。在境内外首发上市的企业达到4家，完成定向增发的上市公司有一家，发行债券的企业数量为5家，股权投资基金新增2家，直接融资额为174亿元，为历史新高。

三 经济特区产业转型发展的定量测度及新进展

（一）产业规模发展

2011年深圳、珠海、汕头、厦门、海南五大经济特区地区生产总值（见图1）由2010年的16123.65亿元增长至19248.17亿元，地区生产总值增长率都以2位数增长，高于全国增速。深圳、珠海、厦门的人均地区生产总值都高于10000美元，而汕头、海南的人均地区生产总值仍然低于5000美元。

其中，深圳地区生产总值达到11505.53亿元，按可比价格计算，比上年增长10%，经济总量首次突破万亿元。深圳不仅在中国经济特区中名列榜首，而且在全国内地大中城市中排名第4。深圳人均生产总值110421元，同比增长7.3%，按2011年平均汇率折算为17089美元，领先于北京、上海、广州。

珠海地区生产总值为1404.93亿元，比上年增长11.3%，在全国大中城市中排名第100位。其人均生产总值89794元，约合13896美元。

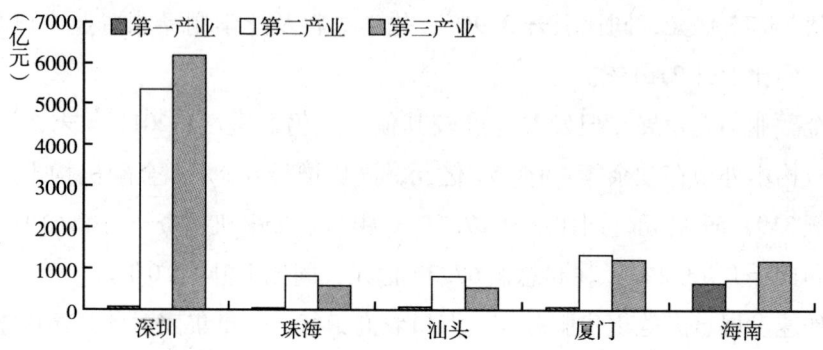

图1 2011年五大经济特区三次产业地区生产总值

汕头则是一个相对落后的特区，地区生产总值为1275.74亿元，比上年增长12%，人均生产总值23596元，约合3652美元。

厦门地区生产总值为2539.31亿元，比上年增长15.1%，在全国大中城市中排名第52位，人均生产总值70832元，约合10962美元。

海南地区生产总值为2522.66亿元，比上年增长12%，人均生产总值28898元，约合4472美元。

从工农业总产值看，经济特区农业继续平稳发展，工业保持较快增长。五大经济特区的农业总产值由2000年的1049.27亿元增至1257.78亿元，工业总产值由29827.05亿元提高到34004.57亿元。

2011年，深圳、珠海、汕头、厦门、海南的农业总产值分别为15.25亿元、65.52亿元、134.52亿元、40.14亿元和1002.35亿元，工业总产值分别为21273.09亿元、3601.86亿元、3005.94亿元、4399.52亿元和1724.16亿元。

与工业生产相比，深圳、珠海、厦门的农业生产比重较低，工业化程度相对较高。海南和汕头的农业生产比重依然较高，尤其是海南，其农业总产值占工农业总产值的比重高达36.76%。

除海南经济特区的工业比重略高于60%外，深圳、珠海、汕头和厦门的工业占工农业总产值的比重都大于90%，分别为99.93%、98.21%、95.72%和99.1%。

从三次产业看，五大经济特区中除深圳和厦门的第一产业增加值呈负增长外，第二产业和第三产增加值与上年相比都有不同程度的增长（见图2）。

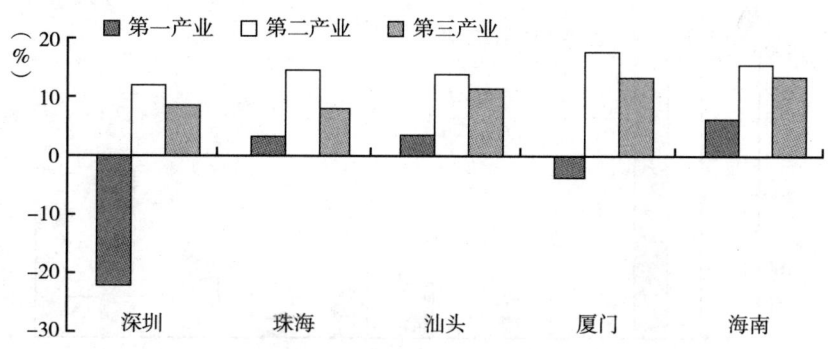

图2 五大经济特区三次产业地区生产总值增长率

其中，深圳第一产业增加值仅为5.7亿元，同比下降22.3%；第二产业增加值5343.33亿元，增长了11.8%；第三产业增加值为6153.03亿元，增长了8.5%。

珠海第一产业增加值37.70亿元，同比上升3.2%；第二产业增加值786.42亿元，同比上升14.4%；第三产业增加值579.11亿元，同比上升7.9%。

汕头第一产业增加值71.15亿元，同比上升3.5%；第二产业增加值792.22亿元，同比上升13.6%；第三产业增加值540.06亿元，同比上升11.2%。

厦门第一产业增加值24.68亿元，同比降低4.0%；第二产业增加值1304.1亿元，同比上升17.4%；第三产业增加值1207.02亿元，同比上升13.1%。

海南第一产业增加值659.15亿元，同比上升6.2%；第二产业增加值714.50亿元，同比上升15.2%；第三产业增加值1141.64亿元，同比上升13.3%。

从三次产业的从业人员数看，五大经济特区第一、二产业从业人员数略有增加，第三产业的从业人员数增长较快。第一、二次产业从业人员数从上年的307.48万人、683.74万人分别增至310.02万人和688.23万人，第三产业则由74.96万人增至804.08万人（见图3）。

其中，深圳第一、二产业从业人员数与上年相比出现下降，第三产业从业人员数持续增加。第一产业以13.05%的下降速度减少到3217人，同时全员劳动生产率略有下降，降至17.71万元/人；第二产业则以1.91%的下降速度减至382.91万人，全员劳动生产率提高到13.95万元/人；第三产业以3.78%

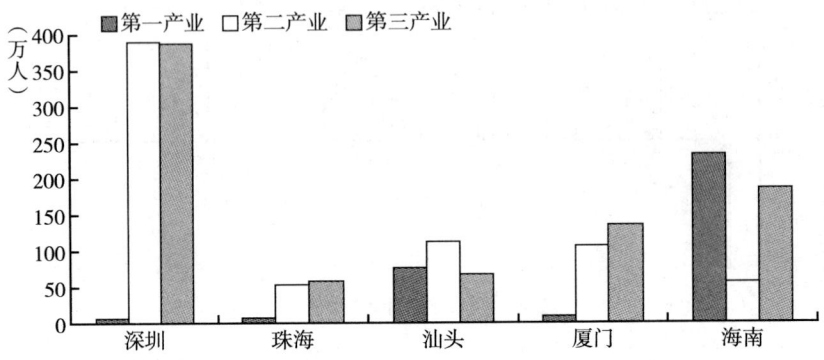

图3 2011年五大经济特区三次产业从业人员数

的增速提高到381.31万人,略低于其第二产业从业人员数,全员劳动生产率提高到16.14万元/人(见图4和图5)。

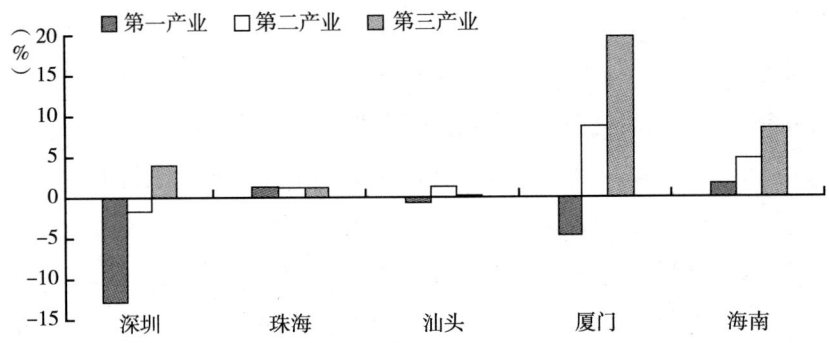

图4 2011年五大经济特区三次产业从业人员数增长率

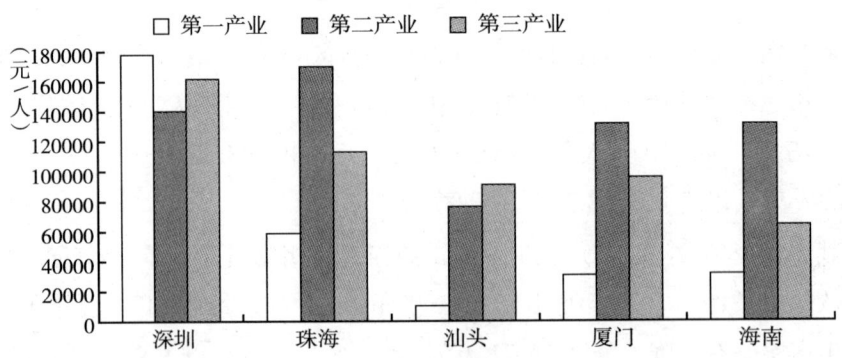

图5 2011年五大经济特区三次产业全员劳动生产率

珠海的三次产业从业人员数则以1%左右的增速分别提高到6.36万人、46.34万人和51.39万人，全员劳动生产率分别提高到5.93万元/人、16.97万元/人和11.27万元/人。

汕头的第一产业从业人员数略有下降，第二、三产业略有增加，分别达到70.28万人、104.77万人和63.5万人，全员劳动生产率提高到1.01万元/人、7.56万元/人和8.51万元/人。

厦门的第一产业从业人员数以4.83%的速度减少到8.08万人，第二、三产业分别以8.64%和19.5%的增速提高到99.48万人和128.37万人，全员劳动生产率升至3.05万元/人、13.04万元/人和9.48万元/人。

海南的三次产业从业人员数分别以1.59%、4.59%和8.22%的速度增至224.98万人、54.73万人和179.51万人，全员劳动生产率提高到2.93万元/人、13.05万元/人和6.4万元/人。

（二）产业结构变动

1. 三次产业结构变动

从三次产业结构看，2011年深圳的三次产业结构比例由上年的0.1∶47.2∶52.7调整为0.0005∶46.5∶53.5，产业结构进一步优化。珠海的三次产业结构则由2.7∶54.8∶42.5调整为2.7∶56∶41.3，汕头由上年的5.3∶56.1∶38.6调整为5.1∶56.4∶38.5，厦门由1.1∶49.7∶49.2调整至1.0∶51.4∶47.6，海南则由26.1∶27.7∶46.2调整为26.1∶28.3∶45.6（见图6）。

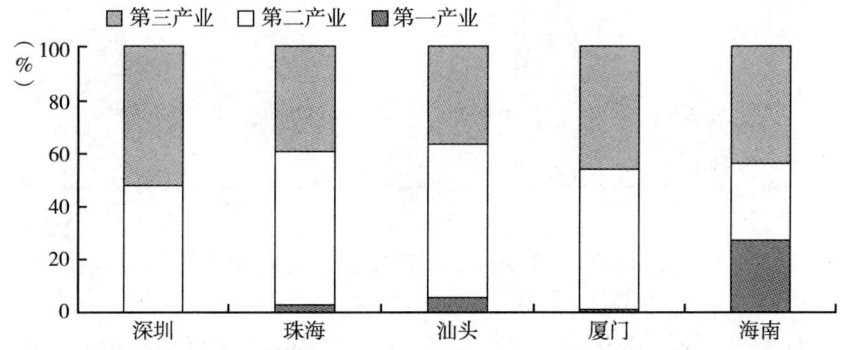

图6　2011年五大经济特区三次产业构成

与上年相比,深圳、汕头和厦门的第一产业所占GDP的比重都略有下降,汕头和海南则与上年持平。第二产业占GDP的比重只有深圳下降了0.7个百分点,其余四个特区都有不同程度的提高。第三产业占GDP的比重也只有深圳提高了0.8个百分点,其他四个特区都呈下降趋势。

五大经济特区中,深圳和海南的三次产业结构为"三、二、一",但海南的第一产业比重与第二产业比较接近,其第三产业比重还不到一半。深圳的第一产业所占比重只有0.0005%,第二产业比重继续调整在50%以下,第三产业比重则超过了50%。珠海、汕头和厦门为"二、三、一",第二产业比重都超过了50%,工业化进程还在深化中。

为了更好说明经济特区三次产业结构的总体变化状况,可以计算经济特区的产业结构变化值C_{ij}。令$C_{ij} = \sum |Q_{ij1} - Q_{ij0}|$,其中,$Q_{ij}$为$i$经济特区的$j$产业在整个产业中所占比重,其下标0、1分别代表2010年和2011年。C_{ij}值越大,说明经济特区产业结构变化程度越大,反之,则越小。

根据计算结果,与上年相比,深圳、珠海、汕头、厦门和海南的产业结构变化值依次为1.6%、2.4%、0.6%、2.8%、1.2%(见图7)。由此可知,五大经济特区中,厦门、珠海的产业结构变化值相对大些,深圳、海南居中,而汕头最小。

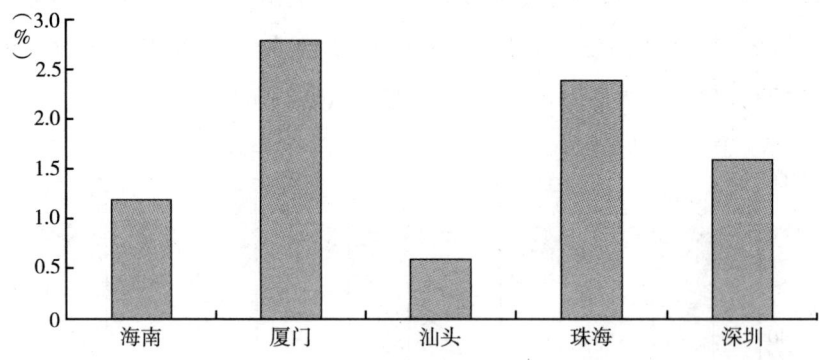

图7 五大经济特区产业结构变化值

然而,产业结构变化值C_{ij}仅仅描述了经济特区产业结构变动的总体状况。为了解经济特区三次产业的变动方向和强度,可计算其产业变化趋势值B_{ij}。

令 $B_{ij} = \dfrac{Q_{ij1}}{Q_{ij0}}$，当 B_{ij} 大于 1 时，表明 i 经济特区的 j 产业比重提升，即 j 产业出现相对扩张；当 B_{ij} 等于 1 时，表明 j 产业比重保持不变；当 B_{ij} 小于 1 时，表明 j 产业比重下降，产业相对而言在收缩。B_{ij} 值与 1 的距离越大，说明 j 产业扩张或收缩的强度越大；反之，则越小（见图 8、图 9）。

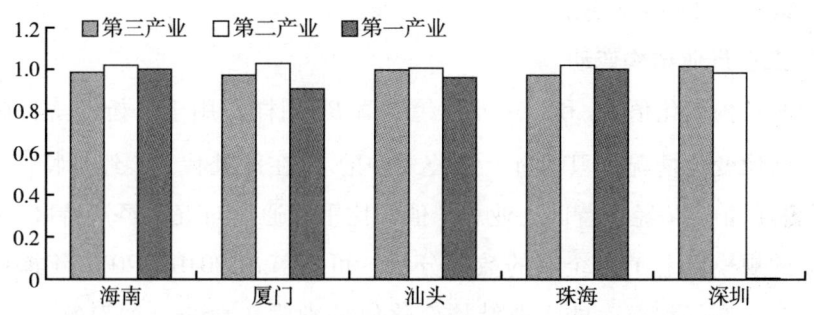

图 8　五大经济特区三次产业变化趋势值

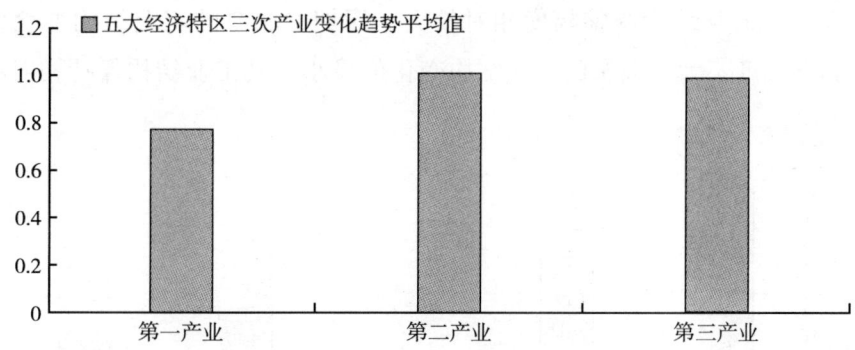

图 9　五大经济特区三次产业变化趋势平均值

根据计算结果可知，深圳、汕头和厦门的第一产业变化趋势值 B_1 均小于 1，说明其第一产业都在收缩，其中，深圳第一产业比重已经小于 0.001%，其 B_1 值趋于 0。珠海和海南的第一产业变化趋势值 B_1 均等于 1，表明其第一次产业趋于稳定。

深圳的第二产业变化趋势值 B_2 小于 1 且第三产业变化趋势值 B_3 略大于 1，说明深圳的第二产业在收缩而第三产业在扩张，应继续沿着"三、二、一"方向深化产业结构的战略性调整。珠海、汕头、厦门和海南的第二产业变化趋

势值 B_2 均大于1而第三产业变化趋势值 B_3 都小于1，说明与上年相比，上述经济特区的第二产业在扩张而第三产业在收缩。

总体上讲，五大经济特区第二产业变化趋势平均值为1.0124略大于1，说明多数经济特区仍然处于第二产业扩张阶段；五大经济特区第一、三产业变化趋势平均值分别为0.7753和0.9889，表明多数经济特区第一产业收缩相对显著，第三产业略有收缩。

2. 工业行业结构变动

产业结构变化值 C_{ij} 和产业变化趋势值 B_{ij} 同样适用于分析经济特区的工业行业结构变化情况。只不过上述公式中的 Q_{ij} 在此处代表 i 经济特区的 j 行业工业总产值占 i 经济特区工业总产值的比重。通过对五大经济特区37个工业行业的规模以上工业企业的数据分析，可计算出2010～2011年深圳、珠海、汕头、厦门和海南的工业结构变化值分别为3.66%、4.71%、1.81%、6.44%、8.43%。上述结果表明，与上年相比，海南、厦门的工业结构变化值较大，其工业结构调整幅度相对较大。深圳、珠海的工业结构变化值居中，调整幅度不大。汕头的工业结构变化值最小，其工业结构保持相对稳定（见图10）。

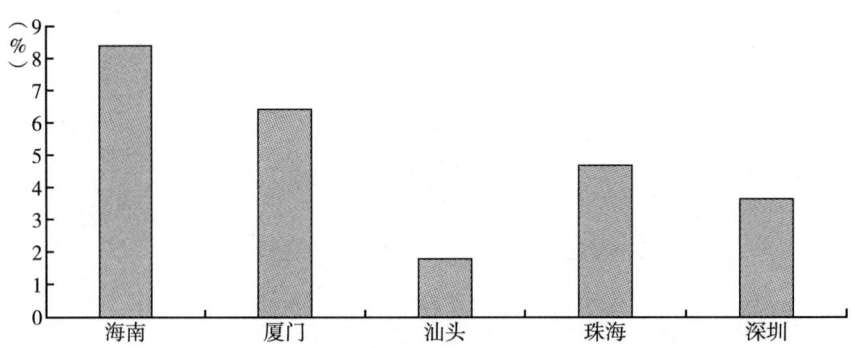

图10 五大经济特区规模以上企业工业结构变化值

为便于考察经济特区工业行业结构变动趋势，不妨将经济特区的37个工业行业按技术密集程度划分为高、中高、中低和低技术密集型四大类（见图11）。其中，高技术密集型行业为医药制造业、通信计算机及其他电子设备制造业。

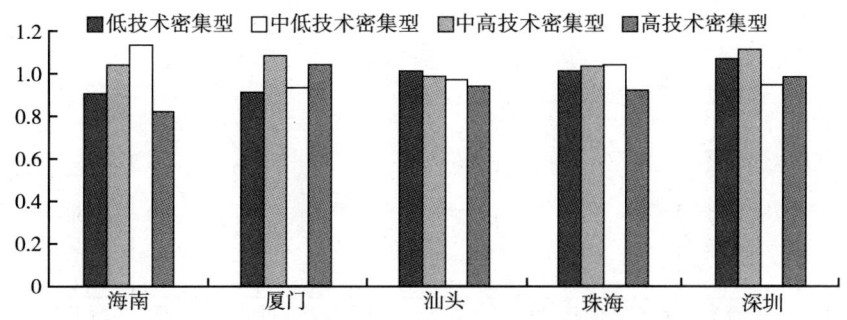

图11 规模以上企业按技术密集程度划分的工业行业变化趋势值

中高技术密集型行业为化学原料及化学制品制造业、通用设备制造业、专用设备制造业、交通运输设备制造业、石油和天然气开采业、电气机械及器材制造业、仪器仪表及文化办公用机械制造业。

中低技术密集型行业为石油加工、炼焦及核燃料加工业、化学纤维制造业、橡胶制造业、塑料制品业、非金属矿物制品业、黑色金属冶炼及压延加工业、有色金属冶炼及压延加工业、饮料制造业。

低技术密集型行业为黑色金属矿采选业、有色金属矿采选业、非金属矿采选业、农副食品加工业、食品制造业、烟草制品业、纺织业、纺织服装鞋帽制造业、皮革毛皮羽毛（绒）及其制品业、木材加工及木竹藤棕草制品业、家具制造业、造纸及纸制品业、印刷业和记录媒介的复制、文教体育用品制造业、金属制品业、工艺品及其他制造业、废弃资源和废旧材料回收加工业、电力热力的生产和供应业、燃气生产和供应业、水的生产和供应业。

从工业内部结构看，与上年相比，五大经济特区的中高技术密集型（1.0064）、中低技术密集型（1.0523）产业变化趋势平均值略大于1，处于相对扩张状态，而高技术密集型（0.9416）、低技术密集型（0.9830）产业变化趋势平均值略小于1，处于相对收缩状态（见图12）。

其中，深圳的中低技术密集型（1.1145）和低技术密集型产业（1.0713）略有扩张，高技术密集型（0.9853）和中高技术密集型产业（0.9481）略有收缩。

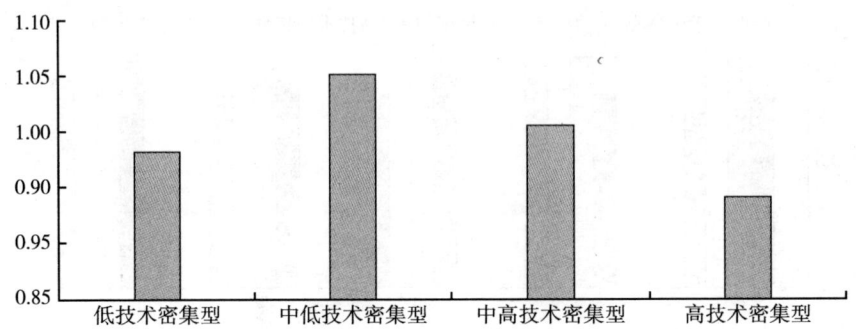

图12 经济特区按技术密集程度划分的工业行业变化趋势平均值

珠海的中高技术密集型（1.0422）、中低技术密集型（1.0344）和低技术密集型（1.0118）产业略有扩张，高技术密集型（0.9224）产业略有收缩。

汕头只有低技术密集型（1.0139）产业扩张，高技术密集型（0.9399）、中高技术密集型（0.9723）和中低密集型（0.9864）产业都出现收缩。

厦门的高技术密集型（1.0399）和中低技术密集型（1.0853）产业在扩张，中高技术密集型（0.9342）和低技术密集型（0.9131）产业在收缩。

海南的高技术密集型（0.8202）和低技术密集型（0.9050）产业同时收缩，中高技术密集型（1.1352）和中低密集型（1.0409）产业同时扩张。

3. 第三产业结构变动

从第三产业内部结构看，第三产业包括交通运输仓储和邮政业、批发和零售业、住宿和餐饮业、金融业、房地产业、其他服务业。通过对五大经济特区第三产业增加值的行业数据分析，可计算出2010~2011年深圳、珠海、汕头、厦门和海南的第三产业结构变化值分别为4.16%、2.44%、4.42%、5.62%和5.04%（见图13）。其中，珠海的第三产业结构变化值最小，而深圳、汕头、厦门和海南的计算数值相差不大。这表明，珠海的第三产业结构调整相对稳定，其他四个经济特区第三产业结构变动相对大些。

通过计算五大经济特区的第三产业行业变化趋势值（见图14），可以发现2010~2011年，五大经济特区的金融业变化趋势平均值（1.0290）和房地产业变化趋势平均值（1.0573）都略大于1，金融业和房地产业平稳扩张。而交通运输、仓储和邮政业（0.9957），批发和零售业（0.9875），住宿和餐饮业

（0.9960）、其他服务业（0.9815）的变化趋势平均值都略小于1，表明这些产业呈现微弱的收缩趋势（见图15）。

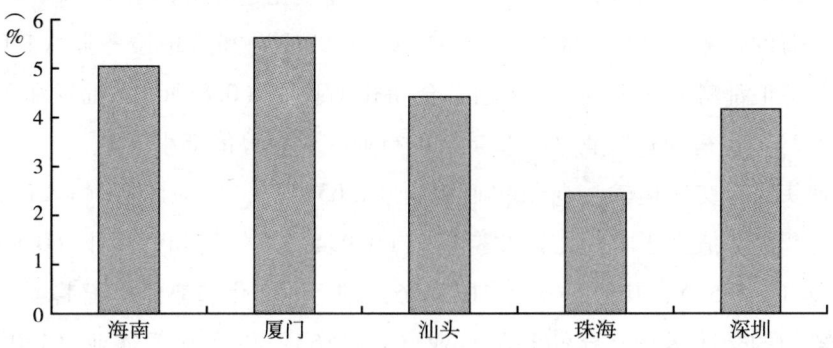

图13　第三产业结构变化值

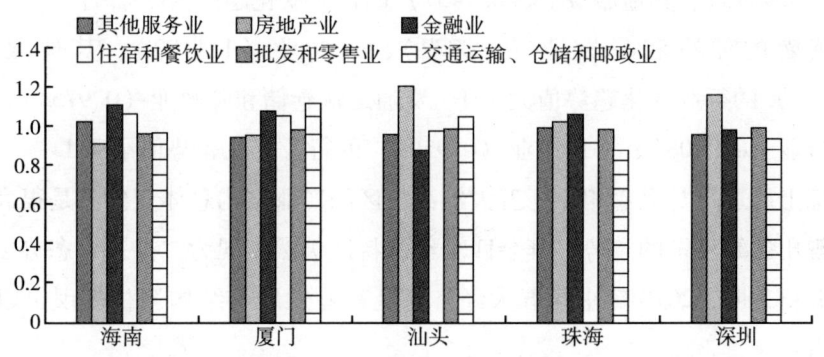

图14　第三产业行业变化趋势值

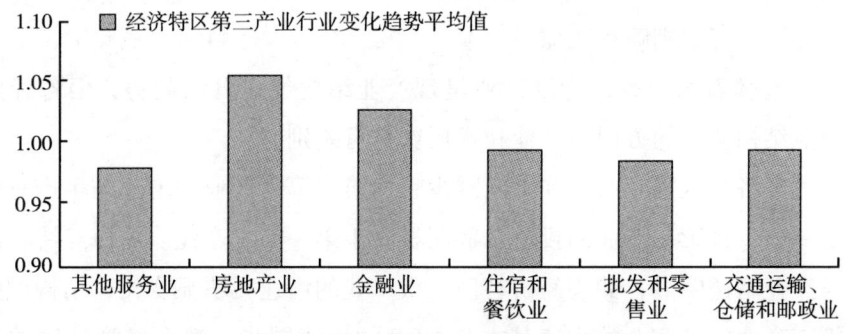

图15　经济特区第三产业行业变化趋势平均值

其中，深圳除房地产业（1.1673）呈现扩张趋势外，交通运输、仓储和邮政业（0.9452），批发和零售业（0.9983），住宿和餐饮业（0.9465），金融业（0.9866）和其他服务业（0.9640）的行业变化趋势值都小于1。

珠海的金融业（1.0686）、房地产业（1.0313）和其他服务业（1.0001）变化趋势值都略大于1，交通运输、仓储和邮政业（0.8836），批发和零售业（0.9922），住宿和餐饮业（0.9236）的行业变化趋势值都小于1。

汕头只有交通运输、仓储和邮政业（1.05877），房地产业（1.2138）的行业变化趋势值大于1，批发和零售业（0.9943）、住宿和餐饮业（0.9844）、金融业（0.8854）、其他服务业（0.9666）的行业变化趋势值小于1。

厦门的交通运输、仓储和邮政业（1.1156），住宿和餐饮业（1.0529），金融业（1.0863）的行业变化趋势值大于1，批发和零售业（0.9821）、房地产业（0.9543）、其他服务业（0.9437）的行业变化趋势值小于1。

海南的住宿和餐饮业（1.0727）、金融业（1.1182）、其他服务业（1.0331）的行业变化趋势值大于1，交通运输仓储和邮政业（0.9754）、批发和零售业（0.9708）、房地产业（0.9199）的行业变化趋势值小于1。

综上所述，与上年相比，五大经济特区的产业结构总体变化不是很大，深圳呈现出二缩三扩的态势，其余四个经济特区仍然表现为二扩三缩态势。

分析表明，2010年中国五大经济特区产业发展与结构调整表现出以下共同特点：

（1）产业发展依然以中低技术密集型和中高密集型产业为主。第三产业行业内部结构调整继续加大，房地产业和金融业实现平稳扩张，住宿和餐饮业等四大类第三产业则略有收缩。

（2）总体看来，经济特区产业呈现产业结构优化升级趋势，但各经济特区的产业结构调整的方向与产业技术层次具有差别。

深圳经济特区第一产业在不断减少，而第二第三产业的增速与生产总值增速基本一致，且第三产业的投资总额明显高于第一第二产业。珠海经济特区第二第三产业增速明显，汕头经济特区三次产业的增速无明显变化，结构调整微弱，第三产业中各产业的增速基本与GDP的增速同步，整个经济特区的产业发展以规模扩张为主，该区需要面对产业转型升级的挑战。厦门经济特区三次产业的增速无明显变化，海南省农业出现了一定程度的增长，第二第三产业增速不明显。

（3）战略性新兴产业发展趋势明显。深圳经济特区第三产业中现代服务业和战略性新兴产业的增速明显比其他产业增速快，珠海经济特区六大支柱产业中，生物制药产业增速最大，高技术制造业中，医药制造业、电子计算机及办公设备制造业和医疗设备及仪器仪表制造业均大幅增长，而电子及通信设备制造业呈下降趋势，先进制造业中，石油及化学行业增长迅猛，厦门经济特区高新技术产业稳步发展，高新技术企业不断壮大。

四 经济特区产业转型发展的政策建议

根据德意志银行的研究报告，欧美经济增长每下跌1%，中国出口增长就要下跌6%。作为外向经济特征较为显著的中国经济特区，在全球经济增长放缓、外需持续趋紧的特殊背景下，其产业发展思路应当促进内外需融合发展，在吸引外资的同时促进国内民间投资，鼓励和支持民营企业发展，培育稳定的国内市场需求，形成对产业发展有利的国内市场条件。继续积极参与全球产业国际分工，支持企业在海外市场建立境外生产基地，努力与全球产业格局形成良性互动的协作关系，提升参与国际产业分工的能力。继续调整优化三次产业结构，促进劳动力、土地及资本等要素的良性流动，形成合理的产业结构和产业布局。

（一）深化产业结构战略性调整，推动经济特区产业绿色转型

在资源环境约束日趋强化、要素成本不断上升、产能过剩矛盾日益凸显的背景下，经济特区要坚持全面提升与重点突破相结合，坚持市场调节和政府引导相结合，深化产业结构战略性调整，突出重点领域的节能减排，化解产能过剩问题，实现产业资源的优化配置，推动经济特区产业绿色转型。节约资源，保护环境，走绿色发展之路，既是经济特区产业转型的历史使命，也是提高经济特区产业竞争力的重要途径。传统产业在现阶段及未来一段时间内仍将是部分经济特区发展的主体力量，必须健全激励和约束机制，加快向绿色、低碳方向转型发展。在第一产业领域，大力推进农业现代化，继续提升农产品市场竞

争力,不断提高农业经济效益。在第二产业领域,要培育壮大战略性新兴产业,大力发展高新技术产业,加快发展先进制造业,推进信息化与工业化融合,坚持中国特色的新型工业化道路。在第三产业领域,要拓展服务业新领域,把提升现代服务业辐射功能作为产业结构优化升级的战略重点,为构建现代产业体系奠定坚实基础。

(二)培育产业创新能力,促进经济特区产业升级

当前经济特区的产业扩张大都以中低技术密集型和中高技术密集型产业为主,产业创新能力不足,整体竞争力不强。要增强经济特区产业发展的动力和活力,必须以创新培养内生增量,加快提升产业发展质量。要积极整合研发资源,形成层次丰富、结构合理的产业研发布局。围绕现代产业发展的需求,加快产业技术跨越式发展。不断采用高新技术促进传统产业改造提升,增强产业链配套能力,推动产业链条向高附加值的两端延伸,加快经济特区产业升级。继续推动企业成为技术创新主体,促进科技与经济紧密结合。大力支持企业加强研发中心建设,提高科技成果转化和产业化水平,完善技术创新成果迅速转化为现实生产力的体制机制。加大财政支持力度,完善创新创业融资环境,构建支撑有力的自主创新政策环境。激发科技型小微型企业发展活力,落实好支持小微企业发展的各项政策措施,加大政银企对接力度,帮助企业缓解融资难,培育一批创新能力强、经济效益好的创新型企业。

(三)发挥先行先试优势,优化经济特区产业空间布局

新形势下,经济特区要继续发扬敢为天下先、大胆探索的改革创新精神,深化体制机制创新,在重要领域和关键环节发挥先行先试的重要作用。经济特区必须结合自身优势,立足自身的资源禀赋和产业基础,支持特色产业发展,壮大优势产业,统筹规划部署,着力解决产业发展中的突出问题,优化产业空间布局。要不断加强区际产业合作,有序引导生产环节向外转移,逐渐淘汰资源型低端落后产业和落后生产能力,为引入高端重大项目腾出空间,形成高进低出、优胜劣汰的良性机制。积极推进跨区域产业园区的提升改造,探索建立土地收益调节机制,利用经济手段提高产业用地的集约化水平。引导生产要素

向产业园区集聚,促进形成产业特色鲜明、配套体系完备的现代产业集群,构建优势互补、良性互动的区域经济发展新格局。扩容后的经济特区还要进一步加快特区内外一体化进程,通过增量优化存量,创新土地政策,提高空间利用效率,有序推进城市更新改造和城市化发展,为产业发展提供有利条件和宝贵空间。

参考文献

[1] 《深圳市2011年国民经济和社会发展统计公报》,http://www.sztj.gov.cn/xxgk/tjsj/tjgb/201204/t20120427_2061610.htm,2012年4月27日。

[2] 《2011年珠海市国民经济和社会发展统计公报》,http://www.stats-zh.gov.cn/o_tjgb/tjgb/2011.htm,2012年3月19日。

[3] 《2011年汕头国民经济和社会发展的统计公报》,http://sttj.shantou.gov.cn/,2012年4月11日。

[4] 《2011年厦门市国民经济和社会发展统计公报》,http://www.stats-xm.gov.cn/tjzl/tjgb/ndgb/201203/t20120320_20424.htm,2012年3月19日。

[5] 《2011年海南省经济和社会发展统计公报》,http://www.hi.stats.gov.cn/hnstjj/tjsj/tjgb/fzgb/n1/201206/t20120619_710574.html,2012年2月5日。

[6] 《海南统计年鉴2012》,中国统计出版社,2012年9月。

[7] 《福建统计年鉴2012》,中国统计出版社,2012年7月。

[8] 《厦门经济特区统计年鉴2012》,中国统计出版社,2012年8月。

[9] 《深圳统计年鉴2012》,中国统计出版社,2012年8月。

[10] 《广东统计年鉴2012》,中国统计出版社,2012年8月。

[11] 《深圳市政府工作报告》,http://district.ce.cn/newarea/roll/201201/21/t20120121_23017870.shtml,2012年1月21日。

[12] 《珠海市政府工作报告》,http://district.ce.cn/newarea/roll/201202/09/t20120209_23057578.shtml,2012年2月9日。

[13] 《汕头市政府工作报告》,http://www.ydtz.com/news/htm/201211484333.htm,2012年1月6日。

[14] 《海南省人民政府工作报告》,http://www.gov.cn/test/2012-02/15/content_2067310.htm,2012年2月15日。

[15] 《2011年海南省经济和社会发展统计监测结果》,http://www.hainan.gov.cn/data/news/2012/02/148189/,2012年2月21日。

B.3 中国经济特区资源效率与可持续发展报告

钟若愚　庄伟锋*

"起飞"和可持续发展是发展经济学关注的两大关键问题。前者即何时"起飞"、如何实现"起飞"、资本不足问题如何突破等,往往在经济发展初期被关注更多。对于在发展进程中领先一步、实现了要素积累和技术积累的经济特区而言,能否实现可持续发展是未来更应关注的议题,即今天的发展如何为明天留下足够的资源、空间,当代人怎么在不掠夺下一代或后代发展资源的基础上实现有效率的"起飞"和持续的经济增长。[①]

本报告从资源生产率视角解析可持续发展,考察中国五大经济特区资源效率与可持续发展问题。本文引入物质流分析(Material Flow Analysis,MFA)方法,构建城市和区域层面基于MFA分析的资源效率研究指标,将城市和区域发展进程中资源投入及其效率问题纳入经济分析框架,并就中国五大经济特区资源利用效率和可持续发展问题加以分析。

一　资源效率与可持续发展

(一)自然资源与可持续发展

可持续发展(Sustainable development)的概念是国际自然资源保护联盟

---

* 钟若愚,深圳大学中国经济特区研究中心教授、经济学博士,深圳市应用经济研究会会长;庄伟锋,深圳大学中国经济特区研究中心硕士研究生。本报告同时也是教育部人文社科重点研究基地重大项目(10JJDZONGHE019)的阶段性成果。硕士研究生林滨参与了前期部分原始数据的整理和搜集工作。

[①] 参见钟若愚《以效率和质量看待经济特区的未来发展》,《特区经济》2012年第2期。

1980 年在其世界保护战略文本中提出的（Palmer，1992；Smith，1993）。该机构主张，可持续性是一个能使自然资源利用、基因多样性保护和生态系统恢复得以兼容与持续的策略性概念。1987 年，联合国世界环境和发展委员会（the World Commission on Environment and Development）发表了著名的报告《我们共同的未来》，该报告将"可持续发展"定义为："既满足当代人的需求，又无损于后代人满足其自身需求的能力的发展①"。这一定义由于将可持续发展界定为需求，因而在可操作性方面是含糊的并容易引起歧义。在这一界定基础上提出的各种可持续发展概念则包罗万象，污染控制、生物多样性保护、社会平等、生活质量提高等均被用来定义和论述可持续发展，以至于有学者称可持续发展已经成为一种被"泛用"的名词②。

人类社会的发展是一个世代发展的过程，可持续发展的基本理念必然涉及代际公平这一根本问题。在可持续发展的有关界定中，《布伦特兰报告》的一般性表述已包含了非常强烈的代际公平含义，艾歇因（Asheim，1991）则更为明确地表达了代际公平的含义："可持续发展是我们世世代代资源基础管理的一种要求，以保证我们能确保的平均生活质量能被未来世代分享③"。在关于可持续性的不同界定中，后代的地位是奠基石④。类似于《布伦特兰报告》中的定义，实际上给各代人都加上了一种责任和义务，这种义务要求每一代人都要为后代留下不曾损耗的自然资源储量。

从可持续性发展的要求来看，我们今天所思考的自然资源，其含义应远超出对有形的自然资源的理解。Krutilla（1967）的经典文献，对自然资源舒适性、选择价值等所提出的问题至今仍值得我们深思⑤。Krutilla 认为，技术对资

---

① 该委员会当时的领导人是挪威前首相布伦特兰（Gro Harlem Brundtland），1987 年总结报告又被称为《布伦特兰报告》。
② 参见张丰《可持续发展中代际公平与折现率的经济学分析》，《经济科学》2002 年第 3 期。
③ Asheim G B. Defining sustainability when resource management does not have deterministic consequences mimeo. Development of Economics, University of Oslo, 1991.
④ 例如 Winpenny（1991）中的界定："可持续发展旨在让我们在特定时期内完整无缺地留下我们继承的、包括自然环境资产在内的总财产。我们应当把我们当前享受到的、蕴藏着潜在福利机会的同等的资本传给我们的后代。" Winpenny, J. T. (1991), Values for the Enviroment, HMSO, London. 转引自 E. 库拉《环境经济学思想史》(2007)，上海人民出版社，第 176 页。
⑤ Krutilla, J. V. 1967. Conservation Reconsidered. American Economic Review 57 (4): 777-786.

源物品的替代远高于对资源舒适性的替代，因而，资源舒适性①的相对价值将随着时间而大大增加。这一点对发展的决策具有重要意义，尤其是在其未来价值不确定的情况下要考虑和权衡保护环境的效益对当期福利或当代人福利所产生的影响。保存选择原则就是体现代际公平关系的一个重要原则②：当代人应当为后代人保存自然和文化资源的多样性，使之具有选择的多样性。

（二）资源效率、选择价值与可持续发展

经济特区的未来发展与跨期选择紧密相关。在经济特区的发展进程中，考虑特区发展的未来是个前置条件，这种跨期决策要关注的是：今天的发展如何为明天留下足够的资源、空间，我们这一代如何在不掠夺下一代或后代发展资源的基础上实现有效率的起飞和持续的发展？一方面，资源的可持续利用是实现可持续发展的前提条件；另一方面，当代人利用资源环境的后果直接涉及后代人的利益（即代际公平问题），而后代人的主体缺位和当代人的短视行为，都会导致当代人对全人类共有资源的滥用，造成资源利用的代际失衡。

1977 年，Westman 在 Science 发表文章提出"自然的服务"（nature's services）概念及其价值评估问题，认为自然资源价值由直接使用价值、间接使用价值、选择价值、遗传价值和存在价值构成。举例来说，资源舒适性就是一种间接使用价值，而后三者则是通常所说的非使用价值。经济学对选择价值的界定是，除消费者剩余以外，保留对未来不确定的商品或服务的选择机会所带来的价值。一般来说，资源舒适性的相对价值还将随着时间的推移而大大增加，而选择价值则往往不确定。

今天，人们对生物多样性的保护，其实旨在保护人类未来——未来的人类经济、社会、环境的持续发展。这至少基于两种理由：一方面是基于人类的"无知"——目前我们对于地球上物种及其有价值的基因的认识和利用还

---

① 资源舒适性（Resource amenities）的价值主要在于未来的不确定性。因而，Jeffrey A. Krautkraemer 宣称：关于资源物品与资源舒适性概念的引入，对政策的含义在于：环境政策的决策决不应只盯着某一种单一的资源，而要着眼于特定的生态系统以及整体上的环境。
② 杨勤业、张军涛、李春晖：《可持续发展代际公平的初步研究》，《地理研究》2000 年第 19（2）期。

相当有限。保护生物多样性,对未来寻找新基因、培育新品种十分必要。另一方面是基于后代的"选择"机会——满足子孙后代对物种及生存环境的可能需求。

关注间接使用价值和非使用价值,能帮助人们摆脱短视的心态和行为。这对发展的决策具有重要意义,尤其是在其未来价值不确定情况下要考虑和权衡保护环境的效益对当期福利或当代人福利所产生的影响。因此,体现代际公平关系必须坚持保存选择的原则,即当代人应当为后代人保存自然和文化资源的多样性,使之具有选择的多样性。这就是"选择价值"的战略意义[①]。

经济特区的未来发展需要为后代保存选择的机会。人类中心主义(anthropocentrism)认为,物种仅具有工具价值(instrumental value),而没有内在价值(intrinsic value),也就是说,物种是因其能提供给人类各种利用而被认定为具有其存在的价值。在这种信念下,人们只想到如何才能持续享有自然所提供的工具价值。平肖在自传《开拓疆土》中把资源保护主义定义为"为了人类持久利益开发和利用地球及其资源的政策"。缪尔则不同意那种把自然资源仅当作供人使用的商品来对待的工具主义观念,坚持为荒野的精神、审美价值以及其他生物的内在价值辩护。选择价值便是他所说"内在价值"的核心之一。

选择价值之所以重要,首先是因为选择权是优先于后果考量的权利,而不是因为今天的选择可能导致好的或不好的特定后果。因此,选择价值意味着为后代保存可能的选择机会。

二 方法与框架:城市层面物质流分析与资源效率指标构建

从可持续发展的角度来考虑,生产效率不仅要注重劳动生产率、资本产出率等指标,还要关注生态效率视野中的资源生产率。借助于物质流分析(MFA),可以为研究资源生产率问题提供一种新的视角(钟若愚,2008,

---

① 参见钟若愚《选择价值与城市未来》,《中国社会科学报》2012年10月29日。

2010)。为进一步解析城市和区域层面的物质资源利用状况及其资源效率特征,本文引入物质流分析方法,表征城市层面研究资源效率与可持续发展问题。

(一)物质流分析的三个层次

物质流分析为可持续发展研究提供了一种前沿而简洁的思维方式与研究手段,一些国家采用MFA方法来表述国家资源投入、废弃物产生和废弃物再生利用,并在该分析方法框架基础上量化描述自然资源的消耗与人类经济活动的关系、废弃物的产生与人类经济活动的关系,以及废弃物的再使用和资源化再生利用等。

物质流分析(MFA)的研究通常分为三个层次:宏观、中观及微观。宏观层面指国家级的物质流分析;中观层面指区域或城市的物质流分析;微观层面则针对具体企业(陶在朴,2003)。目前的研究主要集中在宏观和微观层面。

城市层面有一些研究者进行了MFA研究,例如德国的汉堡、英国的伦敦、奥地利的维也纳、新加坡等城市。各城市间物质流分析方法的运用往往采用了不同方式,例如伦敦只计算了直接物质投入,而维也纳则采用全生命周期方法,从消费开始最终计算出物质总需求。

伴随着中国城市化的快速进展,对城市资源能源消耗、环境污染、生态破坏等问题开展定量研究显得更为必要和重要,MFA是开展这些研究的有效工具,但由于分析框架的支撑缺乏系统性,城市层面MFA分析进展缓慢,在区域或城市层面的MFA分析成果还不多。

(二)城市层面的物质流分析框架与指标

物质流分析把社会经济系统看作一个整体,考察其总体的输入、消耗与输出,即"社会的新陈代谢"。从输入端对进入经济系统的物质流进行研究,可以界定区域或城市层面物质流分析的物质类目。目前城市物质流分析仍大多采用国家MFA分析框架,但城市MFA与国家MFA在研究尺度上的差异,导致国家层面的MFA分析框架并不适合直接用于研究城市可持续发展问题(陈波等，2010）①。这主要表现在：（1）国家层面的物质流分析关心系统边界上输入与输出总量及其背后的隐藏流，而输入与输出的结构相对次要，但在城市层面，输入输出结构与城市产业结构密切相关，在城市层面单纯讨论物质输入与输出总量问题缺乏意义，结合对城市产业结构的解析来考察输入与输出结构更为重要②；（2）国家 MFA 框架缺乏反映城市可持续发展细节的能力，如城市对可再生能源的使用情况、对废旧资源的综合利用情况等。③

而且，国内现有的城市 MFA 研究大都以欧盟导则这一框架为基础。如 2004 年徐一剑等利用欧盟导则分析贵阳市物质流情况，给出了 2000 年的物质流全景及 1978~2002 年资源投入，1996~2002 年污染排放总量、结构、强度与人均规模的变化④，不过该研究并未完整考虑与系统代谢相关的所有物质流。此后黄和平（2006）⑤、黄晓芬（2007）⑥、钟若愚（2008）⑦ 等同样利用欧盟导则对常州市武进区、上海市、深圳市等地分别进行城市层面物质流分析。2008 年，石磊、楼俞等结合城市数据统计资料的实际情况，通过将 SFA 的结果引入城市物质流核算的工作中，建立了基于城市统计资料及城市主要元素 SFA 分析结果的城市物质流分析框架及测算方法，该研究重点探讨基于城市现有统计体系的数据核算方法⑧。

需要注意的是，城市和区域层面与国家层面物质流分析的边界不同。国家层面物质流分析需要界定国内经济体系与国外的输入输出边界，以及国内经济

---

① 参见陈波、杨建新等《城市物质流分析框架及其指标体系构建》，《生态学报》2010 年第 22 期。
② 由于国家层面是一个封闭系统，讨论其输入与输出总量比较重要，而城市系统是开放的边界，单纯讨论输入与输出总量问题既有难度也缺乏实际意义。
③ 陈波、杨建新等：《城市物质流分析框架及其指标体系构建》，《生态学报》2010 年第 22 期。
④ Xu Y J, Zhang T Z, Shi L, Chen J N. Material flow analysis in Guiyang. Journal of Tsinghua University (Science and Technology), 2004, 44 (12): 1688 – 1691.
⑤ Huang H P, Bi J, Li X M, Zhang B, Yang J. Material Flow Analysis (MFA) of an eco-economic system: a case study of Wujin District, Changzhou. Acta Ecologica Sinica, 2006, 26 (8): 2578 – 2586.
⑥ Huang X F, Zhu D J. Material input analysis of Shanghai economic and environmental system. China Population, Resources and Environment, 2007, 17 (3): 96 – 99.
⑦ 钟若愚：《深圳资源生产率的变迁及其影响》，《开放导报》2008 年第 4 期。
⑧ 石磊、楼俞：《城市物质流分析框架及测算方法》，《环境科学研究》2008 年第 4 期。

体系与自然环境之间的边界①。城市或区域层面物质流分析则略有不同，需要界定：区域内经济体系与自然环境之间的边界、区域内经济体系与国外经济体系的边界和区域内经济体系与国内其他经济体系的边界②。国内经济体系与国外的物质流交换主要通过进口和出口的形式表现，为了区分国家层面的进口与出口，本文则将城市、区域层面进口与出口称为调入与调出。陈波等则建立了一种基于城市尺度的 MFA 框架（参见表1）。

表1 城市物质流分析的一种指标体系

指标类别	指标	计算方法	说明
输入指标	直接物质输入量（DMI）	本地开采量 + 外地调入量	直接进入城市经济系统并参与生产、消费等代谢过程的物质总量
	总物质输入量（TMI）	DMI + 本地隐藏流	城市经济系统直接输入或直接影响的物质总量
	总物质需求量（TMR）	TMI + 调入隐藏流	城市经济系统直接和间接输入或影响的物质总量
	本地总物质需求量（DTMR）	本地开采量 + 本地隐藏流	城市经济系统输入或影响的本地的物质总量
消费指标	内部物质消费量（DMC）	DMI – 调出量	城市经济系统直接消费的物质总量
输出指标	过程总排放（DPO）	污染物排放 + 耗散性排放	城市经济活动直接排放的物质总量（不包括本地原料采掘过程的排放）
	直接物质输出（DMO）	DPO + 调出	城市经济活动直接排放（不包括本地原料采掘过程的排放）及输出的各类物质总量
	总物质输出（TMO）	TDO + 调出	城市经济活动直接排放及输出的各类物质总量

资料来源：根据陈波、杨建新等《城市物质流分析框架及其指标体系构建》，《生态学报》2010 年第 22 期整理。

本报告对资源效率的探讨则建立在以下一个简化的物质流分析框架之上。反映物质资源投入的指标主要有：直接物质输入量（DMI）、总物质输入量（TMI）、总物质需求量（TMR）、本地总物质需求量（DTMR）以及内部物质

---

① 参见徐福军《基于物质流分析的区域循环经济评价——以山西省榆林市为例》，西北大学硕士学位论文，2011 年。
② 参见周震峰《基于 MFA 的区域物质代谢研究——以青岛市城阳区为例》，中国海洋大学硕士学位论文，2006 年。

消耗指标（DMC）。本报告拟采用直接物质输入量（DMI）表征城市层面的物质输入量。对于不同资源消耗类型的城市而言，直接物质输入量与本地物质消耗指标有几种对应关系，其中对于资源调入型的城市而言，可将直接物质消耗等同于直接物质输入指标。

出于城市边界系统的界定以及城市物质资源使用数据的可得性等因素的考虑，且服从于本报告对经济增长过程中着重研究与工业化发展相关的物质资源利用问题的需要，本文对所用的直接物质输入指标加以简化分类（参见表2）。

表2 城市物质流分析的简化框架：直接物质输入指标的分类

指 标	大 类	构成项目	细分指标	主要内容
输入指标 DMI	直接物质输入 = 本地投入 + 外地调入 DMI = DE + I	本地投入 DE	1. 化石燃料	(1) 原煤 (2) 原油 (3) 天然气
消耗指标 DMC	直接物质消耗 = 直接物质输入 - 本地调出 DMC = DMI - E		2. 工业金属矿物	(1) 铁矿石 (2) 铝矿石 (3) 铜矿石 (4) 其他
			3. 工业非金属矿物	(1) 化学化工原料 (2) 初级形态的塑料 (3) 玻璃、水泥等 (4) 其他
			4. 生物质	(1) 农作物 (2) 林产品 (3) 水产品 (4) 畜产品
		调入（进口）I	化石燃料；工业矿物；生物质	
		调出（出口）E	化石燃料；工业矿物；生物质	

注：1. 本文根据研究需要提出物质流简化分析框架；
2. 城市物质流分析框架上借鉴国家物质流分析框架，对应于国家层面的进、出口，城市层面上则称为调入、调出。

（三）基于物质流分析的资源生产率指标构建

资源生产率可以用经济社会发展的价值量（一般是GDP总量）和资源实

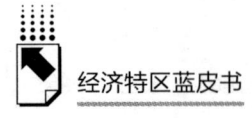

物量比值来衡量：

$$资源生产率(RP) = \frac{经济社会发展(价值量)}{资源(实物量)}$$

使用物质流分析方法，可以为研究资源效率问题提供一种创新视角。物质流分析通过对物质投入、物质排出和物质存量进行详细分类，把物质流系统与国民经济核算指标相结合，构建出一系列衍生指标，主要包括以下三类：(1) 与物质投入相关的指标，如资源使用强度、资源生产率；(2) 与物质消耗相关的指标，如资源消耗产出率、资源消耗强度；(3) 与物质排放相关的指标，如物质排放产出率、物质排放强度等。在此基础上，建立以物质流分析为基础的资源生产率分析框架。在这个框架中，社会经济系统是一个整体，考察其总体的物质输入、消耗与输出，对从输入端进入经济系统的物质流进行研究。从资源生产率的含义出发，还可进一步分析经济增长中资源效率因素的影响。

目前衡量自然资源生产率的常用简化指标是 Pearce 指标（Pearce, 2001）[①]：$R = \frac{Y}{m}$，这里 Y 指的是产出量，m 指的是物质资源投入量（materials input）。Allan 和 Hanley（Allan，2006）等人认为这种简单的测算方式有以下三个好处：(a) 有利于节约稀缺的物质资源；(b) 有利于保护物质资源被转化为废弃物时作为接收器的自然环境；(c) 提升企业的收益率。Pearce 宣称，由于市场自会处理（a）和（c），那么（b）是其中最重要的理由。

资源生产率首先是一种生产效率，它衡量经济活动使用自然资源的效率。现有新古典的框架中，自然资源只是与劳动、资本等结合在一起发生作用，衡量产出时资源因素的作用并未体现。因而，新古典经济学中资源的效率问题也仅仅是一种经济效率，即资源配置的效率，相应的，获取资源效率的手段也只是市场价格。从可持续发展的角度来考虑，生产效率不仅要注重劳动生产率，还要关注生态效率视野中的资源生产率。Pearce 等构造的资源生产率，是对经

[①] Pearce, D. W. Measuring Resource Productivity. Paper to DTI/Green Alliance Conference, 2001.

济效率与生态因素的综合而非仅仅考虑配置效率，因而本质上是一种超越了经济效率的生态效率概念。①

三 经济特区物质流分析及结果

（一）物质流分析的数据来源及处理

本文数据均来自公开出版的统计年鉴以及相关调研数据。由于城市和区域系统界面存在着数据匮乏、获取成本过高等问题，数据处理的过程遵循以下假设并进行整理：（1）本地对某种物质有消费需求，如果本地有生产则优先选择本地生产；（2）如果本地生产的某种物质供过于求，则假设调入量为零；（3）如果本地生产物质无法满足本地需求量，则假设调出量为零。②

除了海南省之外，其他经济特区的化石燃料、金属矿物、工业非金属矿物均属于内部供给不足、需从外部调入或进口的状态，可依据假设（3）进行数据处理。珠海、厦门生物质数据的处理与深圳生物质数据处理方法一样，生物质本地供应不足，远远大于本地产量，由于外地调入量无法可靠取得，鉴于城市直接物质投入量＝本地生产＋外地调入量，同时本地生产基本就近消耗，假定不存在出口情况，故采用本地人均消费量估算生物质消耗量。主要类别物质流数据处理如下：

（1）化石燃料、工业金属矿物、工业非金属矿物均由市外引进，本地基本上没有开采。化石燃料、工业非金属矿物、工业金属矿物用年产量表示，其中化石燃料包括原煤、原油和天然气三部分。部分早期年份的统计数据缺失，采用线性插值法补整。

（2）工业金属矿物由铜矿石、铝矿石、铁矿石等物质组成，可通过金属

---

① 参见钟若愚《自然资源价值与效率问题研究》，《求索》2008 年第 5 期。
② 城市或区域物质流分析的难点在于物质进出口数据的处理。此处的进口、出口是指深圳市域内与中国其他省市物质流通以及与国外各国、地区的贸易，而不是通常意义上的国与国之间的进出口贸易。

产量进行推算①。由于深圳等特区是典型的资源调入型城市且缺乏相关数据，本文采用可获得的成品钢材及部分年份进口铁矿石数量、铝材等进行计算②，从相应统计年鉴仅可得到产品产量数据，而缺乏原矿产量数据。计算方法是由其金属制品的产品，通过投入产出关系，计算其原矿需求量。基于上述对本地产量供不应求的假定，可令直接物质投入量＝本地开采＋外地调入，原矿需求量也即本地开采量＋外地调入量，因此原矿需求量等于直接物质投入量。此外，本书不计算矿产资源开采的生态包袱数值。③

（3）生物质由农作物、经济作物和林木年产量、水产品等代表。除海南外，深圳等特区生物质基本上处于供不应求的情况，远远大于本地产量，由于外地调入量无法可靠取得，鉴于城市直接物质投入量＝本地生产＋外地调入量，同时深圳等特区的生物质本地生产基本就近消耗，不存在出口情况。本书根据主要生物质本地人均消费量水平对生物质消耗量进行估算得到。

（二）物质流分析的初步结果

本报告在城市或区域层面引入物质流分析方法，得到物质流分析的基本指标直接物质输入指标 DMI，并用来表征各特区经济发展过程中物质资源投入，在此基础上，进一步衡量其资源效率问题。

1. 历年 DMI 总量及其变化

DMI 指标反映了各特区经济增长过程中直接物质投入总量的情况。表3和图1、图2反映了1996~2011年各特区 DMI 总量变化情况，在所考察的五大经济特区中，海南省直接物质消耗总量高于其他特区，DMI 总量较低的是厦门、汕头和珠海。

---

① 工业矿物的计算参照澳大利亚东北部城市约克角（York）计算方法，工业产品由原材料组成，通过由产品分解成材料来计算。因计算复杂，以主要工业产品产量折算和代替工业矿物来简化处理，数据取自历年统计年鉴。

② 根据铝矿石含铝量40%、1吨粗钢需要1.6吨含铁量为62%的铁矿石等技术指标进行换算。

③ 根据相关文献（Adriaanse，1997）的计算标准，也可参考并估计矿产资源开采的生态包袱数值。如铜的隐藏流系数为184吨/吨，进口的铜精矿含纯铜约占7%；铁的隐藏流系数为4.64吨/吨，假定每吨采出的粗矿石（假设矿石含铁58%）的覆盖层为1.8吨；锡的隐藏流系数为1448.9吨/吨（假设矿石的锡含量29%）；铅的隐藏流系数为16.2吨/吨（假设富集矿中铅含量61%）；铝的隐藏流系数为4.92吨/吨。

表3 1996～2011年各经济特区直接物质投入指标（DMI）情况

单位：万吨

年份	直接物质投入 DMI				
	海南	深圳	厦门	汕头	珠海
1996	1327.03	1150.38	187.14	594.24	267.63
1997	1495.32	1121.14	206.87	599.35	312.78
1998	1641.63	991.79	246.16	563.23	356.94
1999	1746.21	1270.65	253.29	555.17	398.39
2000	1829.41	1340.19	287.55	534.93	443.86
2001	1832.51	1387.59	304.70	491.92	498.05
2002	2009.12	1562.40	339.50	527.19	548.23
2003	2171.42	1789.61	388.97	562.14	613.94
2004	2382.30	1777.49	434.31	601.68	629.90
2005	2280.86	1742.99	537.17	647.50	641.72
2006	2599.76	1889.28	656.79	672.92	691.17
2007	2843.29	1910.79	659.90	659.96	932.26
2008	2981.38	1863.54	751.57	645.83	1031.04
2009	3395.65	1787.32	755.23	764.51	1052.23
2010	3792.61	1861.30	925.55	1041.16	1122.97
2011	4399.84	2024.67	1028.02	1096.74	1132.95

资料来源：根据本书物质流分析简化框架计算整理得到。

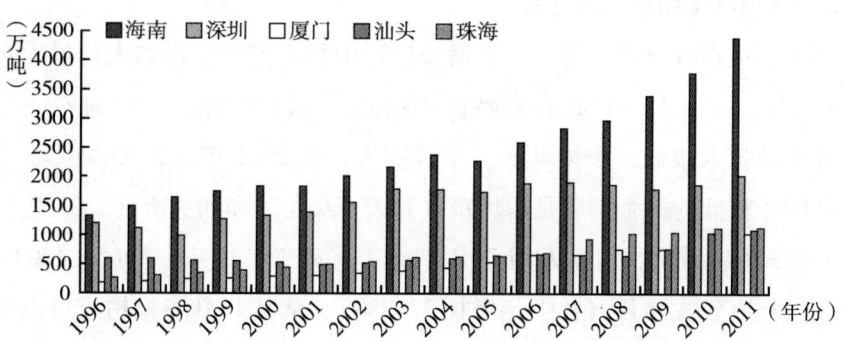

图1 1996～2011年五大经济特区直接物质投入DMI指标比较

从资源消耗增长情况看，厦门DMI总量从1996年的187.14万吨增长到2011年的1028.02万吨，1996～2011年年均增长速度12%；DMI年均增速最低的是深圳（3.8%），海南、汕头和珠海的年均增速分别为8.3%、4.2%和10.1%。

从历年的变化情况看，珠海2007年DMI指标比上年增长34.9%，分析其

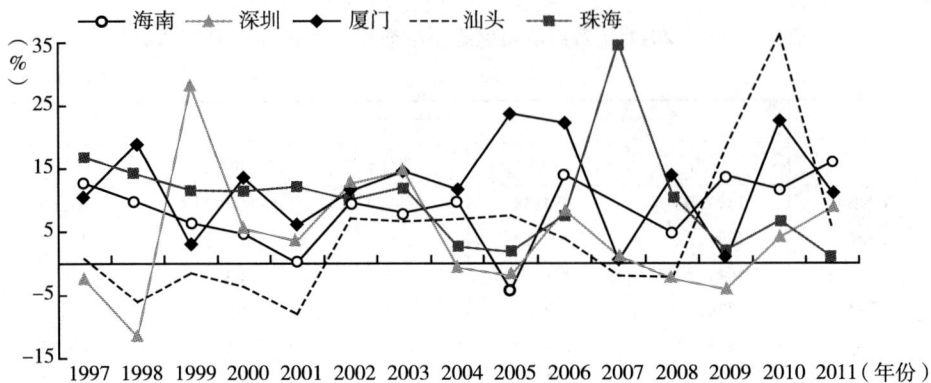

图2　1997~2011年各特区DMI指标增长率

DMI构成的增长情况可知，当年DMI增长主要来自化石燃料的大幅增长（比上年增长51.7%[①]）；汕头2010年DMI指标比上年增长36.2%，分析其构成发现，DMI增长主要来自当年化石燃料的大幅增长（比上年增长56.9%），化石燃料中原煤使用量比上年增长59.1%。可以发现，化石燃料使用情况的剧烈波动是影响考察期间DMI增长变化的主要因素，这也反映出DMI构成表征了各特区工业化进程中对物质资源的消耗及变动情况。

2. 人均DMI指标及其比较

人均DMI指标反映各特区经济增长过程中物质资源消耗的人均投入水平。从表4可见，珠海人均DMI在各特区中最高，2011年高达7.23吨/人；厦门的人均DMI投入较低，1996年为0.97吨/人，到2011年为2.85吨/人。2011年人均DMI较低的两个特区是深圳市（1.93吨/人）和汕头市（2.02吨/人）。

从图3可以看出，珠海人均DMI指标一直高于其他几个特区，2007年人均DMI指标有较大增长（比上年增长32.2%），从其DMI指标构成可以发现，当年DMI构成中化石燃料的消耗增幅较大（比上年增长51.7%）。

从人均DMI年均增速来看，1996~2011年厦门、海南、珠海年均增速分别为7.4%、6.6%、6.5%，深圳人均DMI年均增速为-1.4%，汕头则为2.5%（见表5）。

[①]　其中当年原煤使用量比上年增长69.3%。

表4　各特区1996～2011年人均DMI指标比较

单位：吨/人

年份	人均直接物质投入				
	深圳	汕头	厦门	海南	珠海
1996	2.38	1.39	0.97	1.86	2.82
1997	2.12	1.37	1.06	2.06	3.08
1998	1.71	1.26	1.24	2.24	3.29
1999	2.01	1.22	1.25	2.35	3.44
2000	1.91	1.14	1.40	2.40	3.59
2001	1.92	1.03	1.39	2.38	3.88
2002	2.09	1.09	1.46	2.58	4.17
2003	2.30	1.16	1.59	2.75	4.55
2004	2.22	1.22	1.68	2.96	4.54
2005	2.11	1.31	1.97	2.78	4.53
2006	2.17	1.35	2.28	3.12	4.78
2007	2.09	1.30	2.17	3.35	6.32
2008	1.95	1.25	2.31	3.45	6.82
2009	1.80	1.46	2.29	3.86	6.83
2010	1.79	1.93	2.60	4.23	7.19
2011	1.93	2.02	2.85	4.85	7.23

注：人均指标用历年常住人口数计算。

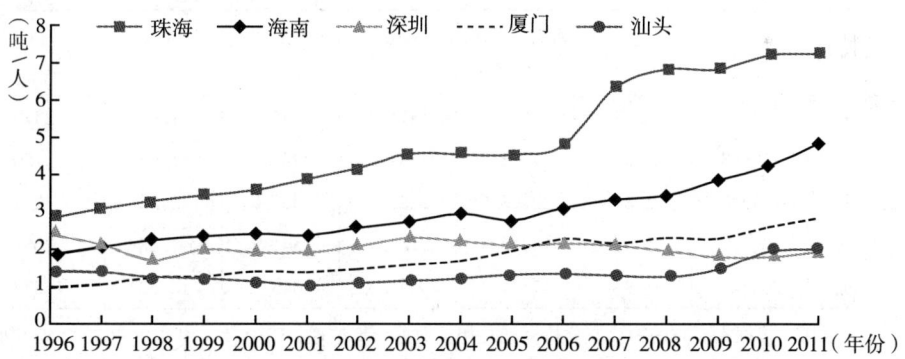

图3　1996～2011年五大经济特区人均DMI指标变化

表5　1996～2011年各特区人均DMI及其年均增速比较

	海南	深圳	厦门	汕头	珠海
1996年人均DMI（吨/人）	1.86	2.38	0.97	1.39	2.82
2011年人均DMI（吨/人）	4.85	1.93	2.85	2.02	7.23
年均增速（%）	6.6	-1.4	7.4	2.5	6.5

资料来源：根据本研究物质流分析结果计算整理得到。

这说明在考察期间，厦门、海南、珠海三地人均物质资源消耗的增长在各特区中居于高位，汕头的人均物质消耗平稳增长，深圳则从1996年后进入了DMI总量快速增长但人均物质投入逐步趋缓甚至下降的阶段。

四 经济特区资源投入比较

（一）2011年各特区DMI及人均投入比较

从物质资源投入量DMI指标及人均DMI指标来看，各特区2011年直接物质资源投入总量DMI指标从高到低依次为海南（4399.8）、深圳（2024.7）、珠海（1133.0）、汕头（1096.7）、厦门（1028.0）；但表征人均物质资源消耗水平的人均DMI指标排序则不同，从高到低依次为珠海（7.23）、海南（4.85）、厦门（2.85）、汕头（2.02）、深圳（1.93）（参见表6）。

表6 2011年各特区DMI及人均DMI等指标比较

指标	DMI（万吨）	人均DMI（吨/人）	资源生产率（元/吨）	GDP（亿元）	年末常住人口（万人）	人均GDP（万元）	人均GDP（美元）
珠海	1133.0	7.23	11613.7	1315.8	156.8	1.45	2319
海南	4399.8	4.85	4062.5	1787.4	907.8	1.97	3150
厦门	1028.0	2.85	22198.6	2282.1	361.0	2.51	4022
汕头	1096.7	2.02	10613.9	1164.1	541.7	1.28	2052
深圳	2024.7	1.93	47184.4	9553.3	1046.7	10.52	16838

资料来源：根据本研究的物质流分析框架及相关数据计算整理；GDP及人均GDP以2000年不变价格计算；人均GDP美元用2012年底人民币对美元中间价计算。

从DMI构成情况看（参见表7），2011年各特区DMI构成中最大比例的部分均为化石燃料的消耗，其次是工业用金属矿物质和非金属矿物质，这与当前经济发展中工业化增长对能源与工业矿物质的消耗需求相一致。

其中化石燃料占比最高的是汕头（占DMI比重达60.7%），最低的是海南（占34.0%）；而工业用金属与非金属矿物质合计比重从高到低依次为海南

表7 2011年各特区DMI构成及资源生产率比较

指　标	DMI（万吨）	化石燃料(%)	金属矿物质(%)	非金属矿物质(%)	生物质(%)	人均DMI（吨/人）	资源生产率（元/吨）
海　南	4399.8	34.0	14.5	31.4	20.1	4.85	4062.5
深　圳	2024.7	40.4	16.7	26.8	16.1	1.93	47184.4
厦　门	1028.0	45.6	32.8	11.8	9.8	2.85	22198.6
珠　海	1133.0	54.1	25.9	12.7	7.3	7.23	11613.7
汕　头	1096.7	60.7	13.1	18.8	20.5	2.02	10613.9

资料来源：根据本研究的物质流分析框架及相关数据计算整理。

（占DMI比重为45.9%）、厦门（占DMI比重为44.6%）和深圳（占43.5%），而珠海（占38.6%）、汕头（占31.9%）相对较低。

（二）1996～2011年各特区资源利用构成的比较

考察1996～2011年各特区DMI构成情况的变化，可以发现各特区资源投入的构成结构均有较大变化，其中深圳、海南两地这方面具有一定特点。

首先考察深圳。从1990～2011年DMI构成情况（见图4）来看，我们可以发现，1990～2011年，深圳经济增长中自然资源投入的构成结构发生了以下变化。第一，化石燃料在整体比重中快速增高，1990年所占比重为7.8%，到2011年达到40.4%，仅次于2010年的最高值40.9%。

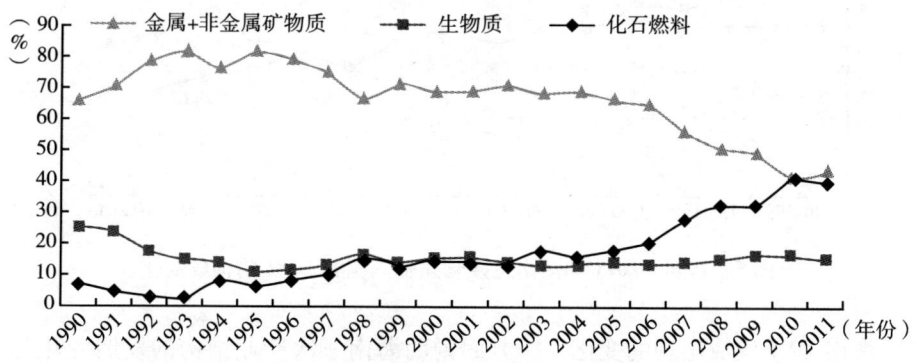

图4 1990～2011年深圳直接物质输入指标DMI的构成变化

第二，工业用金属和非金属矿物质的投入一直占比最大，1990年二者合计占DMI的比重为66.4%。伴随着深圳产业结构的发展变化，金属和非金属矿物质使用量占DMI投入的比重在90年代初至90年代中期仍高居80%左右（其中1993年、1995年占DMI的比重均为81.3%），此后随着深圳产业发展结构调整和升级提升，工业发展对金属和非金属矿物质投入量的需求占比逐年下降，2011年达到43.6%（其中2010年达到最低值41.8%）。

由此可见，自然资源投入的构成变化，与深圳工业化发展的阶段变化密切相关，其中化石能源的资源投入增长最快，而工业用金属与非金属矿物质使用的比重在逐步降低。

其次考察海南。从1996~2011年DMI构成情况（见图5）来看，我们可以发现，1996~2011年海南直接物质资源投入总量（DMI）由1996年的302.8万吨上升到2011年的1495.9万吨，年均增长8.3%；DMI构成中，化石燃料在整体比重中持续上升，年均增速11.2%，所占比重由1996年的22.8%上升到2011年的34.0%。生物质年均增长仅为3.9%，低于DMI总量增长速度，所占比重则经历了持续的快速下降，由1996年占DMI比重的37.2%降至2011年的20.1%。

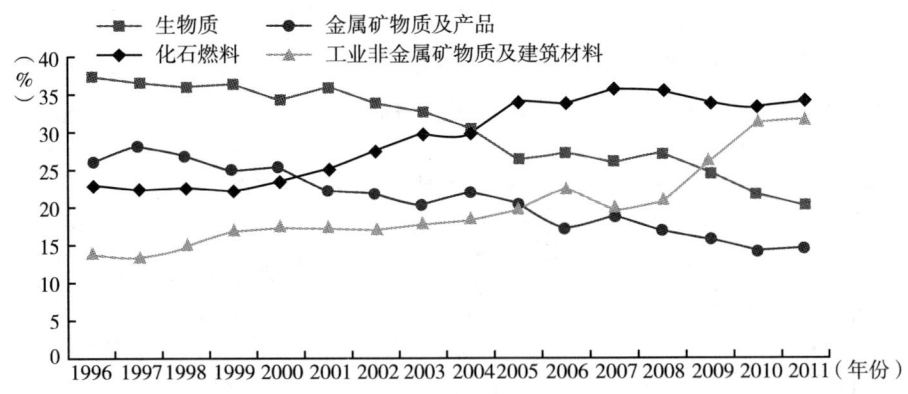

图5 1996~2011年海南直接物质输入指标DMI的构成变化

海南DMI构成出现的变化，一方面说明海南三次产业结构的发展变化与其物质资源投入的构成变化相一致，经历了第二产业快速上升、第一产业比重下降的过程，三次产业比重由1996年的36.2∶20.9∶42.9变化至2011年的26.1∶28.3∶

45.6。另一方面，DMI 和人均 DMI 指标在此期间经历了较快增长，年均增长分别为 8.3%、6.6%，在几个特区比较中物质资源消耗总量和人均值较高。

五 经济特区资源效率与可持续发展比较

（一）经济特区资源效率与可持续发展的评价指标

资源效率与可持续发展的比较分析以资源效率为基础，由于数据可得性问题，在物质流分析基础上引入全要素生产率指标来进一步研究各特区可持续发展问题目前还存在困难，因而本报告中对资源效率与可持续发展问题的解析均只使用资源生产率指标。

资源生产率（RP）以每投入 1t 物质量（DMI）所创造的 GDP 来表示，能综合反映区域（或城市）的资源使用效率。为便于比较，GDP 按 2000 年可比价格计算。计算结果表明（见表 8），自 1996 年以来，各特区资源使用效率总体呈上升趋势，个别年份出现负增长。

表 8　1996～2011 年各特区资源生产率指标

单位：元/吨

年份	海南	汕头	珠海	厦门	深圳
1996	2897.4	4924.2	8084.3	14866.6	10639.9
1997	2746.7	5658.5	7695.5	15895.9	12757.0
1998	2713.4	6840.3	7549.7	15389.7	16617.5
1999	2767.1	7578.1	7445.4	17199.6	14882.4
2000	2879.7	8415.3	7487.8	17453.3	16322.0
2001	3135.9	8977.1	7479.7	18480.3	18026.1
2002	3134.2	8854.1	7635.5	19173.4	18543.0
2003	3207.4	9034.3	8009.1	19580.1	19294.7
2004	3235.9	9377.5	8915.7	20341.7	22785.4
2005	3734.8	9698.6	9894.0	19078.1	26738.9
2006	3709.2	10414.8	10664.9	18287.2	28754.9
2007	3927.3	11999.7	9251.1	21295.2	32649.2
2008	4131.2	13549.9	9136.4	21222.0	37532.9
2009	4051.6	12671.3	9538.8	22808.7	43301.8
2010	4208.0	10597.6	10086.7	21421.8	46639.1
2011	4062.5	10613.9	11613.7	22198.6	47184.4

资料来源：根据本研究物质流分析结果计算整理得到，其中资源生产率指标均采用 2000 年不变价格 GDP 计算。

由表8可知，2011年各特区资源生产率水平以深圳最高（4.72万元/吨），以下依次为厦门（2.22万元/吨）、珠海（1.16万元/吨）、汕头（1.06万元/吨）、海南（0.41万元/吨）。

各特区资源生产率水平的增长变化参见图6。1996年厦门的资源生产率水平在各特区中最高为1.49万元/吨，其次为深圳1.06万元/吨。到2011年，深圳资源生产率水平达到4.72万元/吨，1996～2011年年均增长10.4%；厦门资源生产率水平2011年为2.22万元/吨，1996～2011年年均增长2.7%。海南在各特区中资源生产率增长速度最低，年均增速为2.3%，2011年资源生产率水平也位居各特区之末（参见表9）。

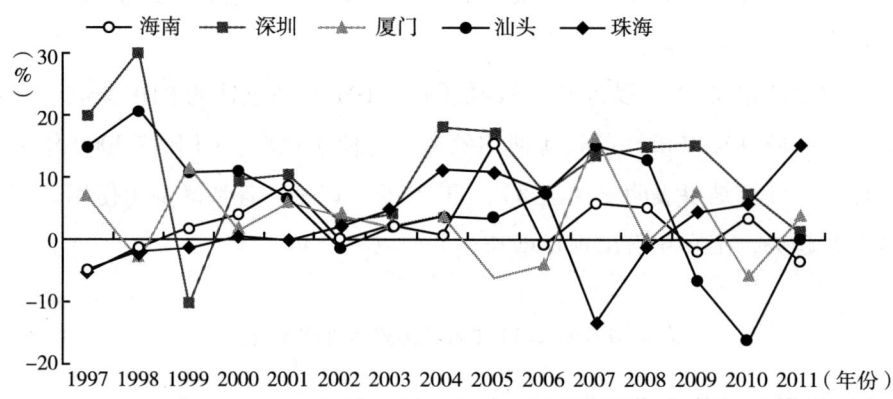

图6 1997～2011年各特区资源生产率增长速度比较

表9 1996～2011年各特区资源生产率及其年均增速比较

	海南	珠海	厦门	汕头	深圳
1996年资源生产率(元/吨)	2897.4	8084.3	14866.6	4924.2	10639.9
2011年资源生产率(元/吨)	4062.5	11613.7	22198.6	10613.9	47184.4
年均增速(%)	2.3	2.4	2.7	5.3	10.4

资料来源：根据本研究物质流分析结果计算整理得到。

（二）经济特区资源效率与可持续发展的评价结论

以深圳为例进一步说明资源消耗、资源效率与特区发展间的关系。作为物质资源消费特大型城市,深圳自然资源消费对外部的依赖程度极高。除去土地、水资源短缺外,能源、矿产资源等更是稀缺,其中一次能源几乎100%靠市外调入,重要的石油、煤以及其他矿产品等长期以来一直依赖从市外调入或进口,是典型的资源依赖型城市。

与过去30年经济增长中的快速工业化特征相一致,其资源消耗特征则表现为化石能源、工业用矿物质消耗占DMI比重极高,大部分年份合计值均在85%以上。计算结果表明(见图7),自1990年以来,深圳市物质资源使用效率总体上呈上升趋势。1990年深圳资源生产率为1.5万元/吨,2011年为4.7万元/吨,均采用2000年不变价计算,1990~2011年年均增长5.6%。同期深圳市GDP由1990年的271.7亿元上升到2011年的9553.3亿元(2000年不变价),年均增长率达到18.5%,远高于资源效率的提升速度。

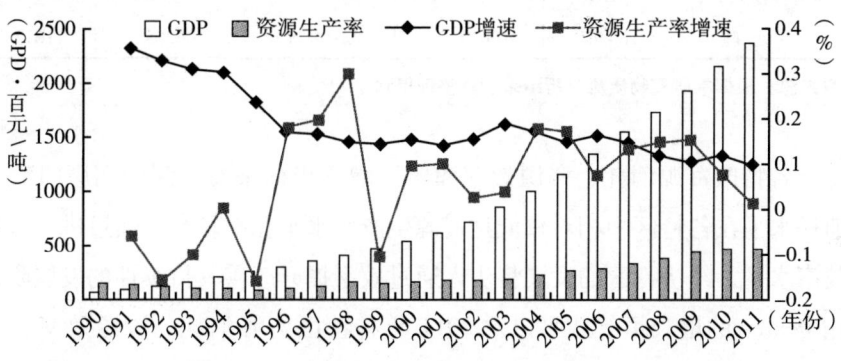

图7 深圳经济增长与资源效率(1990~2011年,2000年不变价)

深圳从1990年以来,自然资源消耗一直呈现出较高增长,早期经济发展主要依靠资源投入,GDP增长率低于DMI增长率,并形成以第二产业为主的经济形态。随着产业升级及转型,GDP增长率渐渐趋同并超过DMI增长率。到2000年以后,GDP增长率开始显著高于DMI增长率,除个别年份外资源生产率均增长较快。

可见,1990~2011年,深圳市资源利用效率有大幅度提高,物质资源消耗速度减缓;产业结构的变化尤其是高技术产业的快速发展使经济持续快速发展。不过,资源生产率的提高速度仍大大低于经济增长速度。这说明,虽然在此期间深圳市资源利用效率在持续上升,但过去20年以快速工业化为主的经济增长仍然以大量物质资源投入为特征。

(三)各特区资源效率与可持续发展分析

进一步考察各特区资源产出增长关系。

人均 DMI 指标和资源生产率水平的比较显示,2011年各特区人均 DMI 水平由低至高排序分别为深圳、汕头、厦门、海南、珠海,资源生产率水平由高至低排序则为深圳、厦门、珠海、汕头、海南。前者反映人均物质资源消耗水平,后者反映整体的资源产出效益状况(见表10)。

表10 2011年各特区人均 DMI 及资源生产率水平排序

指标	深圳	汕头	厦门	海南	珠海
人均 DMII(吨/人)	1.93	2.02	2.85	4.85	7.23
资源生产率(元/吨)	47184.4	10613.9	22198.6	4062.5	11613.7

资料来源:根据本研究物质流分析结果计算整理得到。

结合各特区资源消耗、资源效率和经济增长指标来看,深圳和厦门的人均资源消耗水平在各特区中相对较低且资源生产率水平相对较高。通过进一步提升资源效率水平,经济特区的发展将步入通过效率提升改善其持续性的发展阶段。

用 Pearce 的增长恒等式可以对 2011 年各特区资源消耗、资源效率、人口增长与经济增长间的关系作出一个基本判断。以 Pearce(2001)的增长核算形式,围绕以下等式展开:其中 R 为资源使用量,P 为人口,Z 是人均产出,B 是资源生产率(Y/R)。取对数并对时间求全微分得:$\dot{r} = \dot{z} + \dot{p} - \dot{b}$,其中 $\dot{P} = \frac{1}{p}\frac{dp}{dt}$,其余依此类推。这种表达方式是考虑资源生产率问题时一种有用的框架。由上式可知,要避免资源使用量的增长,资源生产率的增长($\dot{b}$)必须大于人口与人均产出的增长之和。[①]

---

① 参见 Grant Allan and Nick Hanley(2006),*The Macro-economic Rebound Effect and the UK Economy*,Report for DEFRA,May 2006。

表 11　2011 年各特区资源产出增长关系的基本判断

单位：%

经济特区	DMI 增长	人均 GDP 增长	人口增长	资源生产率增长	恒等关系核算
海　南	16.0	10.6	1.3	-3.5	15.4
厦　门	11.1	13.5	1.4	3.6	11.3
深　圳	8.8	9.0	0.9	1.2	8.7
汕　头	5.3	5.1	0.4	0.2	5.4
珠　海	0.9	15.7	0.4	15.1	1.0

资料来源：根据本研究物质流分析结果及相关数据计算整理得到。

表 11 给出了按 Pearce 恒等式计算出的结果，DMI 增长基本上与人均 GDP 增长、人口增长和资源生产率增长三者之和一致。从各指标增长情况来看，2011 年深圳 DMI 增长 8.8%，这与人均 GDP 增长（9.0%）、常住人口增长（0.9%），减去资源生产率增长（1.2%）基本一致。2011 年珠海 DMI 消耗较低，资源生产率增长远高于其他几个特区，人均 GDP 增长也是最高的。

从年度指标来看，2011 年各特区维持了较高的人均 GDP 增长（除汕头外其余特区均在 9% 以上），但各特区对物质资源投入的依赖程度仍然较高（除珠海之外，各特区 DMI 增长均保持在 5.3%～16%）。可见，目前各特区仍处于工业化发展的快速阶段，伴随着较高的经济增速，经济增长对资源消耗的依赖程度仍旧很高。

（四）以效率和质量看待经济特区的可持续发展

衡量技术进步对经济增长贡献的一个主要依据和指标是全要素生产率（TFP）。Paul Krugman 根据 TFP 变化对东亚经济增长的真实性和可持续性提出质疑，并认为东亚经济增长（包括中国）建立在没有明显技术进步基础上，因而不可持续。中国的经济学家对此做出过回应并给出了中国全要素生产率为何偏低的一些解释。

我们的研究发现，中国最近 10 多年的经济增长，是自然资源消耗压力最大、增长效率最低的一个工业化发展阶段[①]。对中国全要素生产率的测算结果

---

① 参见钟若愚《以效率和质量看待经济特区的未来发展》，《特区经济》2012 年第 2 期。

说明，1978年以来的30多年，中国经济高速增长的同时，全要素生产率增长的贡献约占30%，要素数量投入增加对经济增长的贡献高达70%以上。而且，在这30%的贡献份额中，前20年全要素生产率对经济增长的贡献占44%左右，而1998年以来的后10年中，TFP对经济增长的贡献下降到只占4.4%，这说明自1998年以来要素投入驱动的经济增长特征较以前更为显著。从中国全要素生产率数值的变化可以推论：引入自然资源要素后，在用余值方法衡量的技术进步概念中，发现资源占用对可能发生的技术进步产生了"挤出"效应。[①]

苏东斌教授在其著作《中国经济特区导论》（2010）中强调指出，市场经济不仅是科学发展的强大动力，而且是科学发展的制度保证。从发展的意义上看，特区未来的"新使命"是要加快发展方式的转变。而只有深化改革、扩大开放，确实建立起社会主义市场经济体制，才能实现发展方式的真正转变，才能真正使中国社会走上科学发展道路。

未来30年，经济特区的发展应更注重可持续发展的质量和效率，着力提高经济发展的整体品质，加快经济发展方式转变。构建核心竞争优势、提升经济发展质量不是经济特区的独特追求，中国各地的发展中都面临类似问题。但由于经济特区多年来持续高速增长，率先发展的领先优势明显，更要求在未来发展中为质量和效率提升留下创新发展空间。此外，加快经济发展方式转变，不仅要靠大项目、大活动的获得以及政府资本的巨额投入来支撑，更要靠提高对资源配置质量与效率来实现；而加快产业结构的优化升级，不仅要靠政府的产业政策、产业规划去引导，更要靠企业，尤其是中小企业的创新活动来完成。

参考文献

[1] 陈效述、乔立佳：《中国经济——环境系统的物质流分析》，《自然资源学报》2000年第1期。

---

① 参见钟若愚《以效率和质量看待经济特区的未来发展》，《特区经济》2012年第2期。

[2] 易纲、樊纲、李岩:《关于中国经济增长与全要素生产率的理论思考》,《经济研究》2003年第8期。

[3] 苏东斌、钟若愚:《中国经济特区导论》,中国经济出版社,2010。

[4] 钟若愚:《自然资源价值与效率问题研究》,《求索》2008年第5期。

[5] 钟若愚:《中国资源生产率和全要素生产率研究》,《经济学动态》2010年第7期。

[6] 钟若愚:《以效率和质量看待经济特区的未来发展》,《特区经济》2012年第2期。

[7] 钟若愚:《选择价值与城市未来》,《中国社会科学报》2012年10月29日。

[8] European Communities (2001), Economy-Wide Material Flow Accounts and Derived Indicators, A Methodological Guide, Luxembourg: Office for Official Publications of the European Communities.

[9] European Communities. (2002), Material use in the European Union 1980 – 2000: Indicators and analysis. Luxembourg: Eurostat.

[10] Gylfason, Thorvaldur, (2001). Natural resources, education, and economic development, European Economic Review, Elsevier, Vol. 45 (4 – 6), pages 847 – 859, May.

[11] Gollop & Swinand, (1998). From TFP to Total Resource Productivity: An Application to Agriculture. American Journal of Agricultural Economics 80, Aug 1998.

[12] Grant Allan and Nick Hanley (2006), *The Macro-economic Rebound Effect and the UK Economy*, Report for DEFRA, May 2006.

[13] Krutilla, J. V. 1967. Conservation Reconsidered. American Economic Review 57 (4): 777 – 786.

[14] OECD, 2001. Measuring Productivity: Measurement of Aggregate and Industry-Level Productivity Growth. Paris: OECD Publications.

[15] Pearce, D. W. (2001), Measuring resource productivity. Paper to DTI/Green Alliance Conference, February 2001.

B.4 中国经济特区创新发展报告

张凯 樊琨*

在全球化趋势不断加快以及知识经济快速发展的大背景下,为了在国家、区域以及城市等各个层次的相互竞争中脱颖而出,创新已经成为最优的路径选择,我国已将建设创新型国家这一战略规划作为面向未来的重要一环。同时,城市作为国家和地区中具备完整社会系统功能的基本组成单元,其创新水平的高低和创新能力的强弱将直接影响到整个国家和地区的综合竞争力。同时,城市创新发展也是创新型国家战略有效实施的重要载体。

中国经济特区作为国家在特定时期对特定城市的特殊定位,其创新自然也不例外,而且,建立经济特区的初衷也包含着创新的因素。可以说,创新是经济特区不断向前发展的基本特征,无论是过去、现在还是将来,其都必将是也必然是特区不断发展的关键。中国经济特区的强大生命力就在于不断创新。

一 经济特区创新发展的总体概况

经济特区的建立,本身就是立足于为中国改革开放探索新的道路,创新就是其存在下去的意义所在。自经济特区伴随着改革开放建立以来,其在经济、社会、政治、法律、环境等各个方面都发生了翻天覆地的变化并实现了突飞猛进的发展,尤其是在改革的各个领域,经济特区培养且吸引了大量敢为人先、勇于探索、大胆创新的人才,使得其不管是在创新观念还是在创新实践上,始终走在时代的前列,履行着自己的时代使命。

---

* 张凯,深圳大学经济学院教授;樊琨,深圳大学经济学院硕士研究生。

（一）深圳创新发展的初步成就

纵观改革开放三十多年的历史，深圳经济特区一直将创新发展作为其整体发展的重要一环，并且取得了一定的成就。

（1）高新技术产业群的初步形成

深圳经济特区建立之初，为吸引外资以及国外的先进技术和管理方法，采取了一种完全不同于其他城市的动力机制来发展经济，靠加工贸易来培育一个新兴城市并完成了资本的原始积累。自20世纪80年代中期至今，深圳高新技术产业取得突破性的进展，从一个昔日以加工贸易为主，几乎没有自主研发和制造能力的边陲小镇，迅速发展成为具有一定规模的以高新技术产业为主导的现代化城市。当前，更是形成了以通信产业群、集成电路产业群、软件产业群等电子信息产品为主导的高新技术产业群。2010年深圳市高新技术产品产值首次突破1万亿元人民币，达10176亿元，比2009年增长19.61%。2011年，深圳市实现高新技术产品产值11875.61亿元，同比增长16.7%，高于全市工业产值增速6.4个百分点。

在现有的高新技术产业中，电子信息产品产值在整体产值中所占比例超过八成，新材料、新能源、生物技术等战略新兴产业增长迅速，同比增幅接近20%。根据规划，"十二五"期间，深圳将建设100至150个国家高技术产业发展项目、200至300个市级高技术产业化项目；国际级工程（技术）研究中心、重点实验室、工程实验室和企业技术中心将达到50家，新增市级重点实验室、工程实验室、工程研究中心、技术中心200家以上；力争引进50个以上海外高层次人才团队、1000名以上海外高层次人才和10000名以上国内高层次人才[①]。

如今，高新技术产业已经成为深圳经济的重要一环和第一经济增长点，众多高新技术企业高扬自主创新的旗帜，一批高新技术产品品牌已经开始崭露头角。

（2）三大支柱产业向五个中心的转型

早在2003年，深圳就有逐渐被边缘化乃至被抛弃的危险，但后来经过自

---

① 郑小红：《深圳高新技术产品产值首次突破1万亿》，中国新闻网2011年1月18日。

身的努力,深圳的三大支柱产业——高新技术产业、金融产业以及物流产业——不仅没有被抛弃,相反却在各自领域取得新的突破和成就。2009年5月5日,中国高层对于深圳的最新官方定位《深圳综合配套改革总体方案》得以明确:联合香港成立全球五大中心,即国际金融中心、国际物流中心、国际贸易中心、国际创新中心和国际文化创意产业中心,成为最具竞争力的国际化大都市。在此背景下,深港两地开始讨论深圳前海湾先进服务业的合作发展问题,探索共建后海湾金融中心问题①。2009年10月20日,创业板在深圳开市,吸引全国各省市金融、银行机构迁入深圳,中信证券总部在阔别深圳多年之后,也重新回到深圳。

(3) 科技研究实力及人才数量大幅提升

截至2011年末,深圳全市各类专业技术人员达到108.79万人,其中具有中级技术职称及以上的专业人员36.66万人,分别比上年增长5.5%和3.4%。年末三项专利申请受理量达到63522件,比上年增长28.5%,获得国内专利授权量39363件,增长12.6%②。30年前,深圳的技术人员几乎可以忽略不计,仅有一个拖拉机维修员和一个兽医。而到现在,聚集在深圳的各种研发人才约有30万之巨,其研发实力和研究水平在全国排名中位居前列。自特区建立之始,深圳始终坚持改革创新,不断突破枷锁,吸引了大批有抱负、敢创业的人才来到深圳。2010年,深圳进一步出台并大力推行"孔雀计划",纳入"孔雀计划"的海外高层次人才,可享受居留和出入境、落户、子女入学、配偶就业、医疗保险等方面的待遇政策。在高等教育方面,深圳在原有的深圳大学的基础上,先后引进建立清华大学深圳研究生院、北京大学深圳研究生院、哈尔滨工业大学深圳研究生院、香港理工大学深圳研究院、香港中文大学深圳学院以及南方科技大学,进一步推进高等教育在深圳的发展,为吸引人才打下良好基础。

(二) 珠海创新发展的基本思路

20世纪80年代那个贫穷落后的边陲小县城珠海,如今已经发展成为新型

---

① 雷李平:《深圳转型:从三大支柱产业到五个中心》,《21世纪经济报道》2010年8月10日。
② 《深圳市2011年国民经济和社会发展统计公报》,2012年4月27日,http://www.sztj.gov.cn/xxgk/tjsj/tjgb/201204/t20120427_2061610.htm。

花园城市。在国家经济特区优惠政策的大力支持下，在其自身的不断努力下，珠海实现了社会、经济、文化等各个方面的跨越式发展，构建了以高科技产业为重点的工业体系，外向型经济格局初具雏形。

(1) 以发展高新技术产业为重点

自20世纪90年代初以来，珠海就一直将高新技术产业作为产业发展的重点，强调产业发展的高层次，现在高新技术产业已经成为珠海工业发展的重要力量。"十五"期间，高新技术产业对工业总产值增长的贡献率达到48%，总产值年均增长高达31.4%，远高于全市工业总产值年均19.6%的增长率①。而在"十一五"的几年间，2007年，高新技术产业产值达到622亿元，占工业总产值的58.3%，同比增长17.4%。2008年，高新技术产业总产值占全市工业总产值的比重也达到了44%。2009年，高新技术产业产值仍然稳中有升，达到978.8亿元，占全市工业总产值的39.26%。2010年，高新技术产业产值继续增加，达到1278.8亿元，占全市工业总产值的42%（如图1所示）。在珠海的高新技术产业发展中，电子信息产业具有相对较强的市场竞争力，生物医药产业发展快速且发展潜力巨大，而高技术服务业发展前景广阔，特色优势明显。

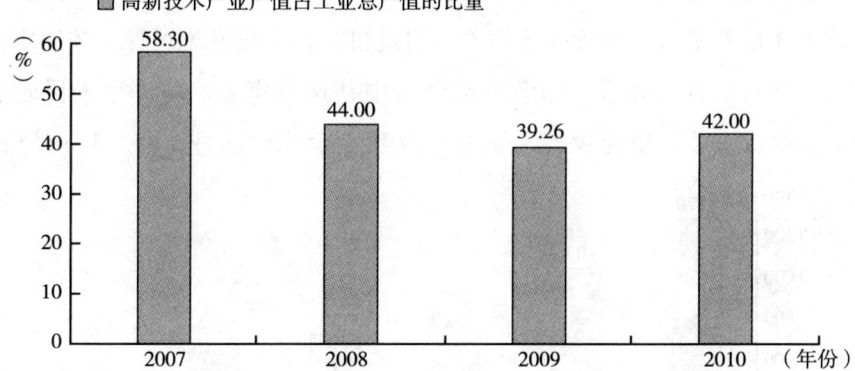

图1　珠海市2007~2010年高新技术产业产值占工业总产值的比重

---

① 赵鹤芹、冯文荣：《创新思路，促进珠海高新技术产业跨越式发展》，《科技管理研究》2010年2月8日。

（2）以发展生态文化为支撑

粗放型工业化、城市化发展模式遗留下来的工业文明理念制约着珠海建设生态文明新特区的发展进程，为实现创新发展，珠海走上了大力强化生态文化精神支撑的创新之路。文化是城市发展的灵魂，更是城市创新发展的强力支撑。生态文化是生态文明的精神动力和重要特征，建设珠海生态文明新特区需要生态文化的支撑。坚持高端起步、双轮驱动、集聚发展、打造富有特色的高新技术产业基地、综合发展的生态农业基地、面向粤港澳的现代服务业基地，构建现代产业和生态经济体系，是建设珠海生态文明新特区的既定方针。为此需要调动企业、大学、科研机构、政府和广大人民群众的积极性，整合包括知识、人才、技术、信息、管理、政策等各种资源要素。

（3）以留住人才为根本着眼点

珠海拥有众多的绿色草坪和公园，相比于广州、深圳川流不息和忙碌不止的都市情景，珠海显得清净、怡人，自然条件环境更适合人类居住。然而，好的人居环境并没有留住更多的人才，也没有换来更好的创业环境。在全国第六次人口普查中，珠海常住人口仅为156万，而同期的广州、深圳、东莞、佛山和湛江则分别达到1270万、1036万、822万、719万、699万（如图2所示）。没有足够的人，就没有人气，意味着各类发展市场和空间的缺失。应加快构筑高素质人才培养平台，完善人才培养、引进机制，为更好地留住人才制定配套政策。2011年，珠海市委、市政府出台《中共珠海市委、珠海市人民政府关于加强高层次人才队伍建设若干意见》及其8个配套文件，在"1+8"的政

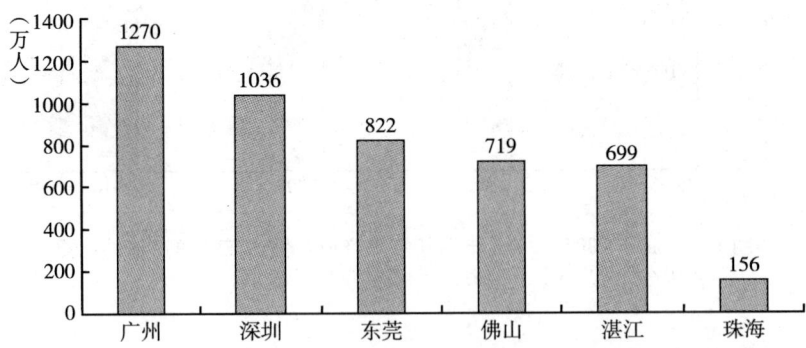

图2　2010年第六次全国人口普查广东省几大城市常住人口统计

策体系中，对于解决高层次人才普遍关心的子女入学、配偶就业、住房保障、医疗和养老保障等方面的问题都有明确的政策规定。

（三）汕头创新发展的道路模式

近年来，汕头市致力于创新发展模式和发展路径的不断探索，实施大项目、大企业带动战略，推动产业集聚发展和优化升级，致力于为建设"幸福汕头"增添强力引擎。

（1）传统优势产业走自主创新的道路

汕头是国内家居服装生产产业链较完整、产业规模较大的城市和规模较大、产业较集中的毛衫、内衣生产基地之一，也是中国三大玩具礼品生产基地之一，同时还是广东省化妆品生产基地、中国三大化妆品产业制造基地之一，是国内三个包装装潢印刷基地之一。2011年，汕头获得科技成果71项，全部达到或超过国内先进水平；签订各类技术合同29项，技术交易额1354.92万元。国家级高新企业115家，专利申请量与授权量分别达到12671件和4371件，分别比上年增长32.1%和下降23.6%。同时获省科技进步奖14项，增长27.3%[①]。这些技术上的进步和成就，为企业走自主创新的道路奠定了坚实的基础。

（2）民营企业走做大做强的道路

民营经济是汕头国民经济的重要组成部分。截至2009年底，汕头已经形成了以民营经济为主体的16个产业集群，在全市年销售收入亿元以上的231家工业企业中，有超过55%的比例为民营企业。越来越多的民营企业意识到，要想把企业做大做强，就必须更好地利用资本市场。其中民营科技企业更是快速崛起，逐渐成为高新技术产业发展的重要力量，全市按新标准认定的86家高新技术企业中，大多是民营企业。截至2010年底，全市共有民营经济单位16万户左右，占全市经济单位的比例超过90%。民营规模以上工业企业数更是达到1710家，占全市规模以上工业企业的75%，规模以上

---

① 《2011年汕头国民经济和社会发展统计公报》，2012年4月11日，http：//sttj.shantou.gov.cn/tjgb/20120411.html。

民营工业创造了全市60%的工业总产值。截至2011年底,全市拥有省级民营科技企业206家。

(3)新兴产业和现代服务业走重点发展的道路

在新兴产业领域,重点发展新材料、新能源、海洋生物、高端新型电子信息、环保低碳等战略新兴产业。推动民营上市企业与中科院和央企的战略合作,打造一批产值超百亿、超千亿的产业集群,建设"中国锆城"和纳米印刷、新材料产业化等产业基地,形成特色鲜明、高科技含量和高附加值的战略新兴产业体系。而在现代服务业领域,重点发展现代物流、金融保险、信息服务、商务会展、服务外包、文化创意等生产性服务业和教育、医疗等生活性服务业。加快推进建设粤台两岸商品物流中心、粤东云计算中心和一批大型商贸经营综合体等现代服务业项目,打造区域物流中心、金融保险中心、信息服务中心、商务会展中心和教育、医疗、文化中心①。

(四)厦门创新发展的路径选择

厦门目前正处于推进新一轮跨越式发展、做强做大经济规模的关键时期,经济社会的进一步发展面临着日益严峻的资源贫乏、地域狭小、经济结构不够合理、人才资源较为匮乏、自主知识产权较少、持续创新能力较弱等方面的制约,要继续保持经济社会稳步、快速地发展,需要选择合适的创新发展路径。

(1)以高新技术产业带动产业升级

截至2011年底,厦门全市高新技术企业增至665家,工程技术研究中心83个,企业技术中心127个,重点实验室31个,博士后工作站20个,技术贸易机构510家。全年办理科技成果登记项目174项,国内专利授权5484件,比上年增长8.8%,其中发明专利授权617件,增长37.4%。登记技术合同2848项,比上年增加23项;合同成交额38.71亿元,增长48.2%。拥有视听通讯、钨材料、软件、半导体照明、电力电气、生物与新医药六个国家特色产业基地以及全国唯一的光电显示产业集群试点——厦门火炬高新区。2011年科技部批准厦门火炬高新区建设国家创新型科技园区,组建国家海洋与生命科

---

① 方一庆:《建幸福汕头 让人民幸福》,《南方日报》2010年9月20日。

学创新型产业集群。

在《关于深化科技体制改革、全面加快区域创新体系建设的实施意见》中，厦门明确提出，到"十二五"末期，力争高新技术企业达到1000家，创新型企业达到300家以上，高新技术产业产值实现翻一番，高新技术产业和战略性新兴产业产值占规模以上工业总产值的比重达到60%以上，全社会科技研发投入占GDP的比例达到4%，科技进步对经济社会发展的贡献率达到65%。到2020年，高新技术企业达到2000家，创新型企业达到600家以上，高新技术企业和战略性新兴产业产值占规模以上工业总产值的75%，全社会科技研发投入占GDP的比例达到6%，科技进步对经济社会发展的贡献率达到70%①。

（2）以云计算产业带动信息化项目建设

为加快信息化项目建设，厦门市大力推进云计算应用发展，已建成"电子政务云"并投入运行。2012年上半年市级部门服务器托管总数700多台，150多个单位统一接入互联网安全接入平台。已上线运行的云计算虚拟平台开设独立虚拟机110个，虚拟化应用空间总数达60家。为促进云计算产业发展，厦门市专门成立了工作领导小组，制定《厦门市云计算服务创新发展行动计划（2012~2014年）》，明确云计算产业发展目标、原则、主要任务、重点工程和保障措施。已出台《厦门市软件和信息服务业个人信息保护管理办法》，为云计算产业发展提供良好的法制保障。同时，积极开展对外合作，已引进中国电信福建云计算中心、中国联通动漫支撑中心等央企进入厦门软件园；规划建设"两岸云计算产业示范区"，以吸引台资云计算企业。2012年上半年厦门软件园（二期）继续保持高速增长，新增入驻企业28家，累计入驻企业达540家，员工人数4.5万人。园区实现销售收入111.65亿元人民币，同比增长31.16%；同时实现税收收入4.29亿元，增长25.23%。

（3）以文化创意产业带动创新发展

文化创意产业是近年来迅速发展的新兴产业之一。文化创意产业是指以创作、创造、创新为根本手段，以文化内容和创意成果为核心价值，以知识产权

---

① 《关于深化科技体制改革、全面加快区域创新体系建设的实施意见》，2012年8月。

或文化消费为交易特征,为公众提供文化体验的、具有内在联系的行业集群。文化创意产业将是厦门最有希望的产业,是厦门经济发展和城市创新战略最重要的选项之一。厦门文化创意产业彰显其绿色经济的独特优势,成为厦门实现创新发展的重要突破口,对GDP增长的贡献率也日益提高。2010年以来,厦门市委、市政府积极培育和支持具有发展潜力的文化创意产业和文化创意产业园区的建设,有力地推动了厦门市文化创意产业的发展,文化创意产业显现出强劲的增长态势。2010年厦门市文化创意产业实现增加值159.55亿元,比上年同期的122.90亿元,增长29.82%,高于全市GDP增长速度14.72个百分点,占全市GDP的比重为7.77%,比上年同期的7.07%,提高了0.7个百分点。对GDP的贡献率为11.58%,比上年同期提高2.91个百分点。可以看出,文化创意产业对厦门市GDP增长的贡献率进一步提高,成为厦门经济发展中成长性最强,最具活力的新兴产业。

(五)海南创新发展的独特视角

创新是海南经济特区一直追求的价值取向。海南岛是我国最大的"热带宝地",土地总面积344.2万公顷,占全国热带土地面积的约42.5%。由于海南自身的区位和气候特点,使得海南的创新发展有其不同于其他经济特区的独特视角。

(1) 区域文化整合下的国际旅游岛建设

一个地方的经济要实现腾飞,必须有深厚的文化积淀和良好的人文底蕴,经济的硬实力和文化的软实力是相辅相成、缺一不可的。文化资源是一种独特的不可再生的资源,海南区域文化所表现出来的地域性和不可再生性,是发展文化旅游产业的重要依赖,是其他地区无法比拟的。2008年4月,海南省政府发布《建设海南国际旅游岛行动计划》。2009年12月31日,国务院发布《国务院关于推进海南国际旅游岛建设发展的若干意见》,至此,海南国际旅游岛建设正式步入正轨并走上国家战略层面。

2011年,海南国际旅游岛建设迈出重要一步,3月24日,财政部发布了《关于开展海南离岛旅客免税购物政策试点的公告》,自5月1日起,海南成为世界上继日本冲绳岛、韩国济州岛和马祖、金门之后,第四个实施离岛免税政策的区域。作为国内首家市内免税店，三亚免税店的人气一直居高不下，海南岛免税政策正式实施后的半年时间里，三亚免税店累积接待进店客流超过188万人次，日均接待进店顾客超过1万人次，日均交易3168笔。根据相关规划，至2020年，初步建设成为世界一流的海岛休闲度假旅游胜地，接待国内外游客达到7680万人天次，旅游总收入1240亿元，旅游业增加值占地区生产总值比重达到12%以上，第三产业增加值占地区生产总值比重达到60%，第三产业从业人数比重达到60%[①]。截至2011年底，海南已经全境实施离境退税、离岛免税等相关政策，其"国际旅游岛、自由贸易区"雏形已全面显现。

（2）区位比较优势下的观光农业发展

观光农业是以农事活动为基础，以农业生产经营为特色，利用田园景观和农村自然环境吸引游客前来观赏、品尝、购物、习作、体验、休闲、度假的一种新型经营模式。近年来，海南省立足其独特的资源优势，大力发展以生态、观光、休闲度假为一体的观光农业。

2011年，兴隆热带植物园和澄迈万嘉果园被列入全国农业旅游示范点；台商投资的伊甸园山庄项目十分成功；海口演丰热带乡村主题公园和三亚槟榔河5A级乡村旅游度假区等也在建设之中。而且，围绕着红树林景区，积极开发"农家乐"旅游，打造乡村主题公园，兴建乡村公路，将演丰镇92个村庄连成一片，形成了环东寨港片区靓丽的风景线，迎接八方来客。据统计，至2011年，海南省有观光休闲农业园区100多个，从业者2万多人，园区农民年收入7550元，远远高于当地农业的年平均收入。

（3）循环经济理论下的生态药业发展

所谓生态药业，就是按生态经济原理和生态工程技术组织起来的，具有高效经济过程、和谐生态功能的低消耗、无污染或基本无污染的新型医药产业。生态药业是从根本上解决医药产业发展与生态环境之间紧张关系的必然选择。发展生态药业的主要途径是推广循环经济。海南是中国唯一的热带省份，也是生态环境保存较为良好的地区之一。

---

① 《海南国际旅游岛建设发展规划纲要（2010~2020）》，2012年2月。

海南发展生态药业的实践比正式提出"生态药业"的理论还要早,它的发展遵循了《海南生态省规划纲要》的原则和要求,在生态学理论和循环经济理论等的指导下,坚持发展中保护生态和坚持可持续发展战略,发展工业坚持不污染环境、不破坏生态、不搞低水平重复的"三不"原则。截至2011年,经过多年的不断发展,海南制药企业已由建省前的5家发展到130多家,形成了由"海口药谷"核心区、海口保税区、海口高新区、美国工业村和永桂、桂林洋等产业聚集区域组成的"海口药谷医药产业基地"。2011年,海南省医药工业总产值达85.93亿元,在这当中,生态药业的贡献不容小觑。

二 经济特区创新发展的综合评价

(一)评价城市创新能力的意义

(1) 城市创新能力评价是落实城市创新发展战略的先决条件

城市创新发展战略作为一种宏观性质的大的框架,要基于具体的对城市创新能力的认识才能得以落地实施,城市创新能力评价正是基于这样一种考虑。通过对城市各个方面创新能力的科学定性以及定量评估,可以准确认清城市创新的优势以及劣势,为创新发展战略的顺利实施打好基础。

(2) 城市创新能力评价是改进城市创新系统有效性的助推器

通过对城市现有创新能力的评价,可以衡量城市创新系统的有效性,对创新工程的进度与效果进行实际反馈,有利于决策者及时发现问题,并进行有针对性的相应改进,同时也为下一步创新系统的建设指引方向。

(3) 城市创新能力评价是进行不同城市创新水平比较的基础

由于历史沿革、社会环境、自然条件、经济基础等的不确定性,不同城市在创新能力上往往表现出很大的差别,为了系统、综合、直观地评价某个城市的创新能力,可以选取不同的城市作为对比和参照。通过对其差异的比较,可以对该城市有一个比较准确的定位,同时也可以吸取其他城市的优势,改进自己的相对弱势,为进一步发展提供强有力的依据。

（二）城市创新能力的理论框架与衡量指标

关于创新能力这一概念，目前学术界并没有统一的认识，大多是从国家、产业和企业的角度来理解的。比如，弗曼（Furman）、波特（Porter）和斯坦恩（Stern）[①]认为，国家创新能力是一个国家形成长期的和商业化具有创新性的技术流的能力；产业技术创新能力主要突出的是技术在推动产业发展上的作用，汪方胜和史清琪[②]认为技术是推动产业发展的根本动力；而从企业的角度来看，Elson[③]认为创新能力是指企业为满足市场需要而开发新产品引起创新的总体能力。而对于城市创新能力的研究并不多，周振华[④]认为城市创新能力是指城市创新体系中各要素和行为主体有机结合的整体能力；赵黎明[⑤]认为城市创新主要是指在特定的区域经济背景下，在充分认识城市自身的资源条件和社会经济文化特点的基础上，进行的关于城市的制度、观念、技术以及管理等方面的创新性变革，并对城市进行准确定位，改变传统的城市发展模式，为城市经济发展寻求新的增长点，以使得城市的经济和社会各方面在未来较长的时间内得到协调发展；吴煜[⑥]则认为城市创新是创新经济环境下的城市如何根据自己的实际情况、在国内外的经济和社会地位以及周边的环境，科学合理地制定城市的创新战略，以保证城市的兴旺活力和竞争力。综合上述观点，我们在此采用上海社科院胡晓鹏和陈维[⑦]的定义，即城市创新能力就是在城市创新过程中，在充分利用区内外各种创新资源的基础上，不断将知识、技术和信息等要素纳入地区社会生产过程中的一种能力，其本质就是对地区知识和技术发展

---

① Furman L., Porter E., Stern Scott. The determinants of national innovative capacity. *Research Policy*, 2002：899－933.
② 汪方胜等：《我国产业技术创新能力的若干思考》，《商业研究》2005 年第 1 期。
③ Elson Szeto. Innovation capability: working towards a mechanism for improving innovation within an inter-organizational network, 2000, V.12（2）：149.
④ 周振华：《论城市综合创新能力》，《上海经济研究》2002 年第 7 期。
⑤ 赵黎明、闫凌州：《创新型城市：概念模型与发展模式》，《科学与科学技术管理》2006 年第 8 期。
⑥ 吴煜、刘荣曾：《新经济环境下的城市创新模式探讨——以沪宁城市带为例》，《人文地理》2003 年第 2 期。
⑦ 胡晓鹏、陈维：《长三角区域创新发展报告》，《2007 年：创新长三角》，社会科学文献出版社，2007。

状况的综合反映。

在结构层面上，城市创新能力是由附着在空间上的知识要素、人才要素和制度要素三部分组成，它们分别对应着城市知识资本、人力资本和制度资本；而在创新能力上，这三大资本又分别对应着创新源泉、创新主体和创新环境，其中创新源泉和创新主体是创新能力的内部要素，创新环境是外部要素（见图3）。

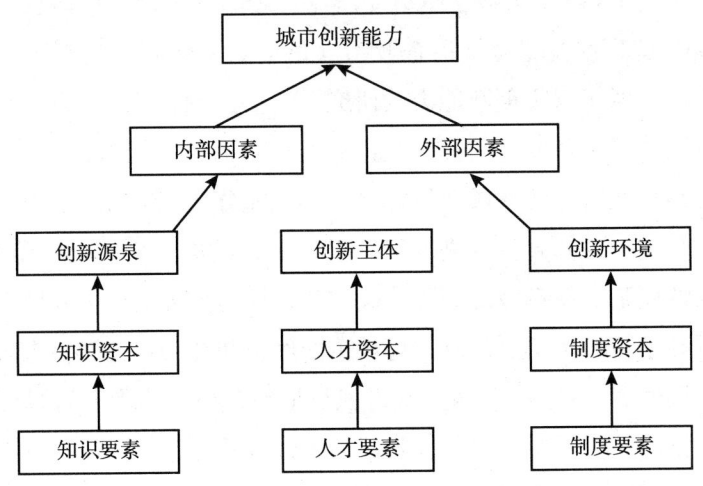

图3　城市创新能力的解释框架图

基于这一理论框架，我们进一步设计评价城市创新能力的指标体系。在构建指标体系的过程中，我们遵循以下几个基本原则：一是指标的选取要服从系统性的特定，要做到既少冗余又尽可能全面，既有动态又有静态，即有总量水平又有单位水平，相互协调，相互映衬；二是指标容易量化，对定量指标要保证其可信度，而定性指标尽量少用甚至不用；三是考虑数据的可得性，力争大部分数据可以通过《中国城市统计年鉴》《中国科技统计年鉴》等其他相关的各种统计年鉴获得。

（1）对知识要素的衡量

知识是创新的基础和源泉。在这里我们把知识要素划分为两个基本层次，一个是知识的源生层次——教育发展状况，另一个是知识的应用层次——科技发展状况。其中，科技发展状况主要包括R&D投入占当地GDP的比重、科学支出占地方财政支出的比重、每万人专利授权量、高新技术产值这四个指标；而教育发展状况则主要通过每百人拥有公共图书馆藏书量、人均财政教育支出、教育支出占地方财政支出的比重这三个指标来加以反映。

（2）对人才要素的衡量

人才是创新的主体和根本。人才是知识的载体，一个城市只有具备相当丰富的人力资源，其创新能力的提升才会有希望和潜力。在此，我们以每万人拥有技术人员、平均每万人在校大学生数、高等教育学校数量这三个指标来衡量人才发展状况。

（3）对制度要素的衡量

制度环境是创新的外部约束条件，同时也是创新的基本土壤。一个良好的制度环境对创新具有相当大的支撑作用，对于此外生变量，我们用四个指标来加以表现，分别是：人均 GDP、职工平均工资水平、每万人互联网用户数、人均社会固定资产投资总额。

根据上述分析，我们可以系统地建立城市创新能力评价指标体系（见表1）。

表1 城市创新能力评价指标体系

目标层	准则层	指标	单位
城市创新能力	科技发展状况	X_{11}：R&D 投入占当地 GDP 的比重	%
		X_{12}：科技支出占地方财政支出的比重	%
		X_{13}：每万人专利授权量	件
		X_{14}：开发区高新技术企业总产值	亿元
	教育发展状况	X_{21}：每百人拥有公共图书馆藏书量	册
		X_{22}：人均财政教育支出	元/人
		X_{23}：教育支出占地方财政支出的比重	%
	人才发展状况	X_{31}：每万人拥有技术人员	人
		X_{32}：平均每万人在校大学生数	人
		X_{33}：高等教育学校数量	个
	创新基础环境	X_{41}：人均 GDP	元/人
		X_{42}：人均可支配收入	元/人
		X_{43}：每万人互联网用户数	户
		X_{44}：人均社会固定资产投资总额	元/人

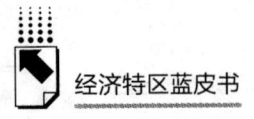

（三）基于主成分分析法的创新能力评价

（1）数据来源及其说明

基于收集数据的限制和考虑到城市之间的可比性，我们选取了包括直辖市、副省级城市、计划单列市以及经济特区共计22个省市作为评价对象。以下分析所采用的22个省市的14个反映城市创新能力的指标数据主要来源于《中国统计年鉴2012》《中国科技统计年鉴2012》以及相关部委、各个城市的2012年统计年鉴、各个城市2011年国民经济和社会发展统计公报、政府官方网站等。

（2）主成分分析法简要说明

主成分分析法是多元统计分析中应用广泛的一种方法，它是研究如何通过少数几个主成分来解释多变量的方差—协方差结构。具体地说，就是导出少数几个主成分，使得它们尽可能多地保留原始变量的信息，且彼此之间又不相关，其基本思想就是将多变量的平面数据表进行最佳综合简化，也就是说，可以在保证数据信息丢失最少原则的前提下，对高维变量空间进行降维处理，简化运算，同时又排除了主观随意性。

（3）综合评价与分析

我们运用软件SPSS16.0进行主成分分析，得到主成分载荷矩阵，用主成分载荷矩阵中的数据除以主成分相对应的特征值开平方根便得到4个主成分中每个指标所对应的系数，即4个特征向量。之所以只取到第四主成分，是因为此时信息涵盖度达到了78.575%，可以代表整体的状态。我们将得到的特征向量与标准化后的数据相乘，就可以得到各个省市在每个主成分上的得分（见表2）。

由表2可知，在第一主成分上得分较高的城市是北京、深圳、上海、杭州和广州；在第二主成分上得分较高的城市是武汉、长春、沈阳、南京和西安；在第三主成分上得分较高的城市是大连、沈阳、宁波、珠海和青岛；在第四主成分上得分较高的城市是广州、海南、南京、西安和珠海。

以每个主成分所对应的特征值占所提取主成分总的特征值之和的比例作为权重来计算主成分综合模型，如下所示：

中国经济特区创新发展报告

表2 城市创新能力各主成分得分及排序

城市	第一主成分		第二主成分		第三主成分		第四主成分	
	得分	名次	得分	名次	得分	名次	得分	名次
北 京	5.779165	1	0.80158	8	-3.13094	22	0.232819	10
上 海	3.070445	3	-0.43454	15	-0.75664	17	-0.46788	15
天 津	0.232184	9	0.364502	10	0.270944	10	-1.23618	19
重 庆	-2.78008	20	-0.05163	13	-1.48492	19	-0.69969	16
哈尔滨	-2.18134	19	-0.01303	12	-1.71177	20	-0.33678	12
长 春	-1.44938	18	1.860761	2	0.129691	13	-1.32787	20
沈 阳	-0.50868	13	1.644328	3	1.514761	2	-1.50979	22
济 南	-1.11756	16	0.193463	11	0.204022	11	0.302469	9
南 京	0.465569	7	1.635711	4	0.657237	7	1.30447	3
杭 州	1.420585	4	-0.64738	16	0.155003	12	0.761217	7
广 州	0.971124	5	1.096074	6	0.464148	9	2.005383	1
武 汉	-0.46417	12	2.522173	1	-0.19382	15	0.819888	6
成 都	-1.14169	17	0.872853	7	-0.48589	16	-0.46265	14
西 安	-0.72391	14	1.501888	5	-0.87611	18	0.969803	4
大 连	0.360255	8	0.508684	9	2.150375	1	-1.45727	21
青 岛	-0.82365	15	-0.39065	14	1.246708	5	-0.36321	13
宁 波	0.812953	6	-2.10224	19	1.501884	3	0.648297	8
厦 门	-0.06504	10	-1.14029	18	0.664432	6	0.186241	11
深 圳	5.775287	2	-2.5768	22	0.482685	8	-0.8944	17
珠 海	-0.20294	11	-0.70654	17	1.420432	4	0.88003	5
汕 头	-3.61266	21	-2.48507	21	-2.18935	21	-0.95509	18
海 南	-3.81645	22	-2.45385	20	-0.03288	14	1.600184	2

$$F = \sum_{i=1}^{n} \frac{\lambda_i}{\sum_{i=1}^{n} \lambda_i} F_i$$

具体到本研究，公式如下：

$$F = \sum_{i=1}^{4} \frac{\lambda_i}{\sum_{i=1}^{4} \lambda_i} F_i = \frac{\lambda_1}{\lambda_1+\lambda_2+\lambda_3+\lambda_4}F_1 + \frac{\lambda_2}{\lambda_1+\lambda_2+\lambda_3+\lambda_4}F_2 + \frac{\lambda_3}{\lambda_1+\lambda_2+\lambda_3+\lambda_4}F_3 + \frac{\lambda_4}{\lambda_1+\lambda_2+\lambda_3+\lambda_4}F_4$$

其中，λ_i表示各主成分所对应的第i个特征值；F_i表示各主成分的得分。

根据主成分综合模型，即可计算综合主成分得分值，对其按总得分进行排名，结果如表3所示。

表3 城市创新能力总得分及排名

排 名	城 市	总得分
1	北 京	2.871845
2	深 圳	2.638803
3	上 海	1.435319
4	广 州	1.0187
5	南 京	0.811137
6	杭 州	0.747304
7	大 连	0.488731
8	宁 波	0.318558
9	武 汉	0.30083
10	沈 阳	0.13685
11	天 津	0.121971
12	珠 海	0.051058
13	西 安	-0.13655
14	厦 门	-0.14395
15	青 岛	-0.37365
16	济 南	-0.51347
17	长 春	-0.53115
18	成 都	-0.571
19	哈尔滨	-1.4952
20	重 庆	-1.83176
21	海 南	-2.43493
22	汕 头	-2.90943

由表3可以看出，北京、深圳、上海的创新能力较强，位列前三，总得分中出现负值的城市，表示该城市的创新能力水平处于平均水平之下。

基于经济特区整体的视角来看，除深圳位居第二之外，珠海、厦门、海南、汕头分别居第十二、十四、二十一以及二十二位，创新能力明显不足。且不说与北京、上海、广州等这些传统的创新能力较强的城市相比差距明显，甚至不足以与大连、宁波这样的计划单列市相提并论,其中,大连、宁波在此排名中分列第七和第八位。

正是因为存在着这样的差距,经济特区就自然拥有了提高自己创新能力的空间,在不断强化自己优势的同时,改进自己的短板,以迎头赶上。

三 经济特区创新发展的不足与制约因素

(一)经济特区创新发展的不足之处

表4 经济特区创新指标最大值与副省级及以上省市的比较

	指标	max5	max22	max5/max22
科技发展状况	X_{11}:R&D投入占当地GDP的比重	3.66 深圳	5.83 北京	0.628
	X_{12}:科技支出占地方财政支出的比重	7.89 深圳	7.89 深圳	1
	X_{13}:每万人专利授权量	38.0 深圳	65.0 宁波	0.585
	X_{14}:开发区高新技术企业总产值	4054.57 深圳	5831.56 北京	0.695
教育发展状况	X_{21}:每百人拥有公共图书馆藏书量	883 深圳	883 深圳	1
	X_{22}:人均财政教育支出	4792.95 深圳	4792.95 深圳	1
	X_{23}:教育支出占地方财政支出的比重	25.2 汕头	25.2 汕头	1
人才发展状况	X_{31}:每万人拥有技术人员	409 深圳	734 北京	0.557
	X_{32}:平均每万人在校大学生数	746 珠海	1021 武汉	0.731
	X_{33}:高等教育学校数量	17 厦门	89 北京	0.191
创新基础环境	X_{41}:人均GDP	110387 深圳	110387 深圳	1
	X_{42}:人均可支配收入	36505 深圳	36505 深圳	1
	X_{43}:每万人互联网用户数	7045 海南	7045 海南	1
	X_{44}:人均社会固定资产投资总额	40722.76 珠海	77376.38 大连	0.527

通过表4的数据,我们分析如下:

(1)科技发展状况有待进一步提高

在科技发展状况的层面上,五个特区中,四个指标排名第一位的都是深圳,处于一枝独秀的地位。除了科技支出占地方财政支出的比重这个指标之外,五个特区在其他三个指标上的最大值均没有达到22个样本省市的最大值的70%,其中R&D投入占当地GDP的比重、每万人专利授权量、开发区高新技术企业总产值分别只达到样本省市最大值的62.8%、58.5%和69.5%。可以看到，在指标R&D投入占当地GDP的比重上，五个特区中的最大值在22个样本省市的最大值所占的比例只有60%多一点，仍有提升的空间；在指标每万人专利授权量上，处于经济特区第一位的深圳，尚不足22个样本省市最大值的60%，其他的几个经济特区就更不用说了；而对于指标开发区高新技术企业总产值，深圳作为五个经济特区中最高水平达到22个样本省市最大值的接近七成。科技创新能力是影响城市创新能力的一个非常重要的因素，也就是说如果一个地区或城市的科技创新能力有了较大幅度的提高，那么它对该地区或城市整体创新能力的提高的影响是非常显著的。基于此，要想提高经济特区各个城市的创新能力，科技创新能力亟待进一步提升，科技发展状况有待进一步改善。

（2）人才发展状况严重滞后

在人才发展状况的层面上，三个指标的最大值在五个特区中相对比较分散，每万人拥有技术人员、平均每万人在校大学生数、高等教育学校数量的最大值分别为409（深圳）、746（珠海）、17（厦门），相比22个样本省市的最大值734（北京）、1021（武汉）、89（北京），分别只占到55.7%、73.1%和19.1%。其中，深圳的每万人拥有技术人员数是最高的城市之一，处于22个样本省市的第二位，但与处于第一位的北京相比，差距仍然很大；珠海的平均每万人在校大学生数相比22个样本省市中的最大值虽然占到了超过七成，但其中一个关键性的原因是我们不能忽视的，那就是珠海的常住人口比较少，只有156.76万人，显然在这个指标的计算上其起到了关键性的作用；落后最严重的就要数高等教育学校数量这个指标了，在该指标上，处于五个特区最高地位的厦门在22个样本省市的最大值中所占的比重还不到二成，只有19.1%，高等教育学校数量的严重落后，在很大程度上制约着一个城市的人才素质和科研能力，但由于我国教育制度及历史的原因，在短期内要想增加高等学校的数量是不现实的，基于这点考虑，我们可以换个角度，既然在数量上没有什么文章可做，我们可以把着眼点放在高等教育的质量上，提高办学质量，吸引高素质的人才加入，创造更加良好的创新环境及科研环境。

（二）经济特区创新发展的制约因素

从整个经济特区的视角来看，存在着许多显著制约经济特区创新发展的因素，我们分析如下：

（1）地域分布相对分散，相互之间缺乏联动

五个经济特区中，除深圳和珠海同属于珠江三角洲地区之外，汕头属于粤东地区，厦门位于福建省境内，而海南更是偏居中国最南端，五大经济特区在地理位置上并没有连成一体，这在一定程度上制约着经济特区内部之间的交流与合作。从经济学的基本观点来看，从分工到规模经济的良性循环在经济特区并没有可实现的条件，这种硬件上的无法联动，是基于无法改变的自然条件和历史条件。至此，借助于信息时代的背景，我们可以转向相对容易改变的软件环境方面，比如人才交流更加频繁、科研成果共享更加便捷、教育资源互补更加完善、技术支持互惠更加健全，等等。

（2）科技中介服务体系不完善

五个经济特区暂时还没有规模大、水平高的科技中介服务机构，也没有建成完善的科技中介服务体系，现有的科技中介服务机构规模较小，服务项目也相对不很健全。结果导致本就不多的高校、科研院所的研究成果在进入市场的速度上并没有弥补其数量上的劣势，从另一个角度来看，急需解决技术难题的企业也很难找到合适的研发机构以提供技术上的支持。从信息不对称的视角来看，由于市场上信息传播可能会遇到不可预知的障碍，使得高校、科研院所本该得到大力支持的项目最后并没有获得应有的支持，而又有很多偏离市场实际需求的项目得以实施，造成了本不必要的浪费。

（3）高等教育资源严重匮乏

从以上经济特区创新发展的不足也可以看到，教育是经济特区创新发展中一个非常严重的薄弱环节。我们知道，在当今发展异常迅速的社会，知识更新的速度是非常快的，而要在这样的背景下提高创新能力，人才就当仁不让地成为首先要重视的问题，因为人才是知识的载体，知识可以不断更新，而人才说到底就是知识不断更新的原因和基础。在五个经济特区中，在高等教育方面，

不论是在量上还是在质上，与国内高等教育水平比较高的城市相比都存在着显著的差距，还是那句话，有差距就有提高的空间。

四 经济特区创新发展建议

经济特区作为改革开放的窗口、试验田和示范区，其发展历程一直伴随着创新能力的不断提高和创新政策的日益完善。进入 21 世纪以来，在以计算机、互联网等为主导的信息技术革命下，中国进入一个全新的发展阶段，这就对经济特区的创新发展又提出了更高的要求。在这样一个全新的时代，经济特区要继续保持其改革排头兵、扛旗手的地位，就必须进一步提高自身的创新能力。基于此，我们首先要做的就是立足于经济特区创新发展的不足和制约因素的分析之上，努力使之得到改善；其次，还有非常重要的一点，就是企业作为创新的主体，一定要发挥自己的职能，以不断提高特区创新能力。

（一）明确科技中介服务体系在特区创新发展中的关键作用

在社会主义市场经济体制下，科技中介机构以其专业知识为基础，同各类创新主体以及相应的要素市场建立密切联系，为科技创新活动提供重要支撑，在有效降低创新的潜在风险、加速科技成果产业化的进程中发挥了不可替代的关键性作用[1]。为了大力培育和发展科技中介服务企业，促进科技成果转化，推动科技创新和技术进步，我们可以从以下几个方面来着手。

(1) 制定有利于科技中介服务体系建设的政策法规体系

完善的政策和法规体系是科技中介机构发展的基础，是保证科技中介机构健康发展的必要条件。有关政府部门在制定相关的政策法规时，应根据科技中介机构自身的不同性质，明确其不同的功能定位和政策定位，给予区别对待，需要按市场经济体制运行的就按照市场经济体制来运行，需要在税收、土地等方面给予支持的也一定要给予一定支持。

---

[1] 吴建昌、肖栋：《发展科技中介机构 提高无锡创新能力》，《江南论坛》2007 年第 10 期。

(2) 引导专业技术力量开展科技中介服务

有条件的科研院所、高等院校要积极兴办各类科技中介服务机构，充分利用其比较优势；企业也可以积极与科研院所、高等院校联合兴办科技企业孵化器和技术转移中心；整合政府、科研院所、高等院校和企业的信息资源，依托现代信息网络技术，实现服务与需求的信息对接。

(3) 加大对科技中介服务机构的政策扶持

对促进高新技术成果转化或发展高新技术产业有重大贡献的科技中介服务机构，可申请认定为高新技术企业，享受相关政策优惠；对符合条件的科技企业孵化器，在一定期限内给予免征所得税、营业税以及房产税等税收优惠政策；科技中介服务机构要将科技成果转化作为服务重点，对那些在促进科技成果转化方面做出突出贡献的有关人员可以在完成科技成果的承接、引进和应用后，给予丰厚的奖励。

（二）明确高等教育在特区创新发展中的基础性作用

不断提高质量，是高等教育的生命线。高等教育资源的严重匮乏一直是经济特区创新发展中一个不可忽视的短板，这里面虽然存在着一些历史遗留的原因和教育制度本身的问题，但这并不代表我们不能在这些限制因素中找到突破口。为了提高经济特区的高等教育质量，需要从以下几方面加以努力。

(1) 提高人才培养质量

坚持以学生为主体，以教师为主导，不断培养拔尖创新人才，把人人可以成才的观念贯彻到教育的全过程，提高每个学生发现问题、分析问题、解决问题的能力，提高学生的创新能力，增强学生的社会适应性，开掘学生的创新潜能。

(2) 加强学科专业建设，推动现代大学制度建设

现代大学制度，体现着高等教育的发展水平。高等教育的外延式发展的功劳和成就虽不能抹杀，但其弊端也是十分明显的，从外延向内涵上的转变，学科建设是一个关键的突破口。创新学科专业建设模式，成立部分重点学科建设教学指导委员会，并允许外部专家的广泛参与，推动更多学校与企业合作专业的增设，防止不顾学校的办学条件，一哄而上设置可能已经达到饱和状态的所

谓热门专业，同时防止脱离社会需求，仅仅追求学科门类齐全而设置相关专业。实现从以学校为主向校企共同参与的转变，实现从"先设专业再找人"到"先找人后设专业"的转变，实现从固化向动态的转变。同时加强和创新高校管理，不断完善现代大学制度[①]。

（三）明确企业在特区创新发展中的主体地位

企业是技术创新的主体，而企业技术创新又是特区创新发展的核心因素，因此，企业创新能力的强弱对特区的创新能力起着举足轻重的作用。

（1）增强企业自主创新活力

由于规模大的企业是企业技术创新的核心主体，那么就可以以市场为导向，推动企业跨地区、跨部门的兼并、重组，培育和发展一批具有国际竞争力的大企业、大集团。大企业要制定相应的研发创新规划，建立健全企业的技术研发机构，进一步增强大型企业的自主研发能力和企业的整体竞争实力。而近几年，中小企业和民营科技企业也在不断发展，其创新实力不可小视，因此，在培育和发展大企业的同时，可以分出一部分精力和资金扶持一批中小型企业和民营科技型企业做大做强，增强其创新意识并对其创新予以支持。企业技术研发机构是企业技术创新的源头，因此，可以围绕提高各特区支柱产业和重点产业技术创新能力，依托产业骨干企业与高校、科研院所，建立一批高质量技术研发机构，以此进一步增强企业自主创新活力。

（2）加强企业与高校、科研院所的联系

经济特区虽然高校资源和科研院所有限，但依然具备了为本地区经济发展尤其是创新发展提供技术和人才支持的基本功能。但话说回来，高校和科研院所的科研成果如果脱离市场需求和生产条件，就会变成一堆废纸，说得严重一些，这是一种严重的资源浪费。基于这种考虑，加强企业与高校、科研院所的联系，强化企业家与研究人员的交流就显得格外重要，企业家是一座桥梁，能将科学研究成果与市场需求相连接。科研成果不能脱离市场需求和生产条件，企业要充分利用技术开拓创新。要想促进经济特区科研成果不断转化为现实的

---

① 陈桦：《走内涵式发展道路 全面提高高等教育质量》，《中国教育报》2011年10月26日。

创新能力和生产力,就要不断强化企业家与科研人员的角色互换,在思想的碰撞中激发原始的创新动力,使得科研创新更好地围绕市场需求和生产现实来进行。

(3)强化企业家作为企业创新主体的角色和地位

企业家是企业的核心与灵魂,随着企业渐渐替代政府而成为特区创新发展的主体,企业家在特区创新发展中的核心地位就显得越来越重要。在熊彼特的创新理论中,企业家被赋予了非同寻常的重要意义。他认为,发明是技术专家的事,而创新则是企业家的事。创新是企业家在生产中成功引入新的生产要素或进行新的要素组合,是技术发明的产业化。也就是说,企业家是创新活动的核心和主体。应该说,在市场经济环境中,满足于市场营销、资本运作跟眼前利益,但缺少技术创新意识和行为的企业经营者或管理者,同真正意义上的企业家还相差甚远。真正的企业家必须立足于通过技术的自主创新,占领产品研发、生产工艺等方方面面的制高点。换句话说,就是要掌握核心技术及其竞争力。

参考文献

[1]《前海深港现代服务业合作区总体发展规划》,2010年10月。

[2]《深圳市2011年国民经济和社会发展统计公报》,2012年4月27日,http://www.sztj.gov.cn/xxgk/tjsj/tjgb/201204/t20120427_2061610.htm。

[3] 任采文:《人才优先发展的成功实践 人才引领深圳创新发展》,《中国人才》2012年第8期。

[4] 孙志凯:《强化珠海创新发展的文化支撑》,《中共珠海市委党校 珠海市行政学院学报》2008年第6期。

[5]《2011年汕头国民经济和社会发展统计公报》,2012年4月11日,http://sttj.shantou.gov.cn/tjgb/20120411.html。

[6] 郑梦婕:《汕头民营经济生机勃发》,《汕头日报》2010年8月15日。

[7] 许经勇:《先行先试创新驱动科学发展——厦门经济特区建立30周年的经验启示》,《福建论坛》(人文社会科学版)2011年第10期。

[8]《2011年厦门市国民经济和社会发展统计公报》,2012年3月20日,http://www.stats-xm.gov.cn/tjzl/tjgb/ndgb/201203/t20120320_20424.htm。

[9]《关于深化科技体制改革、全面加快区域创新体系建设的实施意见》,2012年8月。
[10] 周萍:《发展与创新海南区域文化 推动海南国际旅游岛建设》,《新东方》2009年第10期总第166期。
[11]《海南国际旅游岛建设发展规划纲要(2010～2020)》,2012年2月。
[12] 林鋆珠:《海南观光农业的比较优势与创新发展》,《热带农业科学》2011年4月第31卷第4期。
[13] 曾渝:《生态药业——海南医药产业发展的创新模式》,《中国药房》2006年第17卷第12期。
[14] 胡晓鹏、陈维:《长三角区域创新发展报告》,《2007年:创新长三角》,社会科学文献出版社,2007。
[15] 吴建昌、肖栋:《发展科技中介机构 提高无锡创新能力》,《江南论坛》2007年10期。
[16] 陈桦:《走内涵式发展道路 全面提高高等教育质量》,《中国教育报》2011年10月26日。
[17] 葛守昆:《江苏创新发展报告》,《2007年:创新长三角》,社会科学文献出版社,2007。
[18] 张海峰:《城市创新能力评价研究》,西北大学硕士学位论文,2009年6月。

B.5
中国经济特区文化产业发展报告

钟雅琴*

近年来,文化产业在全球范围内被视为继信息产业后国家、地区经济发展和产业结构调整的新引擎。文化产业的发展既意味着国家、地区经济、文化实力的整体提升,同时亦能有效提升国家、地区的整体形象,增强国际竞争力和吸引力,为新兴创意阶层搭建平台,促进国家和地区的整体社会融合。经济特区作为我国改革发展的"试验田"与现代化建设的"示范区",加快推进文化产业健康发展已然成为当下经济结构转型升级与提升区域竞争力的必然选择。

一 经济特区文化产业进展

(一)深圳经济特区

相关部门统计数据显示,深圳市作为国内较早发展文化产业的主要城市之一,通过市场催化、科技创新、产业助推,文化产业迅速做大,成为自身的四大支柱产业之一,自2003年以来,深圳文化产业年均增长幅度近25%。2011年,深圳文化产业整体保持持续快速发展,增长点丰富、增速稳定、投资强劲、产出和效益实现同步增长,成为深圳最活跃、最具竞争力的产业之一。全年文化产业增加值为771亿元,增速为21%,占全市GDP的比重由2004年的4.6%提高到2011年的8%。[①] 文化产业依然成为深圳市经济有质量的稳定增长的助推器。

---

* 钟雅琴,深圳大学文化产业研究院,博士。
① 深圳市统计局:《深圳市2011年国民经济和社会发展统计公报》,深圳统计网,http://www.sztj.com/main/xxgk/tjsj/tjgb/gmjjshfzgb/8401.shtml。

深圳市目前已在全国范围内确立了文化产业行业领先优势。深圳的动漫游戏业起步早、发展快。近年来在数字电视、数字音乐、互联网信息服务与文化软件服务等行业都保持了良好的发展势头。同时，深圳是中国最大的高端印刷以及珠宝黄金生产基地，其市场份额占据国内60%以上。此外，深圳也是中国现代平面设计的发源地，室内设计、工业设计等均已达到较高水平。以华侨城集团、华强文化科技集团等为代表的深圳文化企业是中国最具创意和创新能力的文化企业之一，引领国内潮流。深圳的广播影视、新闻出版以及文化会展等行业均在国内具有重要的影响力[①]。

同时，自2004年深圳首届国际文化产业博览交易会开幕以来，深圳"文博会"已经发展成为国家级、国际化、综合性文化产业博览交易会，被誉为国内"文化商品交易第一展"。深圳逐步成为我国对外文化交流的窗口与文化商品交易的中心。2010年和2011年，国家级文化投融资综合服务平台深圳文化产权交易所和中国第一只国家级文化产业投资基金相继在深圳成立。与文化产业相关的三个国家级平台相继在深圳运营，形成了集博览、交易、投融资服务于一体的文化产业平台。深圳今后将积极推动文化产业蓬勃发展，推动中国文化"走出去"。

（二）珠海经济特区

据珠海市统计局统计，2011年，珠海全市文化产业总产值达450亿元，占全市GDP的5.6%。2011年，珠海文化产业增加值为78.5亿元，同比增长超过14%。珠海文化产业对珠海经济社会发展的影响力逐年增加，"十一五"期间增速明显，全市文化产业产值年均增长接近20%，增加值年均增长超过19%[②]。文化产业对全市经济发展的贡献越来越突出，已成为珠海市国民经济的重要组成部分。仅南方文化产业园在"十一五"期间纳税总额就超过3亿元人民币，连续数年进入珠海市纳税百强。

珠海的自然环境优美，地理位置优越，毗邻港澳，信息交流快捷，逐渐累积了影视、动漫、旅游等产业优势。珠海计划将已具备较好基础的影视产业作

---

① 深圳文化产业年鉴编委会：《深圳文化产业年鉴2012》，海天出版社，2012。
② 珠海市统计局：《珠海统计年鉴2012》，珠海统计调查信息网，http://www.stats-zh.gov.cn/o_tjsj/osj_tjnj/index2012.htm。

为珠海实现文化产业跨越式发展的突破口，打造区域性的文化产业高地。珠海拥有珠海天空文化传播有限公司、珠海火车头设计制作有限公司和珠海网易达电子科技发展有限公司等国家动漫企业认定企业。此外，珠海市将依托珠海高新区南方软件园及市内现有30余家数字内容企业，打造数字内容产业基地。同时，正在建设中的港珠澳大桥将使珠海成为中国内地唯一与港澳陆路连通的城市，与澳门一河之隔的横琴新区是国务院批准的第三个国家级新区。横琴与澳门打造旅游共同市场，可丰富和延伸两地的旅游资源，吸引更多游客，进一步推动珠海高端休闲旅游业发展。

2012年，随着《珠江三角洲地区改革发展规划纲要》的实施，横琴新区、港珠澳大桥、高栏港经济开发区等多个引擎的启动，珠海文化产业迈入集群化发展的新阶段。全市规划建设并逐步发展起六大文化产业基地，包括"以影视产业为主线，延伸旅游、休闲娱乐等相关产业的珠海南方影视文化产业基地；依托古村落和旧居改造，以创意培训、艺术展览、文化交流、旅游休闲等为发展特色的北山中西文化创意产业基地；以"文化+科技"为特色的高新区数字娱乐内容产业基地；以文化旅游产品和主题演出为特色的圆明新园文化旅游产业基地；以创意产业总部研发为特色的金地·动力港文化创意产业园；利用旧厂房改造，以动漫网游、数字设计为主导，集展览会展于一体的南屏壹号文化创意园①。

（三）厦门经济特区

厦门市统计局统计数据显示，厦门市2011年文化产业实现增加值180.72亿元，比2010年增加56.17亿元，增长率达45.1%，占全市地区生产总值（GDP）的7.1%。从文化产业的构成来看，2011年厦门市规模以上文化制造业增加值74.16亿元，文化服务业77.24亿元，个体增加值25.59亿元，限额以上文化批零业增加值3.72亿元。代表文化产业核心层的文化服务业比上年增长60.0%②。

---

① 张元章：《珠海文化产业迈向集群化》，《珠海特区报》2012年6月1日。
② 厦门市统计局：《厦门经济特区年鉴2012》，中国统计出版社，2012。

2011年,厦门市文化产业发展呈现出结构日渐优化、质量稳步提升、可持续性增强的特点。以人均实现文化产业增加值来看,厦门市2011年文化产业从业人员人均实现产业增加值13.1万元。这一数值与2010年的10.2万元相比有了较大幅度的提高。从行业来看,厦门市的演艺娱乐、出版发行、广播影视、文化会展与旅游休闲在2011年均呈现出强劲增长态势。其中动漫游戏等新兴文化产业的表现尤为抢眼,进一步优化提升了厦门市文化产业的整体结构[①]。

厦门市在建设经济特区的30余年中,在保持经济高速发展的同时亦在以打造"花园城市""森林城市"的理念建设生态文明城市。文化产业作为低污染高附加值的"朝阳产业"是厦门市下一阶段"调结构、转方式"的切入点之一。厦门市将文化产业发展与加强科技创新、发展海洋经济和旅游产业相结合。

目前,厦门市拥有两大网络文化品牌:4399和美图秀秀。4399作为国内休闲动漫游戏的领军者拥有超过3亿用户,而美图秀秀在智能手机用户中占据广大市场。同时,厦门"青鸟动画"等文化科技企业争相发力,使2012年上半年厦门网络文化服务业的销售收入,比上年同期增长了一倍以上。

厦门近年来涌现出一系列艺术品产业的名企、名品。乌石埔是世界三大商品油画基地之一;乌石埔油画、优必德漆线雕被评为国家级文化产业示范基地。2011年上半年,厦门市在宏观经济疲软和出口形势不太乐观的情况下,以油画为主的绘画产品出口同比增长高达70%,令人瞩目。

厦门是著名的国际港口风景城市,目前厦门正由单一的观光型旅游城市向文化旅游会展商务型城市转变。厦门迄今为止引进的投资额最大的文化产业项目厦门华强文化科技产业园总投资达50亿元,占地1300多亩,被称为中国版"迪斯尼"。华强文化科技产业园将建设包括方特欢乐世界、动漫产业区、文化体验区等在内的大型产业园区,必将进一步优化、提升厦门的旅游资源,吸引各地游客到厦门游玩,带动厦门文化旅游相关产业的快速发展。

---

① 厦门市文广新局:《福建厦门文化产业发展势头强劲》,中华人民共和国文化部官方网站,2012年9月29日,http://www.ccnt.gov.cn/xxfbnew2011/xwzx/qgwhxxlb/201209/t20120929_264755.html。

此外，厦门市近年来充分发挥与台湾隔海相望的独特地缘优势，积极推进厦门与台湾文化产业的交流与合作。已成功举办五届的海峡两岸文博会，由海峡两岸共同举办。而两岸茶博会、图交会、旅博会、艺博会等一系列重要文化产业活动，搭建了海峡两岸文化产业投融资、项目推介和交易的综合性平台①。

（四）汕头经济特区

汕头市文化产业起步于20世纪90年代，已形成音像材料、印刷包装、工艺玩具三大特色文化产业。2011年，汕头市音像材料、印刷包装、工艺玩具三大产业实现工业产值共计442.3亿元，比上年增长23%，10年间增长了近10倍②。

汕头近年来加大文化产业的政策引导和扶持力度，重点规划建设一批引领汕头文化产业发展方向的项目和基地。汕头对龙湖、金平印刷产业园区，澄海动漫玩具创意产业园区，潮阳光盘产业园区和潮南文具产业园区进行统筹规划，并举办以玩具礼品、文具和书画艺术产品为核心的三个专业性文化产品展示交易展会。目前，汕头已初步形成了金平和龙湖的包装印刷业、潮阳的光盘音像业、澄海的动漫玩具业等三大聚集度高的区域性优势产业。

三大产业中拥有中国名牌产品4个、中国驰名商标4件、省名牌产品12个、省著名商标48件、省出口名牌4个，形成了行业品牌群。目前全市共有印刷企业849家，其中年产值超亿元的有8家。全市可录类光盘年产量达10亿多片，占全省产量的近50%、全国产量的近30%。2009年10月，汕头（潮阳和平、铜盂和潮南峡山）获得"中国文具生产基地"称号，成为国内主要文具生产基地之一。工艺玩具已成为汕头市的重要产业，2009年9月奥飞动漫成为国内"动漫第一股"，至今全市已有4家玩具公司成功上市。

汕头文化产业企业投资主体呈现多元化，形成了公有制、股份制、个体所有制和中外合资等多种所有制形式并存的发展格局，其中以民营经济发展最为

---

① 许向明：《关于厦门发展文化创意产业的战略思考》，中国文化产业网，2011年9月20日，http://www.cnci.gov.cn/content/2011920/news_63379_p4.shtml。
② 汕头市统计局：《汕头统计年鉴2012》，中国统计出版社，2012。

迅猛，三大产业中民营企业占比高达90%以上。同时，汕头依托潮汕地方特色文化资源，大力发展茶文化、美食文化旅游，会展业等富有区域特色的文化产业，形成了一批区域特色鲜明的文化产业群①。

（五）海南经济特区

海南省统计局2012年9月发布的海南文化产业统计分析报告显示，2006年以来，海南省文化产业增加值已连续5年实现两位数增长。2011年海南省文化产业增加值为71.15亿元，占全省GDP的2.8%，较2010年增长55.5%，增长幅度居全国前列②。

海南自身的地理气候条件与国家发展国际旅游岛的政策共同构筑了海南发展文化旅游的优势。海南加快推进一批文化产业园区和大型文化产业项目，包括国际旅游岛先行试验区、文昌航天文化主题公园等。试图借由产业园区建设推动文化产业向规模化、专业化、集约化发展。海南致力于在文化旅游项目建设中进一步挖掘地方特色文化，以优质的市场推广，打造具有全国影响力的文化精品。

海南省包括陵水国际旅游岛先行试验区、海口海南国际创意港、三亚海南省动漫产业基地、澄迈海南生态软件园在内的四大智慧产业集群正在形成。亚龙湾热带天堂森林公园、槟榔谷原生态黎苗文化旅游区和呀诺达热带雨林等旅游区打造出各具特色的文化旅游品牌，释放出经济、社会双重效益。与此同时，海南积极举办系列文化赛事，提升了海南岛的文化品牌知名度。环岛国际公路自行车赛已经升级为亚洲顶级赛事。沃尔沃环球帆船赛经停海南，而世界小姐总决赛则五度与海南邂逅。

海南省"十二五"期间文化产业投资大项达数十个，总投资预计超过2000亿元。文化产业在海南方兴未艾，并显现出未来成为海南国民经济支柱产业的良好势头。海南文化产业"十二五"期末实现产值将占GDP的4%、"十三五"期末达8%的目标值得期待。兼具多种优势的海南文化产业发展前景广阔③。

---

① 王开颖：《我市三大文化产业年创产值逾400亿》，《汕头特区晚报》2012年10月16日。
② 海南省统计局：《海南文化产业统计分析报告》，2012年9月。
③ 付阳阳：《海南文化产业增幅居全国前列　大项目发展迅猛》，《海南日报》2012年9月27日。

二 经济特区文化产业发展研判

（一）经济特区文化产业发展进程整体态势

1. 从总体上看，经济特区文化产业在全国范围内处于相对领先地位

经济特区作为改革开放和现代化建设的试验区，经济基础较好，文化产业起步较早，融资渠道较广泛，文化消费市场较发达，这些都为经济特区文化产业提供了发展优势，文化产业日渐发展成为地区经济发展的支柱产业。

2. 从纵向上看，经济特区文化产业呈体量"井喷"式发展

文化产业各行业整体体量飙高，文化产业发展势头强劲，结构调整和资源整合力度加大，文化企业实力规模快速提升，文化产业占GDP的比重逐年提高，行业整体进入加速发展通道。

3. 从横向上看，经济特区间文化产业发展不平衡

地区文化产业发展状况与各经济社会总体发展水平相一致。深圳市文化产业发展在五大经济特区中占据领先地位。从文化产业总产值上看，深圳市仅2012年上半年的产值就达1506亿元，几乎相当于其他四个经济特区2011年文化产业全年产值的总和。地区发展的不平衡问题在文化产业发展的实际差距中显现。

（二）经济特区文化产业发展主要特征

1. 文化与科技融合特征增强

党的十八大报告明确指出："科技创新是提高社会生产力和综合国力的战略支撑，必须摆在国家发展全局的核心位置。"就如何"增强文化整体实力和竞争力"的问题，报告强调要着力"促进文化和科技融合，发展新型文化业态，提高文化产业规模化、集约化、专业化水平"。文化与科技融合已成为当前发展文化产业的国家战略。事实表明，促进文化与科技融合是当前中国文化产业发展的迫切要求。

近年来我国不断加强文化与科技融合发展，并逐步形成了多层次、宽视野、跨行业的崭新格局。文化与科技融合发展、互促共进的活力正在逐渐展现。"文化＋科技"是深圳最早提出的文化产业发展模式之一，五大经济特区在过去的发展中均积累了相当好的高新科技产业和人才基础，并在文化产业发展中积累了文化和科技融合方面的重要经验。2012年8月，科技部、中宣部、财政部、文化部、广电总局、新闻出版总署联合发布《国家文化科技创新工程纲要》，《纲要》在经济特区文化产业发展中得到了各层面积极响应。日前，一批以高新科技为依托、以数字内容为主体、以自主知识产权为核心的高成长性文化科技企业成长迅速。

2. 文化产业新兴业态不断涌现

现阶段文化产业的发展要有量的增长，更需实现质的提升，而其中增强新兴业态发展是其中要务之一。纵观五大经济特区文化产业发展，虽然均呈加速增长态势，但从产业内部看，并非所有行业都以同样的速度增长，以图书出版、报纸等为代表的传统文化产业的比重进一步下降。一批以文化为元素，以创意为驱动，以科技为支撑，以市场为导向的新业态产业迅速崛起，成为近两年经济特区文化产业发展的新亮点。特别是以动漫、网络游戏、网络视听、网络服务、数字娱乐等为代表的新兴文化产业正在取代传统文化产业占据主体地位。

3. 优化传统产业，整合跨界升级

在经济特区转变经济增长方式与传统产业转型升级的现实要求下，文化产业正在发展为多领域、多专业充满创新内涵的跨界合作区间。文化产业作为最具创新性、创造性、创意性的产业，是提升产品附加值、提升产业发展水平的重要元素。产业融合赋予休闲旅游、工业产业等传统产业以文化内涵，并以文化创意提升产业优势，促进传统产业延伸产业链条，使传统产业转变为效益高、前景好的新兴文化产业。

4. 产业园区集聚发展，带动效益明显

文化产业园区已经成为各地推进文化产业集聚发展的现实选择。一群具有竞争性、互补性的企业或行业在空间上的聚集是一种先进的制度安排和资源配置方式，具有明显的带动效应。发展文化产业园，有利于改善文化产业布局结构，是经济特区加快文化产业发展、提高地区文化产业竞争力的一个捷径，各地纷纷加快推动文化产业园区规划和建设。

（三）经济特区文化产业发展面临的问题

1. 文化产业大而不强，文化品牌缺乏

五大经济特区文化产业虽然都已取得较大发展，文化产业规模加速扩张，但文化产业仍然方兴未艾。从总体上看，文化产品质量不高，缺少有竞争力的品牌和形象，具有市场竞争力的精品力作有限，在国际、国内具有品牌效应的文化企业有限，文化产品的质量和原创水平进一步提升的空间很大。

2. 文化产业园区建设同质化、泡沫化

尽管文化产业发展的集聚化、园区化是一个必然趋势，但目前各地文化产业园区同质化倾向日渐显现，出现文化产业园一哄而起、遍地开发和重复建设现象。文化产业园建设规划论证不足、缺乏准确定位，产业化水平低，文化产业园日渐成为"圈地"运动。随之而来的是文化产业园区的泡沫化。文化产业园的持续升温亟须各地对文化产业园区建设进行再反思与再定位。

3. 金融支持文化产业发展遭遇现实"瓶颈"

金融对文化产业发展的重要性毋庸置疑，由此，各地都制定了许多"文化＋金融"的相关政策。但从政策落实情况上看，金融对文化产业的支持遭遇诸多现实问题。无形资产质押和文化产业项目担保等方面存在诸多具体困难。对文化类无形资产评估，以及对文化产业项目进行财务分析和担保风险评估等问题尚未得到有效解决。文化与金融的对接成为制约文化产业下一步发展的桎梏。

4. 文化产业急需的复合型高端人才稀缺

随着文化产业发展水平的提升，人才问题的重要性愈发显现。目前多数文化企业都还只是项目型的企业，尚未成长为整体价值型企业，缺乏一批有抱负的文化企业家。同时，文化产业缺乏高端复合型人才，在文化内容提供、文化投资、经纪服务等领域，中高端人才都极其稀缺。此外进入"十二五"以后，经济特区文化走出去步伐加快，在动漫游戏、演艺会展、版权贸易等方面对外合作日益频繁，高端外向型人才严重短缺。

三 经济特区文化产业发展政策分析

(一)经济特区文化产业政策概述

近年来,我国出台多个涉及文化产业的政策性文件,在财税、金融、准入、土地等多方面实施优惠措施,扶持文化产业发展。党的十七届六中全会召开后,文化产业更是被提到将在 2020 年发展成为我国支柱性产业的目标地位,有关文化产业发展的支持政策将迎来密集发布期。

1. 深圳经济特区

深圳早在 2003 年就提出实施"文化立市"的战略。2004 年,深圳提出把打造包括"钢琴之城""图书馆之城""设计之都""动漫基地"在内的"两城一都一基地"特色城市文化发展战略作为"文化立市"的战略支撑。2005 年,被视为深圳文化产业发展"元年"。深圳市委在《努力建设和谐深圳效益深圳》的报告中提出,要把文化产业打造成为继高新技术、物流、金融三大支柱产业之后的第四大支柱产业。打造一批具有中国风格和国际影响的文化品牌。2006 年是深圳文化产业园区迅速发展的一年,深圳市当年规划建设文化产业园区 21 个,3 个园区后来获得国家级文化产业示范基地称号。腾讯科技等文化产业园区强势崛起。2009 年,借由国务院批准深圳、香港共同打造国际文化创意中心,深圳进入与香港文化产业合作发展的全新阶段。

2011 年 10 月,深圳市政府正式将文化创意产业与互联网、新能源、生物制药、新材料、新一代信息技术等一并确定为深圳市战略性新兴产业,进而形成了全市六大新兴产业。同年,深圳市出台《深圳文化创意产业振兴发展政策》和《深圳文化创意产业振兴发展规划(2011~2015 年)》,规划提出每年将拿出 5 亿元专项资金,重点发展创意设计、文化软件、动漫游戏等新兴业态,力争到 2015 年,文化创意产业增加值达 2200 亿元,占全市 GDP 的 14.5%,成为重要的战略性新兴产业和国民经济支柱性产业。在产业发展中,不断加大和强化科技创新与文化创意的支撑力度。

2. 珠海经济特区

珠海近年来强化树立"新时期城市发展最终以文化论输赢"的理念。珠海具有紧邻港澳、文化交融、底蕴深厚等地缘和文化优势。因而,珠海市充分发掘自身优势,将文化建设提升到建设生态文明科学发展示范区和珠江口西岸核心城市的战略高度。为此,珠海市出台了《中共珠海市委、珠海市人民政府关于深化文化体制改革,加快文化事业文化产业发展的决定》等政策文件。

2009年8月,国务院正式批准实施《横琴总体发展规划》。由此,珠海横琴开发上升为国家发展战略。2011年7月,对珠海横琴开发的具体政策国务院作出相关批复,"同意珠海横琴实行比经济特区更加特殊的优惠政策"。其中包括实施特殊的金融税收政策、产业政策,赋予特殊的审批管理权限等重要内容。广东省政府依据国务院的相关政策批复进一步出台了加快对横琴开发的若干具体意见,珠海出台了地方落实相关政策要求的横琴新区条例。一系列政策中均对文化产业发展政策措施有所涉及,这些均为珠海文化产业的下一步发展创造了良好的政策环境。

3. 厦门经济特区

随着厦门经济社会的不断发展,文化产业近年来在厦门全市产业布局中的重要性亦日渐凸显。自2009年开始,厦门市委、市政府先后制定文化产业发展规划,出台系列扶持政策,整合相关产业资源,以期大力推进文化产业发展。厦门市先后制定了包括《厦门市促进文化产业发展若干政策》《厦门市重点文化企业认定暂行办法》《厦门市促进文化产业发展财政扶持政策实施细则》等在内的一系列产业政策和实施办法,为厦门文化产业的发展提供了政策保障。在国务院出台《文化产业振兴规划》后,厦门市委、市政府针对国家政策,制定了《关于进一步推动厦门文化发展的实施意见》。实施意见从厦门市全局的高度,进一步明晰了厦门文化产业的发展思路、任务要求及相关措施。

4. 汕头经济特区

汕头市是传统文化产业起步较早的地区,民营文化企业活跃。2010年,汕头市委、市政府落实《广东省建设文化强省规划纲要(2011~2020年)》政策要求,提出关于建设文化强市的目标。力争通过5到10年的努力,把汕头建设成在国内外有重要影响的特区文化城市及潮汕优秀文化的聚集地。构建特色鲜明的现代文化体系与现代文化产业体系。进一步调整优化文化产业的结构和层次，提升文化产业附加值。到2015年，汕头力争实现文化及相关产业增加值占GDP的比重超过9%的目标。2020年，文化产业所占GDP比重将超过10%，成为重要的支柱产业和战略性新兴产业。汕头将成为粤东文化产业区域中心城市。

进入"十二五"以来，汕头市提出加强对文化产业发展的规划指导，着力打造文化产品展示交易平台，完善文化产业服务体系，推动文化产业集聚发展。汕头市以办好文化产品专业性展会为契机，打造汕头市文化产品展示交易平台。同时汕头市根据自身文化产业集聚发展现状，规划建设四大文化产业园区。包括龙湖、金平印刷产业园区，潮阳光盘产业园区，澄海动漫玩具创意产业园区，潮南玩具产业园区等在内的项目被纳入全市文化产业重点建设项目[①]。

5. 海南经济特区

海南省文化产业发展势头强劲，但总的来看文化产业"小、散、弱"的现状仍未发生根本改变，为实现2020年文化产业增加值占GDP比重8%的发展目标，海南近年来采取多项"超常规"措施积极推进文化产业发展。2010年10月，海南省委、省政府颁布《关于加快推进文化改革发展的决定》。2011年8月，海南省发布《海南省人民政府关于支持文化产业加快发展若干政策》，包括土地、财政、税收、投融资、市场准入、人才和附则在内的六项共四十条政策强势推进文化产业发展。

《海南省人民政府关于支持文化产业加快发展若干政策》提出，海南将重点支持符合海南国际旅游岛建设规划，且对经济社会文化整体发展具有较大带动作用的重点文化产业项目。海南将建设一批专业化、规模化、集聚化的省级以上文化产业园区，着力发展具有战略性、先导性和带动性的新兴文化产业。同时，结合海南自身地域及文化优势，发展融合民族民俗风情的极具地方特色的文化旅游业。

---

① 杨可：《"十二五"我市规划建设四大文化产业园区》，《汕头日报》2012年4月4日。

（二）经济特区文化产业政策建议

1. 强化优势行业，发展新兴行业

经济特区文化产业均已积累了一定的产业发展基础和经验，形成了各具特色的产业优势。在未来发展中，一方面各地需从各自产业基础出发，积极扶持文化产业重点领域发展，培育一批带动性强的文化企业；另一方面，随着文化产业新兴业态的不断涌现，各地应敏锐把握新兴行业发展态势，发掘新兴行业发展潜力，加大发展新兴产业，迅速形成新的经济增长点，提高文化产业对经济发展的贡献率。

2. 塑造文化品牌，推进文化"走出去"

拥有自己的文化产业品牌是提高文化产业竞争力的重要路径。各经济特区需重视品牌战略，通过品牌开拓市场。充分发掘现有文化品牌的潜力，努力培育一批新的知名品牌，以资源优势保证品牌开发，以品牌开发推动市场开放，采取"请进来、走出去"的方式，把着力点放在积极开拓国内外市场上，积极融入国际市场，提高自身竞争力和知名度，带动经济特区文化产业全面发展，政府需通过政策扶持积极培育文化品牌，注重品牌法律保护。

3. 规范园区建设，发掘自身特色

文化产业的空间集聚对文化产业发展意义重大，然而在文化产业园区建设中应结合各经济特区产业特色和产业定位，进一步提高产业空间布局的科学合理性。加强各地区文化产业园区的统筹规划，促进文化资源的合理配置和产业的分工协作，引导经济特区高端产业功能区与文化产业的融合发展，提升文化产业的集中度和创新能力。特别是在近年来各地城市创新的背景下，经济特区应结合现有城市核心区建设与发展的需要，培育发展与核心区功能相适应，体现地区特色的高端文化企业，打造一批具有地方特色、辐射效应及国际影响力的文化产业集聚区。借由文化产业园区建设，集聚创意企业与创意阶层，营造创意氛围，整合优质创意资源，进而以创意城市的形成全面提升城市影响力和竞争力。

4. 培育多元市场主体，扩大文化投资渠道

经济特区是我国经济改革的实验区与排头兵，而文化产业的生产和发展是

同社会市场经济时代的发展相联系,是市场经济走向成熟的表现,也是产业分化和社会进步的必然结果。但从目前来看,文化体制和文化管理尚需进一步深化改革,以培育多元化市场主体为目标,探索拓展文化投资渠道,保障文化产业的商业化、市场化运行,深化文化市场主体的独立性和文化产业多维度发展。

5. 落实文化金融政策,建立健全服务机构

各地需进一步出台相关配套扶持政策,建立健全文化与金融对接工作机制。采取贷款贴息、投资基金、融资担保、集合债券等多种方式,加大对文化企业的支持。同时设立文化产权交易所,将其打造成文化金融服务平台,为文化企业在融资、担保、政府支持、商业往来及宣传推广等方面提供快捷优质的专业化服务。

6. 创新人才工作机制,构筑文化产业人才高地

与传统产业不同,文化产业是智慧型、知识密集型产业。文化产业人才的数量和素质决定着文化产业的前途与命运。各经济特区要继续保持文化产业发展的相对优势,就必须充分总结人才经验,利用现有人才,积极吸收和引进高层次创新人才。各地可积极探索健全包括人才评价体系、资质认证、激励机制等在内的文化产业人才机制。要加快培养和引进既掌握高新技术又善于运用科技手段的文化产业创新人才;培养和引进一批既懂文化、又善经营管理的文化管理人才;培养和引进一批既熟悉文化贸易规则、又善于开拓国际市场的文化贸易人才,为文化产业的持续快速发展提供坚实的人才保障和智力支撑。

B.6
中国经济特区政府改革进展报告

陈家喜*

改革开放以来，中国区域发展的突出特点之一在于发展的地区不平衡性，东部崛起与西部滞后是日趋凸显的趋势。为了进一步改善和优化区域发展不均衡现象，顺应经济全球化、区域一体化以及城乡统筹化的潮流，国家在原经济特区的基础上又相继设立多个"新经济特区"——国家综合配套改革试验区。据统计，截至2011年，全国共设立了3个全面型"综合配套改革试验区"，分别是上海浦东新区、天津滨海新区、深圳市；7个专题性"综合配套改革试验区"，包括重庆市、四川省成都市、湖北省武汉城市圈、湖南省长株潭城市群、辽宁省沈阳经济区、山西省和厦门市。此外，国务院还决定设立2个"综合改革试验区"（区别于"配套"）——浙江省义乌市和浙江省温州市。

显然，与传统的经济特区不同，综合配套改革实验区并非仅限于"经济改革"的特定领域，而是强调改革的全面性和配套性。因此，综合配套改革试验区在推动经济改革与区域发展中，是否也进行了"配套"的政府改革？是否在行政改革与政府创新上先行一步，进行了"特殊的"探索？如果有，这些探索是否具有相似性和规律性？基于上述问题，本报告试图通过对上海浦东新区、天津滨海新区、深圳市以及厦门市这四个综合配套改革实验区的案例比较，选取法规政策文本、行政区划调整、政府机构改革以及行政审批改革这4项指标，以探寻中国经济特区政府改革的过程、动因与逻辑。

一 "综改方案"文本中的政府改革

尽管早在20世纪80年代初，深圳市和厦门市就获批成为经济特区，取得

---

* 陈家喜，深圳大学当代中国政治研究所副教授、博士。

了经济改革的特殊权限，但在综合配套改革试验区的设立上，深圳市和厦门市稍显滞后。2005年6月，国务院批准上海浦东新区进行市场经济综合配套改革试点，其核心内容是要转变政府职能，改革经济运行方式，优化二元经济与社会结构，在浦东新区率先建立起完善的社会主义市场经济体制，为推动全国改革起示范作用。2006年5月，天津滨海新区获批成为国家综合配套改革试验区，突出在新型工业化道路、增强自主创新能力、发展循环经济、建立高效廉洁的管理体制等方面率先探索。直到2008年12月，深圳才正式被确定为"国家综合配套改革试验区"，战略定位为探索科学发展模式试验区和深化改革先行区。2011底，国务院批准《厦门市深化两岸交流合作综合配套改革试验总体方案》，提出要努力构建两岸经贸合作最紧密区域、两岸文化交流最活跃平台、两岸直接往来最便捷通道、两岸同胞融合最温馨家园。伴随上述综合配套改革试验区的设立，国家也同时批准了这些实验区的配套改革方案。从这些配套改革方案中，我们可以探寻其政府改革的政策框架与功能定位。

（一）深圳经济特区

2009年5月国家发改委批准颁布的《深圳市综合配套改革总体方案》，明确提出"深化行政管理体制改革，率先建成公共服务型政府"的目标。在具体思路上，就是以转变政府职能为核心，全面创新行政管理体制，实现政府职能向创造良好发展环境、提供优质公共服务、维护社会公平正义转变，实现政府组织机构及人员编制向科学化、规范化、法制化转变，实现行政运行机制和政府管理方式向规范有序、公开透明、廉洁高效转变，努力建设人民满意的服务型政府。[①]

同年7月份深圳市出台的《深圳市综合配套改革三年（2009~2011年）实施方案》，进一步细化了行政体制改革的具体目标与思路，提出率先建成公共服务型政府的目标。具体路径上包括：（1）行政管理体制改革，理顺部门行政与综合执法的事权关系，合理配置市、区、街道事权，完善大部门管理体

---

① 《国家发展改革委关于印发〈深圳市综合配套改革总体方案〉的通知》（二〇〇九年五月二十七日）"，载于钟坚、郭茂佳、钟若愚主编《中国经济特区文献资料 第1辑》，社会科学文献出版社，2010。

制,提高电子政务水平等;(2)行政层级改革,设立坪山新区,加快功能区、管理区体制改革,整合街道办事处、社区工作站行政管理资源,缩短管理链条。(3)法治政府建设,简化行政服务程序,简化行政审批流程,提高行政审批效率,实现行政服务的法定化、规范化和制度化。(4)公务员管理制度改革,构建不同类别公务员各自独立的职业发展通道和薪酬体系,扩大聘任制公务员试点,深化公安系统公务员专业化,法官检察官职业化改革等。(5)事业单位改革,推进政事分开、管办分离,从行政任用关系向聘用关系转变,完善岗位绩效工资制。[1] 上述行政改革的思路与举措,成为深圳随后推进行政改革的指导思想,大部制改革、公务员分类改革以及功能区的调整等都相继展开。

(二)浦东开发开放新区

从2005年设立综合配套改革试验区迄今,浦东先后颁布一个总体方案和三个三年行动计划,这些文本中均有关于政府改革的具体条款。《浦东综合配套改革试点的总体方案》和《2005～2007年浦东综合配套改革试点三年行动计划框架》,提出了建设公共服务型政府的改革目标,具体内容包括:参照"二级市"的管理模式,落实事权下放;实施第四轮行政审批制度改革,减少审批事项,扩大政府服务"零收费"范围;探索建立重大决策的协商协调、专家咨询、评估论证、公示听证制度;探索建立行政问责、效能评估、效能投诉、电子监察等制度;政企、政资、政事、政府与市场中介组织进一步分开,把政府的职能转到经济调节、市场监管、社会管理和公共服务上来。[2]

《2008～2010年浦东综合配套改革试点三年行动计划框架》,再次提出以转变政府职能为重点,深化政府行政管理体制改革,致力于创造公共服务型政府的浦东模式。改革的重点内容,分为四个方面:(1)按照"大部制"模式,

---

[1] 《中共深圳市委、深圳市人民政府关于印发〈深圳市综合配套改革三年(2009～2011年)实施方案〉的通知》,《深圳市人民政府公报》2009年第28期。
[2] 《浦东综合配套改革试点的总体方案》、《2005～2007年浦东综合配套改革试点三年行动计划框架》,载于彭森、杨雄、徐麟主编《中国改革试验》(上海浦东新区卷),国家行政学院出版社,2012。

推进浦东新区行政管理体制改革。对政府行政管理职能和流程进行重新梳理和界定，强化政府社会管理和公共服务职能，完善多层次公共服务平台。建立和完善决策、执行、监督相协调的机制。深化浦东新区区政体制（功能区域体制）改革试点。（2）理顺政企、政事、政资、政府与中介组织的关系，完善事业单位改革相关配套政策，深化浦东新区国有开发集团公司改革，实现政企分离。加快培育行业协会和社会中介组织，实现政社良性互动。（3）推进政府管理创新，深化市场准入制度改革，深化企业投资改革，深化行政事业性收费改革，加快电子政务建设，推动政府流程再造和政务公开、透明。（4）深化财政管理制度改革，建立政府向市场购买服务的公共财政支出机制，开展完善服务业税收的改革试点。①

2010年4月通过的《浦东综合配套改革试点三年行动计划（2011~2013年）》，在前两轮三年行动计划的基础上，再次强调深化行政管理体制改革的重要性，提出按照"强镇扩权"和扁平高效原则，探索建立大市镇（新镇）管理体制。在全国率先以电子化方式开展行政审批标准化改革，所有行政审批项目从设立到运行基本实现透明化管理。深化投融资体制改革，初步建立"4+X"投融资平台。最终改革要实现"最开放、最透明、最高效"的目标，突出开发主导，重心下沉，努力构建大区域、轻型化、扁平化的行政管理体制。②

（三）滨海开发开放新区

根据2008年国务院批复的《天津滨海新区综合配套改革试验总体方案》，滨海新区要建立"既集中统一领导又发挥各方优势、充满生机与活力"的管理体制，推进行政管理体制改革，转变政府职能。改革的重点内容包括：（1）加强滨海新区管委会的领导职能，强化管委会在统筹发展规划、统筹基础设施建设、统筹产业布局、统筹功能区开发、统筹政策规定、统筹土地管理、统筹使用建设资金、统筹解决重大问题等诸多方面的权限，实现市政府各

---

① 《2008~2010年浦东综合配套改革试点三年行动计划框架》，载于彭森、杨雄、徐麟主编《中国改革试验（上海浦东新区卷）》，国家行政学院出版社，2012。
② 《浦东综合配套改革试点三年行动计划（2011~2013年）》，载于彭森、杨雄、徐麟主编《中国改革试验（上海浦东新区卷）》，国家行政学院出版社，2012。

部门与滨海新区条块互补与职能整合。(2) 延伸经济功能区的开发建设功能，经济功能区要从开发建设向行政区延伸，实现经济区与行政区共同发展经济。(3) 扩展行政区的社会管理和公共服务职能。按照属地管理的原则，行政区政府担当辖区内经济功能区的社会管理与公共服务职能，进行社会管理和公共服务体系试点。(4) 建立有利于发挥滨海新区整体优势和共同发展的管理制度，推行政企、政资、政事、政府与市场中介组织分开，增强政府工作透明度。完善公共财政体制，建立滨海新区开发资金，行政区向经济功能区延伸社会管理和公共服务功能提供财政保障。① 2008年11月出台的《滨海新区综合配套改革试验总体方案三年实施计划（2008～2010年）》，再次强调按照统一、协调、精简、高效、廉洁的要求，制定新区行政体制改革的具体实施方案，完善《天津滨海新区条例》。

2011年5月，《天津滨海新区综合配套改革试验第二个三年实施计划（2011～2013年）》出台，共推出十项改革计划，其中第六部分提出行政管理体制改革的目标，具体包括：(1) 健全"两级政府、三级管理"体制以及区县基本财力保障机制。建立财权与事权相统一的管理体制，探索建立街镇财政体系和基本财力保障机制，推进城市管理重心下移，逐步完善公共财政体系，实现基本公共服务均等化。(2) 完善滨海新区管理体制和运行机制，重点是深化行政审批制度改革，清理和规范审批事项。同时加快落实新区的事在新区办的工作机制，扩大滨海新区更大的自主发展权。加快修订《天津滨海新区条例》，理顺新区政府、管委会、街镇之间的权责关系，明确各自的事权财权划分。健全滨海新区统一的财政预算体制，完善转移支付制度，优化支出结构。②

（四）厦门经济特区

厦门于1980年10月设立经济特区，2010年经济特区扩大到全市范围，

---

① 《关于印发天津滨海新区综合配套改革试验总体方案的通知》，《天津市人民政府公报》2008年第7期。
② 《关于印发天津滨海新区综合配套改革试验第二个三年实施计划（2011～2013年）的通知》，《天津市人民政府公报》2011年第11期。

同时获批建设两岸区域性金融中心。2011底，国务院批准厦门作为深化两岸交流合作综合配套改革试验区，要求努力构建两岸经贸合作最紧密区域、两岸文化交流最活跃平台、两岸直接往来最便捷通道、两岸同胞融合最温馨家园。

2011底，国务院批准实施《厦门市深化两岸交流合作综合配套改革试验总体方案》。该方案提出，深化两岸交流合作的五大主要改革任务和配套性的五大改革任务，推进改革的政策措施80多项，支撑长远发展的平台建设10多个，其中行政管理改革即是配套支撑的改革任务之一。具体内容包括：（1）以法治政府和服务型政府建设为目标，推进职能整合，推行标准化、扁平化管理；构建精简高效的行政管理体制，实现"小政府、大社会、大服务"的行政体制等目标。（2）精简审批事项，推行电子政务，实现行政权力全流程网上运行、审批和监察。改革公务员管理制度，探索分类管理改革。健全政府绩效评估制度，构建富有特区特色的干部考核评价机制，强化行政问责。（3）深化行政资源配置市场化改革，在基础设施建设、公共服务供给体系、社区服务等方面探索市场机制、工商管理技术和社会化手段领域的应用，以此降低政府行政成本，提高政府治理能力和效率。（4）推进公共服务一体化，探索建立建设用地总量控制、双向调节、差别化管理的内容和措施，推动厦门岛内外规划、基础设施和基本公共服务一体化等。①

从上述四个综合配套改革方案内容来看，行政领域的改革始终是综合配套改革的重要组成部分。这也说明，"新经济特区"与传统的经济特区相比，一开始即明确了改革的整体性、统筹性和协调性，改革不单纯是经济领域或区域发展的单项改革，而是包含了政府自身的综合改革。并且从行政改革的具体内容来看，四个综合配套改革方案涉及多项内容，如行政管理体制的调整、行政审批制度改革、电子政务建设、法治政府建设、公共服务改善等诸多方面。而这些内容也成为这些综合配套改革试验区行政改革的重要指引，推动各项改革步伐的展开。

---

① 《厦门市深化两岸交流合作综合配套改革试验总体方案》，厦门市政府网，http://www.xm.gov.cn/zt/zhptgg/bj/201202/t20120221_456880.htm。

二 行政区划改革

行政区划是指国家行政机关实行分级管理而进行的区域划分。为了方便管理,国家将全国领土分级划成若干区域,并建立相应的地方各级国家机关,实行分层管辖的区域结构。如果将考察的时段拉长,追溯深圳、浦东、滨海和厦门四个城市(区)的设立过程就会发现,它们都进行了不同程度的行政区划调整,既包括管辖范围的外延,也包括内部管理层级的调整。

(一)深圳经济特区

作为中国改革开放的实验区,深圳经济特区的行政区划调整几乎是与经济发展同步进行的。1979 年 3 月 5 日,经国务院批准,宝安县改为深圳市,为半地级建制,由广东省和惠阳地区实行双重领导。1979 年 11 月 23 日,深圳市由原省地双重领导体制改为地区一级省辖市,直属广东省领导。1981 年 8 月 21 日,广东省将深圳经济特区升格为副省级市,政治待遇和广州市相同,领导干部逐步按广州市的规格配备。深圳从一个边境县,到一个副省级城市仅仅历经 2 年多的时间。1988 年 10 月 14 日,国务院正式批准深圳市在国家计划中包括财政计划实行单列,并赋予其相当于省一级的经济管理权限。深圳具有省辖市、副省级市、计划单列市和经济特区市四种身份,使它具有管理经济与推动各项改革的自主权。

除了行政扩权之外,深圳特区还进行了内部管理体制的多次调整。

(1) 管理区体制 (1979~1990)

1979~1990 年,深圳市实行的是一套较为特殊的"管理区"体制。1979 年 3 月,深圳市共设立罗湖、南头、松岗、龙华、龙岗、葵涌 6 个管理区。1983 年 12 月,深圳市特区内的行政区划又作调整,撤销公社建制,成立罗湖、上步、南头、沙头角 4 个管理区。管理区党委作为市委派出机构,行使地方一级党委职能;设立办事处为市政府派出机构,行使一级政权机构的职能。这一行政区划结构带有典型的经济开发区的特点,便于行政集权,便于集中高效地开展经济发展事务。由于管理区不是一级政府,不设人大、政协等机关,因此这一时期的深圳经济特区实行的是"一级政府"体制。

（2）建政阶段（1990~2006）

1990~2006年，深圳经济特区的行政体制相对稳定，特区内外融合加速。1990年1月，深圳市特区内的罗湖、上步、南头、沙头角、蛇口等5个管理区合并为罗湖区（原罗湖管理区和沙头角管理区），南山区（原南头管理区一部和蛇口工业区），福田区（原上步管理区和南头管理区一部）3个行政区。这一改革终结了实行了10年的管理区体制，使深圳的行政区划回归至现常态的行政架构。与此同时，为使深圳城市化进程不断加快，特区外的区划调整也提上了日程。1993年1月，深圳市撤销宝安县建制，设宝安和龙岗2个市辖区。1997年10月，从罗湖区内分化出盐田区。这样，深圳就形成了特区内4区（罗湖、福田、南山、盐田）+特区外2区（宝安、龙岗）的行政区划格局。

（3）新区体制探索（2007~）

为了带动特区外的经济发展，强化市政府的垂直领导，从2007年开始深圳在特区外的区域推行"新区体制"。2007年5月，在宝安区光明和公明两个街道整合基础上成立了光明新区；2009年7月，在原深圳市大工业区、龙岗区的坪山街道和坑梓街道基础上成立了坪山新区。2012年1月，深圳又分别从宝安区和龙岗区划分出"龙华新区"和"大鹏新区"。龙华新区包括原宝安区龙华、大浪、民治、观澜四个街道，而大鹏新区则包括原龙岗区的大鹏、葵涌、南澳三个街道。这样，深圳的行政区划出现重要调整，形成"6个行政区+4个功能区"的行政区划格局。①

新区在体制上接近于1990年前的深圳经济特区内的"管理区"体制，即不设人大、政协，但行使区一级政府的管理职权；在功能上又类似于20世纪80年代的管理区，行使经济开发区和行政区的双重职能。在机构设置上，新区也有别于一般的行政区，如光明新区成立了中共深圳市光明新区工作委员会和深圳市光明新区管理委员会，是深圳市委、市政府的派出机构，全面负责辖区内的经济发展、城市建设和管理以及社会事务管理。新区内设立的机构包括新区党工委、管委会，以及下设9个局（办），即综合办公室、纪检监察局、

---

① 陈家喜、黄卫平：《深圳经济特区的政治发展》，商务印书馆，2008，第43~45页。

组织人事局、发展财政局、公共事业局、社会建设局、经济服务局、城市建设局和城市管理局。市公安、规划、国土、工商、税务、社保6个市直部门在新区设立派驻机构。① 新区的管理体制表面上带有权力集中和上收的特点，而实际上是为了进一步的行政放权。这些新区原先为宝安区和龙岗区的"欠发达"街道，在资源分配和利益分享上处于不利地位；通过成立新区，它们直接对市政府负责，享受与区一级政府同等的政策待遇，行政权限相对扩大，资源分配也更为直接，从而在客观上有利于促进区域经济社会的发展。

（二）浦东开发开放新区

从成立至今，浦东新区的行政区划也经历了较大幅度的变动，大体可以分为"浦东开发办时期"（1990~1992）、"浦东新区党工委、管委会时期"（1993~2000）、"浦东新区建设区政府时期"（2000~2005）、"综合配套改革试点启动时期"（2005~2009），以及浦东与南汇合并后时期（2009~）。②

1. "浦东开发办时期"（1990~1992）

1990年4月18日，中央确立浦东开发开放，浦东新区包括原川沙县，上海县的三林乡，黄浦区、南市区、杨浦区的部分区域。浦东新区开发办公室受上海市政府和浦东开发领导小组直接领导，具体负责浦东开发的政策、规划、活动等事宜准备；联系协调上海市、各开发公司和"三区两县"（指杨浦区、南市区、黄浦区、川沙县和上海县）有关开发区工作的事宜；等等。③ 浦东新区开发办公室下设4个开发公司，分别是张江科技园区开发公司、外高桥保税区开发公司、金桥出口加工区开发公司和陆家嘴金融贸易区开发公司。可以看出，浦东开发办是一个典型的开发区模式，行使的主要是区域开发与经济发展的职能，不承担行政管理和社会管理的职能。

2. "浦东新区党工委、管委会时期"（1993~2000）

1993年1月，浦东新区党工委和管委会成立，作为上海市委和市政府的

---

① 陈家喜、黄卫平：《深圳经济特区的政治发展》，商务印书馆，2008，第45~46页。
② 李乐：《浦东新区"大部制"行政管理体制改革的回顾与思考》，《"中国特色社会主义行政管理体制"研讨会暨中国行政管理学会第20届年会论文集》，2010；苏宁：《浦东之路：政府制度创新经验与展望》，上海人民出版社，2010，第78页。
③ 苏宁：《浦东之路：政府制度创新经验与展望》，上海人民出版社，2010，第78页。

派出机构，它们全面履行浦东新区的建设开发和社会管理职能。同时，对浦东新区的行政区划做出调整，黄浦区、南市区和杨浦区放弃了对浦东新区部分区域的管理权，统一交还给浦东新区管委会行使。浦东新区实行"管委会—乡镇（街道办事处）"的二级管理体制模式，撤销区、县一级行政机构。

3. "浦东新区建设区政府时期"（2000~2005）

2000年下半年，上海正式成立浦东新区区委、区政府，以及新区人大常委会和政协委员会；同时撤销浦东新区党工委和管委会，实现了从管委会体制向地方建政的过渡。新区的纵向行政层级未作调整，仍然是"区委、区政府—乡镇（街道办事处）"的二级政府管理模式。区委设立城区党工委和农村党工委，直接指导乡镇（街道办事处）的建设。[①]

4. "综合配套改革试点启动时期"（2005~2009）

2005年6月，中央确定浦东新区为首批国家批准的综合配套改革试点，推动了新区行政区划的进一步大幅度调整，包括：（1）设立功能分区，促进区镇合一。从2004年9月开始，新区先后设立了陆家嘴、张江、外高桥、金桥、川沙、三林等6个功能区，新区区委、区政府派出党工委和管委会，带动城乡一体化，以及实现城市的精细化管理。如川沙功能区党工委、管委会就和川沙镇政府合署办公，三块牌子，一套班子，强化乡镇和开发区的纽带关系。（2）搭建服务平台，建立了覆盖全区的区级市民中心、功能区事务办理服务中心和街道社区事务受理服务中心，形成"1（市民中心）+6（功能区）+23（街道）"三个层次的公共服务平台。

5. 浦东与南汇合并后时期（2009~）

2009年4月，浦东新区与南汇区正式合并，新区的行政区划迅速扩大，行政管理体制也随之调整；合并后的浦东新区政府部门总数从13个增加到19个。增设金融服务局，负责浦东建设上海国际金融中心核心功能区的有关事务；分设教育局和卫生局，卫生局挂人口和计生委的牌子；经济委员会则被"一拆为三"，其职能分别由经济和信息委员会、商务委、农委承担；规土局承担原发改委的规划职能和建交委承担的土地管理职能；农委单列；等等。

---

① 苏宁：《浦东之路：政府制度创新经验与展望》，上海人民出版社，2010，第78页。

与此同时，浦东新区取消了在区政府与街道（镇）之间的功能区管理层级，成立开发区管理委员会，调整优化了开发区管理体制，建立了"7+1"的开发区管理格局。具体而言，"7"，即上海综合保税区、临港产业区、陆家嘴金融贸易区、金桥出口加工区、张江高科技园区、国际旅游度假区和临港主城区等7个管委会，"1"即世博地区管理办公室。开发区管委会是新区政府派出机构，内设办公室、计划财务、经济发展、规划建设、综合服务等机构；行使经济和社会发展规划和计划、政府投资项目审批、企业投资项目管理、规划管理、土地管理、建设管理、经贸管理、环境保护、科技管理、综合执法等权限。① 在社会管理事务上，开发区与街镇进行交叉配合。如在张江高科技园区和金桥出口加工区等成片开发区域，涉及企业的社会管理事务，以开发区管委会为主、街镇配合；涉及居民的社会管理事务，以街镇为主、开发区管委会配合。

（三）滨海开发开放新区

天津滨海新区的行政体制大体延续了上海浦东新区的演化路径。1994年，天津市滨海新区领导小组，作为推动滨海新区开发的行政机构。1995年，天津市滨海新区办公室成立，下辖天津开发区、天津保税区和天津港3个功能区，以及塘沽区、汉沽区和大港区3个行政区。2000年9月，天津市委滨海新区工委和天津市滨海新区管委会成立，专门负责新区的规划、产业布局和基础设施建设等项职责，进一步加强了对滨海新区开发建设的领导和统筹力度，但是没有改变功能区和行政区各自开发的格局。②

2008年国务院批准天津滨海新区升格为国家综合配套改革试验区，随后滨海新区的政府改革步入了调整期。2009年11月，经国务院批准，天津市撤销塘沽区、汉沽区、大港区，设立天津市滨海新区人民政府，同时完善行政架构，成立新区区委、区政府、区人大、区政协四套班子。同时，滨海新区又组建了两类派出机构：一是城区管理机构，包括塘沽、汉沽、大港三个党工委与

---

① 俞晓波：《从层级制到扁平化的行政管理体制变革——以上海浦东模式为例》，《中国行政管理学会2011年年会暨"加强行政管理研究，推动政府体制改革"研讨会论文集》。

② 皮黔生：《天津滨海新区行政管理体制的创新》，《开放导报》2007年第4期。

管委会,承担社会管理职能和经济管理职能;二是功能区管理机构,包括9个功能区党组和管委会,行使经济发展职能,由此形成了"新区的事在新区办"的运行机制。① 通过这一行政划调整,旨在缓解长期存在的行政体制上的纠结掣肘,实现更大范围的资源整合,增强创新能力、服务能力、综合实力和国际竞争力,扩展城市发展空间和提升区域经济中的辐射功能。

(四)厦门经济特区

作为中国第一批设立的经济特区,厦门经济特区早在1980年10月即成立,但初期面积只有2.5平方公里。1984年2月,厦门特区范围扩大到全岛,面积达13.1平方公里。随后,国务院又相继批准设立海沧、杏林、集美三个台商投资区,实行经济特区的类似政策;1992年又批准设立象屿保税区。与此同时,国务院还批准厦门市为计划单列市,赋予省一级经济管理权。2011底,国务院批准厦门作为深化两岸交流合作综合配套改革试验区。

根据2003年4月《国务院关于同意福建省调整厦门市部分行政区划的批复》和厦门市委《关于实施行政区划调整,加快区级经济发展的若干意见》,厦门市行政区划进行了大幅度调整:(1)思明区、鼓浪屿区和开元区合并为思明区,原三区的行政区划归思明区管辖。(2)将杏林区的杏林街道办事处和杏林镇划归集美区管辖,杏林区更名为海沧区。(3)设立翔安区,将同安区所辖新店、新圩、马巷、内厝、大嶝5个镇划归翔安区管辖。行政区划调整后,厦门市辖思明、湖里、集美、海沧、同安、翔安6区。② 这一调整仅限于内部区划的调整而非外部范围的拓展,因此无法从根本上解决制约厦门发展的资源性问题,特别是对于土地资源、水资源以及经济发展腹地的紧缺问题,不利于厦门充分发挥海峡西岸经济区中心城市和中国东南沿海重要中心城市的作用。2010年8月1日,国务院批准厦门经济特区扩容,从岛内130多平方公里

---

① 中共天津滨海新区区委办公室调研处、天津财经大学公共经济与公共管理研究中心:《国家综合配套改革试验区中的政府管理创新——以天津滨海新区为例》,《天津经济》2011年第12期。

② 郑剑飞、刘平、李忠:《科学发展观与厦门行政区划体制创新》,载于曹龙骐主编《寻觅"根""魂":中国经济特区改革创新路径探索》,人民出版社,2005。

延伸到岛内外1500多平方公里，实现行政区划、经济特区、台商投资区"三区合一"，同时批准厦门建设"两岸区域性金融服务中心"，率先进行金融领域重大改革的试验。

从上述四个综合配套改革试验区的行政区划调整逻辑来看，这些经济特区都伴随不同程度的版图扩张和内部层级调整。其中，随着特区经济改革与发展的需求，深圳和厦门从原经济特区范围扩展到全市范围，浦东新区兼并了南汇区，滨海新区囊括了塘沽区、汉沽区和大港区。面积的扩大有助于这些试验区对于周边落后地区的经济辐射和发展带动，同时也为试验区的发展提供了土地资源和腹地支撑。此外，深圳设立行政区，浦东设立开发区、滨海设立功能区，都体现了经济发展主导与管理权限集中的特点，强化试验区的垂直领导。

三 政府机构改革

政府机构改革是行政改革的核心内容之一，也是行政职能调整与行政区划变动的后果之一。近年来，深圳、浦东、滨海、厦门都先后进行了多次政府机构改革，推动政府机构精简、优化政府职能配置，力图提高政府工作效率。

（一）深圳经济特区

2008年，《珠江三角洲地区改革发展规划纲要（2008~2020年）》指出，"支持深圳市等地按照决策权、执行权、监督权既相互制约又相互协调的要求，在政府机构设置中率先探索实行职能有机统一的大部门体制。"2009年颁布的《深圳市综合配套改革总体方案》，将"深化行政管理体制改革，率先建成公共服务型政府"列为改革的首要内容。随后颁布的《深圳市综合配套改革三年（2009~2011年）实施方案》，提出按照职能有机统一的原则，建立完善适合深圳实际的大部门管理体制，完善决策、考核和问责机制，强化部门主办制和牵头部门负责制，加强部门间的协调配合。

在上述文件的指引下，深圳市于2009年8月启动大部制改革。此次改革与此前7次行政改革有所不同，坚持"小政府、大部制"的原则，打破现行的政府架构，从政府决策权、执行权、监督权相对分离与相互制衡的原则出发，重构政府的部门设置。大部制改革后的政府部门统一分为三类：（1）"委"，承担制定政策与规划，设定标准、监督执行的职能。改革之后共设立了7个委，包括发展和改革委员会、财政委员会、规划与国土资源委员会、科技工贸和信息化委员会、交通运输管理委员会、卫生和人口计划生育委员会、人居环境委员会。（2）"局"，主要承担行政执行和监管的职能。局的调整幅度较大，除了原公安局、教育局、民政局、司法局、审计局、口岸办、台办等7个部门保持不变之外，深圳原先的局在撤并之后成立了人力资源和社会保障局、文体旅游局、市场监督管理局等新部门。（3）"办"，协助市长办理专门事项，不独立行使行政管理职能。① 2011年12月，深圳对"大部制"进行了微调，将科技工贸和信息化委员会拆分为经济贸易和信息化委员会和科技创新委员会两个部门，同时撤销市农业和渔业局。

此次改革后，深圳市政府工作部门数量大幅精简，由46个减为34个，其中市政府办公厅和组成部门21个，直属机构13个，政府人员编制净减492名，其中公务员356名，雇员136名。局级干部包括副局级干部编制几乎减少了四分之一，这些被精简的领导通过提前退休、安排至市人大政协、到街道挂职、赴外地对口帮扶、抽调到大运会筹备部门工作，以及选派到市属国有企业任职等形式加以分流。② 大部制改革还直接带动了行政审批改革，据统计，大部制改革至2012年初，深圳市政府共取消、调整、转移行政审批事项达284项，其中，取消和调整的事项194项，占全部审批事项的31%；取消、调整和转移90项事务性职责，如评比表彰、统计考核、宣传培训、办展办会等。③与此同时，行政审批流程也得到进一步优化，进驻市行政服务大厅的22个部门109项事项的审批时间，比改革前压缩了563个工作日，其中国税局、地税局、公安局、财政委、外汇管理局、检验检疫局等实现"即来即办"。

---

① 马宏建：《深圳大部制改革为政府改革破局》，《中国改革报》2009年9月3日。
② 刘芳：《深圳大部制改革：以委、局、办作为政府主要架构》，《中国青年报》2012年4月23日。
③ 刘芳：《深圳大部制改革：以委、局、办作为政府主要架构》，《中国青年报》2012年4月23日。

(二)浦东开发开放新区

浦东新区的政府机构改革始终坚持"小政府"的理念,强调政府机构的精简高效。新区政府成立后,即打破传统的按行业、按"条条"对应设置机构的模式,实行按职能模块设置政府部门。新区政府部门按照"区域经济管理、市政管理、社会管理和社会保障"的职能模块,归并相近、重复、交叉的同类职能,实现职能全覆盖、各有归属。机构设置上实行"大部门制"、党政合署和错位设置等形式,如经济贸易局拥有经济管理的综合职能,涵盖经委、外经贸委、外资委、协作办、商委等管理部门职责;劳动和民政职能合并,为构建劳动就业、社会救助、社会保障和社会帮困的社会保障体系大格局创造条件;监察委与纪委合署办公、人事局与组织部合署办公、文化广播电视管理局与宣传部合署办公。此外,为了避免机构回到条线分割的传统模式,浦东新区采取"增加牌子、不增机构、不添人员"的做法,多留几枚公章解决上下对口的问题。对于部分未能进入行政序列的单位,采取"拖尾巴"的方式设置归口管理部门,如新区信访办、民防办归口区政府办公室管理,从而在保持机构相对稳定的情况下确保机构精简、人员精干。①

2009年,浦东新区与南汇区合并后,除了两区"四套班子"重新整合之外,政府机构也进行了相应的调整。新区重新调整职能模块,将整个政府机构划分为"综合统筹、经济服务、社会建设、城建管理、法制监督"5个职能模块,明晰职能模块间的界限。(1)综合统筹模块突出决策统筹与战略研究职能;(2)经济服务模块集中产业研究与专业服务职能;(3)社会建设模块聚焦服务基层与服务公民职能;(4)法制监督模块突出监督保障职能;(5)城建管理模块关注城市建设、管理与执法监督的合理分工,理顺行业指导、行业管理、行业执法和行业监督职能。② 按照这一职能模块设置机构,最终确定党委工作部门7个,政府工作部门由原先的13个增加到19个。设立金融服务

---

① 李琪主编《中国特大城市政府管理体制创新与职能转变》,上海人民出版社,2010,第339页。
② 李乐:《浦东新区"大部制"行政管理体制改革的回顾与思考》,《"中国特色社会主义行政管理体制"研讨会暨中国行政管理学会第20届年会论文集》,2010。

局，负责浦东建设上海国际金融中心核心功能区的职能；社发局一分为二，分设教育局和卫生局，卫生局挂人口和计生委的牌子；撤销经济委员会，其职能由经济和信息委员会、商务委、农委分别承担；规土局则承担了原发改委承担的规划职能和建交委承担的土地管理职能；农委单列；等等。① 这一模块化的机构设置方式，与大部制改革具有异曲同工之处。机构模块化设置有利于打破部门壁垒和部门封锁，形成部门间的人、财、物的流动，强化政府部门间的沟通协调，减少政府部门的职能交叉和混乱现象，从而保持政府机构的精简和高效。改革后，浦东新区的政府机构仍然保持着"轻型化"的特点，相对于上海市区县的政府机构设置（郊区 28 个、中心城区 26 个）仍然是最精简的；每万人行政编制数 4.8 人，是全市的一半还不到。②

（三）滨海开发开放新区

2009 年 11 月 9 日，滨海新区管理体制改革进行了大幅度调整，撤销滨海新区工委、管委会和塘沽、汉沽、大港区的行政建制，成立新区"四套班子"——滨海新区区委、区人大、区政府、区政协；同时在辖区设立塘沽、汉沽、大港 3 个工委和管委会，以及 9 个功能区党组和管委会。

改革之后，滨海新区行政机构的设置具有三个特点：(1) 在职能界定上，突出"大部门制"，确保政府机构责权清晰、精干高效、科学合理。(2) 在机构设置上，坚持综合、合并设置、精干和规范的原则，重点加强各部门专业处室，减少综合处室；与上级部门强调职能对应，不要求机构对口。(3) 在人员编制核定上，坚持上下对应整合、编随事走、总量控制和留有余地。③ 调整后的区委设 6 个工作部门；区政府设 19 个工作部门，大体相当于天津市其他区县机构设置的 2/3。区级四套班子工作部门、内设机构、领导职数、人员编制均不大于原塘沽区规模，新区政府保持了精简化的特点。

---

① 李乐：《浦东新区"大部制"行政管理体制改革的回顾与思考》，《"中国特色社会主义行政管理体制"研讨会暨中国行政管理学会第 20 届年会论文集》，2010。
② 《浦东新区探索行政管理体制：上面轻型化、下面扁平化》，《行政管理改革》2010 年第 6 期。
③ 天津市滨海新区编办：《天津市滨海新区采取措施加强机构编制工作》，《中国机构改革与管理》2011 年第 6 期。

在经济功能区管理机构的设置上，突出"依据功能定位、突出产业特点"的特点。具体地说，(1) 根据经济功能区的经济职能定位，强化经济建设职能，突出经济管理服务机构的设置，将社会事务管理和综合管理机构综合起来，避免职责交叉、设置重复。(2) 根据经济功能区的产业发展特点，通过整合规范共性机构、区别设置个性机构，实现共性机构保证正常运转，个性机构体现功能特色。(3) 突出强调经济功能区的服务功能，设置工商、质监、行政审批等管理机构，为驻区企业提供便捷优质"保姆式"服务，实现"功能区的事在功能区办、行政审批不出功能区"的目标。① 在具体实施中，对于开发区和保税区这些规模大、发展成熟的功能区管委会（党组）设置16～18个管理机构；对于其他规模小的功能区管委会（党组）设置6～9个管理机构，随着开发建设不断推进再逐步完善。

（四）厦门经济特区

2010年厦门市先后通过《厦门市人民政府机构改革方案》和《中共厦门市委、厦门市人民政府关于厦门市人民政府机构改革的实施意见》，按照政企、政资、政事、政府与市场中介组织分开的要求，把不该由政府管理的事项逐步转移出去，把该由政府管理的事项切实管好，推进政府机构改革的进程。从改革的具体方案上看，包括：

(1) 组建市人力资源和社会保障局，不再保留市劳动和社会保障局；组建市公务员局，不再保留市人事局。市人力资源和社会保障局与市公务员局将合署办公室外。(2) 组建市交通运输局，不再保留市交通委员会。(3) 组建市商务局，不再保留市贸易发展局。(4) 组建市文化广电新闻出版局，不再保留市文化局、市广播电视局、市新闻出版局。(5) 市安全生产监督管理局、厦门港口管理局调整为市政府工作部门。(6) 市人民防空办公室调整为市政府工作部门，不再保留市海防管理委员会办公室，将打击走私的组织协调职责划入市公安局，将海防管理职责划入市社会治安综合治理委员会办公室。② 从

---

① 天津市滨海新区编办：《天津市滨海新区采取措施加强机构编制工作》，《中国机构改革与管理》2011年第6期。
② 《市政府启动新一轮机构改革 拟设置43个工作部门》，厦门网，2011年1月22日。

整体上看，厦门政府机构改革的幅度不大，涉及的政府职能调整也不显著。而对于探索标准化、扁平化行政管理机制，探索公务员分类改革等设想尚未在具体的方案中得以体现。

2010年底，国务院批复的《厦门市深化两岸交流合作综合配套改革试验总体方案》提出，以法治政府和服务型政府建设为目标，推进职能整合，探索标准化和扁平化行政体制；构建"小政府、大社会、大服务"的简洁高效行政体制等目标。①

从深圳、浦东、滨海、厦门四市（区）政府机构改革的方案内容和改革过程来看，强调政府职能的转换，明确界定和区分政府、市场与社会的关系是共同特点。其中深圳市作为全国和广东省大部制改革的试点，更为侧重于政府内部的决策、执行与监督的分化与协调关系。浦东新区则始终强调"小政府"的理念，强化政府机构精简的目标；同时在政府部门设置上突出"职能模块"的原则，与大部制改革有异曲同工之处。滨海新区则注重适应经济功能区的产业定位，突出经济建设职能，强化经济管理服务机构的设置，综合设置社会事务管理和综合管理机构。

四　行政审批改革

随着经济领域改革的深化，政府向市场和社会的放权让利成为一个普遍性的趋势。从全国层面来看，国务院先后进行了5次行政审批制度改革，要求全面精简行政审批事项，下放行政审批权力。从经济特区来看，行政审批改革也始终是其政府改革的重点领域，旨在通过行政审批改革促进行政效率的提升和公共服务型政府的打造。

（一）深圳经济特区

深圳作为市场改革的试验田，在推动行政审批改革，下放政府权力方面也

---

① 《厦门市深化两岸交流合作综合配套改革试验总体方案》，厦门市政府网，http://www.xm.gov.cn/zt/zhptgg/bj/201202/t20120221_456880.htm。

走在全国前列,仅自1997年以来,深圳先后进行了多次行政审批改革。(1) 1997年开始的第一轮审批制度改革,将市政府各工作部门的审批、核准事项由1091项精减为628项,减幅达42.4%。(2) 2001年初推进的第二轮审批制度改革,行政审批事项减少277项,减幅达38.7%,政府部门审批时间平均缩短了40%。(3) 2003年8月至2004年6月,深圳进行的第三轮行政审批制度改革,全市37个部门共有审批事项701项,其中做行政许可保留239项,取消265项,作其他审批保留197项。(4) 2006年上半年,深圳开展第四轮非行政许可审批制度改革。市政府37个部门上报非行政许可审批登记事项697项,经清理后,取消98项,保留348项,认定不属非行政许可审批登记的其他类事项251项。① 2008年至今,深圳行政审批制度改革进入常态化,实现由结构性改革向管理性改革的转变。2009年市政府进行"大部制"改革,清理并减少行政审批事项194项,取消68项,调整126项,减幅达31%。

2012年颁布的《关于加快政府职能转变深化行政审批制度改革的工作方案》,明确提出理顺政府与市场、政府与社会、效率与公平的关系,健全科学合理的审批管理机制、规范高效的审批运行机制和严密完善的审批监督制约机制的审批改革目标。具体思路包括:(1) 加大审批事项压减、下放和转移力度,健全审批事项长效管理机制;进一步清理压减行政审批事项,做好上级部门下放事项承接配套工作,重心下沉服务便民,积极下放行政审批事项,逐步将行业管理、社会服务等审批职能转移给有资质条件的社会组织承担。(2) 转移政府职能,加快培育发展社会组织。加大政府公共服务转移和购买服务力度,形成政府职能转移承接的运行机制和动态调整机制;深化社会组织登记管理体制改革,扩大社会组织直接登记范围,重点发展服务经济、服务民生、关注社会公共利益的社会组织,引导社会组织在经济发展、社会管理和公共服务中发挥积极作用。(3) 创新行政审批方式,优化审批职能体系。评估梳理市政府规章和规范性文件,优化审批流程;推广行政审批"两集中、两到位",推进审批重心前移,充分授权窗口行使审批事项受理办理、业务协调等职责;全面推进并联审批和流程再造,按照"能简必简、能并则并、可合即合"的

---

① 任琦:《深圳行政审批改革涉入深水区》,《深圳特区报》2012年9月18日。

原则优化行政审批流程，综合采用关注流程、简化环节、信息共享、并行办理、结果互认、提前介入等手段；推广政府投资项目跨部门协同办理改革。（4）加快政务服务平台建设。设网上办事大厅、强化电子政务和推进网上审批的统一部署，实现政务信息网上公开、投资项目网上审批、社会事务网上办理、公共决策网上互动、政府效能网上监察等服务；健全市、区、街道三级政务服务体系，制定"政务服务体系建设工作方案"。[1]

（二）浦东开发开放新区

作为落实浦东综合配套改革试点方案和三年行动计划的重要内容，2006年5月，浦东新区开展了第四轮行政审批制度改革。这一轮改革，旨在通过转变政府职能，优化审批程序，深化监管创新，培育社会组织，完善服务机制，逐步形成"多个机构、一个政府"的公共服务型政府理念，努力构建"行为规范、运转协调、公正透明、廉洁高效"的行政管理新体制。一些突出做法包括以下方面[2]：

（1）建立行政审批事项审核公开制度和责任追究制度。法律、法规和规章设定的行政审批事项，审批部门必须按照统一的格式将行政审批事项的名称、条件、程序、期限等内容报经新区审改机构审核，并经新区政府统一公开后执行；对已公布不再审批的事项，要加强监察力度，坚决防止"回潮"；对擅自恢复审批的，要追究审批部门领导及有关审批人员的行政责任。（2）按照"统一告知、一口受理、并联审批、网上流转、信息共享、即时监管"的工作思路，深化建设项目的审批制度改革；积极试行建设项目告知承诺审批方式，建立联合验收工作机制。（3）按照分类管理的原则，推进社会团体和中介组织的培育和发展。对不承担专业管理职能的经济类和社会服务类民间团体，进一步放宽准入条件，简化审批程序；大力引进市级行业协会，探索建立

---

[1] 《中共深圳市委办公厅 深圳市人民政府办公厅印发〈关于加快政府职能转变深化行政审批制度改革的工作方案〉的通知》（深办发〔2012〕14号），《深圳市人民政府公报》2012年第39期。

[2] 《浦东新区人民政府关于实施〈浦东新区第四轮行政审批制度改革方案〉的通知》（浦府〔2006〕117号）。

区域性行业协会;建立行业协会和中介组织与政府部门的职能对接机制,将不属于政府行政管理范围的技术性、服务性事项,逐步转移由行业协会和中介组织承担。(4)按照"统一、实时、跟踪、评价"的原则,率先建立行政审批和管理系统,对行政审批过程进行实时监控,实现审批信息和管理信息共享,推动工作效率的提高。(5)按照"一个政府"的目标,探索建立政府信息公开"一体化"互动服务机制,即每一个政府部门都接受公众对其他部门的信息公开申请,通过内部流转的方式将有关申请转交有关部门处理的工作机制。

经过此轮审批制度改革,行政审批事项再次精简,审批流程也得到进一步优化,基本建设项目的审批时限从原来的281个工作日减少到不到100个工作日,内资企业审批时限由原来的20个工作日缩短到7个工作日,外资企业审批时限从原来的17个工作日缩短到7~9个工作日。如2006年7月开始运行的市民中心实现行政审批的"一站式",该中心将原先分散在47个处的办事窗口集合到一个平台上;法律援助中心、婚姻登记所、行政效能投诉中心等功能性单位也整建制进入市民中心①行政审批电子监察系统,对进驻市民中心的93个审批和办事项目实现电子监控。

2010年,浦东新区举行了新一轮的行政审批改革,这一轮改革按照"最开放、最高效、最透明"的改革目标,进一步转变政府职能,提高政府服务水平,积极探索适应区域特点、体现扁平化特征的新型行政管理体制。从具体内容上看,包括:(1)进一步精简行政审批事项,将区级和街镇423项审批精简41项,调整优化214项,改革后,新区行政审批事项263项。(2)扩大"联动登记"改革覆盖范围,将外商投资企业设立审批纳入联动登记,加大对前置审批的改革力度,扩大并联审批、告知承诺、前置改后置等方式的改革,进一步提高企业设立环节的办事效率。(3)进一步优化审批流程,并按照分阶段并联审批的方式,进一步强化审批协同,在部分审批环节推行告知承诺制,扩大网上审批应用范围,提高审批效率。(4)加快行政审批信息化平台建设,逐步推进各委办局行政审批事项网上申报、网上受理,审批过程网上查询。(5)建立审改民主化决策机制,发挥市民中心政社合作平台的积极作用,

---

① 冯梦成:《浦东新区行政审批制度改革的现状与路径分析》,《中国发展》2010年第4期。

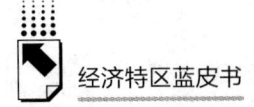

组织社会组织搭建审改决策咨询平台；在审改方案实施前，组织社会组织、企业、市民对审改方案的科学性、合理性、有效性等进行论证。①

（三）滨海开发开放新区

从2011年2月1日起，天津市向滨海新区下放首批行政审批权限事项共110项，实现了"新区的事新区办"，其中包括直接向新区下放的审批权38项，扩大新区行政权72项。此外，天津市行政许可服务中心进驻滨海新区延伸服务的行政审批事项18项。在上述下放权限中，突出的是强化滨海新区在发展规划、基础设施建设、产业布局、功能区开发、政策规定、土地管理、使用建设资金等方面的统筹协调能力，以及突出城区管委会社会管理和公共服务职能。此外，随着行政审批服务中心和公共资源交易中心的设立，滨海新区"一级政府、分类服务"的行政审批和公共服务体系初步形成。②

在天津市人民政府下发的《关于第二批向滨海新区下放市级行政审批权限事项和职能事权事项的通知》（津政办发〔2011〕133号）中，天津市政府决定第二批向滨海新区下放市级行政审批权限事项32项，下放职能事权事项33项。滨海新区自2012年3月1日起承接办理下放的行政审批权限事项和职能事权事项，市人民政府各职能部门不再实施。③通过合理划分新区政府、管委会、街镇的审批权限，建设各级行政服务中心，加大向管委会和街镇下放审批权限，构建"一级政府、分类服务"的行政审批体系，新区政府整体统筹审批事项的作用更加突出；城区管委会社会管理和公共服务的审批职能得到强化；经济功能区管委会的审批职能与经济发展的关联度不断提高；各街镇便民便企服务事项进一步完善。④

---

① 《上海市浦东新区人民政府办公室关于转发浦东新区行政审批制度改革领导小组办公室制订的〈浦东新区进一步深化行政审批制度改革的方案〉的通知》（浦府办〔2010〕60号），《上海市浦东新区人民政府公报》2010年第4期。
② 《关于印发天津滨海新区综合配套改革试验第二个三年实施计划（2011～2013年）的通知》，《天津市人民政府公报》2011年第11期。
③ 《关于第二批向滨海新区下放市级行政审批权限事项和职能事权事项的通知》，《天津市人民政府公报》2012年第1期。
④ 天津滨海新区：《争当深化改革开放排头兵》，《滨海时报》2012年10月25日。

(四)厦门经济特区

2009年厦门市出台了全国第一部规范建设项目行政审批行为的地方规章——《厦门市建设项目行政审批集中办理办法》。此外,厦门还改革行政审批,加强办事窗口建设,推行一个窗口对外,统一受理、统一送达的行政审批制度。大力推行网上公开、网上办公、网上审批和网上处罚等行政权力运行系统,提高审批效率,并对行政权力网上运行情况进行电子监察,实现行政权力全程网络化运行和监控,促进行政权力网上公开、透明、高效运行。全市35个部门435项审批实行网上办理、网上公开。2006年厦门开通了网上审批服务平台,2007年网上审批电子监察系统投入使用,网上审批办公系统现已覆盖全市各级各部门所有行政审批事项。①

2012年5月开始运行的厦门市政务服务中心,进一步推动了行政审批改革的步伐。(1)通过功能分区提供服务。该中心分为四个功能区:即经济综合服务区、社会事务综合服务区、建设综合服务区、公共资源交易综合服务区。经济综合服务区涉及工商、商务、经发、公安、质监等市直部门及国税等垂管部门19个;社会事务综合服务区涉及国土房产、劳动保障、民政、卫生、教育等市直部门及房产交易权籍登记、社保办理等下属事业单位26个;建设综合服务区涉及建设、规划、环保、市政园林、交通、水利等市直部门及电力、燃气、电信、有线电视等公共服务部门34个;公共资源交易综合服务区包括政府采购、建设工程招投标、土地招拍挂、其他公共资源交易等。(2)实行"一站式"审批。推行并联审批、绿色通道服务。加强与各区、各重点项目指挥部的沟通联系,积极服务"五大战役""综配改革"等市、区重点项目建设。加强项目并联会审,建立协调办公例会机制,推行代办服务、统一收发、"容缺受理"方式,确保厦门重点建设项目有序推进。(3)深化审批改革。要求进驻单位进一步梳理和清理审批事项,做到"减、放、并、转",尽可能再调整、再下放、再取消一批审批事项,将市级行政审批事项总量再减少

---

① 《厦门市"十一五"时期经济体制改革进展之七:行政管理体制改革稳步推进》,国家发改委网站,http://tgs.ndrc.gov.cn/dfgg/t20111116_444737.htm。

20%。进一步优化审批流程,实现审批时限压缩在40%以内。同时减少审批环节,实现"一审一核"事项比例提高至20%。大力推行马上就办制度,即来即办事项比例提高一倍。大力推行联合审批,实现重点项目审批提速增效,由各审批环节的相关牵头单位制定联合审批的标准和流程。[①]

五 深化经济特区政府改革的政策建议

在中国改革开放向纵深拓展的阶段,国家设立的综合配套改革实验区担当了"新经济特区"的功能。与传统的"经济特区"相比,其最突出的特点是综合性和全方位性,不仅限于经济改革,还包含社会领域、行政改革、城乡统筹、土地开发以及环境保护等各领域改革。而政府改革既是"综合配套改革"的有机组成部分,同时又带有"上层建筑"的特点,对于其他各项改革具有极大的推动作用,因此,综合配套改革实验区大多进行了多项行政改革,推动政府的自我革新。

从深圳、浦东、滨海、厦门四个综合配套改革实验区来看,"新经济特区"也担当了政府改革先行区的功能角色。这不仅源于综合配套改革实验区的功能定位为"改革的特区",而且由于这些区域先行探索的经济改革和社会改革,也对政府行政方式、行政效率、功能边界、行政审批等提出更高要求,成为政府改革的外在动力。此外,这些综合配套改革实验区之间也存在经验学习、制度移植和相互竞争的关系,政府改革的先进理念与成功做法被相互参考借鉴,进而促进了政府改革的形成。如深圳初期的功能区设置模式,在浦东新区和滨海新区得到复制;浦东新区创新的"一个政府""一站式"审批的理念,也被多个地方学习和仿效。倡导职能明晰、机构精简、运行高效的大部制改革,也在这些实验区相互学习与仿效。

进一步推进综合配套改革实验区的政府改革,还需要明确三个方向:一是行政区划改革应当继续坚持放权方向,打造扁平化政府。现代政府管理的一个基本常识是,管理的层级链越多,行政效率就越低,基层的自主性也越易被挫

---

① 《厦门市政务服务中心:便民 高效 公开 廉洁》,《福建日报》2012年10月24日。

伤。因此，综合配套改革实验区的行政区划调整，应当继续在行政放权上深入探索。首先是上级政府进一步向综合配套改革实验区下放各项经济管理、社会管理和行政审批权力。其次，综合配套改革实验区向下一级政府下放权力，增强基层自主性和主动性。最后，基层政府向社会放权，注重培育社区的自治能力和社会组织的服务功能。

二是政府机构改革应当坚持职能调整优先，打造有限政府。政府职能的调整是政府机构改革的基本前提，一个职能界定不清，无所不包的政府，势必是一个机构臃肿的政府。实现"小政府，大社会"的机构改革目标，前提是首先明晰政府与市场、社会的边界，核定政府的职能范围，变"无限政府"为"有限政府"。当前，综合配套改革实验区已在政府与市场的边界划分上作出了积极的尝试，接下来需要继续在政府与社会的划分上进行进一步的探索。政府要从增强社会活力和自主性的立场出发，积极培育社区和社会组织的发展，承接和转移政府的部分社会管理职能。

三是行政审批改革应当与行政流程再造相结合，打造高效政府。行政审批改革的目标，不是单纯减少审批事项的问题，而是提高政府行政效率的问题。而事实上，当前困扰行政审批制度的难题，不仅是政府审批权的范围过宽问题，更重要的是行政系统内部的审批流转不畅问题。行政系统内部的衔接协同不畅，相互推诿、以邻为壑、相互掣肘的现象十分突出，导致行政审批效率大打折扣。因此，当务之急，应当在推进政务信息化的过程中，借助于信息化手段，重构行政审批流程，实现一体化的行政审批制度，从制度上确保行政效率的提高。

B.7 中国经济特区社会保障发展报告

高兴民　许金红*

一　经济特区社会保障发展现状

三十多年来，五大经济特区深圳、珠海、汕头、厦门、海南以其飞速的经济发展速度和显著的经济发展成果向全国人民交了一份满意的答卷，以最直观最实际的方式验证了改革开放伟大决策的正确性。但是，我们绝不能止步于此，虽然经济特区基本上都建立起现代市场经济体制，但是市场经济体制的特点及固有缺陷对经济特区的市场经济配套制度提出了改革的要求，社会保障正在其中。经过多年的努力，西方发达国家已经形成了比较完善的社会保障体制，他们用其实践告诉我们一个道理，没有建立社会保障体系，市场经济就要走向分化的极端，社会竞争将无法吞咽下这种极端的苦果，因此完善的社会保障体系和健全的社会保障制度是市场经济必然要求的维系与调节机制。在这种背景下，我们就非常有必要对经济特区的社会保障发展情况做出总结及分析判断。

（一）判断经济特区社会保障发展现状的指标选取

我们主要分析社会保障的最核心部分即社会保险，以社会保险的发展现状衡量经济特区社会保障的发展情况。

1. 指标的选取原则

为了更准确、更真实、更简单直观地反映经济特区社会保险发展情况，选取的指标体系应该满足如下几个原则。

---

* 高兴民，深圳大学中国经济特区研究中心教授，博士生导师；许金红，深圳大学中国经济特区研究中心人口、资源与环境经济学博士研究生。

（1）强代表性原则

设计或选取的指标一定是极其具有代表性的，也就是说这些指标最能代表社会保险发展的特征。从这些指标的数值，我们很清晰很轻松就能体会社会保险的发展情况。很显然，强代表性的指标不可能被全面选取，但是我们尽可能地选取最具有代表性的指标，以保证不会在大方向上出现大的偏离。

（2）科学性或规范性原则

在指标的选取上，对任何一个指标的取舍及对指标的计算，它的公式、数据、推导过程都必须做到规范，都要有科学的依据，不能凭主观猜想和臆断。只有这样，我们才能保证指标所传达的信息是可靠的客观的，在此基础上进行的评价和研判才具有可信性。

（3）可量化原则

选取的指标应该都可以数量化，以一些直观的数值反映现实情况，数量化原则既能使指标体系更客观直观，也更便于进行横向比较与纵向比较。

（4）可比性原则

处于指标体系中同一层次的指标，应该满足可比性的原则，即具有相同的计量范围、计量口径和计量方法，指标取值尽量使用相对值，尽可能不直接使用绝对值。这样使得指标有更强的实用性，既能反映实际情况，又便于比较现实的优劣情况。

（5）数据的可取得性

指标的计算要求取得真实有效的数据作为支撑。因此在指标的选取中就注定不可能做到面面俱到，数据可得性的要求使得我们的指标必然有所取舍，可能一些理论上非常必要的、说服力很强的指标我们最终因为数据难以统计或者没有该方面的直接数据而不得不舍弃了。

2. 选取的具体指标

遵循选取衡量社会保险发展情况指标的以上原则，我们准备在本研究中选取表1所列指标对特区的社会保险现状进行比较和分析。我们从反映社会保险的公平性和适应性两个方面考虑，将指标分别列出。其中，公平性指标主要有社会保险的参保率指标，我们计算每一种社会保险的参保率以便于各个经济特区之间的横向比较。适应性指标包括三种，一种是社保资金的适应性，由社保险基金的结余比说明；第二种是社会保险的经济适应性指标，计算公式为社会保险的基金支出比地区的 GDP；第三种是社会保险的财政适应性，计算方法是社会保险的基金支出比地区的财政支出。通过这些指标的设立和计算方法的确定，层层深入，以期更贴近我们所要量化的现实状况。

表1 经济特区社会保险发展状况研判指标体系

一级指标	二级指标	三级指标	计算方法
公平性指标	整体公平性	各种社会保险参保率	社会保险参保人数/总就业人数
	人群内部公平性	基本养老保险征缴基数比	企业社会保险缴费基数/事业机关单位社会保险缴费基数
适应性指标	资金适应性	社会保险基金年度收支比	社会保险基金收入/社会保险基金支出
	经济适应性	社会保险对国民经济发展速度的适应性	社会保险支出/GDP
	财政适应性	社会保险对财政支出的适应性	社会保险支出/财政支出

注：根据五大经济特区 2011 年年鉴及社保相关部门网站数据整理计算而成，下同。

如表1所示，公平性指标主要分为两类二级指标，一类反映社会保险在整个人群之中的整体公平性，用各种社会保险的参保率来体现，从整体公平性上和各自社会保险的类别上反映社会保险的发展情况；另一类反映社会保险覆盖人群内部的公平性。我们以养老保险为例，主要对比企业、机关事业单位在基本养老保险上的平均收缴基数，考察不同职业、不同身份的参保人员在征缴及参保报酬待遇方面的差距。适应性指标主要分为三类二级指标，即资金适应性、经济适应性和财政适应性指标。资金适应性指标主要以社保基金的年度收支比为解释指标，经济适应性指标下的三级指标从国民经济发展速度角度考察经济特区社会保险的经济适应性。财政适应性指标下我们计算财政支出与社会保险基金支出之间的比值，考察经济特区社会保险基金对财政的适应程度。

3. 选取指标的意义

（1）社会保险的功能和内容是选取评价指标体系的基础和依据

如前所述，社会保险作为社会保障体系中最核心的部分，它对整个经济社会的稳定调整作用很大。首先，社会保险能在一定程度上平复市场经济竞争环境下带来的不可能平等的一次分配，比如资源的占有程度、效率的不平等，身体素质、年龄层面所面临工作机会的不平等；其次，社会保险能在一定程度上平衡经济波动和人口波动下的人均福利波动，使得人均社会保险发展速度跟得上社会经济发展的脚步，并在人口增长的前提下不使人均社会保险享受价值下降。这种功能本身内部所包含的公平性和适应性就要求我们必须从这两个方面去筛选指标，构建有理有据的指标研判体系。

（2）与社会经济、人口等因素结合在一起考察是科学发展观的应有之义

我们选取的指标体系尽可能地将社会保险与经济社会中的相关因素联系在一起进行考察。世间万事万物都存在着一定的联系，社会保险也不例外。它作为市场经济机体的一部分，必然和这个机体中的其他部分有所交集、互相联系以完成这个机体中它应该完成的功能。如果孤立地考察社会保险本身，不仅有失全面，也违背科学发展观中的统筹思想。因此我们选取的指标体系和与其相关的社会经济各方面都会有所关联，而不单单考察社会保险自身的内容。

（3）指标体系能清晰反映社会保险问题本身是进行研判的基础和要求

对于经济特区而言，研究社会保险问题需要对指标的一些客观数据进行比较和分析。比如社会保险的参保率、覆盖范围等，这些指标数值能使我们对社会保险的发展情况做出简单清晰的判断，横向和纵向的比较能使我们客观发现其变化特征。这对我们社会保险的进一步改革意义重大，也是我们提出社会保障相关政策建议的前提和基础。

（二）经济特区社会保险发展现状

根据五大经济特区的统计年鉴及各地区的社会保障相关部门如社保局和社会保险基金管理局等公布的网上信息及书面资料，我们从指标体系计算需要方面总结了经济特区2011~2012年上半年的有关数据资料，需要说明的是，这些数据资料以2011年的数据为主（因统计结果出来的时间快慢不一，许多经济特区2012年上半年资料暂缺，在以后的研究中，我们很有必要而且应该加以跟进）。

1. 经济特区社会保险发展现状

根据各经济特区的统计年鉴以及经济和社会发展统计公报，我们整理计算

得出表2、表3两个表格，表2是社会保险的参保人数总结，表3是对社会保险参保人数增长率的计算和比较。在参保人数总结表中，我们特意加入各个经济特区的就业人员数，是为了便于后面指标公平性的计算和比较。

表2　2011年经济特区社会保险参保人数

单位：万人

特区	基本养老保险	基本医疗保险	失业保险	工伤保险	生育保险	从业人员数
深圳	751.72	503.93	300.13	946.64	458.69	734.08
珠海	101.5	144.1	82.3	84.2	47.8	113.16
汕头	77.88	53.83	58.19	56.92	55.11	232.08
厦门	194.14	259.29	148.65	147.83	137.32	234.71
海南	199.47	351	125	103.9	99.8	459.22

表3　2011年经济特区社会保险参保人数增长率

单位：%

特区	基本养老保险	基本医疗保险	失业保险	工伤保险	生育保险
深圳	8.7	13.6	16.1	2.9	15.4
珠海	14.74	50.67	7.22	6.93	13.95
汕头	42.19	26.96	28.37	28.46	29.1
厦门	22.4	10.48	18.35	21.37	19
海南	10.82	8.57	11.13	8.88	7.79

从表2能看出各个经济特区社会保险参保人数是多少不一的，对于同一个经济特区而言，五种社会保险的参保程度也是不尽相同的。参保人数的多少取决于从业人员的多少以及征缴力度的大小和社会保险制度的有效性如何。因此，根据这个表的数据计算得出后面的参保率，是很大意义上反映经济特区社会保障发展情况的一个重要指标。

对每个经济特区而言，其社会保险的发展起点以及选择的发展、管理制度，发展的大环境都是不一样的，因此，对经济特区社会保险发展的情况比较不能只看绝对数，更应该在其自身的基础上进行纵向比较，因此，对各个经济特区社会保险参保人数的增长率的总结也显得十分必要。

为了能更清楚地看到经济特区之间的不同发展情况，我们可以将上面两个表的柱状图描绘如下。

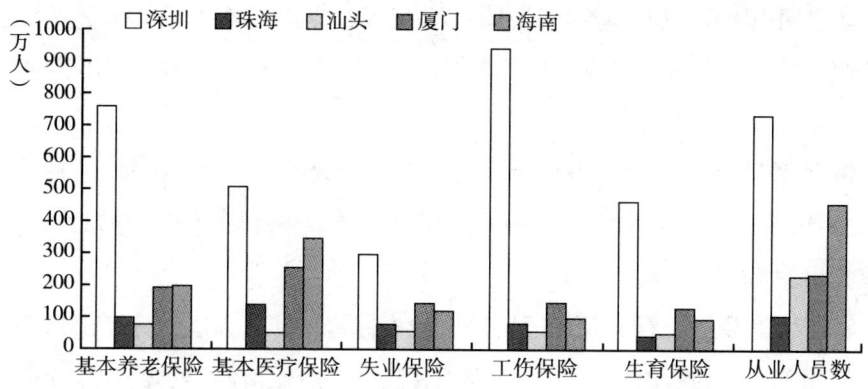

图1　2011年经济特区社会保险参保人数比较柱状图

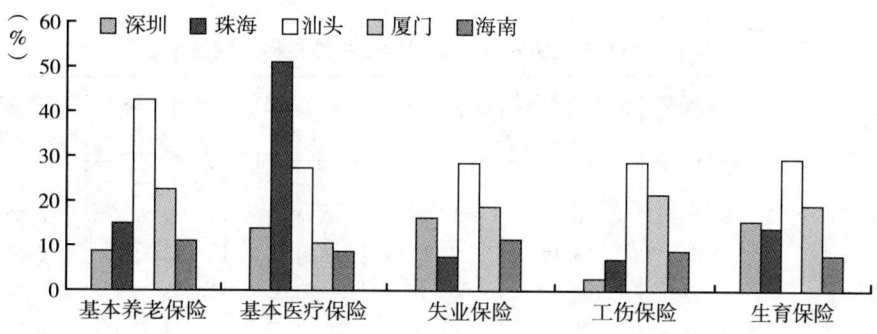

图2　2011年经济特区社会保险参保人数增长率比较柱状图

而在社会保险的基金管理运营方面，基金的结余是最为重要最有说服力的。

2011年，深圳市社会保险费实收446.22亿元，社会保险金待遇总支付139.29亿元，当年结余306.93亿元。截至2012年上半年，深圳市社会保险费本年度实收260.60亿元，社保半年内总支出80亿以上，结余接近180.60亿元。当前社保基金累计结余超过1000亿元。2011年末GDP为11502.06亿元，财政支出为1590.64亿元。

2011年，珠海市各项社保基金收入79.19亿元，支出为38.56亿元，当年结余40.63亿元。截至2012年上半年，全市各项社保基金收入38.7亿元，半年内支出19.9亿元，结余18.8亿元，社保基金历年滚存208.9亿元。2011年年末GDP为1403.24亿元，财政支出为189.92亿元。

2011年厦门市社保基金收入129.75亿元,支出总额为69.45亿元,社保基金收支结余60.3亿元。2011年末GDP为2535.80亿元,财政支出为389.59亿元。

截至2011年上半年,海口市社会保险各项基金总收入10.88亿元,总支出9.99亿元,基金累计结余0.89亿元。2011年末海口市GDP为712.7亿元,财政支出为92.42亿元。

基于以上数据资料,我们运用选取的指标体系计算方法,计算出每个经济特区的相关指标的数值。在计算过程中,我们一般保留两位小数,在保留上使用"四舍五入"的原则(见表4)。

表4 2011年经济特区社会保险公平性指标数值结果

特区	养老参保率(%)	医疗参保率(%)	失业参保率(%)	工伤参保率(%)	生育参保率(%)	养老保险征缴基数比
深圳	100	68.65	40.89	100	62.49	0.55
珠海	89.70	100	72.73	74.41	42.24	0.38
汕头	33.56	23.19	25.07	24.53	23.75	0.69
厦门	82.71	100	62.98	63.33	58.51	0.47
海南	43.44	76.43	27.22	22.63	21.73	0.57

从数据上来看,深圳市基本养老保险和工伤保险的整体人群公平性非常好,达到100%的参保覆盖率,其次是基本医疗和生育保险,最差的为失业保险。珠海市社会保险中整体人群公平性最好的是基本医疗保险,参保率达100%。基本养老保险参保率也将近90%,公平性发展状况良好。其次是失业保险和工伤保险,最差的是生育保险。汕头市社会保险的参保率都很低,其中最高的基本养老保险参保率也只有33.56%,其次是失业保险参保率,最差的是医疗保险参保率。汕头市在所有经济特区的社会保险公平性指数上总体垫底。厦门市社会保险参保率整体情况和珠海市结构类似,整体人群公平性最好的是高达100%覆盖率的基本医疗保险,其次是养老保险参保率82.71%,和珠海市一样,其公平性发展最差的也是生育保险,两个城市各参保率情况整体数据较为平均,也很类似。海南经济特区在整体社会保险参保率偏低的情况

下，基本医疗保险参保率一枝独秀，达到76.43%，其次是养老保险43.44%的参保率，除此之外，其他方面数据相对偏低，其生育参保率仅有21.73%，在五大经济特区所有数据中垫底。

从整体上来看，出现100%的数据，肯定离不开政府的强有力的政策。事实证明，五大经济特区中，深圳市对养老参保率和工伤参保率比较重视，在政策方面有强力的支持，厦门市和珠海市政府则在基本医疗保险方面有重点的政策支持。

从表5我们可以看到2011年除汕头之外经济特区（海南省以海口市为代表）社会保险基金的资金适应率，对GDP发展速度的经济适应率和对财政支出发展速度的财政适应率。这也是对经济特区社会保险发展状况进行研判的又一重要依据。从表中可以很直观地看到，这四个特区社会保险基金的资金适应率都大于1，说明四个经济特区社保基金都有结余，且深圳、珠海的结余可以再支付两年和一年的水平不变的社保金待遇发放。再来看经济适应率和财政适应率情况，我们参考工业化国家社会保障支出占GDP和财政支出应达到1/3的水平之标准来考察经济特区社会保险的经济适应性和财政适应性情况。从结果发现，经济特区的经济适应性和财政适应性都远没有达到工业化国家的水准。这是值得深思的。在第二部分中我们会对此做简单的原因分析。

表5　2011年经济特区社会保险适应性指标计算结果

特 区	资金适应率	经济适应率	财政适应率
深 圳	3.20	0.012	0.088
珠 海	2.05	0.027	0.203
厦 门	1.87	0.027	0.178
海 口	1.09	0.014	0.108

2. 经济特区社会保障发展制度环境

社会保障体系想要健康运行，离不开健全的法制、刚性的执法以及持久有效的监督系统和健康科学的运营方式等。在这里，我们主要总结经济特区社会保险运行法制建设中的立法情况以及经济特区社会保障基础建设两种外部环境因子。

(1) 社保立法建设情况

社会保障制度的使命就是解除人民的后顾之忧，就是要让民众"老有所养，病有所医……"，使得全体人民能共享改革发展的成果，这是社保制度构建的良好初衷和深远意义。但是，如果这种制度没有软环境层面的支持，也就只能算是美好的愿望，而非定型、稳定、有效的制度安排。最近几年，我国的社会保障法制建设取得了巨大的成效，无法可依的时代已经成为历史了。但社会保障领域还有一些立法空白，如非常重要的《社会救助法》没有出台，事关老年人、残疾人、儿童、妇女等群体福利的法律也有待制定，《老年人权益保障法》《残疾人保障法》等也需要进行大幅修订，因此在整个法律体系中，社保法制依然处于短板状态。要想研究经济特区社会保障的发展我们就避不开社会保险的法制建设问题。以下对五大经济特区社会保险法制建设情况（主要介绍立法情况）做一简要总结。

从深圳社保基金管理局的相关资料获悉，除了国务院及广东省颁布的适用全国、全省的法律、法规、政策之外，根据自身实际情况，深圳市人民政府也制定了大量的社保法规及政策。从2009年1月1日起至2012年9月，共发布有关加强社会保险发展的法规政策超过40条。有些是对原有条款的改进，有些是对原有社会保障措施的调整，有些是关于执行上级部门下发政策文件的通知，有些是针对新问题的新条例。其中，至目前为止，养老保险方面最主要的政策法规有《深圳经济特区企业员工社会养老保险条例》《深圳经济特区企业员工社会养老保险条例》2条；医疗保险方面的《深圳市社会医疗保险办法》《深圳市离退休人员医疗保障办法》等21条；工伤保险方面的《深圳市职工劳动能力鉴定办法》《深圳市工伤保险浮动费率管理暂行办法》等5条；失业保险方面的《深圳经济特区失业保险条例》《关于调整我市2008年度失业救济金发放标准的通知》2条；社会保险征收方面有《深圳市劳动和社会保障局关于台港澳人员在深就业参加社会保险有关问题的通知》《深圳市残疾人参加社会保险试行办法》等4条；社会化管理方面的《深圳市社会化管理企业退休人员档案管理暂行办法》《深圳市企业退休人员社会化管理服务暂行办法》等6条。值得注意的是，深圳市经济特区对弱势人群的养老保险法制建设也做出了积极的探索，发布了《深圳市残疾人参加社会保险试行办法》《关于深圳市贫困残疾人个体户参加社会基本养老保险给予适当补贴有关问题的通知》《深圳市重点优抚对象和无经济收入的军休干部随军家属、遗属参加医疗保险的办法》《深圳市一至六级残疾军人医疗保险办法》等政策法规,极大地保障了残疾人等弱势群体的合法权益,帮助他们平等参与社会生活,更好地促进了社会的和谐发展。

根据珠海市人力资源和社会保障局资料,除了国务院及广东省颁布的适用全国、全省的法律、法规、政策之外,根据自身实际,珠海市也制定了一系列社保法规及政策。从2009年1月1日起至2012年9月,共发布有关加强社会保险发展的法规政策36条。有些是对原有条款的改进,有些是对原有社会保障措施的调整,有些是关于执行上级部门下发政策文件的通知,有些是针对新问题的新条例。职工基本养老保险方面的《关于解决我市未参保老年人口养老保障问题的通知》《关于解决早期离开我市国有和县以上集体企业人员社会保险有关问题的通知》等7条;基本医疗保险方面的《珠海市社会基本医疗保险定点医疗机构管理办法》《珠海市社会基本医疗保险定点零售药店管理办法》《珠海市医疗保险个人账户资金结算规则》等18条;工伤保险方面主要使用人力资源和社会保障部颁布的《工伤保险条例》《工伤认定办法》及广东省颁布的《广东省工伤保险条例》;失业保险方面的《关于调整我市失业保险金发放标准的通知》《关于再次调低失业保险和工伤保险缴费比例的通知》2条;生育保险方面的《珠海市城镇职工生育保险暂行办法》1条;社保基金监督方面的《珠海市社会保险反欺诈办法》《珠海市社会保险基金监督条例》《关于加强社会保障基金监督管理工作的实施意见》等4条;退管服务方面的《珠海市企业退休人员社会化管理服务工作实施意见》《企业退休人员社会化管理服务工作检查评估办法》等4条。

根据汕头社会保险基金管理局资料,除了国务院及广东省颁布的适用全国、全省的法律、法规、政策之外,根据自身实际,汕头市也制定了相当完备的社保法规及政策。从2009年1月1日起至2012年9月,共发布有关加强社会保险发展的法规政策17条。其中医疗保险政策方面的《汕头市城镇居民基本医疗保险实施细则》《汕头市城镇居民基本医疗保险暂行规定》《汕头经济特区职工基本医疗保险特殊门诊管理暂行办法》等10条;生育保险方面的

《汕头市人民政府办公室关于汕头经济特区职工生育保险有关问题的通知》1条；失业保险方面的《汕头市失业人员保险金申领发放及管理办法》1条；工伤保险主要运用国家及省委发布的政策法规，没有专门制定针对汕头市经济特区自身的工伤保险条例和法规政策；养老保险方面的《关于汕头市企业离退休人员领取养老金资格审验有关问题的通知》《关于调整汕头市企业离休人员基本养老金的通知》等5条；

根据厦门人社局资料，除了国务院及福建省颁布的适用全国、全省的法律、法规、政策之外，根据自身实际，厦门市也制定了各个方面比较齐全、正规的社保法规及政策。从2009年1月1日起至2012年9月，共发布有关加强社会保险发展的法规政策40条。譬如，关于养老保险方面的《厦门市职工基本养老保险条例》《厦门市被征地人员基本养老保险暂行办法》《厦门市企业职工基本养老金计发办法改革的若干规定》等7条；关于医疗保险方面的《关于妥善解决有关人员基本医疗保险问题的通知》《厦门市医疗保险健康综合子账户管理试行办法》等20条；关于失业保险方面的《厦门市失业保险条例（修订）》《关于领取失业保险金人员参加职工基本医疗保险有关问题的通知》《关于调整我市失业保险金发放标准的通知》等7条；关于工伤保险方面的《厦门市人民政府关于调整2012年度工伤保险定期待遇的通知》《关于解决国有集体企业老工伤人员工伤定期待遇有关问题的补充通知》等3条；生育保险方面有《厦门市企业职工生育保险暂行办法》《关于将非本市城镇户籍从业人员纳入企业职工生育保险的通知》等3条。

根据海南省人力资源和社会保障厅资料，除了国务院颁布的适用全国法律、法规、政策之外，根据自身实际，海南省也制定了涵盖社保各方面的法规及政策。从2009年1月1日起至2012年9月，共发布有关加强社会保险发展的法规政策35条。有些是对原有条款的改进，有些是对原有社会保障措施的调整，有些是关于执行上级部门下发政策文件的通知，有些是针对新问题的新条例。养老保险方面有6条，如《海南省城镇从业人员基本养老保险条例》等，主要针对城镇从业人员的基本养老问题；医疗保险方面共17条，如《海南省城镇从业人员基本医疗保险条例》及以其为核心的实施细则等方面的政策等；失业保险方面的《海南省城镇从业人员失业保险条例》《海南省城镇从业人员失业保险条例实施细则》等4条；工伤保险方面的《海南经济特区城镇从业人员工伤保险条例》《海南经济特区工伤保险实施办法》《海南经济特区工伤保险若干规定》《海南经济特区城镇从业人员工伤保险条例实施细则》4条；生育保险方面的《海南省城镇从业人员生育保险条例》《海南省城镇从业人员生育保险办法》等4条。社会保险地方性法规的修订5条。

（2）经济特区社会保险金待遇发放情况——以基本养老保险为例

在深圳，取得当地户籍的60周岁及以上老人，无论以前是否参加过社保或类型如何，都可以直接领取一定数目的基础养老金而无须缴费，且基本养老保险金的发放与户籍密切相关。如，具有深圳户籍时间小于8年者，每月领取200元，大于等于8年者每月领300元。个人也可以按当年标准一次性缴纳不高于15年的养老保险费，然后再申请领取养老金享受政府补贴。深圳以前按1/120计发个人账户养老金的月数，不与工作时间挂钩。现在有新办法计算个人账户养老金月标准，就是按其累计储存额除以国家计发月数标准。其中，50岁退休者发195个月，55岁退休者发170个月，56岁退休者发164个月，57岁的退休者发158个月，70岁的退休者发56个月。总之，退休年龄的大小和计发月数的大小是呈反比的。这和以往都以120个月计算工作时间是完全不同的。月领基本养老金由基础养老金、个人账户养老金和基本调节金以及过渡性养老金组成。其中基础养老金的基数是退休时上年度月平均工资以及个人月平均缴费工资指数化的平均值，以每缴一年发给1%计算，个人账户养老金按新办法规定计算。

在珠海每个人每个月的基本养老金是165元，具珠海户籍大于等于15年的，基础养老金可全额发放，未满15年者，按60%发放即99元。若本市户籍达15年者，从达到年数起的第二个月全额发放。以后，基础养老金会随着经济社会发展的水平得到提高。个人账户养老金每月的计发额等于储存除以计发月数。储存额=个人缴费+政府补贴+基金收益。计发月数和职工基本养老保险个人账户养老金计发月数一样，若60岁开始领取养老金，则计发139个月。按这种方法计算，年满60周岁且具有本市户籍超过15年者，在一次性缴满19800元（15年养老保险费）后，至少每月都可领取307元养老金，最多能领取519元（70岁首次领取）。若参保人按每个人每个月110元的标准缴费15年（总额为19800元），政府补贴总额为9900元，个人账户总额为29700

元,则60岁时个人每月可领取214元,除此以外,加上财政补助的165元,每月总共可领取379元。至2012年6月,全市有74709名离退休者领取基本养老金,每人每月基本养老金为1883元。1727人领取城镇居民养老金,每人每月养老金为374元,12333人领取农保养老金,每人每月养老金为246元,24631人领取农保老年津贴,每人每月发放津贴为165元。

汕头人均月养老金待遇达到1122元。基础养老金按人均月养老金的20%计算,为224.5元。基础养老金标准按上年度职工月平均缴费工资的30%计发,水平随着职工平均工资增长以及社会平均基本生活费占工资收入比重的变动进行适当调整。根据本人指数化月平均缴费工资和缴费年限计发附加养老金。其中,缴费年限在10年以上15年以下者,每满一年计发金额为职工指数化月平均缴费工资的0.8%。缴费年限满15年及以上者,每满一年发放金额为职工本人指数化月平均缴费工资的1%。附加养老金同样也随经济发展情况及上年度职工平均缴费工资变化而进行微调。另外还有个人专户养老年金。职工退休时可以按月取走储存在个人专户中的养老金及其利息。

厦门市经济特区企业退休人员连续5年对基本养老金进行了调整,从"十五"末的1040元提高到"十一五"末的1814元,企业退休人员月人均基本养老金比全国月人均1370元高出近450元,比福建省月人均1280元高出534元。被征地人员月人均退养金从"十五"末的542元提高到"十一五"末的725元。由此可以看到,厦门市城乡居民养老保险的基础养老金和缴费标准较高,已经超过了国家和省级的标准。2011年全市15.37万企业离退休人员和0.42万抚恤人员每月按时足额领取养老待遇,月人均养老金2013.00元;2011年有7.11万城乡居民基本养老保险参保人领取养老金,人均基础养老金为211.88元。满60周岁但没领取任何养老金的城乡居民,每月可以直接领取200元城乡居民基础养老金。另外,厦门出台了农民工基本养老保险新办法,降低农民工补充医疗保险的准入标准,明确农民工在厦办理退休的条件和养老金的计发办法。

海南在上调了最低工资标准后,企业退休人员月人均基本养老金增加了198元。60岁以上城镇居民养老保险金全面发放,每月领取130元基础养老金,实现了全覆盖。自2012年10月1日起,海南省新农保月人均基础养老金将由70元提高至85元，42.77万企业退休人员月人均增加养老金285元，达到1526元。

（3）社会保障基础建设情况

深圳市2012年4月通过了《深圳市人力资源和社会保障事业发展第十二个五年规划（2011~2015）》，简称《规划》。依据此《规划》，"十二五"深圳将推进社会保险"一卡通"工程，以实现参保员工养老保险关系的跨地区转移，衔接深圳及全国的养老、医疗、失业及生育。除此之外，深圳的社保经办服务水平也得到不断提升。通过推行业务标准化建设，初步实现流程设置人性化、业务流程标准化、审核过程菜单化、业务考核数据化。通过开通个人服务网页、社保卡绑定银行账户、社保卡与健康卡联名等措施，为广大参保企业和参保人提供了便捷、高效的社保服务。基金监督管理显著加强。进一步规范和完善社保基金的财务管理制度、操作规程。全面开展了基金安全专项检查，加大对欺诈骗保行为的打击力度，加强社会保险定点医药机构监管，确保了社保基金的安全、完整和平稳运行。做好科学理财，社保基金保值增值收益得到提高。社保基金历史投资项目全部清理完毕。2011年末社区服务设施比上年增加247个，达到6917个。社会福利院数33个；2011年末享受城镇居民低保人数10716人，减少12.3%；2011年共发放最低生活保障金4752万元，下降率为15.3%（见表6）。另外，深圳市社保机构实现了一体化。在社会保障信息公开方面，深圳市做到了及时、全面、透明。主要管理机构是深圳市人力资源和社会保障局与深圳市社会保险基金管理局，网站有深圳市人力资源和社会保障局和深圳市社会保险基金管理局的官方网站。本研究大部分数据即是来源于这两个网站以及深圳市统计局的数据资料。

表6 经济特区2011年社会保障软环境数据

特 区	基础养老金（元）	4年新立社保法规（条）	低保总支出（万元）
深 圳	200	40	4752
珠 海	165	36	3349
汕 头	140	17	16775
厦 门	200	40	5885
海 南	85	35	—

2012年1月珠海市劳动和社会保险服务窗口顺利建成并交付使用。进一步满足了人民群众对人力资源和社会保障业务的增长需求，这是一个集政策法规咨询、公共就业服务、劳动争议调节仲裁、职业技能鉴定考核、社会保险经办服务等公共服务职能于一体的综合性群众服务窗口。另外珠海市社保卡实现了多功能化。在基层建设中，2010年末优抚事业单位数3个，优抚单位收养人数16人，社会救济总计3656.66万元，救济总人数14555人。城乡居民最低生活保障金支出3349万元，享受人数13594人。社会福利机构收养性单位数（含敬老院）26个。其主要管理机构是珠海市人力资源和社会保障局与珠海市社会保险基金管理局，网站有珠海市人力资源和社会保障局和珠海市社会保险基金管理局的官方网站。本研究大部分数据即是来源于这两个网站以及珠海市统计信息网数据资料。

厦门加强金保工程建设，在全省率先启动12333劳动保障咨询电话，率先发行社会保障卡。企业退休人员社会化管理人数从"十五"末的7.3万人增加到"十一五"末的9.8万人，增长34.3%。医保定点服务机构不断向岛外、社区、农村延伸。"十一五"期末，厦门市拥有了168家医疗保险定点医疗机构，379家医疗保险定点零售药店，26家工伤保险协议机构，4家工伤保险辅助医疗器具配置协议医疗机构，1家工伤保险协议康复机构，管理规范、覆盖城乡、布局合理、网络安全的定点医疗、购药、工伤救治服务体系进一步完善。发放9107万元的失业保险金（为1.89万人）。加强对众多退休人员的社会化管理，10.37万名退休人员的社会化和社区管理率分别达到99.29%和100%。2011年社会救济人数3.52万人，全市共有38家收养性社会福利机构，包括30家民办养老机构，6家公办养老机构，两家儿童福利院。拥有5327张收养床位，收养2491名老人。全年城乡最低生活保障支出5885万元。市救助管理站实际救助5028名来站求助者。主要管理机构是厦门市人力资源和社会保障局，网站为厦门市人力资源和社会保障局官方网站。本研究大部分数据即是来源于这个网站以及厦门市统计局数据资料。

2011年，汕头全市用于最低生活保障资金支出16775万元，比上年增加4679万元，增长38.7%；获最低生活保障人数11.20万人，增长2.8%；救助站救助人数2808人，增长73.0%。至年末，社会福利院9处，收寄养498人；

城镇敬老院37个，收寄养658人。2010年末，优抚事业单位数2个，收养人数102人，社会救济总人数15.98万人。城镇社区服务设施数1170个，社区服务中心30个。

海南省继续努力加强社会救助。2011年末城镇拥有68个社区服务设施；各类优抚对象2.52万人；城镇居民最低生活保障享受人数为17.1万，农村居民最低生活保障享受人数24.4万人。对于社保基金，实行收支两条线管理，社会保险基金财政专户由财政部门在国有商业银行分别开设养老、医疗、工伤、失业、生育保险等基金专户；社会保险费由地税部门在银行开设的收入过渡户征收，并按月分别全部划入财政部门在银行开设的养老、医疗、工伤、失业、生育保险等基金财政专户；社会保险基金发生支付时，由社会保险经办机构按月向财政部门提出用款计划，财政部门根据年度社会保险基金收支计划和社会保险基金收入上缴财政专户情况及社会保险经办机构的用款计划审核后，分别于次月将养老、医疗、工伤、生育等社会保险基金从财政专户拨到社会保险经办机构相应的银行支出账户，以确保各项社会保险基金待遇的及时支付。主要管理机构是海南省人力资源和社会保障厅与海南省社会保险事业局，网站为该局与该厅的官方网站。本研究大部分数据即是来源于这两个网站以及海南省统计局数据资料。

二 经济特区社会保障发展研判

通过对经济特区社会保障发展现状做横向比较及其原因分析来对经济特区的社会保障发展做出研判，这是我们最后提出相关政策建议的关键一环。

（一）经济特区社会保障发展的比较

1. 社会保险发展的横向比较

通过表4，我们可以对经济特区社会保险的公平性情况做出判断，并能够清晰地看出，基本养老保险参保率以深圳最高，汕头最低；基本医疗保险以珠海和厦门最高，汕头最低；失业保险参保率以深圳最高，汕头最低；生育保险参保率以深圳最高，汕头最低；征缴比是企业员工与事业机关单位员工之间月工资水平之比,这个比值越大,我们就认为该地区社会保险的人群内部公平性越好。表4显示基本养老保险征缴基数比以汕头最高,珠海最低;说明汕头人群内部社会保险的公平性最好,珠海市人群内部社会保险的公平性最差。所有特区基本养老保险征缴比都小于1,说明每个特区的社会保险的人群内部不是完全公平的,最主要的原因就是企业与事业机关单位的工资相差甚远。对于每个经济特区来说,各个指标也不一致。深圳各种社会保险参保率以基本养老和工伤保险参保率最高,珠海各种社会保险参保率以医疗保险参保率最高,汕头各种社会保险参保率以基本养老保险参保率最高,厦门各种社会保险参保率以医疗保险参保率最高,海南各种社会保险参保率以基本医疗保险参保率最高。因此,从各个指标综合来看,深圳的公平性是最强的,其次是珠海和厦门,再者是海南,最弱是汕头。用柱状图显示比较如下(见图3)。

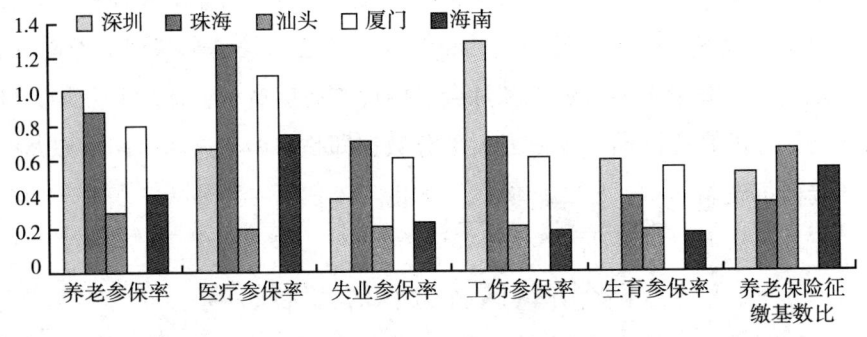

图3 经济特区社会保险公平性指标比较柱状图

柱状图和我们对指标结果的初步总结分析是一致的。

根据表5,我们可以对经济特区社会保险的适应性情况做一个直观简洁的判断。资金适应性反映的是社会保险基金的收支比,如果这个指标值大于1,则说明收入在减去支出以后还有结余,结余可以用来支付下一期的各种保险的待遇发放等。因此,这个数值越大,社会保险的适应性情况越好。从图4我们容易看出,五个经济特区的社会保险基金的资金适应性都很不错,最好的当属深圳,超过了3,这说明深圳的社会保险基金的备付能力相当强,如果支出水平不变,当年的累计结余仍可支付两年的保险金。这是值得其他经济特区以及非经济特区学习的。再看经济特区社会保险对 GDP 的适应性和对财政支出的适应性。从结果发现，经济特区的适应性指标不能令人满意。厦门和珠海的财政适应性是五个经济特区中靠前的。

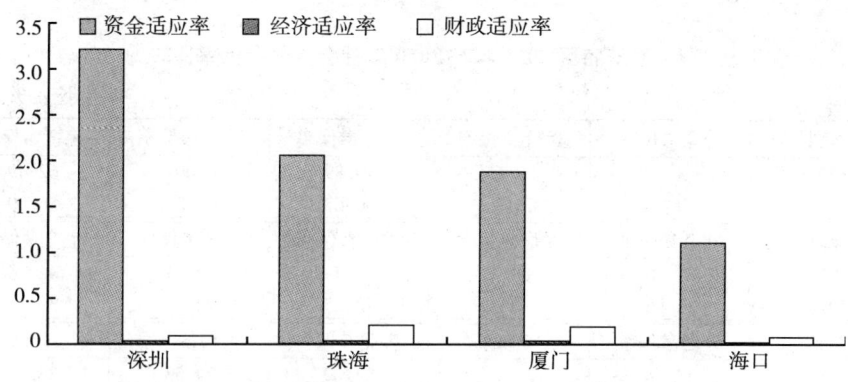

图 4　经济特区社会保险适应性指标比较柱状图

（2）经济特区社会保障发展的纵向比较

对经济特区社会保障发展的纵向比较主要遵从整体的评价思路，在公平性和适应性指标下对经济特区社会保险的发展做出评价。由于时间比较短，工资水平以及社会保险征缴等制度都比较稳定，所以，对经济特区社会保险的人群内部公平性指标不再单独列出以示其发展，认为人群内部的公平性基本保持不变。

从表 7 可以看出，深圳社会保险参保率在 2011 年有一位数的增长率，在所有经济特区的参保率增长率上，它绝对不是最优秀的，但是必须看到深圳市社会保险参保率的基数较大，其中养老保险和工伤保险的表现更为突出，所以小的增长率并不代表其发展状况不行，必须结合往年的参保率基数来看。譬如，失业参保率的基数不大，增长率也不大，我们可以认为深圳市近年来失业保险的公平性发展稍弱，而其他 4 种社会保险的发展是很不错的。同理，我们总结珠海近年来的社会保险的公平性发展也是良好的，而生育保险的发展有待加快改善；汕头养老保险参保率的发展速度达到了两位数，但是基数还是偏小，总体还是亟待加强发展的，其余社会保险也存在相同问题，在所有的经济特区中，社会保险的覆盖性是最弱的；厦门的医疗保险参保率实现了全覆盖，其他的社会保险也有一定的发展，而且在所有的经济特区中，厦门社会保险发展的一个特点是平衡性较好，没有低于50%的社会保险参保率；海南省的基本医疗保险参保率在其所有社保参保率中是最高的，基数中等偏上，但是其他社保的参保率都没有达到50%，和发展良好的特区相比还有一定距离。

表7 经济特区2011年与2010年社会保险参保率比较

单位：%

深圳	养老参保率	医疗参保率	失业参保率	工伤参保率	生育参保率
2011	100	68.65	40.89	100	62.49
2010	98.04	62.90	36.67	100	56.39
珠海	养老参保率	医疗参保率	失业参保率	工伤参保率	生育参保率
2011	89.70	100	72.73	74.41	42.24
2010	83.96	90.77	72.85	74.73	39.82
汕头	养老参保率	医疗参保率	失业参保率	工伤参保率	生育参保率
2011	33.56	23.19	25.07	24.53	23.75
2010	23.02	17.82	19.05	17.94	18.62
厦门	养老参保率	医疗参保率	失业参保率	工伤参保率	生育参保率
2011	82.71	100	62.98	63.33	58.51
2010	76.45	100	60.54	58.71	55.62
海南	养老参保率	医疗参保率	失业参保率	工伤参保率	生育参保率
2011	43.44	76.43	27.22	22.63	21.73
2010	40.94	73.53	25.58	21.71	21.06

由于汕头及海南社会保险基金收支数据的缺失，表8只讨论深圳、珠海、厦门三个特区的适应性指标的发展情况。可以看出，三个经济特区的社保资金适应率都在增强，经济适应率只有珠海市有很小的增长，其他的特区保持不变，而财政适应率除了珠海有一定进步外，其他两个特区的财政适应率反而有所下降了。

表8 经济特区2011年与2010年社会保险适应性指标对比

特 区	资金适应率	经济适应率	财政适应率
深圳2011	3.20	0.012	0.088
珠海2011	2.05	0.027	0.203
厦门2011	1.87	0.027	0.178
深圳2010	2.92	0.012	0.092
珠海2010	1.95	0.022	0.16
厦门2010	1.68	0.027	0.18

（二）经济特区社会保障发展的研判

1. 深圳社会保险制度发展

通过对深圳市社会保险制度的指标评估可以发现，深圳社会保险的公平性状况在制度覆盖范围方面公平性很好，但覆盖人群内部的公平性有待改善。社会保险基金的资金适应性强，经济适应性有待加强。基本养老保险覆盖范围为100%，工伤保险也实现了"全覆盖"的目标，无论是理论覆盖率还是实际覆盖率，都处于全国各城市前列。医疗保险和生育保险的公平性状况较为良好，但仍有很大的改进余地，失业保险制度的公平性发展不足，实际覆盖率不足50%，劳动者整体公平性状况较差。而基本养老保险的征缴基数比（0.55）显示，深圳市公务员与企业员工待遇差距大。企业员工养老保险内部也存在着群体差距和"区际"差距，2004年农村城市化人员与企业员工人均月养老金领取额比 = 825/2000 = 0.41。对于社保基金而言，深圳市社保基金的资金适应性是非常强的，在所有的经济特区中首屈一指。但所有社保基金的经济适应性都很差，需要大力改善加强。因此，深圳市社会保障发展存在的主要问题就是社会保险人群内部公平性不足，社会保险基金经济适应性弱。

2. 珠海社会保险制度发展

通过对珠海市社会保险制度的指标评估可以发现，珠海社会保险的公平性状况在制度覆盖范围方面公平性较好，覆盖人群内部的公平性较差。整体人群公平性在五个特区中排在前列，但人群内部公平性垫底。社会保险基金的资金适应性较强，在所有特区中排名第二。但经济适应性和所有特区一样，亟待加强。基本医疗保险覆盖范围为100%，基本养老保险也接近"全覆盖"的目标，失业保险和工伤保险的公平性状况较好，但仍有一定的改进余地，生育保险制度的公平性发展不足，实际覆盖率不足50%，劳动者整体公平性状况较差。而基本养老保险的征缴基数比（0.38）显示，珠海市公务员与企业员工待遇差距甚大。相比于其他四个经济特区，珠海市的社会保险人群内部公平性是最差的。对于社保基金而言，珠海市社保基金的资金适应性是很强的，在所有的经济特区中排名第二。但社保基金的经济适应性和其他四个经济特区一样仍然很差，达不到工业化国家的标准，需要大力改善加强。但在5个经济特区

中,珠海的社保基金的经济适应性是最强的。因此,珠海市社会保险发展存在的主要问题就是社会保险人群内部公平性差,社会保险基金经济适应性不足。

3. 汕头社会保险制度发展

通过对汕头市社会保险制度的指标评估可以发现,汕头社会保险的公平性状况尤其是制度覆盖范围方面的公平性是很差的,在所有经济特区的排名中整体垫底,但人群内部的公平性状况是最好的。除工伤保险和生育保险参保率略高于海南省相应保险参保率外,其他社会保险参保率都是所有经济特区中最弱的。所有社会保险的参保率都没有达到50%甚至连40%都全部没有达到。这说明汕头市社会保险的覆盖率太低,导致大部分人群都没有参保,整体人群公平性极度欠缺。但汕头市人群内部公平性在整体公平性很低的情况下为什么反而高呢?其实不难理解,第一,汕头整体工资水平差距不大,不管是国企还是非国企,工资水平都不是很高,导致了一种低水平的平衡;第二,汕头市社会保险参保人数与总就业人数的比率较小,主要是因为汕头市总就业人口在经济特区中不算少,但社会保险的参保人数是最少的。经济特区吸引来大量流动性就业人口,但由于法制不健全,社会管理不具刚性,宣传力度不到位等各种原因使得这些人口并没有被自觉或不自觉地纳入社会保险的网络体系当中。纳入体系当中的人群可能是职业、收入或相关经济社会特征相似的人群,因此在社会保险已经覆盖的人群内部,征缴基数相差不大,于是显示出了不错的公平性。汕头市社会保险基金的资金适应性和经济适应性由于缺乏有关数据,我们没有计算出来。但从汕头市社会保险参保情况来看,汕头市社会保险的基金收入是不容乐观的,因为人口以及人群发展不均等因素,社会保障各方面的支出自然不低,2007年7月1日至2008年6月30日,全市共审核发放各项社会保险待遇14.52亿元,而且最低生活保障的支出也是全部经济特区中负担最重的。这样我们可以大胆猜测汕头市社会保险基金的资金适应性和经济适应性都是很不足的,在未来的社会保障制度的继续发展和改革中必须注重和提升"短脚"部分。因此,汕头市社会保险发展存在的问题很多也很严重,社会保险整体人群公平性差,人群内部达到低水平的公平,且社会保险基金的资金和经济适应性相对不足。

4. 厦门社会保险制度发展

通过对厦门市社会保险制度的指标评估可以发现,厦门市社会保险的公平性状况是制度覆盖范围方面的公平性较好,覆盖人群内部的公平性较差。整体人群公平性在五个特区中排在前列,但人群内部公平性较弱。社会保险基金的资金适应性较强,在所有特区中排名第三。但经济适应性和所有特区一样,亟待加强。基本医疗保险覆盖范围为100%,基本养老保险也超过80%,正在稳步奔向"全覆盖"的彼岸,失业保险和工伤保险的公平性状况良好,但仍有一定的改进余地,生育保险制度的公平性发展相对不足,实际覆盖率不足50%,劳动者整体公平性仍需改善。而基本养老保险的征缴基数比(0.47)显示,厦门市公务员与企业员工待遇差距很大。相比于其他四个经济特区,厦门市的社会保险人群内部公平性是除珠海市外最差的。对于社保基金而言,厦门市社保基金的资金适应性是很强的,但社保基金的经济适应性和其他四个经济特区一样发展不足,达不到工业化国家的标准,需要大力改善加强。但在5个经济特区中,厦门的社保基金的经济适应性和珠海市不相上下,属于最强的一列。因此,厦门市社会保险发展存在的主要问题就是社会保险人群内部公平性差,社会保险基金经济适应性不足。

5. 海南社会保险制度发展

通过对海南省社会保险制度的指标评估可以发现,海南省社会保险的发展情况不容乐观,尤其是社会保险的公平性发展状况。社会保险制度覆盖范围方面的公平性主要是覆盖人群内部的公平性较差。除基本医疗保险参保率超过70%以后,其他社会保险参保率均不足50%,最弱的只有22%(生育保险参保率)。而基本养老保险的征缴基数比(0.57)显示,海南省经济特区公务员与企业员工待遇差距较大。相比于其他四个经济特区,海南省的社会保险人群内部公平性是较好的。但是这种表面看上去很好的内部公平性有可能是其他原因造成的低水平均衡,抑或不是我们本义上所谈的人群内部的公平。即其社会保险公平性指标情况为:整体人群公平性在五个特区中排后面位置,但参保人群内部公平性在所有经济特区中排名第二。以海口市社保基金的发展为代表,发现社会保险基金的资金适应性一般,基金收支比为1.09,收入略大于支出。如果出现经济波动或考虑经济发展的需要以及通货膨胀等因素,海南省社会保险基金的保值增值情况是存在很大不确定性和危险的。其资金适应性和经济适应性在除汕头之外的所有特区中都是垫底的，未来的改革发展中都亟待加强。因此，海南省社会保险发展存在的主要问题就是社会保险人群整体公平性差，社会保险基金的资金适应性和经济适应性均不足。

6. 经济特区社会保障发展存在的问题

从以上对各个经济特区社会保障的发展情况及问题的总结，不难发现经济特区社会保障发展参差不齐，发展中存在的问题主要是以下几种。

第一，社会保障体系的基础建设不够完善。目前许多经济特区社会保障体系的基础建设还不能适应其经济及人口发展现状的需要：社会保险的管理人才人员不足，素质一般，专业化水平低，直接影响到社会保险的征缴水平、社会化管理的程度；社会福利、社会优抚的救助站、社区服务中心数量相对于当地人群密度、人口发展速度而言也有所滞后，导致社会保障体系发挥的作用远远没有达到期望值；再者，不完善的社会保障体系的基础建设也没能产生应有的产业连锁效应。

第二，社保的法制建设仍是"短板"。尽管近年来经济特区的社会保障法律体系有所完善，但在整个法律体系中，其仍是一块不能忽视的"短板"。立法方面，法律法规政策体系不完备，立法过程中所体现出的民主性、科学性、透明性也有待加强。执法方面，仍存在刚性的不足及一些重复执法和执法盲点并存的现象。

第三，社保基金的安全增值管理不容乐观。虽然目前经济特区的社保基金结余比都是大于1的，但这并不意味着我们可以对经济特区社会保障基金备付能力盲目乐观。社保基金的筹措、运营、监管机制需要创新和继续改革。筹集渠道的拓宽，基金的保值增值、基金运营方式的灵活多样化都是摆在特区社保发展面前的重要课题。

第四，社会保险的统筹层次不高。经济特区的社会保险没有从全社会的层面来统筹，不利于发挥社会保险的共济性和社会性，根据我们的计算，五个经济特区社会保险的经济适应性和财政适应性都不强，很大的原因可能就在于此。没有进行合理的统筹或者统筹层次低导致财政支出在社会保障方面被忽视，或社会保险基金的收入在GDP中没有发挥出应有的作用。

第五，社会保障的信息化建设有待加强。一些特区的社会保障信息的网络化建设是比较滞后的，数据没有进行统计或者数据没有得到及时的更新使得公众对这方面的信息掌握很少。另外，在网上办理社保服务的软件体系发展不一，落后或缺位的应用软件不能适应经济发展和人们的需求。

（三）结合软环境进行的原因简析

对于存在问题的原因，我们分两个方面简析。一方面针对各个经济特区说明社会保险指标发展良好的可能原因，另一方面简要探讨社会保险指标发展不好的可能缘由所在，这些问题基本上是各个特区都存在的共同问题。

1. 各个经济特区社会保险发展良好的原因

首先，我们分析深圳市社会保险整体人群公平性发展良好的原因。对于公平性指标而言，深圳市养老保险和工伤保险的参保率最好，达到100%。如前文所述，100%参保率的社会保险制度一定有某种强制力量的促进，所以这里面必然有法制建设上的原因。深圳市近四年共新修订和制定了40条社会保险发展方面的法规政策。而2006年新修订的《深圳经济特区企业员工社会养老保险条例》使深圳实现了个人账户全部由个人交费，改善了非户籍人口的养老保险的缴费标准，减轻了非户籍员工及所在企业负担，使计发办法更加合理化。这些对深圳市从业人员参加养老保险的促进在结果上体现了参保权利人人平等的原则。《深圳市职工劳动能力鉴定办法》《深圳市工伤保险条例》等对深圳市工伤保险的全覆盖促进也很大。工伤保险制度的统一，工伤认定的标准进一步明确，劳动能力鉴定方法的出台等都是深圳市工伤保险取得成就的原因所在。其次，在社会保险社会化管理、信息化管理、社会保险宣传、执行等方面的优势也是深圳社会保险整体人群公平性强的原因。最后，在经济发展方面，内外市场需求总体较旺，在全国内地大中城市继续保持第四位。财政金融运行良好。这些都与社会保险的高参保人数以及社会保险基金的多结余是相互照应的。说到底，这是一枚硬币的两个面，是一体的不可分割的也是相互作用的。

珠海社会保险的整体公平性发展较好，在特区中表现排前。珠海市基本医疗保险的参保率达到100%，首先也有法制建设方面的原因。近四年来《珠海市社会基本医疗保险定点医疗机构管理办法》《珠海市社会基本医疗保险定点零售药店管理办法》《珠海市医疗保险个人账户资金结算规则》等18条新修订和新制定的有关医疗保险方面的法规显示出珠海对医疗保险的极大重视。其次，在医疗保险管理体系上，珠海市制定并出台了一系列管理方法和规定。构建了高水平的信息化系统和社区服务网络，不断提高管理效率。此外，监管机制到位，医疗保险管理人员充足等原因共同促成了珠海市社会保险发展的整体公平性良好的局面。经济的良性发展和运行极大地促进了社会保险的发展，使得GDP和财政支出有了更丰厚的物质基础和前提条件，这也是珠海市社会保险经济适应性在经济特区中靠前的主要原因。

汕头市社会保险存在的问题较多，社会保险整体人群公平性差，人群内部达到低水平的公平，且社会保险基金的资金和经济适应性相当不足。首先，社会保险方面的法制建设不足，近四年来，社会保险的法制建设仍是法律体系中的短板，共发布有关加强社会保险发展的法规政策17条，在数量上就远远少于其他经济特区。虽然法律法规的数量多不代表社会保险发展情况一定好，但是法规数量少能从侧面反映社会保险在法律体系支撑上的缺乏，能在一定意义上解释社会保险整体公平性不足的原因。另外，在社会保险信息化建设方面，汕头市也没能走在前列。社会保险信息不能做到及时总结更新和定时公开，这不利于对社会保险运营的监督和提高管理效率。再次，在经济发展方面，存在的主要问题是外贸出口降幅虽有所收窄，但仍未实现"转正"；投资有所回落，后劲动力不强。规模以上八大支柱产业中，部分行业增速偏低。这些情况使得汕头市社会保险公平性指标和经济适应性均不足。最后，与其他四个经济特区不一样的是，汕头市人口增长是呈负方向的，即汕头市的总人口数在下降，这会导致参保整体人群的基数变小，而直接影响社会保险的参保人数以及社会保险基金的收入和支出，而汕头市的GDP和财政支出是在逐年增长的。因此这些指标数值比较小也就比较好理解了。所以值得注意的是，从人口变少这个角度来看，汕头的社会保险对人口增长速度是非常适应的，社会保险公平性和经济适应性也可以在一定程度上降低其不足的程度。

厦门市社会保险公平性发展情况与珠海市整体上一致，略有弱势。公平性整体发展良好，医疗保险参保率也是100%。厦门医保的发展是非常典型的，被人社部称为医保"厦门模式"。厦门社会保险整体公平性发展良好的原因可能有以下几点。首先,厦门大力加强社会保险尤其是基本医疗保险的法制建设,近四年来制定和修订了40条社会保险方面的法律法规政策,其中关于医疗保险方面的《关于妥善解决有关人员基本医疗保险问题的通知》《厦门市医疗保险健康综合子账户管理试行办法》等共20条;其次,厦门市率先统筹城乡居民的门诊医疗费用,建立起职工和城乡居民的补充性的医疗保险制度,使医疗保险的保障水平提升;再次,厦门市构建了多层次社会医疗保障架构,使得整个医保系统更加严密;最后,信息化建设理念超前。全市统一联网的社会保险信息系统,极大地提高了社会保险的社会管理效率和监督力度。厦门由于外向度高,受国际、国内经济形势变化的影响较为明显,但其经济发展仍处于较好的环境,综合配套改革方案的实施,岛内外一体化及厦漳泉同城化的加快推进,轨道交通、翔安机场等一批重大配套基础设施的投资进程加快等都为厦门经济发展带来机遇。而这些对厦门市社会保险的发展作用重大。

海南社会保险整体公平性一般,除了医疗保险参保率表现较好,养老保险参保率差强人意外,其余社会保险参保率都表现平平,生育保险参保率在特区中排名最后。首先,在社会保险法制建设方面,近四年来,海南省共发布35条新出炉或修订的社保相关政策法规,其中17条是有关医疗保险方面的,然后是养老保险方面出台了6条,其他种类的社会保险法规条款所占比例很少。这能在一定程度上说明海南省在整体参保率偏低的情况下,基本医疗保险的参保率能一枝独秀的原因。海南省社会保险覆盖人群内部公平性在经济特区中排名第二,这与海南省近年来多次上调企业员工最低工资水平有关。自1994年以来海南共进行了9次调整。海南目前执行的最低工资标准于2012年9月实施,相比于上次的调整,最低工资标准上调了220元。最低工资标准的提高,提高了低工资收入人群的收入水平,有利于保障低收入劳动者及其家庭成员的基本生活及再生产,增强劳动者的积极性和创造性,提高劳动者的购买力和对部分商品的需求,刺激中小企业向新的空间发展。但是与其他经济特区相比,工资水平仍然不够高。但在原来水平过低的基础上,工资水平的上涨确实能极大地促进社会保险征缴方面的公平性。

对于适应性指标而言,基本上所有的经济特区社会保险的资金适应性是不错的，这与各个经济特区总参保人数的增长以及征缴率的提升还有社会保险基金的规范制度设计、规范业务管理和监管分不开，规范的制度设计保证了基金的安全运营，规范的业务管理和监管制度保证了基金运营流程的安全和基金的平稳运行及效率。这也与经济特区特殊的人口结构有关。以年轻人口为主体的年龄结构造成缴费群体大于基金支出群体，另外，人口的强流动性也使得深圳等经济特区社会保险基金大量沉淀积累，增强了抵御经济波动和人口结构转变可能带来的风险。

2. 经济特区社会保险发展存在的共同问题的原因分析

五个经济特区社会保险发展中存在的共同问题是社保参保人群内部公平性有待提升，经济适应性差。虽然汕头在征缴比的计算结果上比较乐观，但通过前面的分析，认为这种公平是低水平的。

导致覆盖人群内部公平性较差的主要因素是企业机关事业单位在参保过程与缴费基数的算法上不一致。企业基本养老保险的缴费工资是员工的月工资总额，机关事业单位养老保险的缴费工资为工作人员上一年度12月份的基本工资，只是工资总额的一部分。另外，最主要的原因应该在于公务员与企业员工的工资待遇相差较大，所以导致社会保险的征缴基数做不到平等。对于农民工而言，这种不公平性显示得更加明显。第一，参保负担过重。第二，多数农民工很难享受到社会保险，一是享受条件规定存在不公，二是农民工的退保潮。第三，经济特区的社会保障制度缺乏强制性，制度设计具有封闭性，缺乏全国统一的制度设计，使得农民工的社会保险关系难以转移。机关事业单位与企业养老保险待遇相差悬殊也是导致现行养老保险制度公平性不高的又一主要因素。机关事业单位养老保险制度实质上是退休制度，现存的机关事业单位养老保险制度下，机关事业单位养老保险支付额度和标准不仅不能有效地调节初次分配的差别，反而逆向调节并强化了初次分配造成的差别。

经济特区社保基金的经济适应性普遍不强，其原因肯定是多方面的。我们探讨其可能要归结于以下几个方面。第一，社会保险基金的保值增值形势不容乐观。纵观当前各个经济特区社会保险基金的投资收益情况，我们发现投资收益率偏低，低于平均利率水平，低于社会平均工资的增长率，低于基金支出的增长率，低于通货膨胀率，这些都意味着基金的贬值。第二，社会保障基金的自主多渠道运营没有使得基金运营的收益率大幅提高，基金增值收益过低自然加大了未来支付的压力，如果未支付的基金不足以为劳动者的老年生活带来保障，那么社会隐患就必然出现，社会保险基金保值增值效果越差，代际间转移支付压力就越大。第三，社会保险的基金支出相对于GDP和财政支出所占比例甚小，说明经济特区社会保险还没有充分发挥对整个社会的保障功能，或者说，在现行的社会保险制度下，没有充分发挥社会保险保障功能的机制。第四，经济特区社会保障的基础建设还不牢靠，还不广泛。首先，对社会保险的社会化管理程度不够，尤其是对企业退休人员的社会化管理人数仍然不足；其次，各种社区服务设施、优抚单位、敬老院等基础条件建设仍然落后于现实的需要；最后，在大力提倡和不断进行的经济转型中，传统的社会保险的管理方法，包括基金管理方法和对参保人的社会化管理方法都开始跟不上经济发展的脚步，都需要继续改革。第五，政府财政投入不到位，政府财政责任履行不充分，财政预算制度没有明确规定各级财政社会保障预算的硬性比例，导致社会保险支出指标弱化，社会保障预算执行上存在随意性。第六，人口年轻化和流动性这两大人口特征不可能长期持续，一旦经济特区老龄化高峰到来，流动人口形成的社保基金沉淀亦将随经济社会发展而消失，这个因素加上社会保险制度的变革，可能使得社保基金未来运营发展具有极大的不确定性。我们认为，可能主要是以上这些原因综合起来使得经济特区社会保险的经济适应性不强。

三 未来发展的政策建议

综上所述，经济特区社会保障发展存在的共同问题有以下几点。一是全社会保障的目标没有实现（整体公平性不足）；二是社会保障资金或在征缴或在待遇发放上不甚公平（覆盖人群内部公平性不足）；三是社会保障管理体制和法律体系有待进一步完善；四是社会福利的建设有待加强；五是社会保障信息化建设滞后于人民的需求。针对这些问题，我们提出以下相关的政策建议，希望能为相关部门的决策起一定的参考作用。

1. 改进社会保障体系的基础建设

改进社会保障基础建设意义深远。首先能够提高社会保险的有效性和适应性。如果社会保险的管理人才人员充足，素质良好，专业化水平高，那么社会保险的征缴水平、社会化管理程度的提高则水到渠成；如果社会福利社会优抚的救助站、社区服务中心数量是适应当地人群密度、人口发展速度的，那么这样的社会保障体系才是健康的，可持续的。其次，社会保障体系的基础建设和其他基础建设一样，会产生产业连锁效应，不可避免地也会产生对建筑材料、人力资源、社会资金等方面的资源需求，从而对整个国民经济的增长以及促进就业等产生一定作用。因此，我们要花大力气改善和改进经济特区的社会保障体系的基础建设，包括社会保险方面的管理制度改进、人员引进机制改进；社会福利优抚方面的救助服务点数量的适应性调整以及为社保体系进行必要的基础设备建设的财政支出。

2. 健全社保的法制建设

在整个法律体系中，社会保障方面的法律建设仍是一块不能忽视的"短板"。客观原因在于社会保障事关很多方面，决策方难以面面俱到。这就要求我们必须转变单重立法不重执法、宣法的思路，必须从各个层面对社会保障问题做到真正的法制支持。没有一个较为完备的法律法规政策体系做后盾，靠凭良心、喊口号、借人力、花财力的社会保障体系将是一座建在云端中的空中楼阁，好看而不实在，愿望良好而成效甚微。因此，各个经济特区应该从自己的实际出发，在社会保障各个方面尤其是与民众切身利益最相关的方面制定有理、可行、刚性执行的法律法规体系。这个法律体系可以先征求广大民众意见，集思广益，在相关决策部门和有关专家、专业组织机构的反复提炼改进后最终出炉，而且必须保证法律法规政策的执法是刚性的和可监督反馈的。另外要注意结合特区具体的情况来制定符合当地的社会保障法制体系，借鉴国外的经验加以完善。目前应优先解决城市贫困群体的最低生活救济、失业保险和退休人员的养老、医疗保障等问题。

3. 进一步扩大社保的覆盖范围

从社会保障的最终目标出发，经济特区应该努力扩大社会保障主体的范围，以真正体现社会保障的保障性和互济性。应该首先重点解决最需要得到保障的人群的保障需求问题，这些人群一般为处于社会最底层的弱势群体，具有强烈的救助需求。各个经济特区政府社会保障制度的改革，应从该点入手，把它作为扩大保障对象的首选和改革之重。在制定发放标准或相关保障待遇时，注意关注和保护无劳动能力、残疾人等无法就业人员得到保障的愿望及得到救助的需求。把所有符合条件的人群列入范围之内，主要是做好农民工、大学生的保障工作，使我们能继续解决遗留下的问题，把各种破产人员、退休人员、困难职工列入医疗保障范围，把退休人员列入养老保险内，把国企和集体企业的"老工伤"人员等列入工伤保险，高度强调新农保以及新农合基本医疗保障，使伤残人士更加优惠地参加社会各类保险。另外，财政支持力度必须加大，优先保证优抚对象、城乡残疾人士以及各种困难群体加入社会保障这个大网络里。

4. 确保社保基金的安全增值和加强监督管理

革新管理制度，建立独立、高效、统一的社会保险基金监督和管理委员会，建立专业性养老社会保险基金管理局，实行分权式管理。以稽核为重心，建立扩大覆盖面的征缴工作机制。劳动保障部门与财政、审计、工商部门加强协调，加大对社会保险扩面、征缴、清欠的工作力度。改善社会保障基金的筹措、运营、监管机制，增强社会保险基金的备付能力。首先努力拓宽社会保险基金的筹集渠道，然后确保社会养老基金的保值增值。如果社会保险基金不能进行有效的投资运营，便难以满足经济特区不断增长的社会保险支付需求。因此社会保险基金的运营方式应该更加灵活多样，可选择银行存款、国债、证券基金、企业债券、基础建设债券及金融债券等进行增值投资。另外必须完善对社保基金管理运营的监督手段。比如建立信息披露制度，增设中间或外部的保管人，加强外部审计等。加强对社保部门队伍建设的监督和素质提高的监督。在组织机构内部建立控制机制，预防道德风险、运营风险和市场风险等，对投资范围进行适度管制，以减少风险投资，保证基金的安全和增值。

5. 提高社会保险的统筹层次

社会保险具有社会性、互济性、长久性和自我保障性的本质特征，又鉴于整个经济特区不可分割的整体性，要求社会保险必须是从全社会的层面来统筹，而不能条块分割。在进行社会保险的社会化统筹时，也要依据生产力的发展水平，逐步实施。提高社会统筹的层次将有助于发挥社会保险的共济性，扩大社会保险的社会性，使社会保险更具长久性，降低社会保险自身的风险。党的十八大报告指出,要全面建成覆盖城乡居民的社会保障体系,必须坚持全覆盖、保基本、多层次、可持续方针,重点就是增强公平性、适应流动性、保证可持续性。我国社会保障统筹层次较低,县、市、省多级别交错,是社保难以自由流动的关键原因。中央财经大学社会保障系主任、中国社会保障研究中心主任褚福灵还指出统筹层次提高必然涉及各部门的既得利益调整,因此受到很大阻力。但十八大报告给了我们足够的信心。可以考虑建立终生一致的、全国统一的社会保障号码。实行对每个公民发放社会保障号码的制度,让公民个人档案号码与本人身份证号码、劳动保险号码统一起来。

6. 大力发展社会福利事业

应针对如何提高社会成员的生活质量,一方面给予社会弱势群体更多的关注,另一方面要注重完善社会福利事业各方面的条件,提高服务水平,逐步缩小整体人群以及人群内部的公平性差异,在发展和完善社会福利事业的过程中促进实现保障社会全体成员的基本生活和提高社会成员生活质量的目标。全国人大常委会副委员长华建敏指出,社会福利和社会保障不是短时间就能建好的,它需要长时间的实践和调整,因为它事关国家长治久安以及全体人民的切身福利,因此,必须对制度的设计和规划高度重视,第一,统筹兼顾推进社会福利制度建设,防止制度碎片化;第二,尊重客观规律以及国情,优化福利项目结构,使社会福利水平合理化;第三,强调中华民族的传统美德实施互相救济,推动慈善事业和福利事业的共同发展,培养社会福利文化,鼓励全民参与共同建设社会福利。这些对经济特区同样适用,也是发展福利事业的指导思想。

7. 加强社会保障的信息化建设

加强社会保障的信息化管理有利于建立统一的社会保障信息系统,有利于加强基金监督,适应人员流动需求和统筹层次变化的需要。首先,扩展信息网络化建设,网络化建设在某种程度上反映信息化的水平。要充分发挥各经济特区的局域网的优势,充分发挥社会保险信息网站的作用,结合实际情况,编制信息化建设的长远规划,制定出切合实际的规划目标,使得信息化建设按照统筹规划、科学设计的原则,合理地利用人力、物力和财力,做到有效提升。另外要积极开发相应的应用软件,适时地开展一些跨局域业务的可行性研究,为未来信息联网的进一步扩大奠定技术基础。在社会保障卡方面，要加强相应配套制度的完善，如挂失、加密、锁定和更换等管理服务要紧跟经济发展和人们需求的脚步。加强社保部门经办管理工作的科学化、规范化、程序化。完善管理制度，简化办事程序，增强社保部门依法遵章办事的透明度，提高计算机管理应用能力和经办服务能力。

参考文献

［1］高兴民等：《深圳市社会保险制度研究》，人民出版社，2010。
［2］深圳统计局：《深圳统计年鉴》，2011，2010。
［3］珠海统计局：《珠海统计年鉴》，2011，2010。
［4］汕头统计局：《汕头统计年鉴》，2011，2010。
［5］厦门统计局：《厦门统计年鉴》，2011，2010。
［6］海南统计局：《海南统计年鉴》，2011，2010。
［7］林瑜胜：《论我国社会保障管理体制的改革与创新》，《山东社会科学》2007年第1期。
［8］陶一桃、钟坚主编《中国经济特区发展报告》，社会科学文献出版社，2011，2010。

B.8
中国经济特区金融产业发展报告

郭茂佳[*]

本报告所指的中国经济特区是指"5+2"经济特区，包括深圳、珠海、汕头、厦门、海南5个经济特区和上海浦东与天津滨海两个新区。综观国内外现有的研究成果，单就每个经济特区金融产业发展问题展开深入研究的报告并不鲜见，但从"5+2"整体的角度探讨中国经济特区金融产业发展现状、经验、问题、优势以及发展路径的系统研究成果，则近乎于零。有鉴于此，本报告试图通过透视中国"5+2"经济特区金融业发展的历史、现状和问题，探索中国经济特区金融业发展的方略。

一 经济特区金融产业发展的历史回眸

由于"5+2"经济特区成立的时间不同，金融产业发展的基础不一，因此，其金融产业发展走过了并非完全一致的发展道路。纵观中国"5+2"经济特区金融业发展的历史，我们不难发现，它们呈现出三个明显的特点：

（一）不平衡性

中国经济特区金融业发展的不平衡性现象几乎随处可见。归纳起来主要表现在：

1. 金融发展对经济增长贡献度呈现出不平衡性（见表1）

由表1可以看出，2011年，"5+2"经济特区的金融发展对经济增长的贡献度相差较大。如几乎同期成立的5个特区，金融业发展虽然起步相同，但发

---

[*] 郭茂佳，深圳大学中国经济特区研究中心教授，硕士生导师。

表 1 2011 年中国经济特区金融发展对经济增长贡献度统计表

	深圳	珠海	汕头	厦门	海南	上海浦东新区	天津滨海新区
金融业增加值(亿元)	1563.6	58.1	26.6	190.6	120	991.61	178.9
金融业增加值占 GDP 比重(%)	13.6	4.2	1.9	6.7	4.5	18.1	2.9
金融业占第三产业比重(%)	25.40	10.1	4.9	14	10	31.6	9.3

资料来源：根据 2012 年"5 + 2"经济特区统计年鉴的相关数据整理而成。

育程度则差异甚大，有些经济特区金融业发展较快，如深圳，金融业增加值高达 1563.6 亿元，金融业增加值占 GDP 的比重和金融业占第三产业的比重分别高达 13.6% 和 25.4%。而有些经济特区金融业发展则相对迟缓，如汕头和珠海，金融业增加值分别仅为 26.6 亿元和 58.1 亿元，金融业增加值占 GDP 的比重分别仅为 1.9% 和 4.2%，金融业占第三产业的比重分别仅为 4.9% 和 10.1%。即便是海南省，金融业增加值也只有区区 120 亿元，金融业增加值占 GDP 的比重和金融业占第三产业的比重分别仅为 4.5% 和 10%。再如级别相当的上海浦东和天津滨海两个新区的金融业发展也极不平衡。上海浦东新区金融业增加值高达 991.6 亿元，金融业增加值占 GDP 的比重和金融业占第三产业的比重分别高达 18.1% 和 31.6%，而天津滨海新区金融业增加值则只有 178.9 亿元，金融业增加值占 GDP 的比重和金融业占第三产业的比重分别仅为 2.9% 和 9.3%，这一水平不仅落后于级别相当的上海浦东新区，而且也落后于深圳、珠海、厦门和海南四个特区，只略领先于排名倒数第一的汕头。

2. 金融业发展呈现出不平衡性

这主要表现在：

（1）在金融业布局上呈现出不平衡性。就金融业布局的合理性而言，上海浦东新区和深圳无疑是两大领头羊，如 2011 年，上海浦东新区持牌类金融机构就多达 692 家，并且分布较为均衡，银行类、证券类和保险类持牌机构分别为 221 家、276 家、195 家。深圳法人银行的实力虽不及上海浦东，但网点达 1427 个，从业人员达 56585 人，居各经济特区之首，且总部级的证券公司、基金公司、保险公司、期货公司等金融机构众多，分别达 17 家、17 家、15 家和 13 家，特别是创业投资、股权投资基金企业和私募基金等要占全国的 30%

以上，中小板、创业板上市公司中，其1/3来自深圳股权基金的参与，这些都是其与上海浦东争夺中国经济特区金融发展实力第一集团军的本钱。而其他经济特区的金融业布局则不尽合理，不仅新型金融机构生长缓慢，而且传统金融机构的布局也有待加强。

（2）在金融业的整体实力上呈现出不平衡性（见表2）。

表2 2011年中国经济特区金融市场主要发展状况统计表

单位：亿元

	深圳	珠海	汕头	厦门	海南	上海浦东新区	天津滨海新区
银行存款	25095.78	2980.01	1989.01	4957.46	4504.54	58186.48	3666.58
银行贷款	19244.68	1638.21	728.18	4340.7	3494.59	37196.79	3795.64
保费收入	359.9	53.77	48.44	82.03	53.75	374.73	211.74

资料来源：根据2012年"5+2"经济特区统计年鉴的相关数据整理而成。

从表2的数据中，我们发现，2011年，中国经济特区不仅银行业的整体实力不均，而且保险业的整体实力也是极不均衡的。就银行存款规模而言，上海浦东新区和深圳分别达58186.48亿元和25095.78亿元，而汕头和珠海分别仅为1989.01亿元和2980.01亿元。从银行贷款规模来看，上海浦东新区和深圳分别达37196.79亿元和19244.68亿元，而汕头和珠海分别仅为728.18亿元和1638.21亿元。从保费收入分析，上海浦东新区和深圳分别达374.73亿元和359.9亿元，而汕头和珠海分别仅为48.44亿元和53.77亿元。之所以呈现出如此鲜明的不平衡性，这既有外部原因，也有内部原因。从外部原因来看，政策是主要因素。目前金融发展势头最好的上海浦东和深圳，其金融产业发展都上升到了国家战略的层面。从内部原因分析，经济规模是主要原因。如2011年，上海浦东新区和深圳的人均GDP分别达25100美元和18000美元，而汕头只有4000美元。

（二）波动性

从中国经济特区金融业成长的历程来考察，我们不难发现有两个规律性的现象：

1. 中国经济特区金融业发展的道路并非是一帆风顺的

从早期5个经济特区金融业发展阶段性来看，一般都经历了高潮—低谷—

新高潮几个阶段，所不同的是，有些特区波动大一些，如海南、珠海、汕头，尤其是海南，甚至走过了极为曲折的弯路。20世纪80年代末至90年代初，海南受建省和建经济特区两大重大利好的鼓舞，各类金融机构蜂拥而至，仅本土的信托投资公司一度就达20余家，金融产业发展水平一度居全国领先地位。但随着20世纪90年代中期我国对金融业的整顿治理，房地产泡沫破灭，再加上1994年汇率体制改革的推行，使海南经济特区丧失了外汇留存的政策优惠，海南金融业发展遭受了灭顶之灾，即使各大商业银行成立资产管理公司剥离了不良资产，海南的不良贷款率仍然高达80%，金额超过2000亿，有一大批诸如海南发展银行、海南国际租赁公司、海南赛格国际信托投资公司、海南华银信托投资公司、三亚国际信托投资公司之类的本土金融机构相继破产倒闭，使海南这个"大特区"不仅是全国唯一没有任何本土金融业的"特区"，也是全国唯一一个没有本土金融机构的省份。有些特区波动小一些，如深圳、厦门。即使是相对平稳的深圳，也并不是一马平川，如深圳早期银行业因盲目扩张，致使其不良贷款率最高时曾达20%左右；在20世纪90年代，深圳保险行业曾出现恶性竞争，以致深圳市政府不得不通过颁布一份反不正当竞争行为公约来规范保险行业的发展；在股权分置改革前后，因为股票市场长期低迷，深圳证券业风险极大，存在一批像南方证券、大鹏证券这样面临倒闭危险的证券公司。

2. 越是成立较早的经济特区金融业发展的波动性越大

如成立较晚的上海浦东和天津滨海新区的金融业发展就要比早期5个经济特区更平稳。之所以如此，有两个原因：一是特区成立的时间越早，经历的经济周期越多，金融业发展受外部冲击的可能性就越大。二是特区成立的时间越晚，金融业发展的后发优势就越明显，就越能减少金融业发展中的盲目性。

（三）自觉性

从中国经济特区金融业发展的历史进程中，我们不难看出，各个经济特区对金融政策的运用大致经历了无意识运用、有意识运用和自觉运用三个阶段。早期五个经济特区在特区成立伊始，对金融政策的运用几乎是无意识的，即使有些特区，如海南虽早就深刻地认识到了金融业的重要性，但也因缺乏高瞻远瞩的长久发展战略，金融对经济的促进作用并没发挥到最佳境界。此阶段之所以不能对金融政策和资源加以有意识和自觉地合理运用，是因为：金融业发展需要经济作为基础，在经济基础极为薄弱的情形下，各个特区都无充分运用政策发展金融业的底气。同时，在特区金融产业形成时期，许多金融机构容易陷入困境或信任危机，加之，民间借贷仍有着很大的影响力，所以，运用政策推动金融业发展的动力不足。而近几年，金融政策则被各个经济特区有意识和自觉地加以运用，并形成了一股金融发展热，几乎所有的经济特区都提出了建设金融中心的目标，并竞相出台鼓励金融业发展的地方优惠政策措施，力争在新一轮竞争中率先确立自身的竞争优势。现阶段各个经济特区发展金融产业的热情之所以高涨，一是看到了金融对促进经济增长的重要性。历史经验告诉我们，引进一家金融机构的经济效应要远远大于招来一个投资项目或工商企业，因为每单位金融业产出可以带动两倍以上的国民经济产出。二是国家鼓励经济特区为中国新一轮金融改革和金融创新探路，为各经济特区金融产业发展带来了新的想象的空间。三是所有经济特区都肩负着利用金融杠杆实现产业升级的重任，迫切需要借助金融产业的资源配置作用，实现经济结构的尽快调整到位。四是经济特区加快金融业发展的基本条件逐步完善。按照国际通行看法，支柱产业占 GDP 的比重需达到 5%。"5+2"经济特区中，除汕头和天津滨海新区离这一标准尚有一定距离以外，其他特区都超过或接近了这一标准。

二 经济特区发展金融产业的共同经验

"5+2"经济特区金融业发展之所以能够取得领先于全国平均水平的成就，其成功经验可归纳为以下几点：

（一）金融发展必须与经济发展互动

1. 特区金融发展必须根植于特区经济基础

特区金融业发展史充分证明了特区经济好则金融业好，特区经济强则金融业强，特区经济兴则金融业兴，特区经济稳则金融业稳这一重要规律。举凡经济长期保持稳定发展的特区，其金融业也能长期保持稳定发展，如深圳的金融业发展,之所以能在早期的五个经济特区中脱颖而出,其根本原因就在于其经济基础的不断壮大。截至 2011 年末,深圳经济总量迈上万亿元新台阶,正式迈入"万亿元城市俱乐部",仅排在北京、上海、广州之后,名列第四,从而为金融业做强做大奠定了坚实的基础。而举凡经济发展大起大落的经济特区,其金融业发展也往往大起大落。如海南,其 90 年代中期至 21 世纪初期金融泡沫的破灭,固然有海南自身的历史、人文等因素,更重要的是其经济发展严重落后,经济总量和市场实在太小,尤其是工业基础十分薄弱,再加上房地产泡沫,以及金融监管手段不完善等综合因素,使得在优惠政策催生下的金融业发展势头来也匆匆,去也匆匆,"金融重灾区"的帽子一戴就是十几年。总之,正反两方面的经验教训都告诉我们,特区实体经济的强弱对特区金融业的发展和稳定起着基础性决定作用,谋划特区金融业发展不能脱离经济发展这个最大的实际,如果特区实体经济不大不强,做大做强特区金融业也就失去了基础。

2. 特区金融业发展是推动特区经济发展的重要推动力

中国经济特区成长历史再一次验证了"特区金融业的发达程度是决定特区经济增长水平的重要因素之一"这一命题。因为:

(1) 特区金融业是特区现代服务业的重要内容。现代服务业既是国民经济的重要组成部分,也是衡量现代城市发达程度的重要标志。而特区金融业以其优化资源配置和调节的功能对其他服务业发展具有不可替代的导向、引领、支撑与促进作用,加快特区金融业的发展,事实上,也就是加快现代服务业的发展。

(2) 特区金融业发展可以为特区重点项目建设提供源源不断的资金。特区经济发展需要利用金融业的资金筹措功能投建一大批重点项目,按近几年中国经济特区投资重大项目带动系数 5~8 倍计算,它带动特区年社会固定资产投资达数万亿元之巨。

(3) 特区金融业发展为特区中小企业成长壮大提供资金支持。早期五个经济特区成立之初,企业大多是中小企业,且以民营企业居多,中小企业特别是中小民营企业贷款难是不争的事实。由于特区金融业的快速发展,在很大程度上缓解了中小企业融资难的问题,让一大批中小企业由小变大、由弱变强,成长为国内知名企业,甚至发展成为世界巨人。因此,特区金融业在推动中小企业和民营企业成长中发挥了核心和引领作用。

(二)金融业健康发展必须有良好的金融生态环境

金融生态环境的好与坏,直接决定着金融资源的进与退。因为金融资产要追求收益性、安全性和流动性的完美结合。这一理想状态只有在良好的金融生态环境下才能实现。一个地区一旦被戴上"金融高危区"的帽子,就意味着丧失金融安全性和流动性,进而迟早也会失去收益性。金融生态越好的地区越容易成为资金流入的洼地,金融生态越差的地区就越容易导致资金外流。如果总结近年来各个特区引进金融资源斩获颇丰的原因,我们认为,在很大程度上要归功于金融生态的改善。近年来,各个特区政府为优化金融生态环境,提高自身的聚集力、竞争力和辐射力,做足了功课。一是与有关部门精诚合作大力打击逃废金融债务行为,以提高金融债权的司法保护力度。同时,优化信用环境,健全征信体系,夯实信用环境的基础。二是各个特区的央行、银监局、证监会、保监会派出机构既各司其职,又相互配合,以保障特区金融业全面、协调和可持续发展。三是培育建设良好的社会诚信体系,建立守信激励、失信惩戒机制,为金融业发展提供了良好的诚信环境。

(三)提高金融产业的集聚度必须建立金融中心区

"5+2"中国经济特区都清楚地认识到,要想提高金融产业聚集力、辐射力和竞争力,就必须把建设金融中心区(CFD)作为金融产业发展的重要推进器。有鉴如此,各经济特区纷纷不遗余力高起点地致力于金融业整体规划和构建金融中心区的工作,使其成为各自金融产业发展和金融活动的心脏。在这一点上,深圳表现得尤为积极,不仅在罗湖、福田分别投入巨资规划建设金融集聚区,而且在龙岗平湖建设金融后台服务基地;不仅已建成了蔡屋围和福田两大金融中心区,而且正在着手高标准地建立前海金融中心区,并形成了对其他特区具有示范意义的经验。第一,统一规划。即统一对金融中心区的建筑、绿化、配套设施进行规划设计。第二,商业化运作管理。即日常运营的管理机构都是采取商业化运作模式。第三,提供齐全的配套设施。即对教育、文化娱乐、购物等生活设施在规划中都预留空间。第四，税收优惠。即政府对金融中心区建设尽可能提供优惠的税收支持。由于金融中心区拥有便捷的交通、丰富的信息、即时的通信、高质的办公设施等良好的金融和商务运营环境，大大节约了金融业的管理和交易成本，促进了知识型、信息型、清洁型和高附加值的金融产业的发展。

（四）金融业发展必须"靠山吃山，靠水吃水"

中国经济特区金融业发展史，告诉我们两个不争的事实：

（1）中国经济特区金融业发展领先于非经济特区是因为它们都有或多或少的靠山。如深圳背靠香港；珠海背靠澳门；汕头根植于侨乡；厦门面向台湾；海南依托海岛；上海背靠长三角；天津仰仗环渤海等。

（2）哪一个特区的靠山多、靠山大，哪一个特区金融超前发展的概率就大，金融业发展就快。如同时诞生于早期的五大经济特区，深圳金融业发展之所以能独占鳌头，其重要原因就在于有香港国际金融中心这个大树的支撑。在不断深化的深港金融合作中，深圳金融产业发展不仅可以争取中央金融改革与创新政策的支持，而且可以引进港资金融机构、金融人才和管理经验，进而增强深圳金融业的集聚力、竞争力和辐射力。

（五）金融业发展必须有政府作为坚强后盾

虽然市场经济理论告诉我们，金融业发展必须建立在经济自然发展需要的基础上，而非政府或政策的原因，但中国政府早就充分认识到了金融业发展对于经济增长的先行性，中国经济特区金融业发展采用了与欧美不完全相同的模式，它不完全是在经济自然发展的过程中发展壮大的，在很大程度上是政府官员与智囊规划下的产物。因此，无论是中央政府，还是特区地方政府都是推动特区金融业发展的重要推手。

1. 金融业发展必须有中央政府作为坚强后盾

一个特区金融业在中国乃至世界的地位如何与中央政府的战略定位关系密切。如果一个特区的金融业改革与创新能上升到国家战略的层面，其金融产业的发展就会获得更多的发展空间。上海和深圳两地的金融业发展之所以能超越

其他经济特区，与中央政府的政策倾斜不无关系。因此，每个特区金融业发展能走多远，某种程度上并不取决于各经济特区本身，而取决于中央政府。

2. 金融业发展必须有地方政府作为坚强后盾

中国经济特区金融业的发展水平之所以超过全国金融业的平均发展水平，各个特区政府的功劳不可小觑，深圳金融业之所以成为中国金融发展的排头兵，与其地方政府的一贯倾力支持是分不开的。在特区创立之初，深圳市政府和金融主管部门就发扬敢为人先的精神，不仅大胆创设了银行、证券、保险等本土金融机构，而且先人一步创设了证券交易所这一重要的金融交易平台，取得了上百个全国第一的金融创新成果。近年来，深圳市政府先后颁布了《深圳市支持金融业发展若干规定》与《关于加快深圳金融业改革创新发展的若干意见》等多项有利于促进金融创新和发展的政策，市人大通过了《深圳经济特区金融发展促进条例》这一全国首创性的地方金融法规，一方面设立"金融办"，对金融产业发展进行科学规划和协调，提供一流的金融优质服务；另一方面，建立金融产业基地，对新设和迁入的金融企业给予税收、土地优惠，对金融创新活动成果显著的金融机构及有关人员通过设立"金融发展专项资金"和"金融创新奖"，进行表彰和奖励，为鼓励金融机构创新，2005～2011年，深圳市政府共计颁发的金融创新奖金额高达7000万元，旨在把深圳打造成中国乃至世界最适宜金融业发展的城市。

三 经济特区金融产业发展面临的共同问题

（一）各自为政的倾向比较严重

自深圳被上升到国家级金融改革试验区后，其他特区均闻风而动，不管自身条件是否具备，都摆出一副跃跃欲试的架势。由于在国家层面上迄今尚没有成立相应的专门的权威机构来统领中国经济特区金融产业发展的全局，致使各个经济特区的金融产业发展战略布局和规划各行其是，重复建设严重，金融作为中国经济特区举足轻重的产业和资源，并没有得到较好地整合和配置，从而导致资源浪费严重，效率低下。同时，由于各个特区之间缺少应有

中国经济特区金融产业发展报告

的相互配合,甚至互挖墙脚,致使内耗较大。如离岸金融本是一项相对复杂的银行业务,开展这项业务至少需要有良好的外汇制度和具备资本跨境流动的条件、良好的金融基础设施、非常专业高端的金融人才、比较集中的跨国公司、大企业和大集团等基本条件,但现实则是,各个经济特区不顾自身条件是否具备,有条件的上海、深圳等提出先行先试,没有条件或条件不充分具备的珠海、汕头、厦门、海南等也都在争取先行先试。再如资本市场,本来国家为了减少证券交易所之间的同质化竞争,经过多年努力,已将沪深证券交易所之间的服务对象进行了明确分工,上海证券交易所主攻主板市场,深圳证券交易所主攻中小板和创业板市场,但因眼红于中小板和创业板市场高涨的IPO热情和活跃的交易额,上海证券交易所则不甘心于在主板市场上施展拳脚,而明确指出,未来拓展的重点不拘泥于蓝筹类上市公司,建立中小微企业成长导师制度,为中小微企业提供上市辅导乃至帮助中小微企业在上交所上市也是其未来拓展的重点之一,从而形成与深交所共同抢占中小企业上市资源的局面。

(二)金融业改革滞后于实体经济

时下,中国经济特区已经基本完成了市场经济体制的基础建设,市场化运作模式已在主要经济领域得到广泛运用,并且经济对内和对外的开放程度均较高。但中国经济特区金融业的发展仍然带有计划经济的色彩:一是企业融资以国有商业银行的间接融资体系为主导,其金融深化程度不仅远远落后于发达国家,而且落后于马来西亚、南非等新兴国家。这样的金融体系虽然有利于保障大中型企业及地方政府的基础建设项目的融资需求,但难以满足大量小微企业的资金需求,从而导致民间金融盛行。二是有限的利率市场化,既导致低利率甚至负利率长期存在,不断推高特区资产价格,又导致特区经济资源严重错配。三是人民币自由兑换程度低,导致人民币发挥国际货币的职能受限,使特区国际化的步伐受阻。

(三)银行业占比仍然偏高

放眼特区金融产业的布局现状,我们不难得出这样的整体印象:特区金融业的主体是银行业,特区银行业的发展基调决定着特区金融业的发展基调,特区银行业的行为取向决定着特区金融业的行为取向(见表3)。

表3 2011年中国经济特区金融市场发展状况统计表

	深圳	珠海	汕头	厦门	海南
金融市场新增融资规模(亿元)	3123.5	221.8	74.88	759.44	762.41
新增间接融资规模(亿元)	2522.6	165.7	66.68	719	680.51
新增间接融资规模占比(%)	80.76	74.7	89.05	94.68	79.6
新增直接融资规模(亿元)	600.9	56.1	8.2	40.44	81.9
新增直接融资规模占比(%)	19.24	25.3	10.95	5.32	20.4

资料来源:根据2012年深圳、珠海、汕头、海南、厦门经济特区统计年鉴的相关数据整理而成。

由表3我们可以看出,2011年,深圳、珠海、汕头、海南和厦门五个经济特区的融资主要依靠银行信贷提供融资支持,间接融资的比例高达74%以上,而直接融资规模较小,占整个新增融资规模的比例不足26%。间接融资比例长期居高不下,直接融资比例长期过低带来的负面作用,一是导致各特区大量的储蓄不能有效地转化为投资,企业多、融资难,资金多、投资难的"两多两难"问题十分突出;二是不仅不利于有效降低社会融资成本,而且让全社会融资风险高度集中于银行;三是导致与直接融资市场相关的期货及衍生品市场难以拓展。

(四)粗放式经营现象仍然比较严重

不可否认,经过多年发展,特区金融业在治理水平和经营理念等方面都有明显的进步。但也必须承认,中国特区金融业的市场化改革还有待深入。一是单纯地追求规模扩张的现象仍然比较普遍。只注重增机构、抢地盘的行为几乎流行于每一个特区、每一类金融机构。二是同质化竞争的现象仍然存在。近年来,特区金融业的进步,更多地表现在形式上和数量上,而最见功力的特色和专长上的进步并不十分明显,尤其是品牌、机制和策略等软实力的改观并不大,"千人一面"的同质化现象仍然比较突出。三是低水平创新的做法仍为主流。以银行为例,创新的主战场仍停留在存贷款市场,且以简单借鉴或模仿20世纪80年代美国商业银行的产品为主,高附加值、高技术含量的交叉型、混合型金融产品并不多见。

(五)金融业资产流转效率明显偏低

截至2011年末,"5+2"中国经济特区的金融总资产总规模超过10万亿元,其中,有3/4的金融资产为银行信贷资产,它们几乎完全没有流动性平台,只有大约有1/4的金融资产,如股票、债券和公募基金等为其提供了流动的平台。并且,即使是股票和债券平台也因市场低迷或受限过多而难以履行提供充足流动性的重任。首先,股票市场低迷难以承担提供充足流动性的重任。如2010年和2011年深沪股市跌幅分别排名全球倒数第三位和第二位,不仅让特区金融企业IPO融资和再融资困难,而且让特区居民金融资产变现不易。其次,债券市场因受限过多难以承担提供充足流动性的重任。如次级债因受监管部门的约束较多,难以发挥其作为商业银行补充资本的作用。再如混合资本债,因其属于创新资本工具,监管部门对其放行采取了更为谨慎的态度,有幸发行这类债券的金融机构仅有浦发、深发展等少数特区银行,且发行规模十分有限。债券市场的流转效率低下不仅体现在发行市场狭窄上,还体现在流通市场封闭运行上。因为许多商业银行发行的金融债、资产证券化等低风险、高流动性的固定收益产品只允许机构投资者在银行间市场交易,将个人投资者排除在这类债券的交易市场之外,从而大大限制了这类金融资产的流动性。反观一些金融市场发达的国家,不仅股权类金融资产始终保持极高的流动性,而且债权类金融资产也大多保持较高的流动性,即使是信贷资产,也在资产证券的作用下,至少有半数以上可以在流动性平台上让各类投资者参与交易,以保持其充分的流动性。

(六)本土金融机构的实力尚待提升

除上海浦东、天津滨海和深圳以外,其他四个经济特区的金融机构主要是"外来和尚",如中国银行业仍然被特区之外的四大国有银行把持,而本土金融机构不仅规模小,而且种类不全(见表4)。

表4 按资产标准统计的中国50家大银行排行榜

单位：百万元

排名	银行	注册地	总资产
5	交通银行	上海	4611177
6	招商银行	深圳	2794971
8	上海浦东发展银行	上海	2684694
12	平安银行	深圳	1258177
16	上海银行	上海	655800
21	渤海银行	天津	312488
22	上海农村商业银行	上海	309927
30	天津银行	天津	235360
43	天津农村商业银行	天津	149899

资料来源：标准普尔于2012年10月24日在北京发布的2011年《中国50大银行》信用观察报告专辑。

从表4的统计结果可以看出，按资产标准统计的中国50家大银行的注册地上海浦东有4家，天津有3家，深圳有两家，其他四个经济特区则一家也没有。同样，证券公司、保险公司、基金公司、期货公司、信托投资公司、租赁公司的总部也大多集中在上海浦东和深圳等少数经济特区，而有些经济特区则很少有，甚至几乎没有此类本土金融机构。如汕头的证券公司营业部虽有20余家，但没有一家本土证券公司；保险机构虽达26家，但没有一家本土保险公司，全部是异地保险机构的分支公司或营销部；期货营业部虽有4家，但没有一家本土期货公司。

（七）金融业原始创新能力和动力不足

中国经济特区虽然自始至终走在中国金融创新的前列，获得了金融创新的诸多个"第一"，但大多是模仿式创新。应该承认，我国作为现代金融业后发国家，起步晚，发展时间短，自我积累的经验和知识非常有限，在发展初期较多地采取模仿性金融创新是可以理解的。但经济特区作为中国金融改革创新的先锋地区，随着创新条件的不断完善和创新经验的不断积累，原始金融创新应该占据越来越重要的地位。况且，基于中国经济特区实际的原始创新，有助于避免模仿创新引起的水土不服问题。同时，中国经济特区金融创新的主体主要是外来金融机构，大型的国有金融机构凭借着自身的垄断和规模优势，难以在市场主体之间产生公平竞争，在金融创新方面缺乏内在动力。而小金融机构的创新往往是在无序竞争中抢占市场份额，出现了许多不计成本甚至是负效益的金融创新。

（八）金融业风险有不断加大的苗头

1. 银行业风险正在逐步聚集

（1）随着特区经济增速的整体放缓和增长方式的改变，特区银行业整体赢利增速也有整体相应放缓的迹象，不良资产呈现出上升的苗头，尤其是对批发零售业、电力热力生产和供应业、建筑业、有色金属业、钢贸业的贷款不良率和逾期率双双上升。（2）随着利率市场化进程的加快，特区银行业无序竞争的现象开始显现，各行竞相抬高存款利率，压低贷款利率，甚至出现存贷款利率倒挂现象，有些小银行已难以招架。同时，有些存款定价能力较强的银行，将吸收的一部分资金投向带来较高收益的企业或项目上，那些频繁铤而走险，且风险把控能力不足的银行，有可能会因控制风险不力而陷入困境。（3）随着储蓄红利逐渐消失，存贷利差缩小，迫使特区银行业纷纷把小微企业的业务放在重要位置，但因小微企业信息不对称，管理不规范，成本高，风险大，这对特区银行业平衡风险与收益的能力提出了新的挑战。（4）随着经济下行，特别是国家对房地产市场的持续调控，房地产行业资金趋紧的局面势必会形成。当下这种情形之所以没有显山露水，一方面是因为部分房地产企业借助信托、私募、委托贷款、关联企业等渠道多头融资，暂时缓解了燃眉之急，另一方面，是因为部分银行通过违规调整贷款分类、办理贷款展期、以理财产品承接存量问题贷款等手段，掩盖了风险暴露。（5）一些特区银行为规避贷款规模、监管指标考核以及限制性信贷政策等要求，借道信托、证券、基金和资产管理公司等金融同业，通过发起理财计划、认购专项信托产品或信托收益权等渠道，将银行资金投向融资性项目，资产表外化趋势明显。这类影子银行业务不仅数量大、质量参差不齐、透明度低，且管理难，未来将会成为特区爆发系统性金融风险的一个潜在源头。

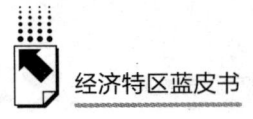

2. 证券业风险正在逐步聚集

由于深沪股市的持续低迷，维持特区证券公司赖以生存的经纪业务、投行业务和自营业务收入均出现普遍大幅下滑的势头，有不少证券公司呈现微利，甚至亏损的局面。

3. 民间借贷风险正在逐步聚集

中国经济特区既是民间资本的集中之地，也是民营企业和小微企业较多的地区，民间借贷盛行是一个公开的秘密，在经济增速减缓的大背景下，民间借贷资金链断裂的现象时有出现，甚至在局地频发危机。

4. 地方政府平台融资风险正在逐步聚集

中国经济特区的政府平台融资规模究竟有多大目前没有权威的统计，但可以肯定的是，受贷款集中到期兑付、地方财政收入增速下滑、项目未及时投产等因素影响，有些特区融资平台偿债压力上升，还款意愿和还款能力下降。有越来越多的特区融资平台改变原有融资模式，通过企业债券、信托计划等多种方式筹集资金，其中城投债发行量增长迅猛。据调查，大部分特区城投债为特区银行业金融机构持有，其风险大量滞留在特区银行业内，并未实现有效分散。更令人担忧的是，对于当期已发生的逾期平台贷款，部分特区银行既未采取实质性清收措施，也未下调贷款分类，掩盖了平台贷款的真实风险状况。同时，对已经来临的还债高峰，平台公司主要通过贷款展期或转向企业债、信托等其他融资渠道。对于特区银行而言，这两种做法只是将风险延后，而并没有减少风险。

四 加快经济特区金融业快速发展的共同优势

（一）区位优势

"5+2"中国经济特区发展金融业的区位优势众多：一是腹地优势。它们分别背靠珠三角、长三角和环渤海等三大经济腹地。二是门户优势。它们大多是中国对外开放的重要门户，与港澳台相邻。三是港口优势。它们拥有我国东部沿海重要的港口，发达的港口和物流业，客观上对贸易融资、资金结算、账户管理、期货、保险、担保、金融咨询等现代金融业务创造了大量的需求。四是自然和社会环境优势。它们不仅风景优美,气候宜人,而且它们以和谐、温馨、宜居享誉海内外。它们中,不少获得"国家环境保护模范城市""全国文明城市""联合国人居奖""国际花园城市"和"全国文明城市"等一系列殊荣,良好的自然和社会环境为特区金融业的培育和发展创造了良好的条件。

(二)经济发展优势

多年来,"5+2"中国经济特区经济始终保持较快发展态势,成为世界上发展最快、中国经济最发达的区域。2011年,共实现地区生产总值30281亿元,同比增长10%以上,按常住人口计算人均GDP达13000美元,达到中上等发达国家和地区的水平。并且,通过实施战略性新兴产业倍增计划,吸引了一批新材料、新技术、新设备、新应用、新能源的新兴产业项目进驻,这些项目经济效益高,产业带动能力强,符合国家产业导向,将成为引领各特区现代产业发展的战略支撑和实现经济社会跨越式发展的强大引擎。

(三)金融发展优势

在经济实现飞速发展的同时,特区金融业也得到了长足发展。2011年,特区金融业实现增加值3129.41亿元,金融业增加值占GDP和三产的比重分别为10.3%和15%,成为特区发展最快的产业。并且,未来特区金融业仍然有先人一步的发展基础。一是特区拥有相对发达的金融产业及独有深沪两个证券交易所,容易成为全国乃至全球的资金洼地,吸引来自国内外的资金;同时,发达的金融产业也为高质量的金融人才的集聚提供了栖身之所。二是特区邻近港、澳、台,与世界金融中心接触频繁,海外财富管理机构带着全球金融服务理念进入特区,为特区带来财富管理的先进意识。三是特区投资者也因为地理优势而有更多的机会接触来自世界各地的不同类型的金融产品,投资理念与意识也相对超前。因此,作为中国经济发展排头兵的经济特区,不仅有优势、有责任,而且有基础、有条件在金融发展中先行先试,做优做强做大金融服务业,成为中国乃至世界金融产业发展的焦点。

（四）政策优势

近年来，党中央、国务院为各个经济特区金融业的发展出台了一系列优惠政策，并在《金融"十二五"规划》中明确指出：支持特区金融机构根据自身风险管控能力和比较优势，积极稳妥推进金融业综合经营试点，选择金融业综合经营模式；稳步推进资产证券化，探索发展风险缓释工具（CRM）；要从直接投资便利化、提高证券投资可兑换程度、便利跨境融资、扩大个人用汇自主权等几个方面，加快资本项目开放步伐。

（五）人才优势

首先，特区是中国金融人才的重要聚集之地。多年来，中国经济特区以其过人的魅力吸引了全国乃至全球金融人才的聚集，金融人才储备充足。其次，特区是中国金融人才的重要培训之地。上海财经大学、厦门大学、天津财经大学金融系均为国家级金融重点学科，具有较扎实的金融研究基础和金融人才培养能力。此外，特区毗邻香港、台湾、澳门的地缘优势和华侨众多的人缘优势也为其金融人才的储备和引进创造了积极的条件。

（六）基础设施优势

经过多年的发展，特区的基础设施建设取得了长足的进步，不仅拥有便捷的公路、航空、海运、通信等公共基础设施，而且教育、科技、医疗卫生、文化体育等社会性基础设施也日趋完善，有些特区被世界银行等机构评选为"投资环境中国大陆金牌城市""跨国公司最佳投资城市"。特别是随着软件园、高新区、金融中心区和后台服务中心建设的不断推进，为特区金融产业大发展创造了更为直接的有利条件。

五 经济特区金融产业发展战略选择

根据中国经济特区金融产业发展的现状、历史经验和存在的主要问题，我们认为，应做好以下几篇文章：

（一）做好统筹规划的文章

为避免让特区金融产业发展陷入分散凌乱、效率低下的局面，需要中央政府从总体布局的战略高度上，统一规划，特别是对涉及全局性的特区金融产业发展布局和功能定位等问题，国家需要从顶层进行制度的设计，自上而下地进行统一部署和实施，以强化资金流这一重要的金融资源在特区空间上的聚集。

（1）建议成立由国家发改委牵头，财政部、央行、银监会、证监会和保监会等有关部委派员组成的类似于中国经济特区金融发展委这样的专门机构，负责制定《中国经济特区金融产业发展战略规划》，出台中国经济特区金融产业发展一揽子政策方案。同时，成立中国经济特区金融产业发展研究中心这样的智囊性机构，加强特区金融产业发展的前瞻性研究。在研究中，至少要厘清两大关系：一是特区金融产业发展与台、港、澳金融产业发展之间的关系。特区的最大优势是毗邻台、港、澳特区金融产业发展离不开台、港、澳金融产业的支持，但特区金融产业发展会不会带来港、澳特区金融业的担忧，甚至阻挠，这是国家在顶层制度设计时必须考虑的。二是特区金融产业发展与非特区金融产业发展之间的关系。"5+2"经济特区分别是珠三角、长三角和环渤海的一部分，在金融资源相对有限的情形下，如果不从顶层整合部分与整体的关系，将会加剧相互间的同质化、低端化竞争，导致有限的金融资源更加分散。

（2）建议建立由中国经济特区金融发展委主持，"5+2"政府参与的中国经济特区金融产业发展联席会议制度。通过定期召开联席会议，研究和协调中国经济特区金融产业总体发展规划实施过程中遇到的重大问题。一方面让中央政府及时了解中国经济特区金融产业发展的整体状态；另一方面，便于各个经济特区加强与中央相关部门的信息沟通，争取政策支持。

（3）建议"5+2"经济特区之间签署《"5+2"金融产业发展友好合作协议》，建立更加紧密和更加正式的战略合作关系。各特区主管金融的领导每年至少会晤一次，轮流做东，就各特区金融产业发展的重要事项进行研讨，交换意见，达成共识。

（4）建立中国经济特区金融产业一体化的推介机制。近年来，各特区虽然出台了一系列优惠政策，并在国内外进行推广，但在国内和国际推介中尚未形成一个系统化的、持续的推介机制。建议由各个特区金融协会共同组建金融行业联合会自治组织，聘请德高望重、在金融界有广泛影响的人士担任金融联合会会长，各金融协会成为其一个分支。金融联合会会长代表各特区政府每年在国内、国外广泛推介中国经济特区金融业。并探索建立特区与港、澳、台金融业定期联络机制，加强金融监管部门间、金融从业人员之间的相互联系、学习与交流；举办国际金融论坛、金融学术研讨会、金融新产品展示会等，提升特区金融产业发展的整体形象。

(5) 建议各特区内部地方政府与金融监管部门之间建立健全联席会议制度。由各特区金融办牵头，定期召集发改委、财政局与"一行三会"的派出机构就金融业发展中的问题进行研究和分析，建立畅通的信息沟通网络，以便及时掌握金融业运行动态，及时协调解决金融企业发展中的问题，确保金融业健康发展。

（二）做好分工协作的文章

特区金融产业发展既要注重发挥地方的积极性和能动性，采取先试点再总结后推广的模式，尊重自下而上的市场选择，也要结合自身优势，实现错位竞争和差异化发展。

1. 经济特区的金融产业发展定位要体现出特区特色

要根据特区不同于非特区的禀赋特点确定特区金融产业发展思路，特别要把特区的立法优势与各个特区的金融政策优势、金融产业优势、金融资源优势、金融市场优势、金融开放优势紧密结合起来，全力打造中国经济特区金融创新和开放的平台与区域。在发展定位上要着眼于中国东部沿海未来物流、人流、信息流和资金流高度集散的趋势，站在为长三角、珠三角和环渤海经济合作服务的高度和着眼于大中华地区金融合作共生的前景，构建区域金融网络，使之成为舞动长三角、珠三角和环渤海区域金融贸易合作的"龙头"。通过"5+2"之间的通力合作，将"珠三角、长三角和环渤海"核心城市更紧密、更广泛、更深入、更全面地联系在一起，将中国特区金融产业打造成中华民族的"黄金金融产业发展带"。

2. 要根据"5+2"经济特区禀赋特点发展与之相适应的金融业态

为避免特区金融产业发展一哄而上，应注意优势互补、错位发展。（1）深圳金融产业发展要重点围绕直接金融领域和多层次资本市场做足文章。同时，要深化深港金融合作，一方面要发挥好境外人民币资金循环、回流重要渠道的作用，在人民币直接投资、人民币境外合格投资者投资境内等方面积极探索，扩大人民币跨境贷款业务规模等；另一方面要努力创造条件引进更多的港资金融机构，特别是以前海为新的载体，降低门槛，吸引港资金融机构。(2) 珠海应抓住 CEPA 实施、港珠澳大桥建设和"泛珠三角"经济合作区推进的历史性机遇，以区域金融合作带动和促进金融产业加快发展，努力塑造以澳门、珠海为龙头的珠江西岸金融走廊，将金融产业发展重点放在发展离岸金融服务、区内企业参加跨境人民币结算、开展多币种的土地信托基金（计划）试点等方面。(3) 汕头应利用全国著名侨乡的优势，做好侨资、侨力回归的文章，改革重点是民间金融领域，主要解决的是国内民间闲置资金的走向阳光化问题。(4) 厦门应充分发挥对台优势，加大厦台金融产业对接，争取让更多的台资金融合作项目优先审批。(5) 海南应根据其农业占比高、城乡二元结构明显等特点，担当起农村金融改革创新综合试验场和城乡统筹发展金融改革创新综合试验场的重任。发展的重点应放在构建多层次、多元化的农村金融服务体系上，放在农村金融创新力度上，放在促进农业产业化上。(6) 上海浦东新区作为"5+2"中的龙头，应把拓展的重点放在金融国际化和建设最具国际竞争力的国际金融中心上，努力将自己打造成为引领全国金融改革与开放的引擎和龙头。(7) 天津滨海新区作为环渤海地区间接融资的重镇，应把建设以银行为重点的区域性金融中心作为己任，着力提升间接融资市场的资源配置和辐射能力。即便是均以发展资本市场见长的深圳和上海浦东，也不应同质竞争。因为深沪两个证券交易所的上市公司的性质不同，决定了投资者群体的差异，也决定了深沪交易所必须实行更为专业化、精细化的分工，建立吸引不同筹资者和投资者的市场制度，深圳拓展的重点应在中小板和创业板市场，而上海拓展的重点应在主板市场。

（三）做好服务实体经济的文章

1. 让特区金融与特区经济之间保持互利共赢的辩证关系

特区金融发展并不仅仅关乎特区金融本身，特区金融发展的根本目的，仍然是服务实体经济。同时,特区实体经济发展只有与特区金融发展相互作用和反馈,才能推动特区整体竞争力的增强。所以,各个经济特区在制订金融产业发展规划的时候要既不追求超越特区实体经济的金融发展,也不让特区金融发展成为特区经济前行的包袱。

2. 让特区金融发展着眼于特区产业政策

中国经济特区金融业要根据特区产业政策的各项要求,重新规划自身经营模式和增长方式,以促进特区经济发展方式转变和产业结构调整。一方面要把有限的金融资源投入支持中小企业发展、保障性住房、战略性新兴产业、服务消费领域、文化产业、总部经济、绿色信贷等领域,尤其是要支持清洁能源技术、下一代信息技术、生物技术、高端装备制造业、新能源、新材料和新能源汽车等七大战略性新兴产业的发展,以帮助中国经济特区从低端制造业向更高附加值产业和可持续增长的方向转型。另一方面要严控高耗能、高污染及产能过剩行业的贷款和各类融资,促进特区实体经济沿着特区产业政策导向科学发展。

3. 让特区金融发展服务于科技进步

(1) 要发展为实体经济服务的新型金融机构。一是要大力发展创业引导基金。其目的就在于:缓解中小科技企业融资难的问题;扶持科技型中小企业快速成长。二是要设立特区科技银行。经济特区是我国高科技发展的重镇,具有发展科技银行的基础。以深圳为例,截止到2011年底,深圳累计专利授权17.8426万件,累计国内有效发明专利4.0495万件,居全国大中城市第二位;平均每万人发明专利为39件,专利密度居全国第一位。随着产业不断的升级,特区科技企业的比重会越来越大,但科技型企业,尤其是中小型科技企业多为创新企业,风险大,较难获得以回避风险和营利为目的商业银行贷款的支持。为此,各个特区应借鉴美国硅谷银行的经验,尽快成立专注于服务科技企业的科技银行,以拓宽高新技术企业的融资渠道。三是鼓励民企发起或创办小贷公司、村镇银行、信托公司、融资租赁公司、民间金融街、民间资本服务中心等金融机构,促使更多的特区社会闲散资金通过这些金融机构与中小科技企业联姻。(2) 要发展为实体经济服务的新型金融产品。一是要大力推进知识产权质押融资,切实解决中小科技企业融资难问题。目前,经济特区已经成长为中国拥有知识产权最密集的地区，特区金融业要利用金融手段和金融杠杆，允许企业以发明专利、实用新型专利、外观设计专利、软件著作权等自主知识产权作抵押融资，为急需资金的重点科技企业解决燃眉之急。二是特区政府、银行、担保机构开展科技金融合作，或以科技发展专项资金的形式为企业提供无息借款，或以分担风险和贴息的方式，要求银行降低贷款门槛，为处于早期阶段的企业提供"孵化贷"贷款支持。

（四）做好保持业态发展相对均衡的文章

现代金融业既包括现代银行业，也包括证券、保险、信托、基金等众多非银行业。比较而言，中国经济特区银行业发展相对迅速，而非银行业的发展则相对滞后，导致中国经济特区金融市场和融资方式畸形发展，证券化率很低。要想降低对银行贷款过度依赖而带来的金融风险，未来特区金融业的发展就必须在推动非银行业发展上狠下工夫。

1. 做大做强深沪证券交易所

证券交易所既是非银行业金融机构的重要组成部分，也是提高直接融资比例和建设金融中心的利器。全球重要的金融中心，如纽约、伦敦、中国香港、新加坡和东京等无不将证券交易所作为其发展的龙头。要想充分发挥深沪证券交易所在改善特区金融市场融资结构和提升特区金融业在全球的地位方面的作用，必须从三个方面入手：一是要加强分工协作；二是要完善市场体系；三是要健全交易所机制，即推动深沪证券交易股份制改制和上市。

2. 做大做强特区证券业

2011年，特区证券业在特区金融资产中的占比不过5%，特区内所有券商的资产加起来只有高盛的一半，且其经纪业务利润要占其所有利润的一半以上。未来要做大做强这个行业，可以从三个方面入手：（1）要扩大融资能力。在以资本监管为核心的监管背景下，特区证券业的成长空间严重受限，做大做强特区证券业的必由之路只能是增强融资能力。（2）要提高创新能力。由于未来中国特区金融业发展的重点是在资本市场，因此，特区证券业创新将成为推动中国经济特区金融结构变革的主要力量。就目前而言，可把创新的重点放在：第一，资管产品多元化上，如推出保证金现金管理产品、开展财富管理业务、扩大证券公司代销金融产品范围。第二，场外交易市场，尤其是在新三板市场业务拓展上。第三，扩大融资融券业务，尤其是在转融券试点上。第四，保证金管理推广上，既不让原有的保证金收入流失，又同时留住客户。第五，赋予证券账户消费支付功能。（3）要规范职业操守。只有提高特区证券从业人员的整体素质和职业道德水准，才能建立起健康的券商企业文化和信用文化，维护证券业良好信誉，促进特区证券业可持续发展。

3. 做大做强特区保险业

目前中国经济特区保险业发展面临着难得的发展机遇：一方面各个经济特区正在步入老龄社会和中产社会，未来对保险业的需求会不断增加。另一方面，企业年金、保险费收入的稳步增长，也为做大做强特区保险业提供了资金保障。但要真正将特区保险业做强做大的可能变成现实，还需要付出以下艰苦的努力：（1）要鼓励合资设立产险公司，支持特区保险机构在其辖内、辖外设立分公司，扩大业务范围。（2）要增加保险资金投资渠道。目前保险资金过于倚重债券投资的现象十分严重，债券投资占保险机构投资的比重高达50%，这样的投资方向虽然相对安全，但整体收益水平较低。为提高保险机构的整体收益水平，要放开保险投资限制，尤其是要降低基础设施债权投资计划等安全性较高产品的投资门槛，要将部分农业企业、能源企业的股权和养老、保障房等基建项目纳入险资投资视野。（3）要放宽股权投资的地域。即要将境外投资区域从目前中国香港上市公司的股权拓宽到中国香港地区以外的国家和地区，并且，要拓宽境外投资领域和品种，将境外投资的对象从上市公司股权拓展到境外未上市企业股权、不动产、投资基金等。（4）要增加对冲工具。目前特区保险机构投资策略主要还是以配置和持有为主，存在着强烈的套保需求。同时，由于对冲工具的缺乏，当保险公司持股达到一定比例时，不得不以被动减仓来应对股市下跌可能带来的风险，从而徒增保险公司的交易成本。因此，要允许大险企参与股指期货、融资融券业务，参与境内及境外金融衍生品交易。（5）要允许基金、券商加入受托管理保险资金的队伍中，以打破保险资管的"垄断"，将保险资金运用推向市场化。

4. 做大做强特区其他金融业

除支持证券、保险等非银行业金融机构发展以外,还要大力支持期货、信托、融资租赁、汽车金融、小贷公司、担保公司、典当等行业的发展。

(五)做好金融资产证券化的文章

金融资产证券化的好处就在于将缺乏流动性的金融资产提前变现,它既可以缓解金融机构的融资压力,又可以缓解金融机构的流动性风险。早在2005年,中国人民银行和银监会就联合发布了《信贷资产证券化试点管理办法》,并且浦发银行于2007年率先在特区进行了试点,后因金融危机席卷全球,对证券化产品谈虎色变,令这一新兴事物在特区的成长戛然而止。其实,目前特区金融资产证券的迫切性比美国次贷危机前更加突出。一方面监管部门对资本充足率的硬约束,导致特区金融机构补充资本的压力增大。另一方面特区银行业贷款短存长贷的矛盾更加凸显,客户集中度和行业集中度维持在比过去更高的水平上。因此,特区金融业急需通过资产证券化来破解资金来源困局、化解流动性风险。在实际操作上可主要把握三点:

(1)从发行主体来看,既可以是特区银行,也可以是特区非银行的金融机构。过去,人们一谈到特区金融资产证券化,便马上将目光投向特区银行信贷资产证券化,其实,特区非银行金融机构同样也有资产证券化的要求。以特区金融租赁公司为例,一方面其资产规模膨胀异常迅速,而另一方面其融资渠道十分狭窄,目前主要有股东增资和银行借款两种,后者占80%以上,单纯靠银行融资易造成特区金融租赁公司资产负债期限严重不匹配。虽已有少数特区金融租赁公司发行或正筹备发行金融债,但受制于各种原因,发债融资远未形成规模。因此,特区金融租赁业与特区银行业一样也急需要借助于资产证券化来融资,并且,特区金融租赁公司的资产相比特区银行信贷资产更容易成为资产证券化的标的物。因为金融租赁公司始终控制的是"物",而"物"有客观标准和估值方法。(2)从投资主体来看,要面向全球的机构和个人投资者发行,要进行公开推介及询价,并根据市场情况确定定价。(3)标的优质。在资产标的的选择上,要优先考虑优质资产,以确保产品的高质量、低风险。为保护投资人的利益,必须由一定的资产支撑来发行证券,且其未来的收入流可预期。在发行人与标的资产之间建立严格的风险隔离机制，即使发行人破产，也不影响支持标的资产的安全。

（六）做好直接融资比例提升的文章

各个特区要齐心协力，充分发挥国内主板市场、中小板市场、创业板市场、代办股份转让系统、产权交易市场等多层次资本市场以及海外市场的作用，以扩大直接融资规模。力争在较短的时间内让所有经济特区非金融企业直接融资占社会融资规模比重提高至30%，甚至50%以上。

1. 要提高股票市场融资的比重

（1）支持特区企业在境内外股票市场IPO融资。一方面做好后备上市资源培育工作，认真挑选、重点培育符合产业政策、具有发展潜力和竞争力的行业龙头企业、高新技术企业上市。另一方面，要利用管理层放宽境外上市门槛，如取消4亿人民币净资产、5000万美元融资额、6000万人民币年净利润的标准限制的机遇，鼓励特区中小企业直接到境外上市。（2）支持特区上市公司在股票市场再融资。对符合特区产业政策和具有龙头支柱作用的上市公司，要推动其通过配股、增发、发行可转债等多方式筹集发展资金，促使资源和重点项目向这些企业集中，提高其竞争能力。（3）要争取让特区所有科技园区成为新三板的试点园区。各特区要加强与科技部、证监会的沟通和联系，争取推动上海、天津以外的所有经济特区高新区成为高新技术企业进入代办股份转让系统的试点园区。（4）要做大股权交易市场。要对特区各现有产权交易市场加以整合，拓展功能和作用，逐步将其打造成中国经济特区产权交易中心或区域性的产权交易中心。

2. 要提高债券市场的融资比重

（1）扩大地方政府债券试点的范围。即由现在的上海和深圳扩大到所有经济特区，并扩大地方政府债券的发行规模。（2）支持符合特区产业政策和具有龙头支柱作用的上市公司通过发行公司债券融资。（3）逐步扩大开展中小企业私募债试点，积极拓宽中小微企业融资渠道；鼓励有条件的企业发行短期融资券、中期票据。（4）允许特区金融控股公司，开展"区域集优债务融资模式"试点，推动中小企业集合发债工作。（5）要丰富债券市场的品种,并提高债券市场的流动性。除应增大个人投资者熟悉的储蓄式国债发行以外,还要大力发展次级债、企业短期融资券、商业银行普通金融债、上市公司债、企业债、央行票据、可转债、可分离债等多个品种。同时,要建立起发达的债券二级市场,让一年期央票、金融债等固定收益产品对个人投资者开放,这既为特区债券市场规模的扩大提供了群众基础,又为民间资本投资拓宽了投资领域。

(七)做好特区本土金融业发展的文章

毫无疑问,引进外来金融机构无疑也是发展特区金融业的一条捷径,但特区金融业的发展不能完全,甚至不能主要依靠外来金融业,更多的是要靠本土金融业的发展壮大。因为外来金融机构普遍存在水土不服和经营眼光短视的问题。如果法人金融机构未在"本土"生根发芽,就无法发挥地方金融立足于地方经济、吸纳地方资金资源服务于地方经济建设的功能优势。所以,当务之急是要做大做强本土金融机构。

1. 要努力完善本土金融机构的组织体系

即通过改革、调整、引进、合作等形式,形成一个既有内资也有外资,既有高规格也有低规格,包括银行、证券、保险、基金、财务、信托和融资租赁等在内的种类各异、功能互补的本土金融机构体系。

2. 要扩大本土金融机构的资本规模

因为大型金融机构除了资金上的优势,还拥有中小金融机构无法比拟的渠道优势和多元化服务优势。随着客观经济形势的变化,金融业服务对象的需求也将从简单的"存、放、汇"等基本的服务需求拓展到银行、证券、保险、依托、租赁等更多元的"套餐"服务需求,从而对资本金的规模提出了更高的要求。以银行为例,资本金融实力充足的大银行不仅在有助于吸收资金的银行卡、理财、结算等业务上容易占得先机,而且在项目融资、国际结算、资金托管、债券承销等业务资格的审批上遇到的阻力相对较小。并且,在同证券、保险、信托、基金、租赁公司等开展多种形式的同业合作时也处于有利地位。尤其是随着利率市场化的不断推进,大银行凭借其规模更大、信用等级更高、服务更多元化等众多优势,会比中小银行具有更强的议价能力。扩大本土金融机构资本实力的策略主要有四点：

（1）鼓励本土金融机构引进战略投资者和增资扩股。一是要加快特区农信社改制进程，通过引入战略投资者和增资扩股，让其转变成为农村商业银行。二是要推动独资、合资设立新的证券公司或推动证券公司增资扩股，以取得证券承销与保荐、证券资产管理等全牌照业务资格，扩大业务范围。同时，推动证券公司到异地增设营业部。三是支持独资、合资设立新的期货公司，引导期货公司引入战略投资者，对外增设营业部和服务网点，扩大业务覆盖范围，并推动国内三大期货交易所来特区设立更多商品交割仓库。四是推动独资、合资设立合资基金公司。

（2）鼓励本土金融机构与产业资本和民间资本结合。目前，有多种有利因素驱动产业资本和民间资本涉足金融业：一是中国经济特区内大型企业集团规模和实力迅速壮大，已具备全面涉足金融业的经济基础。二是金融业的良好回报对产业资本和民间资本的介入有足够的吸引力。如近几年上市银行的ROE普遍达到20%以上。三是金融监管的松动为产业资本和民间资本介入金融业提供了契机。因此，各特区一方面要充分利用培育产业链、产业集群的契机，积极推动金融服务产业与其他产业的融合，其方式既可以是为提高资金运作效率、降低交易成本而设立财务公司，也可以是通过向上游和下游提供金融服务延长企业产业链来促进产品销售而成立汽车金融公司；另一方面，要降低民间资本进入金融机构的组织、发起设立、运营方面的门槛，放松村镇银行、小额贷款公司、社区银行的审批限制，让民间资本以参与商业银行IPO、增资扩股、农村信用社股改、村镇银行发起等多种形式进入银行业，使中小商业银行总股本中民间资本占比达到50%以上，农村中小金融机构总体股权结构中，企业和民资占比达到90%以上。

（3）鼓励区属金融控股公司混业经营。放眼国际，无论是全球性的金融中心，还是区域性的金融中心，莫不是金融控股公司活跃的地方，金融控股公司对金融中心的建设发挥了不可替代的作用。目前，上海浦东新区、深圳和天津滨海新区在组建金融控股公司方面已取得了一些成效，但其他特区则成果不多。特别是在混业经营背景下，一些外地大的银行、保险、证券机构正在准备兼并珠海、汕头、厦门、海南，甚至深圳的银行、证券、保险、基金机构，完成兼并后有的会将总部迁出这些特区，这不仅不利于特区总部经济建设，也会影响特区金融业的发展。可以考虑按市场化原则，组建更多的地方金融控股公司，特别是要鼓励有条件的商业银行参股或控股证券公司、保险公司、期货公司等金融机构，充分发挥银行在资金、客户、网点、技术等方面的优势，进行多元化经营，不断拓宽经营渠道，进一步提升特区本土金融机构的综合竞争力。因为对特区本土银行业而言，混业经营是大势所趋。一是随着金融改革的深入，特区金融市场的结构会发生根本性改变，即传统的间接融资比例会不断下降，而直接融资比例会不断上升。二是随着利率市场化特区银行业收入构成会发生重大变化，来自息差的收入会不断减少，而来自中间业务的收入会不断增加。三是随着金融市场规模的扩大，客户对金融产品的需求会呈现多元化趋势。所以，整合各特区内地方金融资源，打造区域性金融控股公司，实行混业经营已是大势所趋。

（4）推进地方金融企业上市。比较而言，上市不仅可以为本土金融机构提供一个持续的自有资本补充机制（包括通过公开发行股票和次级债、混合资本债筹资），而且更能帮助中小金融机构全面规范运作、改善治理结构、着力提升企业形象和品牌价值、吸引一流的金融管理人才，故全力推动地方金融企业上市既是快速提高本土金融企业竞争力和影响力的重要手段，也是促使本土金融机构由弱变强、走向全国乃至世界的必由之路。

（八）做好金融创新的文章

1. 着眼于国家金融改革重任而展开

未来中国金融改革如箭在弦的议题有二：一是人民币国际化；二是利率市场化。前者是为了让中国经济尽快融入既有的世界金融贸易体系，后者则是为了让僵化的金融市场尽快适应多变的实体经济需要。作为中国经济和金融体制改革的先行者，特区必须走在全国的前列，一方面要探索人民币资本项目自由兑换的可行方式，为人民币成为国际支付手段和储藏手段探路；另一方面要以利率市场化为核心，构建富有弹性的金融市场，以强化金融机构的风险承受能力，同时为企业提供更加便利和低成本的融资工具。

2. 着眼于特区独特优势而展开

目前特区金融创新的独特优势可以概括为三点：一是有国内两大资本市场——深沪证券交易所。二是有背靠香港的国际金融中心。三是有高度发达的高科技产业。如果特区金融创新能牢牢抓住这三根主线，就可以在这轮国内金融创新大潮中独占鳌头。

3. 着眼满足特区市场需求而展开

首先，特区金融创新要围绕特区企业的需求来展开。特区金融业要认真做好特区内企业需求的调研和分析，一方面，要根据企业的客观需求创设新型金融机构。另一方面，要根据企业生产经营特征、项目现金流周期、借款人资金运用特点等实际情况设计出新的金融产品。在此基础上形成高效运转的金融市场，确保将资金配置到最急需的产业和企业。其次，特区金融创新要围绕特区居民的需求来展开。从宏观上分析，特区经济增长正从出口驱动向消费驱动转换。与之相适应，特区金融创新应从消费着眼。以银行信贷为例，要在不断完善现有消费信贷产品的同时，提高个人客户资产管理，让每一款消费信贷产品都贴近特区居民的需求。同时，要对消费信贷产品不断创新，将特区居民消费信贷逐步从个人住房消费信贷向汽车消费信贷、住房装修消费信贷、助学贷款等多消费领域拓展。特区个人贷款业务可在担保方式、还款方式等方面不断加强创新，如可为个人提供创业贷款、动产质押贷款、仓单质押贷款、知识产权质押贷款、出口退税托管账户贷款等新型贷款品种，以缓解部分特区中小企业、民营企业融资难的问题。

4. 着眼于提高特区金融附加值而展开

特区的金融创新不能只把眼光停留在为实现社会和自身规模及数量的增长上，而且也要把金融创新的追求放在为社会和金融业带来增值和新价值上。为此，金融创新的成果，一方面要有利于为客户增加收入和提高效率；另一方面要有利于为创新主体降低运营成本和财务成本，增强赢利能力，要在中间业务收入，尤其要在理财业务收入上多做文章。如在政策允许的情况下，可以参考欧美成熟金融体系，积极拓展包括并购基金和多元化债券产品（高收益债券、定向可转债和定向可交换债等）在内的潜在融资渠道，支持包括发展并购基金、产业基金、天使基金、对冲基金等各类基金，将理财产品的基础资产从现在的金融债、央行票据扩大到企业短期融资券、一般性金融债等，利用目前国家对 QDII、RQDII 和境外 ETF 投资政策放宽契机，将理财产品的基础资产扩大到境外权益类和基金类产品；合理匹配各类理财产品的币种、期限与收益，在保持较高安全性的前提下，追求较高的流动性和收益性。

5. 着眼于特区科技革命而展开

科技革命对特区金融业带来的震撼性影响主要表现在两个方面：（1）互联网的异军突起为特区金融创新带来了新的空间。特区互联网以年均 100% 的速度增长，不但在国内领先，而且居全球之最。互联网经济的快速发展，对特区传统的金融体系、金融产品均提出了新的挑战，为适应这一挑战的需要，各个特区要充分利用自身高新企业的软件研发实力和技术创新优势，力争尽快把特区打造成国内金融互联网应用服务及移动应用增值服务供应基地，让互联网与创业投资、天使投资、企业基金、科技租赁、科技担保联姻，并在此基础上，为金融机构软件系统开发、维护、升级以及金融创新产品设计、金融企业形象策划提供技术支撑。（2）支付方式革命为特区金融创新带来了新的空间。2011 年，数十家非金融机构支付业务牌照的获得，标志着第三方支付行业正式走向合法化。支付宝、财付通之类的第三方支付平台，为 B2B、B2C、C2C 以及跨行转账、信用卡还款、网络融资和公共事业缴费等众多领域打开了新的服务空间。同时，诸如 3G、平板电脑、数字电视等新技术的广泛应用，大大拓宽了电子银行的应用渠道，特区金融机构应与时俱进，一是要创新电子银行业务。要通过不断开发 B2B、B2C 等电子渠道特色的产品，将部分柜面产品搬到电子渠道；要提供 B2C 支付、B2B 支付、C2C 支付及在线签约代扣等标准化的电子支付产品；要在大力推出手机和电话支付产品的同时，适时推出在线分期付款产品，以迅速扩大电子银行业务。二是要创新电子支付产品功能。特区银行应广泛借鉴支付宝、财付通等第三方支付平台的成功经验，为公交、铁路、航空、高速、旅游、保险、公共事业等行业开发出个性化的电子支付产品，并与资金监管、信用担保等中介服务结合起来，延伸电子支付产品的功能。

6. 着眼于缓释特区金融风险而展开

美国次贷危机前推出的一系列金融创新产品在当时的世人看来，既增加了创新主体的效益，又转移了风险，是一件一箭双雕的金融成果，但危机之后，人们发现，危机之前人们推崇的华尔街种种金融创新实质上并没有把风险化解于无形，充其量也只是推迟或隐藏了风险而已。所以，特区金融创新不能只顾解决眼前的金融问题，要时刻不忘金融创新可能带来的近期和远期风险，要把加强金融风险管控的思维贯穿于金融创新的全过程。

（九）做好特区金融业稳健发展的文章

要想使特区金融产业可持续发展，就必须致力于内部和外部良好金融环境的营造。

1. 创造有利于金融业稳健经营的外部生态环境

特区政府要从"金融是现代经济的核心"这一高度重视金融业的发展，利用地方行政主管这一权力优势，制定切实可行的工作措施，形成"以特区政府为主导、特区金融监管机构为主体，相关金融机构、司法机关、工商、税务等各方共同参与共建"的金融生态环境营造格局。

（1）要创造有利于特区金融业稳健经营的法律环境。一是要充分运用特区立法权优势，研究出台相关法规及政策，如知识产权质押、集体土地使用权抵押申请贷款等地方性法规，使金融业对中小微企业的扶持在合规的轨道上运作。二是依法规范辖内金融活动。首先，要依法规范地方债务管理，坚决防范政府债务风险。其次，要依法规范民间借贷行为，严厉打击非法集资行为。再次，要依法规范辖内金融机构的金融活动。要切实加强对小额贷款公司、融资性担保公司和典当行等地方金融机构的日常监管；要严厉打击非法证券活动和骗保行为，规范证券、保险从业行为。此外，要依法明确各类金融风险的处置责任。加大对失信行为的法律、道德、经济、舆论等惩戒力度，形成及时化解各种风险的工作合力，确保金融安全稳定。

（2）要建立金融监管协调机制。要利用央行征信系统的企业信用信息基础数据库和个人信用信息基础数据库，建立健全辖内金融信息共享机制和社会信用体系。同时，要加强辖内社会金融信用信息系统建设，为实现有效的风险监测提供良好的信息和信用基础，并加强辖内各金融企业与新闻单位的沟通和交流，为金融业发展营造良好的舆论环境。

（3）要建立民间借贷的信用保障机制。中国经济特区既是中国市场化程度最高的地区，也是中国民营经济和中小企业占比较高的地区，自然也是民间借贷相对盛行的地区。为防止民间借贷危机蔓延而阻碍特区金融产业发展，需要建立民间借贷信用保障机制。我们建议，各特区要在完善特区民间登记借贷中心的基础上引入评估、公证、法律服务等配套机构，提供从信用评级到司法诉讼的一条龙服务。

（4）要建立多层次、全覆盖、高效率的金融风险预警机制。一是要长期跟踪和收集辖区内金融企业风险的经验数据，为各类金融企业设定科学的风险预警指标和风险计量模型，以充分发挥特区金融监管部门风险提示和"窗口指导"的作用。二是要深入研究单个金融机构和各类金融机构风险引发系统性和区域性金融风险形成与发展机制，牢牢把握各类金融企业风险的发展趋势和变动方向，以提高风险预判的前瞻性。以特区银行业为例，特区金融监管部门应把工作重点放在引导银行信贷退出"两高一剩"行业，适度控制对房地产行业和低附加值、劳动密集型以及抗风险能力弱的简单加工出口型企业信贷投放；要重点关注船舶、电力、光伏、钢铁及钢贸等行业的风险暴露，监测"两高一剩"企业资产负债的变动趋势，深入分析不良贷款形成的原因和特征，制订"一户一策"的风险处置计划，做到风险早发现、早暴露、早报告。

（5）要建立特区金融业稳健发展的税收环境。当前特区金融业面临的主要税负问题，一是税负偏重。如果把5%的营业税加上教育费附加及城市建设维护税，现行特区银行业的流转税综合税负高达5.5%，远高于交通运输、建筑、邮电通信、文化体育等同样开征营业税的行业。如果考虑银行业财务会计制度更规范、更透明这一因素，特区银行业的实际税负更大大高于同样开征营业税的其他行业。二是税基偏大。银行业营业税的税基是总营业收入，而不是净营业收入，不得扣减存款利息支出等成本，这样，既大幅提高了银行业实际税率，而且也存在着事实上的双重征税。三是城乡一刀切。农村金融业务存在风险大、成本高、获益少甚至赔本的现状，而国家尚未给予足够的财税优惠政策。建议：一是将营业税由目前的5%下调至3%，二是基于净利息收入和总费用来收税，取代现行的基于税收利息收入和总费用来收税。三是应对商业银行支持"三农"贷款给予减免营业税、所得税等税收优惠，从政策上调动各银行开展农村金融业务的积极性，促进农村金融的发展。

2. 建立有利于金融业稳健经营的内部机制

具体可以从以下几个方面着眼：

（1）要建立稳健的公司治理结构。从世界范围考察，虽然没有最佳公司治理模式的标本，但人们达成共识的稳健型公司治理的必要条件是：首先，必须有一个稳健的董事会。它要求：其成员必须懂事，即必须具有良好的专业性背景和尽职尽责的操守；其成员不宜频繁更迭，尽可能以老带新，以保证公司决策的连续性。其次，必须有一个敢管事的监事会。它要求：其成员不是公司的闲散人员；其成员具有超强的风险识别和管控能力，定期或不定期检查合规及风险状况。再次，必须有一个忠于职守的管理层和经营层。它要求：管理层要按照董事会制定的国际先进金融业的规范要求，建立健全全面风险管理体系，并督促其下属各各部门各司其职；经营层要在业务实践中摸清风险的源头和演化的路径，不断提升防范和化解风险的能力。

（2）要制定长远的发展战略。特区各类金融业要重新规划自身经营模式和增长方式，要仔细研究，明确定位，慎重制定适合自己长远发展的战略。并且，要围绕既定的发展战略，一步一个脚印地去树立自己的品牌、彰显自己的特色、培育自己的核心竞争力，做到人无我有，人有我优。以银行为例，一些大型银行可以成为全能型银行，成为存款的主要吸收行和资金提供行，并像JP摩根、汇丰等银行那样以跨国公司等大客户为服务对象，而一些小银行只能成为社区银行，像专做零售和中小企业的富国银行、美国银行等银行一样。一些银行可能是大、中、小企业通吃，而一些银行只对小微型企业提供服务。一些银行放贷主要依靠自身吸收的存款，而一些银行放贷主要依靠从市场拆借资金，甚至连托管也有专业银行，如纽约梅隆银行。

（3）要建立高效的运营机制。一是未来特区各类金融业要强化资本对资产的刚性约束。要根据资产规模膨胀的程度和资产质量的好坏，实现资本的动态平衡。二是未来特区各类金融业运营机制要围绕客户的需求来构造，做到机构设置扁平化、业务流程垂直化和风险管理集中化。三是未来特区各类金融业的绩效考评应将风险与效益、过程与结果挂钩，使考核动态化。

（4）要制定稳妥的经营计划。基于近年来特区金融业的资产规模和赢利规模的基数都急剧扩大，而后高速经济增长时代保持前几年规模和利润双高速发展已不太现实这一因素。各金融机构要根据未来发展趋势,制订出切合实际的年度经营计划,确保赢利指标和风险指标科学合理,真正做到合规经营、稳健发展。并且,未来特区各类金融业,要把明晰风险管理责任作为工作的重中之重,分别让金融机构股东、金融机构高管和金融机构员工构筑层层金融风险防范防线,让风险早识别、早暴露、早防范。

(十)做好提高金融产业集聚力和辐射力的文章

1. 支持金融产业的集聚

(1) 支持境内外金融机构集聚。推动国内外金融机构来特区设立法人或分支机构。其措施包括:设立金融业发展专项奖励基金,对新设立的法人金融机构、金融分支机构等设定不同的奖励标准;加强与各金融机构总部的沟通,积极推动特区现有银行代表处、保险中心支公司升格为分行和分公司;加大对现有和新设全国性金融机构的联系和沟通,推动这些机构将特区纳入其全国发展规划的布局之中;并把拓展的目光向下延伸,培育小贷公司、股权基金、村镇银行等机构。(2) 支持境内外资金集聚。一方面打造特区民间金融街,驱使庞大的民间资金向特区金融街聚集;另一方面,在充分利用人民币离岸业务基础上,以吸引港澳台及国际外资为目标,致力将中国经济特区打造成世界性、全国性和区域性三个能级的金融中心。但无论是吸引机构集聚,还是吸引资金集聚,各个特区都要根据自身发展水平确定引进的战略。金融发展相对落后的特区要以吸引低规格、非银行、内资金融机构为主。力争在2012年将金融业增加值占GDP的比重提高到5%以上。金融发展中等特区要实行高规格与低规格、银行与非银行金融机构、内资与外资金融机构并举的发展战略。力争在2012年将金融业增加值占GDP的比重提高到10%以上。金融发达特区要把吸引金融机构的目光放在银行,特别是工农中建四大行上,争取将它们的数据、票据、研发、银行卡、清算等营运业务中心率先移来;要引进具有全球视野的证券、保险、基金、咨询服务等境外金融机构来生根或产"子",从而形成既有规模,又有效益,既有内资,又有外资,既有传统,又有现代,既有国有,又有与多种经济成分并重的金融产业发展格局。力争在2012年将金融业增加值占GDP的比重提高到15%以上。

2. 支持金融伴生产业的集聚

（1）要高度重视支柱产业在推动金融产业集聚中的支撑和推动作用。要通过在特区核心区集约化发展科技、商贸、旅游、信息、教育、服务、文化等支柱产业，带动产、学、研重点项目和科技成果，特别是资金的集聚。（2）要高度重视伴生产业对金融产业集聚的支撑和推动作用。一个金融业高度集聚的功能区除了应有商业银行、证券公司、保险公司、信托投资公司、期货公司、财务公司、金融租赁公司、信用合作社、邮政储金组织、小型风险投资基金等金融企业以外，还必须有相关伴生产业的集聚。因为金融业的发展还需要有中介服务机构，如会计师事务所、律师事务所、评估事务所、管理咨询公司、资信评估公司、专用软件开发公司、数据集成服务公司、各类投资公司等给予支持。

3. 增强特区金融业的辐射力

因为经济特区的空间毕竟有限，要想做大金融业规模，必须推动本地法人金融机构和有条件的分支机构向周边区外辐射。有条件的特区要把金融产业作为龙头产业来抓，进一步提高金融产业在现代产业体系中的支柱地位，完成从金融产业到金融中心的转型。其措施主要是推动特区银行、证券、保险、期货等金融机构在异地设立分支机构。通过提升特区金融机构的管理水平和资产运作效率，逐步满足特区金融机构在异地设分支机构的条件，实现跨地区设立异地分支机构。

参考文献

[1] 聂伟柱：《不良贷款行业地域双向扩散贷款重组成风险缓释主选项》，《第一财经日报》2012年11月20日。

[2] 周子勋：《地方融资平台风险进一步增加》，《国际金融报》2012年11月19日。

[3] 史晨昱：《零售金融面临一场"集体突围战"》，《上海证券报》2012年2月20日。

[4] 尚福林：《当前银行业改革发展需要把握的几个问题》，《金融时报》2012年1月17日。

[5] 郭茂佳：《深圳第三大金融中心区问题研究》，《深圳大学学报》（人文社会科学版）2007年第3期。

B.9
深圳经济特区社会建设与管理创新进展报告

张克听*

当前中国正处于经济社会大转型的发展阶段,社会管理体制机制和功能方式必然要发生变革与调整,以适应经济体制深刻变革、社会结构深刻变动、利益格局深刻调整、思想观念深刻变化的新形势。时代的变革激发了政府和人们对社会管理更多、更高的需求,现行社会管理中存在的体制性障碍还不利于经济社会可持续协调发展,更加增强了社会管理创新与转型的重要性。社会建设和经济建设、政治建设、文化建设、生态建设一起,构成中国特色社会主义五位一体的总体布局,做好社会建设和社会管理工作,对于促进社会和谐,全面建设小康社会,实现党和国家长治久安,具有重大战略意义。深圳作为全国改革开放的先锋城市,经过30多年的发展,在经济建设取得了巨大成就的同时,社会管理和公共服务领域也积极进行改革和探索,并在许多方面积极实践,2012年,深圳市在社会建设领域的体制改革继续推进,大胆创新,取得了一定的突破,为全国社会建设提供了丰富的经验和借鉴。

一 深圳社会建设和社会管理创新的背景

社会建设是与经济建设相对应的。社会事业主要包括教育、医疗卫生、劳动就业、社会保障、科技事业、文化事业、体育事业、社区建设、旅游事业、人口与计划生育等方面,是关系人民群众基本生活质量和共同利益的公共事业。衡量一个地区的居民福利和生活质量,除了人均GDP和人均收入等经济

---

* 张克听,深圳大学经济学院副教授,经济学博士,硕士生导师。

指标外，平均受教育程度、图书、绿地、病床等公共资源占有方面的社会发展指标，更具有质量方面的意义。社会事业具有公众性、公用性、公益性和非营利性等特征，资金投入规模大、周期长、回报率低，个体不愿做、不能做、做不了。一些地方政府在GDP至上的发展理念下，只重视经济总量的提升，忽视社会事业建设，对社会事业投入不足，使得经济社会的协调平衡发展难以实现。

深圳乘改革之风，展开放之门，自1980年成立特区以来，经济高速发展，经济总量和人均收入不断跃上新台阶。进入21世纪，深圳已经发展成为一个人口超千万，综合经济实力在全国城市中排名第四的大都市。在经济取得巨大成就的同时，深圳也在认真思考如何着力发展社会事业，提高整个城市的社会建设水平，提升居民的生活质量。从2000年以来，深圳在社会管理和公共服务领域，采取了一系列的探索和改革。深圳重视社会事业建设，有和全国其他地区相同的发展背景，也有自身发展阶段所面临的一些特殊因素。

1. 加强社会事业建设，是深圳经济社会实现可持续发展的必然选择

从战略的高度，着眼全面建设小康社会，党的十八大报告提出了"五位一体"的总体布局，即经济建设、政治建设、文化建设、社会建设、生态建设整体推进，突出强调以改善民生为重点的社会建设。这是我们党对中国特色社会主义事业的新认识、新概括，在理论上和实践上都具有重大意义，深圳也概莫能外。

经过30多年的经济增长，到2012年，深圳国内生产总值突破1.1万亿元，财政收入超过4000亿元，其中地方财政一般预算收入1339亿元，居国内大中城市前列。外贸出口总额实现十九连冠，达2455亿美元。在经济总量高位突破之时，深圳在自主创新和产业结构优化方面，也亮点突出。深圳大力推动战略性新兴产业发展，近几年来，生物、互联网、新能源三大战略性新兴产业产值增速高于GDP增速两倍以上，高新技术产品产值超过1.2万亿元，全社会研发投入占GDP比重达3.66%，居全国前列。

居民幸福感的增强，依赖于社会整体文明程度的提升，而不仅仅是经济总量的增加和人均产出水平提高。根据一项权威调查，居民幸福感和人均GDP总体上呈现正相关关系，但在人均收入增长的不同阶段，幸福感的边际提高幅度并不相同。当人均收入低于 1 万美元的时候，随着收入增加，幸福感上升很快，但收入高于 1 万美元以后，随收入增加的幸福感的上升就明显减慢。2011 年，深圳人均国内生产总值超过 1.7 万美元，继续提高收入，固然有利于进一步提升幸福感，但幸福感提升缓慢。作为城市管理者的政府，就需要跳出经济领域，从其他方面思索如何让市民更幸福。而加强社会建设，实现社会管理和公共服务的创新，就成为提升居民幸福感的重要方面。

以改善民生为重点的社会建设体现了深入贯彻落实科学发展观的根本要求。科学发展观要求发展必须做到坚持全面协调可持续，经济、政治、文化、社会建设全面推进，缺一不可。对深圳来说，统筹原特区内外的经济社会发展，实现一体化和基本公共服务均衡化，统筹改革发展进程中的各种利益关系，协调经济发展与环境生态保护的关系，是深圳未来实现现代化建设过程中各个方面协调与可持续发展的必然要求。在经济发展的基础上注重保障和改善民生，加强社会建设，是贯彻落实科学发展观的重要举措。

2. 加强社会管理创新，是深圳提高市民归属感的迫切需要

深圳是一座年轻的移民城市。从小渔村到大都市，30 多年来深圳的人口与经济一样高速膨胀，目前，深圳常住人口 800 多万人，实际管理人口超过 1500 万人，而户籍人口还不到 300 万人，严重的倒挂带来了社会治安、教育、卫生等方面的问题，也让人们心理的不平衡感加剧。现有的常住人口迁入时间较短（基本上是近十年左右），乡土意识浓厚，由于户籍政策限制、房价高，以及收入的比较优势相比其他城市有所减弱，深圳新居民普遍缺乏归属感，家园意识和城市荣誉感相对淡漠。由于缺乏长期发展中积淀的文化传统，深圳被一些人认为是中国最没有归属感的无"根"城市，居民的归属感、家园意识不浓厚。2010 年，深圳市总工会曾做了一项新生代农民工生存状况调查，结果仅有 15.3% 的员工对单位有归属感。归属感的缺失使得企业员工的更新率很高，很多企业平均每 3 年就要完全换一批人。人口的高流动性，加上归属感的缺失，使深圳未来发展中潜藏着很大的不确定性。当外来务工人员不被这个城市接纳和认可，长久获得不了市民待遇，在城市中得不到温暖和依靠，交际主要局限于"老乡"，依靠乡情纽带联系的群体，如果管理不善，诱发群体性事件的概率就很高。

提高居民的归属感和家园意识，就是要让外来务工人员不仅感觉到自己是个经济人，同时也是个社会人、文化人，是这个城市中平等有价值的一分子。这就需要大力加强社会建设，创新社会管理，扩大公共服务覆盖面。通过社会建设，让来深建设者得到必要的就业、医疗、工伤方面的保险和保障，让他们和城市居民一样，同等享有政府提供的公共产品和服务，他们的子女能和城市居民子女一样，享受公平的义务教育。逐渐做到外来务工人员的彻底城市化。这样，才能增强广大来深建设者的归属感，增强他们的家园意识，城市的发展才有良好的社会基础，吸引力、稳定性才能持续提高。

3. 加强社会管理创新，是深圳应对发展中面临的突出问题的需要

深圳在30多年的高速发展中，积累了一系列矛盾、问题和风险，这些矛盾和问题的解决，依赖于社会管理体制的改革，客观需求推动社会建设创新。

一是多元思想文化导致的差异性风险。年轻的新生代移民，背景文化不同，思维方式和生活方式也不一样，在一个城市里碰撞、融汇和激荡，形成了深圳这个城市开放包容、卓尔不群的独有城市个性，既有其积极健康的一面，也给社会管理带来了巨大的挑战，要求城市管理者要更加包容，尊重个性和差异，尽可能满足不同人群的利益和诉求。注意在差异中寻找共同点，合理引导整个城市思想文化的发展方向，确保文化安全和意识形态安全。

二是特殊人口结构带来的需求挑战。大量的年龄移民，轻型的人口结构，支撑了深圳经济的快速发展，也不可避免地给深圳社会发展提出了许多问题，形成了许多挑战。一方面，深圳人口总体上比较年轻，根据2010年第六次人口普查数据，深圳市15~65岁人口比例为88.4%，仍然为全国最高。平均年龄为30岁，中位平均年龄为28.9岁，仍然是全国最年轻的城市。与2000年相比，十年来人口增长率、出生率都高于全国和全省平均水平。快速增长的人口规模、轻型的人口结构、生育高峰，对医疗、教育等公共产品带来了旺盛的需求，相关公共产品供给的压力十分巨大。近10年来，深圳每年都增设新的医院、新的中小学校，病床数量、学位数量一扩再扩，但仍然满足不了市民的需求，看病难、上学难的问题依然很突出。不仅如此，深圳在总体人口年龄较轻的同时，也在快速老龄化，65岁以上的人口从2000年的7.8万人，迅速上升到2010年的近20万人，如何满足快速出现的养老需求，也是深圳社会建设面临的一个问题。

三是脆弱的资源环境形成的生态性风险。深圳只有不到 2000 平方公里，是北京的六分之一，人口密度却很大，在全国各地区中居第一位。大量的生活垃圾、固体废弃物的处理，目前仍采用无害化填埋的方式，没有进行资源化利用。城市的重要生态结点和重要隔离带被侵占。深圳虽然是沿海城市，但也存在水资源贫乏问题，人均水资源量严重不足，是全国最缺水的城市之一。深圳可用的土地资源已经开发超过一半，进一步的土地供应难度极大，不得不提高容积率，集约利用土地。社会管理体制的创新，有助于协助深圳解决资源、环境生态压力过大的问题。

4. 发挥试验田功能，在社会建设领域创新方面先行先试，是深圳的责任

深圳是改革开放的排头兵，在中国改革中一直扮演着窗口、示范田、排头兵和先锋的作用。深圳在社会建设和管理方面，进行了大胆的探索和实验，取得了一定的成效。进入 21 世纪以来，中央赋予深圳更大的使命，要求其继续发挥改革开放方面的引领作用，在综合配套、社会管理创新方面，为全国开辟一条新路。2008 年，国家发改委制定《珠江三角洲地区发展规划纲要（2008～2020）》，深圳被正式确定为"国家综合配套改革试验区"，被赋予"四个先行先试"权，从此，深圳社会管理创新有了政治保障。为了全面推进原特区内外社会管理、社会发展水平和社会管理体制的一体化进程，2010 年 7 月，经国务院批准，深圳经济特区范围扩大至全市。2010 年 10 月，深圳又被中央正式确定为全国 9 个副省级社会管理创新试点城市之一，要求深圳成为"中国特色社会主义大都市创新社会管理的样板"，"破解城市化、工业化进程中人口服务管理难题取得突破的样板"，这样的期许，既是压力，也是动力。

党的十八大报告指出，"加强社会建设，是社会和谐稳定的重要保证。必须从维护最广大人民根本利益的高度，加快健全基本公共服务体系，加强和创新社会管理，推动社会主义和谐社会建设。"① 贯彻落实十八大报告的精神，按照中央对深圳提出的"三个定位、两个率先"的要求（发展中国特色社会

---

① 党的十八大报告（全文），见新华网，http://www.xj.xinhuanet.com/2012-11/19/c_113722546.htm。

主义的排头兵、深化改革开放的先行地、探索科学发展的实验区，率先全面建成小康社会、率先基本实现社会主义现代化），深圳必须在社会管理方面积极探路，大胆创新，积累经验，才能不负国家的重托，才能继续在全面建设小康社会的伟大实践中，发挥窗口作用、试验作用、排头兵作用。

二 深圳社会建设领域的改革探索和实践

自经济特区成立以来，深圳高度重视社会事业发展，不断探索推进社会管理体系创新，在全国率先建立了比较完善、广泛覆盖的公共服务体系和社会保障体系，社会管理组织体系和制度体系逐渐完善。深圳社会管理的做法和经验主要有以下几个方面：

1. 坚持以民为本，着力建设民生幸福城市

党的十七大以来，深圳市委、市政府一直把民生作为头等大事来抓，改善民生、建设民生幸福城市，已成为深圳坚定的发展目标。早在2006年，深圳就在全国首创"民生净福利指标体系"，共包括21项指标，以物质和财富增长为重要基础，以政府提供的公共物品和公共服务作为保障以人为本、社会公平的重要条件，关注全体市民生活的安全感、教育、健康、舒适、自然和社会环境等民生问题。该体系首次将老百姓应得的"福利"量化成看得见、摸得着的指标体系，并与领导政绩考核挂钩。2009年，正式提出建设"民生城市"，以提高民生净福利水平为目标，努力构建全方位、广覆盖、多层次、终身型的社会安全保障体系。2010年，深圳市第五次党代会报告中提出，要坚持以人为本，努力营造幸福城市家园，大力提升民生幸福水平。

在创建民生幸福城市的总体导向下，深圳逐步建立了以民生为重点的公共财政导向，不断加大对民生事业的投入，一系列民生问题显著改善，民生净福利水平不断提升。这体现在，一是居者有其屋逐步实现，在全国首创保障房新形式——安居型商品房，首次将住房保障对象扩大到户籍无房家庭、非户籍住房困难人才家庭，并率先探索保障房轮候制度。二是"病有所医、老有所养"更有保障。近几年，深圳已基本完成区域医疗中心规划布局，实现了"一社区一社康中心"，建成社区15分钟医疗服务圈，基本实现基本公共卫生服务均等化。香港大学深圳医院等一批重大卫生项目投入使用。医疗保险全覆盖,医保待遇全国最高。2011年,深圳市综合医保政策范围内的住院医疗费用报销比例为89%,异地务工人员在其政策范围内的住院医疗费用报销比例也达76%。同时,深圳2012年最低工资标准1500元/月,为国内最高。教育条件和设施显著改善:中小学和幼儿园的数量以惊人的速度增长,到2011年底,全市学校达1757所,比2003年增加近500所。水电气等民生工程相继竣工:2010年11月,东江水源工程二期通水,全市形成了以东部、东深两大境外引水工程为主体,以供水支线为骨干,以主要水库为调蓄的水源输配水网络。2001~2010年10年,深圳共完成电网投资300多亿元,新增变电站144座,新增变电容量4752.8万千伏安,是之前深圳电网变电容量总和的4倍多。燃气建设上,2008年底,全市天然气转换工程完成。2012年8月,西气东输二线正式向深圳供气,深圳初步形成了天然气"多气源、一张网、互联互通、功能互补"的供应保障格局。

随着各种民生问题的解决和民生设施的完善,深圳市民的福利水平显著提高。根据有关部门测评,深圳市2008年民生净福利总指数达到127.3。2000~2008年8年,深圳市民生幸福指数年均递增3.74%,每年的各项民生福利指标都保持了正增长。一系列数据表明,深圳市改善民生福利的措施得力,成效显著。

2. 创新立法实践,率先为社会建设立法

转型期利益格局调整与利益群体分化,容易引发大量的社会矛盾。医疗卫生、收入分配、社会保障、公益权益保障等民生问题,哪一项解决不好,处理不当,都可能对社会稳定造成影响,引发公共事件或矛盾冲突。如何用法制的手段解决矛盾和纠纷?由于深圳经济发展水平高,民众的民主开放意识强,平均受教育程度较高,这给其建设法治的框架,用法制的方式实验解决社会矛盾和纠纷,提供了良好的条件。深圳市充分利用特区的立法权,积极探索在社会建设领域的立法工作,相继制定出台了《深圳经济特区公民无偿献血及血液管理条例》(1993)《深圳经济特区人体器官捐献移植条例》(2003)《深圳市义工服务条例》(2005)《深圳经济特区欠薪保障条例》(2008)等若干部法律法规。

社会建设领域的法制实验条件得天独厚。2012年，深圳市更是开全国先河，编制通过了社会建设领域的"基本法"——《深圳经济特区社会建设创新促进条例》，《条例》以保障民生为重点，充分发挥特区立法权的先行先试作用，提出探索将学前教育及普通高中阶段教育纳入义务教育，探索建立居民收入和经济同步增长机制，建立政府向社会组织购买服务机制，大力培育和管理社会组织。

深圳作为社会建设领域立法创新的实验田，其成功的立法实践案例，具有榜样力量和先锋意义，不仅为国家层面的社会建设立法活动提供参考，也给其他各级地方人大立法工作提供了借鉴，将极大地推动社会建设领域的立法进程。从这个意义上讲，深圳立法将是加强社会建设领域法制改革创新的国家样本。

3. 进行政府改革，提倡公众参与和共治

社会管理的核心在于社会管理创新，如何处理政府、市场与社会三者之间的互动关系，使之更为融洽、协调，要做到这一点，需要合理界定政府的边界，让政府回归本来的职能，把重点放在提高公共管理的效率，提高公共服务的质量上。能够在社会建设与社会管理领域的重点节点取得突破，就会极大地推动其他领域改革。只有政府职能实现了转变，才能有效培育社会主体；只有改革分配制度，实现公共服务多元化供给，才能发展社会事业；只有改革了文化管理体制，才能丰富群众的文化生活。

深圳积极从源头上探索社会管理的新路径，它果断选择对自身的行政管理体制进行改革。2009年，深圳启动了轰动全国的大部制改革，以政府职能转变为核心，努力在政府与社会、市场的边界上划出分明的界限，下大力气减少行政审批事项。行政分权是这次大部制改革主要内容，通过改革，行政机构变为委、局、办三种，被赋予不同的职能。"委"是大部门，主要承担制定各项政策、规划、标准等职能，并监督执行，是决策部门；执行部门是"局"，主要承担执行和监管职能；而"办"则不具有独立行政管理职能，其职责是协助市长办理专门事项。决策部门的"委"和执行部门的"局"之间，没有隶属关系，而是分工不同，类似于生产线上的上下道工序之间的关系，从而实现行政权力间的相互制约。纪检、监察、审计等部门是对委、局绩效进行监督的部门。经过这次行政机构改革，深圳的政府机构瘦身近1/3，原有的46个政府工作部门减少为31个。经过大部制改革,深圳政府部门行政审批事项大为减少,68项行政审批被取消。

公共管理视野中的"治理",指的是为了实现和增进公共利益,政府部门和非政府部门(私营部门、第三部门或公民个人)等众多公共管理主体彼此合作,在相互依存的环境中分享公共权力,共同管理公共事务的过程。从单纯的政府治理,变成全社会成员参与的共同治理,是一个重大的理念转变,它要求发展各类各样的社会组织,包括中间组织、行业组织等。比如,要发展工会组织,遇到问题,政府不再直接面对工人,而是让工会代表工人去和资方或和政府谈判,政府治理的压力就可减轻。毒奶粉或毒食品,如果有健全的行业协会,行业加强内部自律,也会有效遏制,而不是出事情就找政府。

除了加大政府改革,简政放权,深圳还在全社会共同参与公共事务的治理方面,积极进行探索。以2011年大运会为例,在大运会期间,深圳市交管部门提倡"绿色出行",不采取行政强制和政治动员,而是采取自愿选择、自觉停驶。在建设"志愿者之城"、通过新闻媒体组织关爱行动等公益活动方面,也是积极创造条件,让各种社会组织和社会力量唱主角,站前台,调动了广大社会力量参与社会管理的积极性和创造性。深圳在扩大公众参与度方面的"共治"实践,有力地推动了深圳社会建设的进程。

4. 大力培育社会组织,促进社会建设主体多元化

公众的参与和社会的自治,前提是社会建设主体的多元化。为此,必须培育大量的社会组织,没有广大社会组织等参与,社会自治就是一句空话。深圳在社会组织的培育和管理方面,做了大胆的探索,许多方面走在全国的前列。

社会组织是公民社会发展的重要载体。2000年以来,深圳在社会组织管理登记制度改革方面不断加大改革力度,积极创造各种条件,拓宽社会组织与政府的沟通渠道,建立了社会组织等孵化平台,探索出社会组织先孵化后登记的新型管理模式。早在2004年,深圳就成立行业协会服务署,统一行使行业协会业务主管单位的职责,行业协会的人、财、物与政府部门全面脱钩。2006年底,深圳又组建了民间组织管理局,建立行业协会直接由民政部门登记的管理体制,彻底地实现了行业协会民间化,这在当时全国都是领先的。2008年,深圳实现了工商经济类、社会福利类、公益慈善类社会组织直接由民政部门登记,改变了之前的双重管理。直到2011年下半年,民政部才在全国实行对公益慈善类、社会福利类、社会服务类三类社会组织的直接登记。率先探索建立社会组织直接由民政部门登记的管理体制创新,使深圳在2010获得了第五届"中国地方政府创新奖"。

除了培育和创新管理社会组织之外,深圳还积极创造条件,通过购买社会组织服务,扩大公共服务供给,推进社会组织承接政府的部分职能。比如,为了让福彩公益金发挥更大的社会服务作用,探索政府向社会组织购买服务的新路径,引导社会组织及相关机构参与社会建设,深圳市民政局自2009年开始,从福利彩票募集的慈善资金中安排部分资金,以公开招投标的方式,资助和扶持符合"扶老、助残、救孤、济困、赈灾"宗旨的公益服务项目。2009~2011年,资助三批共75个项目,累计投入金额3600多万元。

5. 探索社区治理新模式,推动公民社会建设

社区是社会的基本单元,是各种社会阶层的聚集区,探索社区治理新模式,有利于推动公民社会建设。特区成立以来,深圳社会管理的重心不断下移,积极加强和完善基层社会管理和社会服务

一是创新探索基层管理新模式。为了加快推动特区一体化,解决部分行政区管理面积过大和流动人口过多导致的社会管理困难问题,深圳通过设置新区的方式,化大为小,实现社会的有效管理和服务,先后设立了光明、坪山、龙华和大鹏四个新区。为了有效管理流动人口,2004年,将居民委员会改名为社区居民委员会,赋予其管理辖区流动人口职能,率先实行社区居委会成员全部直选,非户籍人口也有选举权和被选举权。2005年,深圳专门设立社区工作站,并推行"居站分设",社区集体股份公司与社区居民委员会脱钩,社区工作站主要负责治安、人口、计生、卫生、科教、文化、法律、环境、民政、就业、综治维稳等工作,社区行政权与自治权实现了有效分离。

二是着力整合社区服务资源,建立以社区党组织为核心、社区工作站为依托、社区社会组织为补充,驻社区单位及社会各界密切配合的社区服务管理工作体系①。

---

① 参见杨立勋《深圳社会建设新模式的探索之路》,《开放导报》2011年第2期。

三是积极推进社区党建活动，以党建带动社区建设。大力开展"党代表进社区"活动，把社区党组织建在网格上，市、区两级党代表与社区建立固定联系、做群众的知心人和服务者。党组织成为加强基层社会管理的重要推动力量。

6. 积极推进社会融合，创新人口管理与服务方式

特区成立以来，深圳流动人口迅速增加，如何破解流动人口管理难题，建立适合社会管理实际需要的新型服务体系，深圳进行了大胆探索，改革创新人口管理与服务方式，积极推进人口管理、公共服务与社会融合。

第一，探索居住证制度，有效整合人口管理与公共服务两大功能。2006年，深圳市决定举全市之力推行居住证制度，来深人员凭居住证就可以办理车辆行驶驾驶证、申办往来香港自由行和商务签注、优先办理户口迁入手续、享受子女义务教育、人才入户、积分入户、廉租安居房等。居住证办理为政府决策提供了客观可靠的基础人口数据。截至2012年3月，深圳累计办理居住证1630万余张，其中持居住证实际居住生活在深圳的约1100万人，居住证覆盖登记实有流动人口达到85%以上。"以证管人"与"以房管人"的有机结合，促进加快了社会融合进程。

第二，建立两级政府、三级管理、四级网络的社会管理新模式，组建出租屋综合管理机构，对出租屋实施全方位、立体化综合管理①。根据流动人口和出租屋管理的实际需要，深圳市从规范房屋租赁和租住行为入手，建立了一系列刚性制度。市有关部门出台了《关于加强房屋租赁安全责任的决定》《暂住人口信息申报登记管理办法》《出租屋综合管理信息通报反馈实施办法》和《出租屋案件责任倒查实施办法》等工作制度，使流动人口和出租屋管理做到有法可依、有规可循。

三 深圳社会管理创新的新探索

2012年，深圳经济特区在社会管理方面，继续深化改革，除了大力增加

---

① 参见人民网《深圳：破解出租屋管理难题》，http://www.people.com.cn/GB/shizheng/14562/2538298.html。

民生领域的财政投入外,重点在立法实践、完善体制、培育社会组织方面加大力度,取得了一系列创新性的突破。

1. 加强顶层设计,为社会改革立法

深圳市充分利用地方立法权,探索社会管理法制创新,2012年3月,深圳市人大通过并实施《深圳经济特区社会建设促进条例》,这是全国首个社会建设的基本法规。《条例》对当前社会关注的热点问题,比如社会救助、志愿者服务、住房保障、慈善事业等,进行了探索实践,把多年来深圳探索和创新的一些相对成熟的工作制度、工作方法和改革方向明确了下来,体现了特区立法先行先试的作用,补充了国家立法在这方面的不足。

根据该《条例》,深圳市要"科学制定人口发展战略,合理控制人口规模和增长速度,有序扩大户籍人口比重,通过产业、人口、空间三方联动,强化城市规划、建设、管理和业态调控,促进人口合理分布""建立覆盖全部实有人口的动态管理体系,推进和完善居住证制度和非户籍人口积分入户制度,促进社会融入和生活融入""制定和完善刑满释放人员、解除劳动教养人员、刑事被害人、流动精神障碍等特殊人群管理服务政策,建立健全对特殊人群的社会关怀帮扶体系""加强公共安全体系建设,创新社会治安、食品药品安全、安全生产和应急管理体制机制,维护人民群众的生命财产安全"①;等等。

《条例》内容广泛,涵盖了社会事业、社会保障、社会组织、社区建设、社会管理等不同方面,在社区自治、公众参与机制等诸多方面都做出探索性改革,也从立法层面完善了深圳社会建设的顶层设计,切实体现了以人为本、关注民生的基本精神。《条例》奠定了"公共教育"在社会建设中的重要地位。明确深圳将"优先发展教育,合理均衡配置公共教育资源,优化教育结构,促进教育公平"②,重点是"探索扩大免费教育范围。条例提出探索建立居民收入增长和经济发展同步,劳动报酬增长和劳动生产率、经济效益提高同步的长效机制……建立低收入群体补助和临时价格补贴与物价上涨联动机制"③。

《条例》用近乎四分之一的篇幅对"社会组织"的发展方向及原则进行阐

---

① 《深圳经济特区社会建设促进条例》,《深圳特区报》2012年2月29日。
② 《深圳经济特区社会建设促进条例》第八条,《深圳特区报》2012年2月29日。
③ 《深圳经济特区社会建设促进条例》第十六条,《深圳特区报》2012年2月29日。

述。明确"按照培育发展和管理监督并重的方针,推动社会组织健康有序发展,支持、引导社会组织参与社会管理和公共服务"①。《条例》为深圳加强和创新社会管理提供了法律保障。

2. 深化社会组织改革,出台管理意见

为了加快推进社会组织登记管理改革,培育发展和规范管理社会组织,深圳市出台了《关于进一步推进社会组织改革发展的意见》(以下简称《意见》),通过28项措施,进一步深化社会组织改革,实现社会组织健康、有序、可持续发展,发挥其社会公共管理和公共服务职能,创新社会管理方式,建设"小政府大社会"。

《意见》提出,深圳将进一步深化社会组织登记管理体制改革,扩大社会组织直接登记范围。重点发展服务经济、服务民生的社会组织,对工商经济类、公益慈善类、社会福利类、社会服务类、文娱类、科技类、体育类和生态环境类等8类社会组织简化登记程序,实行由民政部门直接登记。而其他类型社会组织按相关规定审批登记。

《意见》提出"按产业规模合理细分行业,适度引入竞争机制"②。将异地商会的登记范围从地级以上市扩大到县(市、区),异地商会可在登记活动地域内设立分支(代表)机构。"推动社区社会组织实行登记和备案双轨制,授权街道办事处对社区社会组织进行备案管理,给予资金扶持,重点扶持发展贴近居民、服务居民的社区社会组织"③。《意见》鼓励金融机构在风险可控前提下为社会组织提供信贷支持,鼓励公益创业。同时,政府保障支持社会组织发展的财政投入。完善政府购买服务机制,对于满足市民群众生活需求的公共服务,凡是能由市场和社会组织提供的,政府不再设立新的事业单位,而交由市场和社会组织承担,逐步向有承接能力、公信力高的社会组织转移职能。为加强对社会组织的监管,《意见》提出,首先要确保社会组织的非营利性属

---

① 《深圳经济特区社会建设促进条例》第四十三条,《深圳特区报》2012年2月29日。
② 《中共深圳市委 深圳市人民政府关于进一步推进社会组织改革发展的意见》(第12条),深发〔2012〕12号。
③ 《中共深圳市委 深圳市人民政府关于进一步推进社会组织改革发展的意见》(第13条),深发〔2012〕12号。

性，加大社会组织信息披露力度。

3. 弘扬慈善失业，举办首届慈展会

社会公益事业体现中华民族乐善好施、扶贫济困的优良传统。为他人、大众、社会做好事和做善事，为困难群众、弱势群体提供帮助，是社会主义道德与精神的实践与体现。发展社会公益事业是创新社会管理的一项重要工作，需要强化慈善事业的承载载体——各类公益慈善组织。只有慈善组织的大力发展，才能改变过去单一的政府办慈善，使慈善活动变成全民参与的事业。

为了大力推进慈善事业的发展，2012年7月12日到14日，民政部、国务院国资委、全国工商联、广东省人民政府和深圳市人民政府共同在深圳主办了首届中国公益慈善项目交流展示会，主题是"发展·融合·透明"，这是我国第一个国家级、综合性公益慈善项目交流展示会。展示会按照"政府搭台、社会运作"的办会模式，创新了公益资源交流的方式，展现了中国公益事业这些年来发展的成果。慈展会的成功举办，为中国社会建设和社会管理探索了新路径。

深圳提出了全民慈善的口号，先后提出"慈善教育从娃娃抓起""少年慈善则中国慈善""慈善从我做起"等理念。深圳努力营造慈善氛围。每年举行两次全民慈善总动员：一是"关爱行动"，二是"慈善月"。市主要领导带头捐款，并号召社会各界积极参与慈善活动。完善慈善事业的政策环境，连续颁发了一系列促进慈善事业发展的政策法规，如《深圳经济特区公民无偿献血及血液管理条例》《深圳经济特区义工服务条例》《关于加快我市慈善事业发展的意见》《关于加强社会工作人才队伍建设推进社会工作发展的意见》及其七个配套文件、《关于进一步发展和规范我市社会组织的意见》等。发展草根慈善组织，民政部门对公益慈善类、社会福利类等社会组织直接登记，而对社区社会组织则实行登记和备案双轨制。深圳已经形成了政府推动、民间运作、社会参与、各方协作的慈善工作总体格局，慈善事业呈现快速发展的良好势头。截至2012年，深圳共有公益慈善类社会组织934家，占全市社会组织总量的19.2%。全市募集社会慈善资金近35亿余元，物资1500万余件。深圳市义工联合会、深圳壹基金公益基金会，已经成为有影响力的公益慈善组织。

4. 加大民生领域投入，加大体制创新力度

为建设民生幸福城市，2012年，深圳市政府加大了民生领域的各项投入，着力解决涉及民生的重点难点问题。在市政府投资计划中，社会建设和民生投入比重达83.6%，市财政安排教育支出增长32%，卫生支出增长35.7%，保障性住房支出增长32%，就业支出增长44%，公共交通支出增长32.8%。民生领域各项事业的投入增幅，都是近年来最大的。

高投入换来的是社会保障水平的大幅度提升。深圳采取多种渠道开发新的就业岗位，积极促进困难人员就业，就业扶持力度大大提升。2012年，深圳最低工资标准和最低生活保障标准继续提高，最低工资标准达到1500元/月，居全国各城市第一位。5亿元新增专项资金用于对困难群体的帮扶。社会保险覆盖面进一步扩大。完善住房公积金制度，公共租赁房、安居型商品房和货币补贴相结合的多层次住房保障体系逐步建立。

教育医疗事业快速发展。教育事业领域，2012年，深圳积极推动学前教育、义务教育、高等教育的均衡发展。为减轻幼儿的入学压力，新办幼儿园70所，新增学位2万个。新增公办义务教育学位1.55万个，普高学位6750个，公立学位的比例大幅度提高。高等教育的跨越式发展实现新突破。南方科技大学一期工程和筹办工作完成，实现香港中文大学合作办学，香港中文大学深圳学院在龙岗区奠基，2014年将招生新生。医疗方面，逐步实现医疗卫生设施均衡布局，新增病床数3000张，医疗卫生硬软件得以提升。社康中心医疗服务水平不断提高，广大市民可以享受到较好的就近医疗服务。引进一批国家级重点医学团队，启动80个医学重点学科建设，医疗卫生科研水平和实力大大提高。居家养老和机构养老相结合的社会养老服务体系初步建立。

四 进一步推动社会管理创新的改革建议

加强社会管理创新，是中国共产党在中国社会转型向纵深挺进之际提出的重大战略命题，深圳在社会管理和公共服务领域的一系列探索和实践，收到了良好的效果，大多数措施应继续坚持，部分需要进一步完善。未来深圳应充分认识新形势下加强和创新社会管理的重大意义，统筹经济建设、政治建设、文

化建设、社会建设以及生态文明建设，把社会管理工作摆在更加突出的位置，从完善立法、扩大民生投入、加强社会精细化管理等几个方面，继续深化改革，努力为"十二五"时期深圳经济社会发展、为实现全面建设小康社会宏伟目标创造更加良好的社会条件，为全国社会建设改革和创新探索新路径。

1. 推动政府职能转型，构建善治结构

加强社会建设，创新社会管理，首要的是推动政府转型，把政府从以往的全能型、企业家型的角色，转移到有限政府，转移到主要提供公共产品和公共服务上来。把政府从管制政府转到服务政府上来，变管理为服务，建立服务政府的理念，改变原有的自上而下的控制式管理模式，而注重社会服务、社会发展和社会建设。第一步是要合理划分政府和市场的边界，把市场能够解决的、企业能够解决的，全部交由市场和企业来做，甚至一些公共管理和公共服务的职能，也要探索依靠市场的力量、通过市场机制来运作。只有边界清晰了，政府的职责和界限清晰，明确了自己该管的和不该管的，才能管好。第二步是调整公共财政的使用方向，加大社会建设领域的使用比重，真正把资源用在民生领域。

改变传统的单纯依靠党委政府实施社会管理模式，建立健全党委、政府、社会组织和公众共同参与、良性互动的多元共治的善治结构，需要大力发挥社会组织在社会管理中的作用，引导各类社会组织加强自律，实现自我约束。对社会组织服务，政府应加大采购力度，拓展其发展空间。要积极引导社工队伍发展壮大，提高其专业化管理水平。积极探索用市场机制来引导社会力量参与社会管理，强化各类企事业单位和人民团体的社会管理服务职责。加强基层社区居民的自治工作，引导社区居民开展自我管理、自我教育、自我服务、自我监督，有序地参与社区公共事务。

2. 完善社会管理立法，形成基本框架

法治保障是依法治国基本方略在社会管理中的贯彻和体现，它要求社会管理创新必须秉承法治理念，使社会管理迈向民主化、程序化和秩序化；要求社会管理主体以法治的视野和眼光审视各种社会关系和社会利益，在法治的轨道中实施社会管理创新。全国首个社会建设法规《深圳经济特区社会建设促进条例》，对于深圳在今后的社会建设和社会管理中做到有法可依，有法必依，运用法律工具和手段解决社会管理中的问题，具有十分重要的意义。但仅有一部条例还是不够的，深圳未来还应该在有关推进基本公共服务均等化、社区建设、社会组织、社会网格精细化管理等方面，继续加快立法进程，制定一批社会建设方面的具体的可操作的法规，力争率先形成比较完备的社会建设领域的基本法规框架。

3. 继续加强民生建设，提升福利水平

民生建设要紧密结合居民的现实需求，从人民群众切实关心的领域着手，围绕业有所就、老有所养、住有所居、病有所医、学有所教的目标，把就业、劳动社会保障、住房、医疗卫生这些问题放在民生领域的突出位置切实抓好。从户籍人口看，深圳的民生福利水平居全国前列，但若从实际服务和管理人口来看，深圳的民生福利水平显著落后。全国百万以上人口的大城市中，北京有35家三甲医院，上海有28家，南京有21家，而深圳目前只有区区8家，不到省会城市的平均水平。人民群众的医疗需求十分强烈，现有的医疗资源无法满足。教育方面，深圳的中小学校数量不足，学位紧张，以初中升高中为例，目前深圳只有50%的学生可以升入公立高中，而北京、上海的数字均已经超过75%。住房方面，广大来深建设者的住房需求十分强烈，而政府的廉租房和公租房建设严重滞后。今后，深圳市应紧密围绕就业、住房、医疗、教育、公共交通等现实需求，加大社会建设方面的财政投入力度，大力提升民生福利水平。这些问题解决好了，人民群众才安居乐业，和谐社会建设才能够有坚实的基础。

4. 创新社会管理技术，努力实现社会管理科学化

深圳要努力通过制度改革与创新，提高社会管理的科学化和信息化水平，在实践中不断改变过去的依靠经验管理社会的传统方法，借鉴国内先进地区和国外的先进管理经验，逐步实现社会管理的科学化、长效化。改变过去重管理轻预防、轻服务的思路，向事先预防、管理与服务并重转变。

一是加强对民众意愿、呼声和需求的研究调查工作。民意、民情、民生是政府管理和服务工作的出发点和决策依据，必须下大力气做好民意收集整理和研究工作，通过调查获取民众需求，有针对性地做好社会管理和服务工作，提高管理的科学化水平。

二是积极推进网格化社会服务管理。深圳应借鉴北京东城区等地社会服务管理经验,充分运用网格概念和现代信息技术,合理划分网格单元,以责任制为依托,全面覆盖人、地、事、物、情、组织等要素,进行精细化社会管理,消除社会管理的盲点。对现有社会管理流程进行再造和优化,优化社会服务管理力量配置,全面构建社会管理信息化支撑体系。

三是充分重视发挥以互联网为代表的新媒体在当今新公民参与运动战略中的重要作用,通过网络问政、议政、监督、宣传、评议等多种新型的公共参与方式,推动网络民主发展。在推行网络议政问政的同时,还应积极加强网络监管,强化网络自律与监管,争取引导网络舆论导向。

四是积极吸引各种社会力量参与社会管理,探索公共服务的市场化购买机制,政府的公共服务需求,不再主要通过财政拨款的形式,交给体制内的事业单位来做,而是逐渐采用招标采购的形式,交给任何能够提供社会服务的企业事业单位、各种民间机构和社会组织。

参考文献

[1] 杜飞进、裴智勇、廖文根:《和谐社会的中国智慧——探索中国特色社会主义社会管理体系(下)》,《人民日报》2011年7月30日。

[2] 田星亮:《论网络化治理的主体及其相互关系》,《学术界》2011年第2期。

[3] 王春娟:《科层制的含义及结构特征分析——兼评韦伯的科层制理论》,《学术交流》2006年第5期。

[4] 陶丹萍:《网络治理理论及其应用研究——一个公共管理新途径的阐释》,《上海交通大学学报》(网络版)2010年第7期。

[5] 吕志奎:《中国社会管理创新的战略思考》,《政治学研究》2011年第6期。

[6] 深圳市社会科学院课题组:《继续弘扬南方谈话精神加快深圳社会管理创新》,《南方论丛》2012年第1期。

[7] 杨立勋:《深圳社会建设新模式的探索之路》,《开放导报》2011年第2期。

[8] 田伟宏:《深圳社会管理的风险与创新》,《特区实践与理论》2011年第5期。

[9] 易丽丽:《深圳:公民社会的试验田》,《决策》2011年第4期。

[10] 毛军吉:《构建有深圳特色的网络化社会管理体系》,《特区实践与理论》2012年第3期。

[11] 深圳市社会科学院课题组:《弘扬南方谈话精神 加快深圳社会管理创新》,《特

区实践与理论》2012年第3期。

［12］吴忠、杨立勋等：《从"善政"向"善治"转变》，《深圳特区报》2012年3月20日。

［13］许勤：《政府工作报告》，《深圳特区报》2012年1月21日。

［14］郑向鹏：《实现有质量的稳定增长》，《深圳特区报》2012年1月9日。

［15］游春亮：《社会管理创新立法进程将加快》，《法制日报》2012年3月29日。

［16］《深圳经济特区社会建设促进条例》，《深圳特区报》2012年2月29日。

［17］新浪网：《深圳市委书记：摸石头过河改革时代已逐渐过去》，http：//blog. sina. com. cn/s/blog_ 564c7e490102ehyh. html2012 - 11 - 03。

［18］王荣：《创新社会管理 激活社会建设》，《唯实（现代管理）》2012年第6期。

［19］吕绍刚、张铁：《深圳改革，需要激活社会建设》，《人民日报》2012年5月3日。

［20］王军杰：《深圳为社会建设立法具有样本意义》《江淮法治》2012年第2期。

分 报 告

Subsidiary Report

B.10
深圳经济特区发展报告

伍凤兰 赵文强*

一 深圳经济及社会发展概况

(一)经济总量突破万亿,增长速度有所放缓

2011年在全球经济危机不断,国内经济发展放缓的背景下,深圳市经济依然保持平稳增长,全市生产总值为11502.06亿元,比上年增长10.0%,经济总量迈上万亿新台阶;人均生产总值为110387元,同比增长7.3%,按2011年平均汇率折算为17084美元。

在经济总量持续增长的同时,经济增长速度相对"十一五"时期有所放缓(见图1)。这标志着,深圳市开始正式进入减速调整、转型升级的关键时

---

* 伍凤兰,深圳大学经济学院副教授、博士。赵文强,深圳大学中国经济特区研究中心博士研究生。本报告同时也是深圳市十二五规划课题(125B056)的阶段性成果。

期,要在"十二五"期间推进经济结构战略性调整,推动低碳绿色发展,实现率先建成国家创新型城市,再创体制机制新优势等战略目标。

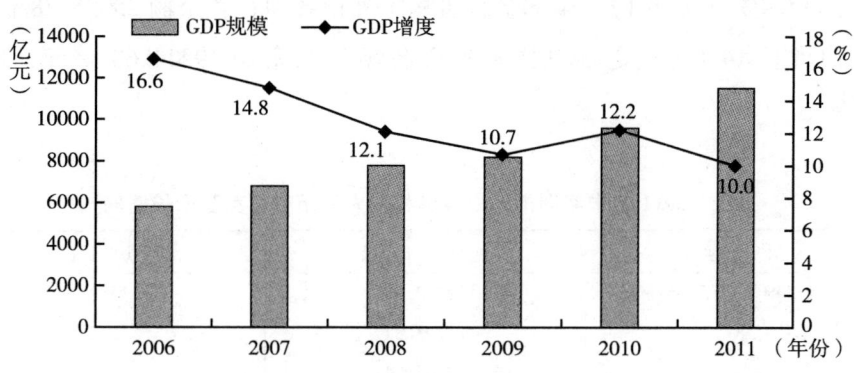

图1　深圳市2011年与"十一五"期间GDP比较

(二)财政金融形势良好

2011年,深圳市完成地方财政一般预算收入1339.59亿元,比上年增长21.0%(见图2)。其中各项税收收入1195.14亿元,同比增长20.5%。地方财政一般预算支出1590.64亿元,同比增长25.6%。其中,教育支出193.56亿元,同比增长26.9%;文化体育与传媒支出45.23亿元,同比减少20.3%;医疗卫生支出77.37亿元,同比增长24.8%;一般公共服务支出141.66亿元,同比增长21.6%。

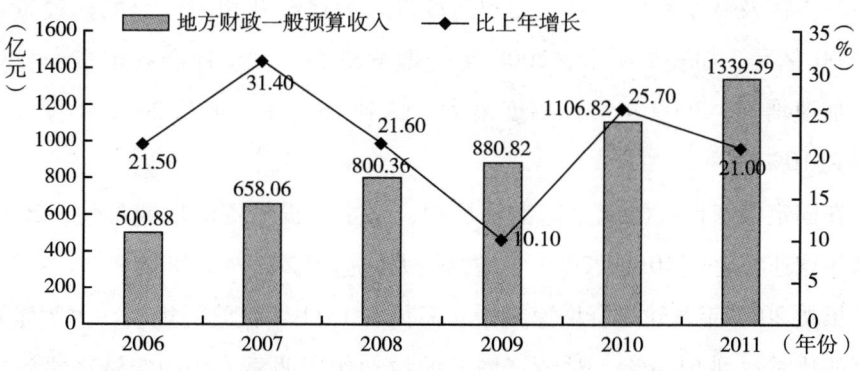

图2　2006~2011年深圳地方财政一般预算收入及增长速度

截至 2011 年末，深圳全市国内金融机构人民币存款余额达 22782.39 亿元，比年初增长 13.2%；国内金融机构人民币贷款余额 15714.96 亿元，比年初增长 15.4%（见表 1）。全部金融机构本外币各项存款余额 25095.78 亿元，比年初增长 14.8%；金融机构本外币各项贷款余额 19244.68 亿元，增长 15.1%。

表 1 2011 年末深圳市国内金融机构人民币存贷款及增长速度

指标	绝对数（亿元）	比年初增长（%）
国内金融机构各项存款余额	22782.39	13.2
其中：单位存款	13703.84	15.2
个人存款	7427.64	10.3
国内金融机构各项贷款余额	15714.96	15.4
其中：短期贷款	3591.25	21.1
中长期贷款	11128.29	12.7

（三）全社会固定资产投资增幅减缓，投资质量进一步提高

2011 年是"深圳大运"年，为了办好大运会，从 2005 年申办大运会成功起，深圳市政府就开始了大规模的场馆建设和城市基建翻新投资。截至大运会举行，深圳交通系统用于对外交通、道路网、公共交通、智能系统、交通管理设施等方面的投资共 1415.85 亿元。再加上城市更新和美化工程、环境治理工程及赛事经费等，直接和间接投入大运会及相关配套的建设资金超过 2000 亿元。如表 2 所示，2008 年金融危机之后，全社会固定资产投资额开始加速增长，2009 年增长幅度最大，达到 16.5%；但是 2011 年投资增幅减缓到 10%。

在固定资产投资的三个基本项目中，基本建设投资的增速最快，2007 年以来年增速都超过 10%，2009 年增幅最大，达到 26.1%。相对"十一五"期间，虽然 2011 年基建投资增速减缓，但仍有 1311.5 亿元的规模，占固定资产投资的比重达到 61.4%，对经济增长的拉动作用明显，是固定资产投资的主力军。另外，更新改造投资增长则相对放缓，房地产开发投资也停滞甚至减

少，房地产开发全年仅完成投资590.2亿元，拉动固定资产投资增长6.1个百分点。

表2　2011年与"十一五"期间全社会固定资产投资额指数

年　份	全社会固定资产投资	基本建设投资	更新改造投资	房地产开发投资	其　他
2006	107.8	106.6	121.7	109.1	76
2007	105.6	111.6	103.7	99.8	78.4
2008	109.1	115.9	108.1	95.5	168.3
2009	116.5	126.1	107.1	99.3	140.7
2010	113.8	117.5	112.2	104.8	119
2011	110.1	106.9	110.4	128.7	

（四）居民收入稳步增加

2011年末，深圳全市城镇单位在岗职工250.17万人，比上年末增长4.0%；在岗职工年平均工资55684元，比2010年上涨10.4%（见表3）。从2011年4月1日起，深圳最低工资标准由每月1100元上涨到1320元，上涨20%。根据抽样资料，2011年深圳居民人均可支配收入为36505.04元，比上年增长12.7%，居民人均消费性支出24080.03元，增长5.6%。

表3　深圳市居民近年收入支出情况表

项　目	2006	2007	2008	2009	2010	2011
在岗职工年平均工资(元/人)	35107	38798	43454	46723	50456	55684
家庭总收入(元/人)	23678.28	26014.79	28703.97	31932.24	35523.75	39076.13
可支配收入(元/人)	22567.08	24301.38	26729.31	29244.52	32380.86	39045.91
消费性支出(元/人)	16628.16	18474.49	19779.09	21526.10	22806.54	26036.84
恩格尔系数(%)	33.3	32.5	36	35	35.5	36.2

（五）消费物价上涨较快，消费结构升级

2011年居民消费价格上升较快，居民消费价格总水平比上年上升5.4%。

八大类消费品价格指数均有上升,食品类升幅最大,达11.9%;烟酒用品、居住、医疗保健和个人用品亦有较大幅度上升,升幅超过4%;衣着、家庭用品、交通和通讯类均有不同程度的小幅上升。

2011年,深圳市居民消费结构变化较大,增加最快的两个项目是居住类和家庭设备用品及服务类,即使考虑了物价因素,增长幅度也还超过10%;其次是教育文化娱乐类消费的增长,扣除物价因素后还有7.2%的增长。而食品类仅增长9.0%,但2011年食品类物价增幅达11.9%,考虑了物价因素后食品类消费实际减少了2.9%。由此可见,随着收入水平和基本生活满足程度的提高,深圳居民消费结构正从传统温饱型向高端消费型升级,这是保持深圳市消费持续增长的最主要动力(见表4)。

表4 2011年深圳市600户市民消费结构抽样调查表

指标名称	1~4季度累计(元)	累计同比(%)	消费品物价增长(%)
可支配收入	36505.04	12.7	—
消费性支出	24080.03	5.6	5.4
其中:食品类	8832.44	9.0	11.9
衣着类	1912.61	9.3	2.1
居住类	2916.25	14	4.0
家庭设备用品及服务类	1632.19	12.9	1.3
医疗保健类	900.37	-9.8	5.0
交通通信类	4124.68	-8.5	0.3
教育文化娱乐服务类	2890.26	8.9	1.7
其他商品和服务类	871.25	10.7	—

(六)房价涨势得到控制,但依然居于高位

2011年3月底,深圳市政府制定了新建住房价格调控政策。5月1日,市政府进一步细化限价政策。8月份,房地产调控力度再度加大,实施"一房一价",将原先公布的"新建住房价格涨幅低于GDP和人均可支配收入"改为"月度环比零增长",以及对单个项目将不进行整体限价,而是分为90平方米以下、90~144平方米、144平方米以上三个面积段分别进行限价。

在经历了如此严厉的政策后，深圳市房价长势得到控制，新房交易一度疲软。深圳市2011年总成交面积为273.2万平方米，较2010年的320.97万平方米下降14.88%；全年成交套数为3.2万套，同比下降12.82%，创下了10年来的新低。从2011年3月底开始，深圳楼盘均价开始从每平方米2万元逐步回落至2万以下，全年新房成交均价约19000元/平方米，下跌约6.03%，达到年度调控目标。

房价虽然达到了调控的目标，但下跌的幅度并没有达到市民所期望的程度。2011年深圳房价收入比为15.6，依然位居35个大中城市的首位。但是如果政策没有松动，2012年深圳房地产市场将依然是持续低迷的一年。

（七）各级各类教育不断发展

截至2011年底，全市共有各级各类学校（含幼儿园）1757所，在校生总数143.5万人。学前教育新招生11.9万人，比上年增加7866人，增长7%；义务教育阶段招生21.5万人，比上年增加1.2万人，增长5.8%；小学一年级招收非深户学生9.91万人，占小一学生总数的77.3%；初一年级招收非深户籍学生5.87万人，占初一学生总数的67.4%。秋季义务教育阶段全市免费非深户籍学生28.65万人，占全市免费学生的54.2%，符合条件的全部非深户籍学生都享受了免费义务教育。普通高等学校招生3.6万人，比上年增加1180人，增长3.4%；中职招生2.29万人，普高和中职招生人数比例61∶39，高等教育结构明显优化；高校全日制在校生7万人。各级各类教育协调性进一步增强，城市教育体系更适应城市人口和经济社会发展。

（八）医疗服务水平提高，医疗费用上升

2011年，深圳市医疗卫生机构数量平稳增长，各级各类医疗卫生机构共1854个（不包括社区健康服务中心），其中医院110家；2011年底共有床位24079张，同比增长5.4%，其中医院病床22322张。全市拥有卫生工作人员71969人，执业（助理）医师22657人，注册护士23987人，医护比0.94∶1。

医院出院病人治愈好转率98.4%，较上年同期增长0.5个百分点。医院门诊次均费用和住院次均费用同比分别增长7.9%和6.6%，扣除物价因素后

(2011年深圳市居民消费价格指数105.4），实际同比分别增长2.4%和1.1%（见表5）。

表5 2011年医疗基本情况

	单位	2011年	2010年	同比增长(%)
卫生机构数	家	1854	1827	1.5
其中：医院	家	110	107	2.8
床位数	张	24079	22842	5.4
其中：医院病床	张	22322	21166	5.5
总诊疗人次	万人次	8878.0	8127.4	9.2
治愈率	%	68.7	68.3	0.4
门诊次均费用	元	142.3	131.8	7.9(2.4)
住院次均费用	元	6650.6	6241.0	6.6(1.1)

资料来源：深圳市卫生和人口计划生育委员会网站，http：//www.szhpfpc.gov.cn/wsj/main? fid = open&fun = show_ news1 &from = view&nid = 21656。

（九）公共服务水平继续提高

2011年，深圳全年基本建设投资中用于城市基础设施建设的资金719.02亿元，比上年下降2.2%。全年全市用电量696.02亿千瓦时，比上年增长4.9%，其中城乡居民生活用电89.42亿千瓦时。全市自来水日供应能力692.00万立方米，全年供水总量16.15亿立方米，增长3.2%，其中居民家庭用水量5.22亿立方米，增长4.0%，全市自来水普及率达100%。

2011年末，全市共有公共汽车营运线路825条，比上年末增加67条。公共交通营运线路总长度17596.00公里，增加609.30公里。年末实有公共汽车营运车辆29608辆，增长10.5%。其中，公共汽车14873辆，增长19.4%；出租小汽车14735辆，增长2.8%。全年公共汽车客运总量23.64亿人次，增长3.6%。城市轨道开通罗宝线、龙岗线和龙华线部分路段，线路总长度达到177.00公里，增长178.7%，轨道交通客运总量3.45亿人次，增长111.8%。

（十）城市环境有较大改善

2011年，全市空气质量和天气状况明显好转。灰霾天数仅有112天，是

2003年以来的最低水平。空气主要污染物的平均浓度符合环境空气质量二级标准。

全市主要河流污染程度有所减轻，14条主要河流中，有11条水质得到改善。饮用水源水质全面达标，全市饮用水源水质达标率保持100%。13座水库中，深圳水库等10座水库水质为优。

深圳近岸海域水质保持良好。东部海域水质达到《海水水质标准》（GB 3097-1997）第二类标准，水质保持良好。西部海域水质污染程度无明显变化，但受生活污染影响，活性磷酸盐和无机氮指标劣于第三类标准。

声环境质量处于轻度污染水平。区域环境噪声平均值56.7分贝，与上年持平；道路交通噪声平均值69.0分贝，下降0.2分贝。

环境辐射剂量水平保持正常。全市各监测点位的环境地表γ辐射剂量率累积剂量无异常。气溶胶、土壤、主要饮用水源的放射性水平监测结果处于正常水平。

生态资源消耗速率放缓。自2005年划定"基本生态控制线"以来，深圳市生态资源得到保护，尽管随城市高速发展呈消耗趋势，但仍处于良好状态。2007~2010年，GDP每增加1000亿元所消耗的生态资源指数从1.22下降到1.02，经济增长伴随的生态资源消耗速率略有放缓。

经济发展的环境影响进一步下降。化学需氧量、氨氮、二氧化硫、氮氧化物排放量预计比2010年分别下降5.75%、8.39%、11.48%、2.90%，特别是氮氧化物排放量，在上年全国排放量不断上升的条件下，成功实现减排。

二 深圳经济特区新发展

（一）经济社会综合效益持续提高

1. 经济效益增长显著

2011年深圳市经济总量迈上一个新的台阶，经济效益各项指标也同步提升。其中每平方公里土地产出GDP由2010年的4.81亿元增加到5.78亿元，增长20.2%；人均产出11.04万元，增长7.3%（见图3）。

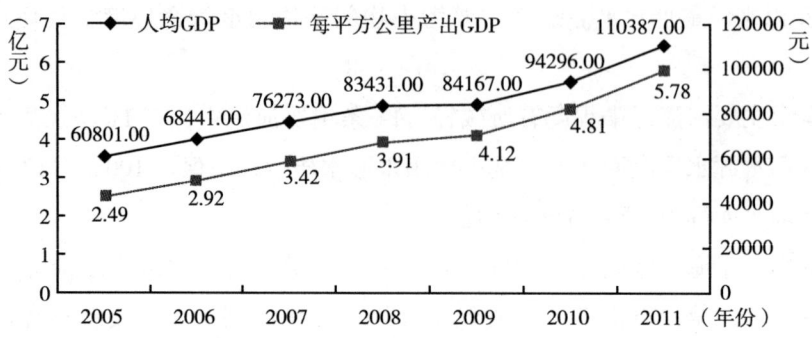

图 3　2005～2011 年深圳市人均、地均 GDP 产出趋势图

2011 年深圳市万元 GDP 能耗降为 0.47 吨标准煤，比上年降低 8.38%；万元 GDP 水耗降为 18.7 立方米，同比下降 6.27%，两项指标较往年均有大幅度下降，远远低于全国平均水平（见图 4）。①

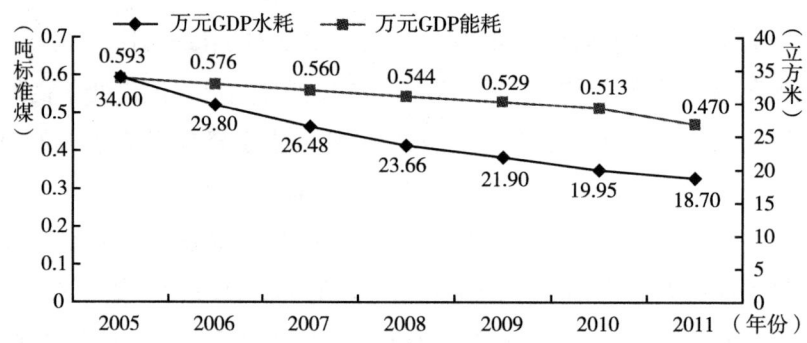

图 4　2005～2011 年深圳市万元 GDP 能耗、水耗趋势图

全市规模以上工业企业增加值为 5228.78 亿元，比上年增长 12.6%。其中，国有企业增加值 247.03 亿元，增长 10.2%；股份制企业增加值 2125.08 亿元，增长 27.7%；外商及港澳台投资企业增加值 2781.15 亿元，增长 3.3%。分轻重工业看，轻工业增加值 1001.16 亿元，增长 2.6%；重工业增

---

① 国家统计局、国家发展和改革委员会、国家能源局联合发布的《2011 年分省区市万元地区生产总值（GDP）能耗等指标公报》显示，各省、区、直辖市中仅北京市万元 GDP 能耗水平低于深圳，为 0.459 吨标准煤。2011 年深圳市万元 GDP 水耗 18.7 吨为全国最低。

加值 4227.62 亿元，增长 15.3%。全年规模以上工业企业主营业务收入比上年增长 10.2%，实现利税总额下降 3.5%，利润总额下降 13.3%；工业全员劳动生产率 15.24 万元/人，同比增长 25.1%；工业经济效益综合指数 191.7，比上年略有下降（见图 5）。

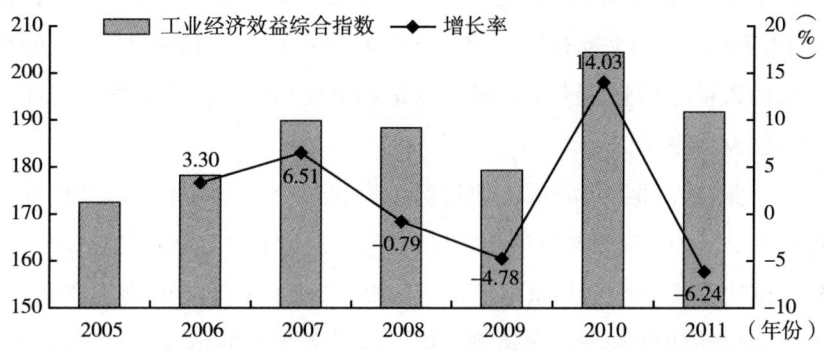

图 5　2005～2011 年深圳市工业经济效益综合指数及增长率

文化、金融、物流和高新技术等支柱产业增加值都有较大幅度增长，四大支柱产业增加值之和占 GDP 的 62.54%（见图 6）。

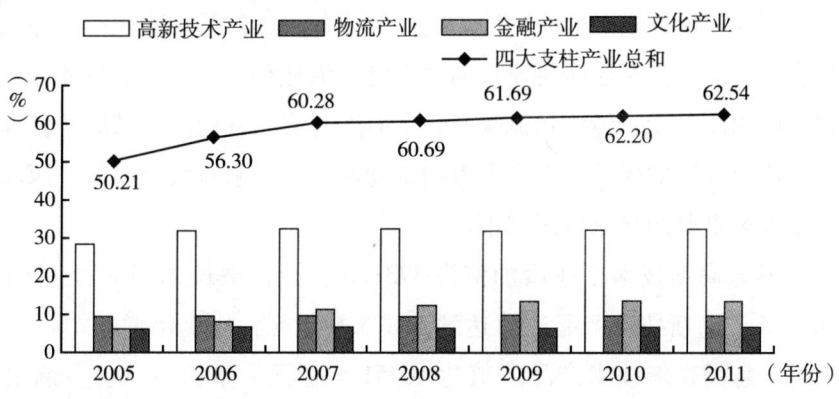

图 6　2005～2011 年深圳市四大支柱产业增加值及其总和占当年 GDP 的百分比

文化产业迅速发展，全年实现增加值 771.00 亿元，同比增长 21.0%，占 GDP 比重的 6.7%。第七届文博会成交额达 1245.49 亿元，同比增长 14.42%，文博会已经不单纯是一个展览会，更是带动文化产业发展的交易会。文化产业已经成为深圳市最活跃、最具竞争力的产业之一,尤其是在创意设计、动漫游戏、数字音乐、互联网信息服务、高端印刷等领域涌现出一批高速增长的骨干企业,成为引领深圳市文化产业发展的中坚力量。

金融业增加值1562.43亿元,比上年增长8.6%,占GDP的比重为13.8%,综合实力居国内大中城市前列。金融业实现税收597.4亿元,占地方税收的17.7%,居四大支柱产业之首。全年共引进金融机构24家,分行级以上金融机构数量已达到254家,机构数量和密度均位居国内前列,为深圳市的金融中心建设会聚了力量。

物流产业在外部需求降低,原材料、燃料、劳动力成本上涨的情况下,继续保持增长,全年实现增加值1122.36亿元,增长14.9%,占GDP比重的9.76%,该比重比全国平均水平高出近一倍。2011年深圳市物流产业的增长,得益于内需拉动和物流产业的转型升级。在外需减少的情况下,国内市场进口需求依然强劲,一些较大的物流企业,抓住机遇大力建设内需市场,在国内大中城市布局仓储设施,建设高端的物流平台。近年来国内电子商务的兴起,也给物流产业发展提供了契机,客观上增加了物流需求量。深圳物流产业的一个明显的趋势是向高端转型,增加服务的附加值。发展第三方物流和供应链管理企业,不仅为客户提供一般的运输、仓储等业务,还包括采购执行、分销执行等多项服务功能,甚至还能将业务向产业链上游延伸。据统计,深圳已有300多家供应链物流企业,传统物流服务正在向综合第三方物流和供应链管理服务转变。物流业转型的同时,提升了深圳市物流运行效率和城市地位,深圳已经成为亚太地区重要的物流枢纽城市。

2011年,高新技术产业增加值为3738.0亿元,增长22.2%,占GDP比重的32.5%。高新技术产品产值达到11875.6亿元,比上年增长16.7%。其中,电子信息类高新技术产品产值达10451.1亿元,增长16.6%;新材料及新能源高新技术产品产值达650.9亿元,增长17.5%;光机电一体化高新技术产品产值达574.6亿元,增长17.1%;生物技术高新技术产品产值达119.9亿元,增长18.5%;环保高新技术产品产值达79.1亿元,增长17.9%。高新技术产业的高速增长证明深圳市的创新能力和研发转化能力不断增强,高新技术产业也是深圳市经济增长的一个重要的引擎。

2. 社会效益稳步提高

2011年深圳市各项经济指标持续增长的同时，社会效益同步提高。全年对研究与实验发展以及教育的投入大幅增加，研发经费达到420.98亿元，同比增长25.17%，占GDP的比重达到3.66%，是2010年全国研发投入占GDP比重的2倍多；财政性教育支出193.56亿元，增长26.9%，占GDP的比重达到1.68%，两项指标均有增长（见图7）。

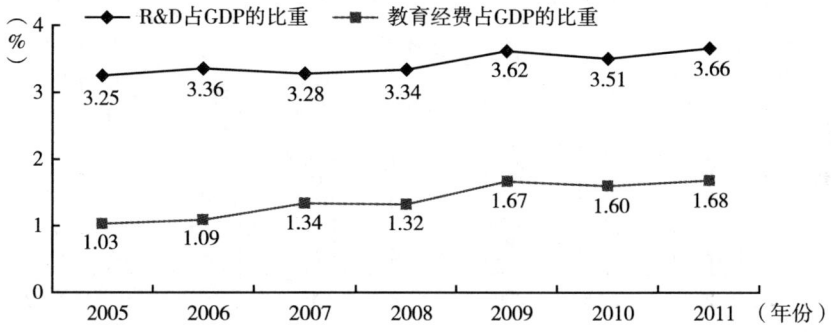

图7　2005~2011年深圳市研发经费和财政性教育经费支出占GDP的比重

2011年全市积极实施创业带动就业工作，全年扶持自主创业者3180人，创业带动就业9500人，实现"零就业家庭"动态归零。全市城镇登记失业率降为2.20%，比上年下降0.25个百分点，创近年来最低点（见图8）。根据市人力资源市场的抽样调查数据，2011年第四季度求人倍率为1.81，同比上升0.07。

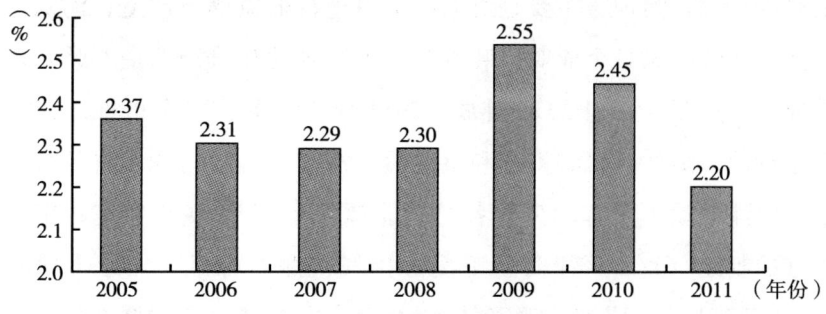

图8　2005~2011年深圳市城镇登记失业率

2011年，深圳市人均可支配收入与居民消费价格指数同步增长（见图9）。抽样调查资料显示，全年居民人均可支配收入36505.04元，比上年增长12.7%。居民人均消费性支出24080.03元，增长5.6%；恩格尔系数为36.7%，比上年提高1.2个百分点。居民消费价格指数较上年有大幅增长，达到105.4，创近3年以来的新高。

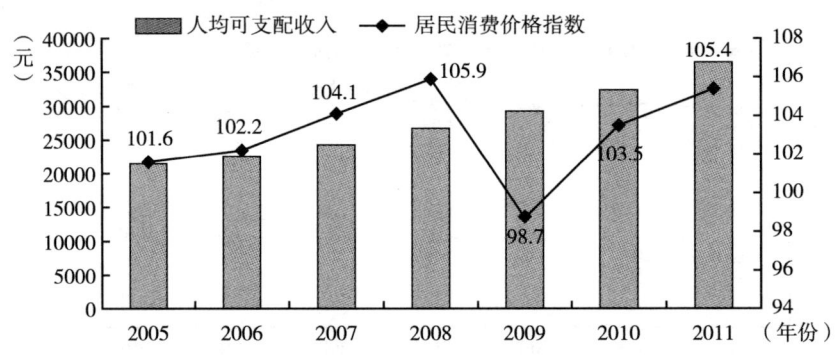

图9　2005~2011年深圳市人均可支配收入及居民消费价格指数

3. 环境治理取得成效

2011年，全市环境空气质量达到国家一级标准（优）和二级标准（良）的天数共362天，占全年总天数的99.2%，比上年增加6天。二氧化硫、二氧化氮和可吸入颗粒物等空气污染物，逐年下降（见图10），年平均浓度均达到环境空气质量二级标准。空气质量的提高得益于深圳市有针对性地对环境污染源进行综合治理，主要是对电厂机组进行低氮燃烧改造；淘汰和改造高污染锅炉；督促家具企业对涂装生产线进行水性化升级改造，鼓励印刷企业改用环保性油墨，减少VOC排放。2011年1月起，在全市推广使用国Ⅳ标准车用汽油，继续对轻型汽车和重型燃气汽车上牌执行国Ⅳ排放标准；并在全市投放纯电动、混合动力等各类新能源汽车3035辆；实施在用车检测与强制维护制度（I/M）和简易工况法排气检测新标准；大运会期间签署《深莞惠机动车排气污染联防联治工作协议》，与东莞、惠州联合治理跨境黑烟车、高排放车辆。

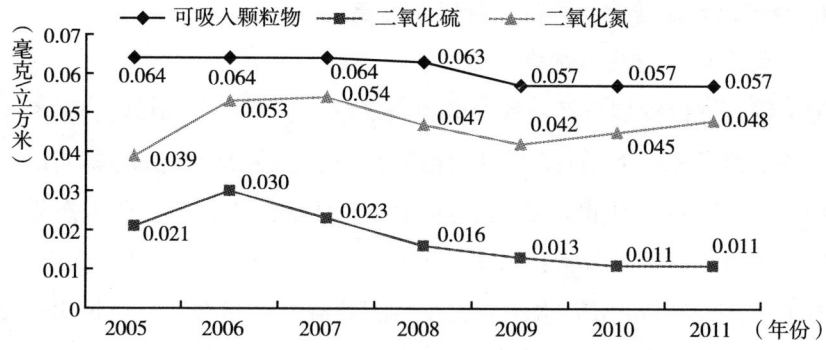

图10　2005～2011年深圳市空气中可吸入颗粒物、
二氧化硫及二氧化氮年平均值

2011年，全市建成区绿化覆盖率达45.1%，生活垃圾无害化处理率95.0%。主要饮用水源水库水质达标率100%。城市生活污水处理率（二级处理）94.0%。环境污染治理指数逐年提高（见图11）。

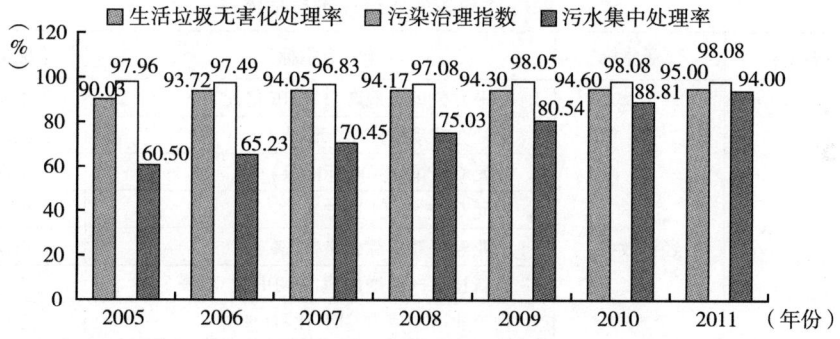

图11　2005～2011年深圳市环境治理状况

注：图中污染治理指数是考虑了工业废水、废气和固体废物的综合治理效果的环境治理的指标，其计算方法为：环境污染治理指数＝工业废水排放达标率×0.5＋工业废气治理率×0.3＋固定废物综合治理率×0.2＝（工业废水处理排放达标量/工业废水排放总量）×100%×0.5＋（工业二氧化硫去除量/工业二氧化硫总生成量）×100%×0.1＋（工业烟尘去除量/工业烟尘总生成量）×100%×0.1＋（工业粉尘去除量/工业粉尘总生成量）×100%×0.1＋（工业固体废物综合利用量＋工业固体废物处理量）/工业固体废物产生量×100%×0.2。

式中0.5、0.3、0.2为权重，该权重比例和指标所包含的具体评估内容，可随着经济发展以及环境保护的新要求而发生变化。

4. 经济社会效益综合评价指标逐年提高

（1）综合评价方法的选取

为了综合评价深圳市经济社会效益发展状况，根据深圳市经济和社会发展特点，课题组参考"效益深圳"统计指标，使用层次分析法对深圳市"经济社会综合效益"进行评价。准则层选取经济效益、社会效益和生态效益三类指标进行评价；指标层包括：每平方公里土地产出GDP、全社会劳动生产率、万元GDP能耗、万元GDP水耗、工业经济效益综合指数、高新技术产品增加值占GDP比重、物流业增加值占GDP比重、金融业增加值占GDP比重、文化及相关产业增加值占GDP比重、研究与试验发展经费支出占GDP比重、财政性教育经费支出占GDP的比例、城镇登记失业率、人均可支配收入、生活垃圾无害化处理率、空气污染物、污染治理指数、城市污水集中处理率，共17项指标（见表6、表7）。该指标力求综合反映深圳近年来经济社会发展状况及其对环境的影响。

表6 经济社会综合效益评价指标体系

一级指标	二级指标	三级指标	指标类型
经济社会综合效益	经济效益	1. 每平方公里土地产出GDP(亿元)	正向
		2. 全社会劳动生产率(元/人)	正向
		3. 万元GDP能耗(吨标准煤)	负向
		4. 万元GDP水耗(立方米)	负向
		5. 工业经济效益综合指数(%)	正向
		6. 高新技术产品增加值占GDP比重(%)	正向
		7. 物流业增加值占GDP比重(%)	正向
		8. 金融业增加值占GDP比重(%)	正向
		9. 文化及相关产业增加值占GDP比重(%)	正向
	社会效益	10. 研究与试验发展经费支出占GDP比重(%)	正向
		11. 财政性教育经费支出占GDP的比例(%)	正向
		12. 城镇登记失业率(%)	负向
		13. 人均可支配收入(元)	正向
	生态效益	14. 生活垃圾无害化处理率(%)	正向
		15. 空气污染物(mg/m^3)	负向
		16. 污染治理指数(%)	正向
		17. 城市污水集中处理率(%)	正向

表 7　2005~2011 年深圳市经济社会发展各项指标值

指标 \ 年份	2005	2006	2007	2008	2009	2010	2011
1. 每平方公里土地产出 GDP（亿元）	2.49	2.92	3.42	3.91	4.12	4.81	5.78
2. 全社会劳动生产率（元/人）	60801	68441	76273	83431	84167	94296	110387
3. 万元 GDP 能耗（吨标准煤）	0.593	0.576	0.560	0.544	0.529	0.513	0.470
4. 万元 GDP 水耗（立方米）	34.00	29.80	26.48	23.66	21.90	19.95	18.70
5. 工业经济效益综合指数（％）	172.50	178.20	189.80	188.30	179.30	204.45	191.70
6. 高新技术产品增加值占 GDP 比重（％）	28.41	31.90	32.50	32.40	31.85	32.16	32.50
7. 物流业增加值占 GDP 比重（％）	9.45	9.56	9.67	9.41	9.82	9.67	9.76
8. 金融业增加值占 GDP 比重（％）	6.20	8.14	11.31	12.42	13.54	13.67	13.58
9. 文化及相关产业增加值占 GDP 比重（％）	6.15	6.70	6.80	6.46	6.48	6.70	6.70
10. 研究与试验发展经费支出占 GDP 比重（％）	3.25	3.36	3.28	3.34	3.62	3.51	3.66
11. 财政性教育经费支出占 GDP 的比例（％）	1.03	1.09	1.34	1.32	1.67	1.60	1.68
12. 城镇登记失业率（％）	2.37	2.31	2.29	2.30	2.55	2.45	2.20
13. 人均可支配收入（元）	21494	22567	24301	26729	29245	32381	36505
14. 生活垃圾无害化处理率（％）	90.03	93.72	94.05	94.17	94.30	94.60	95.00
15. 空气污染物（mg/m³）	0.124	0.147	0.141	0.126	0.112	0.113	0.116
16. 污染治理指数	97.96	97.49	96.83	97.08	98.05	98.08	98.08
17. 城市污水集中处理率（％）	60.50	65.23	70.45	75.03	80.54	88.81	94.00

(2) 数据处理及方法

上述评价体系中，既有正向指标又有部分负向指标。正向指标也称为极大型指标，这类指标人们期望它的取值越大越好，如：每平方公里土地产出 GDP、全社会劳动生产率等；负向指标也称为极小型指标，这类指标人们期望它的取值越小越好，如：万元 GDP 能耗、万元 GDP 水耗、空气污染物等。为了能够对各项指标进行综合评价，对各项指标作一致化处理。

对于极小型指标 x，令

$$x^* = \frac{1}{x}, (x > 0)$$

用极值法对评价指标进行无量纲处理：$x_{ij}^* = \frac{x_{ij}}{\overline{x_i}}$，（$x_{ij}^* \in [0,1]$）。式中

$$\overline{x_i} = \frac{1}{n}\sum_{j=1}^{n} x_{ij}$$

(3) 各项指标权数确定

经济社会综合效益受三个指标影响，这里认为三个指标同等重要，其判断矩阵的特征向量为 w = [1/3, 1/3, 1/3]^T，最大特征根为 3。

根据表 6，构造各二级指标的判断矩阵（见表 8 至表 10）。

表 8 经济效益指标判断矩阵

经济效益指标	E1	E2	E3	E4	E5	E6	E7	E8	E9
每平方公里土地产出 GDP(亿元)E1	1	1	1/3	1/3	1/7	1/5	1/3	1/3	1/3
全社会劳动生产率(元/人)E2	1	1	1/3	1/3	1/7	1/5	1/3	1/3	1/3
万元 GDP 能耗(吨标准煤)E3	3	3	1	1	1/5	1/3	1	1	1
万元 GDP 水耗(立方米)E4	3	3	1	1	1/5	1/3	1	1	1
工业经济效益综合指数(%)E5	7	7	5	5	1	3	5	5	5
高新技术产品增加值占 GDP 比重(%)E6	5	5	3	3	1/3	1	3	3	3
物流业增加值占 GDP 比重(%)E7	3	3	1	1	1/5	1/3	1	1	1
金融业增加值占 GDP 比重(%)E8	3	3	1	1	1/5	1/3	1	1	1
文化及相关产业增加值占 GDP 比重(%)E9	3	3	1	1	1/5	1/3	1	1	1

求得特征向量 w = [0.030, 0.030, 0.079, 0.079, 0.354, 0.194, 0.079, 0.079, 0.079]^T，最大特征根 λ_{max} = 9.153。CI = 0.0191，RI = 1.45，CR = CI/RI = 0.013 < 0.10，通过一致性检验。

表9 社会效益指标判断矩阵

社会效益指标	S1	S2	S3	S4
研究与试验发展经费支出占GDP比重(%)S1	1	1	1/3	1/3
财政性教育经费支出占GDP的比例(%)S2	1	1	1/3	1/3
城镇登记失业率(%)S3	3	3	1	1
人均可支配收入(元)S4	3	3	1	1

求得特征向量 $w = [0.125, 0.125, 0.375, 0.375]^T$，最大特征根 $\lambda_{max} = 4$。CI = 0，CR = CI/RI = 0，顺利通过一致性检验。

表10 生态效益指标判断矩阵

生态效益指标	A1	A2	A3	A4
生活垃圾无害化处理率(%)A1	1	1/3	1/5	1
空气污染物(mg/m³)A2	3	1	1/3	3
污染治理指数(%)A3	5	3	1	3
城市污水集中处理率(%)A4	1	1/3	1/3	1

通过计算，得特征向量 $w = [0.10, 0.26, 0.52, 0.12]^T$，最大特征根 $\lambda_{max} = 4.12$。CI = 0.04，RI = 0.90，CR = CI/RI = 0.044 < 0.10，顺利通过一致性检验。

将得到的二级指标和三级指标权重分别对应于各相应指标，得经济社会效益综合指标总排序权值（见表11）。

表11 经济社会效益综合指标总排序权值

二级指标	权数	三级指标	权数 w
经济效益	1/3	1. 每平方公里土地产出 GDP(亿元)	0.030
		2. 全社会劳动生产率(元/人)	0.030
		3. 万元 GDP 能耗(吨标准煤)	0.079
		4. 万元 GDP 水耗(立方米)	0.079
		5. 工业经济效益综合指数(%)	0.354
		6. 高新技术产品增加值占 GDP 比重(%)	0.194
		7. 物流业增加值占 GDP 比重(%)	0.079
		8. 金融业增加值占 GDP 比重(%)	0.079
		9. 文化及相关产业增加值占 GDP 比重(%)	0.079

续表

二级指标	权数	三级指标	权数 w
社会效益	1/3	10. 研究与试验发展经费支出占 GDP 比重(%)	0.125
		11. 财政性教育经费支出占 GDP 的比例(%)	0.125
		12. 城镇登记失业率(%)	0.375
		13. 人均可支配收入(元)	0.375
生态效益	1/3	14. 生活垃圾无害化处理率(%)	0.100
		15. 空气污染物(mg/m³)	0.260
		16. 污染治理指数(%)	0.520
		17. 城市污水集中处理率(%)	0.120

（4）测算结果及结论

用线性加权综合法进行综合评价

$$y = \sum_{i=1}^{n} w_i x_i$$

式中 y 为系统的综合评价值，w_i 是与评价指标 x_i 对应的权重系数（$w_i \in [0,1]$，$\sum_{i=1}^{n} w_i = 1$）。

通过测算，深圳市 2005~2011 年综合经济社会效益指标值分别为 0.90、0.93、0.97、1.00、1.03、1.07、1.11（见图12）。说明 2005 年以来，深圳市的经济、社会以及环境生态发展的各项指标，综合来看是稳步前进的。

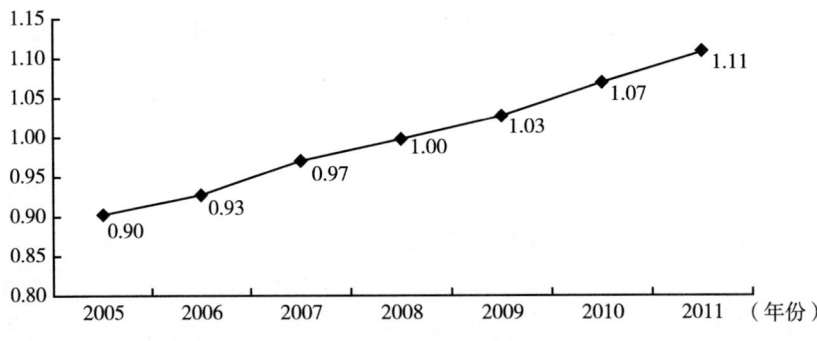

图 12　2005~2011 年深圳市经济社会效益综合指标

本研究对经济社会效益综合指标的测算采用层次分析法,该方法能较好地将定性分析与定量分析相结合,具有主观选择和客观赋权相结合的优点。由于该方法涉及指标的种类和数量较多,数据经过多次处理,导致数据失真、表现不全面是难以避免的。如,从单项指标来看城镇登记失业率、空气污染物都有过上升的时期,在综合指标中难以体现,这与指标选取和权重分配有一定关系。但对于地均 GDP 产出、全社会劳动生产率、万元 GDP 能耗、人均可支配收入等显著指标反映较好,总之,该指标能够较好地反映深圳近年来经济社会总体发展趋势。

(二)第 26 届大学生运动会提升了深圳国际形象和地位

2011 年 8 月 12 日至 23 日,第二十六届夏季大学生运动会在深圳举行,吸引了来自 152 个国家和地区的 7865 名运动员和 4000 多名随行人员来到深圳,参加大运会 24 个大项 283 个小项的比赛。这是中国继 2001 年北京夏季大运会和 2009 年哈尔滨冬季大运会后,第三次举办该项体育盛事。

深圳市在大运会整个过程中坚持"办赛事、办城市,新大运、新深圳"的指导思想,坚持"改革开放、青春时尚、创意无限、充满激情"的办会理念,坚持"举全市之力办大运,节俭高效办大运"的办会精神,为世界呈现一个"更精彩、更成功、更具影响力的大运会",向全世界展示中国和深圳改革开放的辉煌成就。

1. 深圳大运会新的亮点

深圳是改革开放的窗口,一个仅有 30 多年历史的年轻的城市,从一个边陲小镇发展成为粗具规模的大都市,创造了工业化、城市化、现代化发展的奇迹。深圳也是中国内地经济最发达、最具活力的地区之一,在这样一片热土上举办大运会这场青春与活力的盛会,处处体现着"不一样的精彩",具体表现为:(1)不一样的竞赛:创大运会多个历史之最;(2)不一样的场馆:低碳、节俭、可持续发展;(3)不一样的大运元素:五大元素凸显青春创意;(4)不一样的大运村:既是温馨家园,也是开心乐园;(5)不一样的城市动员:自愿参与,志愿服务;(6)不一样的大型活动:开闭幕式创新创意;(7)不一样的国际交流:文化的盛会,友谊的盛会;(8)不一样的筹办思路:办城市、惠民生。

2. 深圳大运会的影响深远

（1）提升城市形象、国际地位

2011年第26届深圳大运会为深圳展现城市风采、经营城市品牌、提升城市形象和国际地位提供了机遇。大运会作为一项影响力重大的国际交流活动和体育盛会，具有吸引全球注意力的焦点效应，主办城市在申办、筹办、举办赛事期间都会吸引全球媒体的关注，成为全球瞩目的焦点。通过申办大运会，深圳不仅能够加强与世界各地的联系，让世界更多地了解深圳；还将进一步完善深圳市的基础设施、城市功能，积累举办大型赛事的经验，与世界接轨拉近深圳与世界的距离，推进深圳城市现代化和国际化的进程。

（2）促进基础设施建设和改造

本届大运会共安排比赛训练场馆60（其中新建21个、维修改造29个、临时搭建10个），另有备用场馆3个。所有大运体育场馆和相关设施的建设都着眼于未来城市的发展和赛后的利用。申办大运会以来，深圳市为配套基础设施投资累计达千亿元，大大提升了各类基础设施的数量和质量。

（3）促进体育产业发展

体育产业具有成本低、污染少、关联性强、辐射范围广的优势，深圳可以借助大运会进一步提升深圳的体育产业。可以围绕大运村、体育场馆、体育中心等各大型体育设施等建设成不同功能的体育产业聚集区。还能够借助举办篮球、足球、羽毛球、乒乓球、田径等大型赛事，加强与国内外有关体育组织的沟通与合作。继续办好F1国际摩托艇世锦赛中国站比赛、中国杯帆船赛和帆板赛等大型赛事，将其打造成为深圳的品牌体育赛事，实现深圳体育产业的飞跃。

（4）促进旅游产业发展

经过改革开放30余年的发展，深圳已经成为中国重要的旅游目的地、客源地和出境游的集散地。深圳入境过夜游客人次数连续多年居全国各大中城市第一，旅游外汇收入稳居全国大中城市第四位，旅游业总收入居全国前八位，国内60%以上的赴香港游客经停深圳。深圳大运会的成功举办为深圳市旅游产业的进一步发展和提升，注入了活力、带来了契机。2011年，全年旅游住宿设施接待过夜游客 3732.53 万人次，同比增长 13.6%。接待海外游客 1104.55 万人次，增长 8.2%；国内游客 2627.98 万人次，增长 16.0%。全年旅游外汇收入 37.46 亿美元，比上年增长 17.8%，宾馆、酒店、度假村开房率达 64.9%，比上年增长 2.5 个百分点。旅游产业的良好发展，得益于大运动会的成功举办，而"后大运"效应也会对深圳市的旅游产业起到持续的推动作用。

（5）促进文化产业发展

深圳大运会既是年轻大学生的体育盛会，也是深圳向世界展示城市风采、展现中华文化的盛会。大运会期间，各种丰富多彩的文化活动依次展开，给深圳文化产业提供了空前的历史发展机遇。这些活动整合了现有的文化资源，促进了深圳文化产业的发展；推动文化活动创意产业，不断做大做强。在一定意义上可以说，作为深圳文化产业的催化剂，大运会文化活动极大地促进了深圳现有文化产业的发展。据统计，2011 年深圳文化创意产业增加值达 875 亿元，占全市 GDP 比重的 8%，成为全市经济稳定增长的助推器。

（三）不断探索的行政体制改革和功能新区建设

1. 行政体制改革不断深化

深圳作为我国第一个经济特区，在过去的 30 年间，不仅是改革开放的"窗口"、市场经济的"试验田"，还是行政体制改革的开路先锋。深圳经济特区成立以来，一直在不断进行政治体制改革的尝试，从 1981 年 8 月进行的第一次行政改革到 2009 年的大部制改革，深圳共进行了 8 次行政改革。尤其是 2009 年的大部制改革仅用了 39 天，被称为"深圳 30 年来力度最大、影响最为深远的机构改革"，改革力度之强、范围之广、进度之快，前所未有。

经过一年多的实践探索，2011 年深圳市"大部制"改革从市一级政府机构延伸到各区。改革调整后，福田、罗湖区由原来的 26 个精简为 22 个，南山区由 27 个精简为 22 个，盐田区由 21 个精简为 19 个，龙岗、宝安区分别由原来的 30 个、28 个精简为 25 个。精简幅度为福田 15%、罗湖 15%、南山 19%、盐田 10%、宝安 11%、龙岗 17%。此次区级政府机构改革的重点是"放权"，给区级单位和社会公众更大的权利。

2011年，深圳市的行政体制改革是大部制改革的深化，其重点是下放权力、精简机构、扩大服务，这一改革顺应了社会发展的潮流，符合行政改革的趋势——由管理型政府向服务型政府转变。另外，行政体制改革意味着机构调整、撤并与利益的重组，改革的困难和阻力是极大的。问题主要表现为：人员流出机制不畅通，冗员问题没有彻底解决；监督机制不合理，监督力度不够；政府与公众互动不足，缺乏公众的监督、建议机制；配套法制不健全，缺乏足够的制度保障。

2. 功能新区建设进展顺利

"功能新区"建设是深圳市行政管理体制改革的另一个重要内容。自2007年开始，深圳已经启动了以"功能新区"为方向的行政管理体制改革。由原来的市、区、街道、社区两级政府四层管理的管理模式，向"市—功能区—办事处"三层管理模式转变。继光明、坪山两个功能新区之后，深圳市新增两个功能新区。分别为"龙华新区"和"大鹏新区"，两个新区于2011年12月30日正式挂牌成立。

（1）龙华新区——地理优势明显、产业优势突出、生态环境优美

龙华新区地处深圳市中北部，地理位置优越。东部与龙岗相邻，西接宝安、南山、光明，南连福田，北至东莞。新区距离福田中心区约15分钟车程、距离宝安国际机场约30分钟车程，辖区的深圳北站是华南地区当前建设占地最大、建筑面积最多、具有口岸功能的特大型综合交通枢纽。新区总面积175.58平方公里，下辖龙华、大浪、民治、观澜4个办事处，36个社区工作站和100个社区居民委员会，全区常住人口138.4万人。龙华新区是深圳市重要的制造业基地，区内有工业企业7000多家，聚集了国内外众多的品牌企业和上市公司，预计地区生产总可值达1220亿元，创造税收208亿元。

（2）大鹏新区打造世界级生态型滨海城区

大鹏新区位于深圳东南部，三面环海，东临大亚湾，与惠州接壤，西抱大鹏湾，遥望香港新界，陆域面积294.18平方公里，海岸线长133.22公里，森林覆盖率76%，新区辖大鹏、南澳、葵涌三个办事处，25个居委会，总人口约18万，常住人口13.3万，暂住人口4.7万。2010年，新区生产总值

210.36亿元，税收35.96亿元，出口总额3.52亿美元，实际利用外资19.64亿美元。大鹏新区是深圳市的能源基地，又是深圳市生态景观资源价值最高的地区，具有丰富的各类旅游资源。

大鹏新区是能源重镇，区内有广东大亚湾核电站、岭东核电站、岭澳核电站、LNG液化气接收站、东部电厂、福华德电厂等国家、省、市等重点能源项目，这些项目全部建成投产后将实现年产值500亿元、利税30亿元。

龙华和大鹏两个功能新区的设立是深圳市行政管理体制改革的一部分，是深圳在新形势下推进科学发展观和转变经济增长方式的具体行动。两个功能新区的成立有利于推进特区一体化的发展；有利于优化城市发展布局和提高社会管理水平；有利于不断探索新的经济增长点，加快深圳向现代化国际化城市的发展。

三 发展机遇与挑战

（一）深圳经济特区发展面临新挑战

1. 国内外不利经济环境下的新挑战

由于深圳是出口导向型经济体，世界经济的发展直接影响着深圳的经济。作为深圳重要出口对象的美国、日本、欧盟近年来经济每况愈下。从2008年金融危机到2010年的欧债危机，再到2011年日本的核泄漏，深圳的经济不断受到世界经济的冲击。纵观2012年世界经济，形势总体上十分严峻复杂。

国际与国内整体经济形势不景气对深圳2012年经济发展有着巨大的制约作用。目前国内外经济整体下行给深圳带来的不利影响明显表现为以下几方面：

第一，由于欧盟是深圳第三大出口市场，深圳对欧进出口贸易额占全市进出口总额的8.53%，对欧出口额占深圳出口总额的11.3%。因此，在欧债危机的影响下，深圳对欧出口进一步萎缩。2011年深圳对美国、欧盟分别出口322.9亿美元、277.5亿美元，同比分别仅微幅增长2.2%和3.5%。由图13可见，深圳近年出口增长率在全球经济危机的冲击下已经逐渐趋缓。

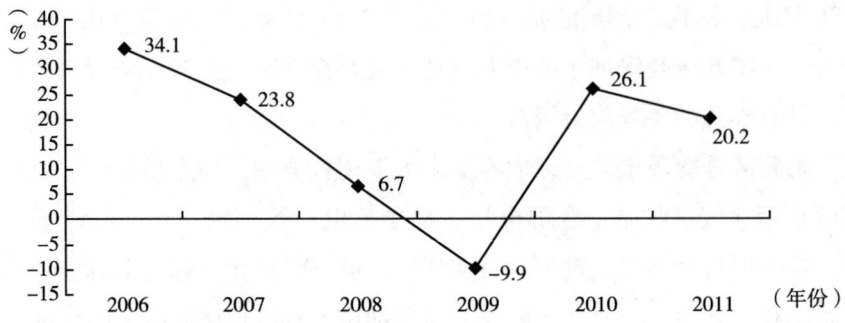

图13　深圳2006～2011年出口增长率变化

第二，深圳中小微企业生存环境恶化。2011年央行六次上调存款准备金率，三次上调存贷款基准利率。流动性收紧导致中小企业的融资门槛进一步抬高，融资难度进一步加大。

"用工荒"依然是影响中小企业经营的一大难题。年轻的新生代工人渴望在深圳找到归属感，但深圳的高物价和高房价是他们承受不起的。虽然深圳2011年4月1日提高了全市最低工资标准，深圳最低工资标准由2010年的每月1100元上涨到1320元，使得深圳的最低工资水平已经成为全国最高的最低工资。但是深圳依然有73.6%的中小企业受到"用工荒"影响。中小企业多成为人才的"入职培训场"和"转场驿站"，劳工流失现象严重。而最低工资水平的提高又提高了深圳中小企业的劳工成本，使中小企业生存环境更加艰难。

第三，制造行业利润率继续下降。由于国际原材料价格的上扬和国际市场低迷，导致其利润急剧削薄，总体上处于欲进艰难，欲退不得的境况。这些行业面临着产业整合以及转型升级的严峻形势。

而在高劳工成本和厂房租金成本的压力下，更多制造业不得不选择撤离深圳。作为制造业的代表企业，富士康近年来不断到中西部省份设厂，并决定把原来集中于深圳的产能逐渐转移到内陆城市。自2011年以来，陆续还有企业如新飞通、Finisar等深圳光器件供应商要在武汉、无锡等地设厂的消息传出。由于光器件行业面临的微利困境，以及节节攀升的生产成本，迫使这类企业纷纷出走深圳。因此，以出口为主的深圳制造业，正徘徊在外迁与转型升级的十字路口。

2. 转型升级难以解决的旧问题

除了不利的国内外形势之外，深圳保持经济的持续发展还明显受到"四大难以为继"的"瓶颈"性制约，即本身土地空间限制、能源和水资源短缺、人口膨胀压力、环境承载力有限。尽管近年来深圳一直试图转变经济发展方式，以期突破增长极限，但是"四大难以为继"的老问题依然难以解决。

首先，在土地资源方面，深圳陆域面积为1991平方公里，相当于上海、广州的三分之一，苏州的四分之一，天津的六分之一，北京的八分之一。从土地面积来看，深圳是个不折不扣的小城市，凡是与深圳经济规模相当或相近的城市，土地面积都数倍于深圳。而这1991平方公里的土地中接近50%的面积是保护性用地，不允许开发。2011年纳入储备用地管理的用地总面积为261.7876平方公里，这其中不仅包含可建设用地，还包含了生态用地、规划未覆盖土地。在这261.7876平方公里的国有储备土地中，2011年计划新供应建设用地仅为19.5245平方公里。根据2020年深圳建设用地总规模指标976平方公里来计算，今后10年，深圳土地资源短缺局面非常严峻，可新增建设用地规模仅为58平方公里。

其次，在水资源方面，深圳是全国七大严重缺水城市之一，用水主要依靠境外引水，人均水资源占有量已经下降到20年前的1/18。但同时，深圳是水资源消耗大城市，2011年深圳市全市用水总量达19.55亿立方米，尽管每年用水增幅不断下降，但是全市年均用水增长率还是保持在3%左右。

再次，深圳已经不堪人口重负。深圳市第六次人口普查数据显示：截至2010年11月1日零时，深圳常住人口为1035.79万，与第五次全国人口普查（2000年11月1日零时）的700.84万人相比，10年共增加了334.95万人，增长47.79%，年平均增长率为3.98%，常住人口增长率快于全国（0.57%）、全省（1.90%）平均水平。2010年，美国《福布斯》杂志公布了世界人口最稠密城市排行榜，深圳人口密度名列全球第五位，并且把传统意义上的"密城"中国香港、新加坡都抛在了身后。另外，虽然深圳是座年轻的城市，但人口老化的现象已经显现。在深圳市的户籍人口和常住人口中，60周岁以上户籍老人有16.2万，常住老人约有70万，占比分别为5.8%和6.69%。深圳市虽然没有进入老龄化社会，但近年来老年人口增长迅速，照此趋势估算，到

2015年全市常住老年人口将达到100万人。

最后，虽然过去几年深圳环境有了很大改善，但是整体上环境质量还不理想。《2011年深圳环境状况公报》显示：2011年全市环境空气质量仅符合国家二级标准；空气中首要污染物为二氧化氮，而2009年、2010年的首要污染物均为可吸入颗粒物。其中，机动车大量增加是首要原因。另外，声环境部分区域处于轻度污染，但也有十多条城市主干道噪音超标。在水污染方面，2008～2011年各河流水质综合污染指数虽有波动，但整体向下迹象明显，地表水环境功能区水质达标率仅为83.33%。最突出的则是布吉河，由于布吉河上游由于管网尚未完善，加上建设工程复杂，导致布吉河水质量一直改善缓慢。这些都说明深圳的环境保护工作依然任重道远。

总的来讲，这几年深圳外商直接投资的增速大幅放缓（见图14），与苏州、天津的距离进一步拉大，土地、人口、水资源等制约已经在很大程度上影响了深圳的投资吸引力和工业发展后劲。从图14的经济数据上也可以看到，深圳的生产总值年增长率仅为11%左右，与此同时天津的经济增长率年均在16%以上，让经济特区一直引以为豪的"深圳速度"近年来在国内正在失去优势。

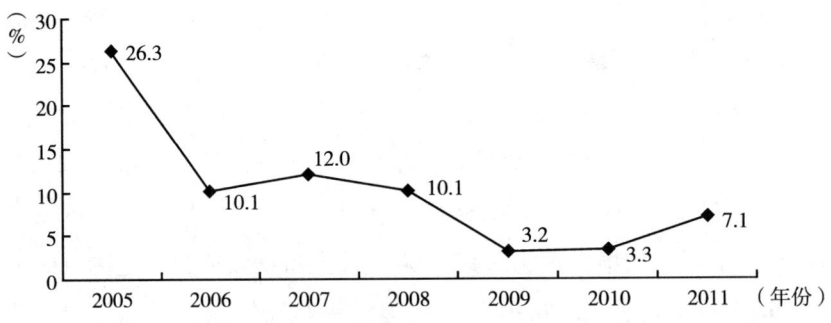

图14 2005～2011年深圳外商直接投资增长率

而根据中国社会科学院2011年发布的《中国城市竞争力蓝皮书》，香港蝉联城市竞争力排行榜首，而深圳的排名从上年的第四位，下滑至2011年的第五位，自2009年以来呈持续下跌趋势。

（二）新发展机遇

1. 发展的比较优势

尽管外围经济环境形势十分复杂，外部激烈竞争导致深圳外资吸引力的下降，但深圳多年来形成的各种优势仍然存在。

首先，创新依然是深圳最大的比较优势。2011年，深圳市战略性新兴产业规模达到9948亿元，增加值约2916亿元，占全市GDP的比重达25.4%。深圳一直致力于构建应用技术创新体系，打造公共技术服务体系，提高技术创新与科技成果转化能力。自2009年以来，深圳建设了国家超级计算深圳中心、国家基因库等国家重大科技基础设施，创办了南科大等高等院校，新建了一批市场导向、研发与产业化一体推进的新型研发机构，为产业发展增强源头创新能力。深圳市目前已经拥有新建国家、省、市级重点实验室、工程实验室、工程研究中心、企业技术中心等各类创新载体514家，其中国家级44家。

为扶持战略性新兴产业的发展，深圳还设立了规模达180亿元的战略性新兴产业发展专项资金。2008～2012年10月，深圳市先后组织实施了九批战略性新兴产业专项资金扶持计划，共扶持项目3119个，扶持资金约53.7亿元，其中产业化项目458个，总投资约314.3亿元。同时，2012年深圳市科技创新大会还出台了最新的"1+10"政策文件，文件提出到2015年，深圳要形成800家创新平台的规模，成为聚集创新企业和创新人才的重要载体。

其次，深圳依然保持着自己的人才优势，而且依然是吸引人才的宝地。2011年，深圳市吸收了大量的高校毕业生和各种类型的专家人才。其中高校毕业生约5.7万人；留学人员1747名，其中不乏来自哈佛、剑桥等世界级名校的专家型人才。

再次，深圳市也有转型升级战略的先发优势。深圳近年来每平方公里GDP产出都处于全国领先水平；万元GDP能耗和水耗均为全国最低。

由于深圳坚持现代服务业和先进制造业"双轮驱动"，推动产业结构调整优化升级，产业结构明显优化，高新技术、金融、物流、文化四大支柱产业增加值占GDP的比重不断上升，目前已超过60%，现代产业框架体系初步形成。

2. 面临的新机遇

总体来看,当前深圳市经济运行依然逐步向好,改革开放、城市发展、文化建设等各项事业有序发展。同时,全球新兴市场、新兴产业、新型产品与新兴技术仍然拥有巨大的发展空间。虽然国家宏观经济政策调整给深圳经济增长带来了一定的压力,但同时也给深圳经济转型发展带来了很多机遇。例如,为加快培育和发展节能环保、新一代信息技术、生物医药、高端装备制造、新能源、新材料、新能源汽车等七大战略性新兴产业,中央出台了一系列财税金融政策,这给深圳加快发展战略性新兴产业提供了良好的宏观环境和战略支撑,为深圳抢占未来发展新制高点提供了巨大的机遇。此外,"十二五"规划纲要特别强调,要深化内地与港澳经济合作,把深圳和珠三角地区放在前所未有的高度加以重视。中央对深港合作作出了重要部署,在涉及的7个粤港澳合作重大项目中,与深圳有关的达4个。这些规划部署都为推动深港共同打造世界级城市群创造了新的机遇条件。①

四 发展目标与发展思路

(一)继续建设国家创新型城市

1. 根据本地区的实际情况培育战略性新兴产业

把握住新的生产方式变革和市场需求,就能在世界范围的竞争中取胜。深圳需要在巩固电子信息主导产业的基础上,集中优势资源推进重大科技专项和产业技术攻关,力争在新一代信息技术、互联网、基因工程、干细胞、新能源、新材料、新能源汽车、节能环保等重点领域掌握产业核心技术、关键技术,成为国家关键核心技术创新的重要基地。

2. 加强基础创新能力建设

科技基础条件是为满足本地区的基础研究、共性技术研究等提供的公共平台,是一个城市持续创新力的基础支撑。由高校、科研机构形成的公共科技研

---

① 周轶昆:《2012年宏观经济形势与深圳发展策略》,《北方经济》2012年第1期。

发实力,是高新技术产业步入创新驱动型发展道路所应有的基本条件。深圳应当组织实施基础创新工程,建成一批具有国际竞争力的基础性、前沿性技术和共性技术研究平台。

3. 构筑人才平台

由于深圳市本土培养人才能力有限,长期以来以引进为主,但数量和结构不能满足创新型城市发展的需要。应当坚持引进与培养并重,发挥本地高校、科研院所的作用和优势,培养本土优秀人才,促进优秀人才脱颖而出。与此同时,优化人才发展环境,营造公开公平和竞争择优的制度环境,打造深圳引才、育才、用才新优势。加强人才载体建设,充分发挥企业研发中心、博士后工作站、国家留学生创业园的支撑作用。

(二)推进经济结构战略性调整

深圳作为一个经历了 30 多年的高速增长的新兴城市,在今后的发展过程中更应该注重经济增长的质量。要以经济结构的战略性调整作为主要方向,加快经济增长方式的转变。注重国内市场和国外市场的利用,坚持扩大内需与提升对外出口并重。加快战略性新兴产业基地建设,加快现代服务业的发展,全面增强新兴产业的核心竞争力及国际竞争力。

(三)推进户籍制度改革,有序扩大户籍人口比重

2011 年末深圳全市常住人口 1046.74 万人,深圳户籍人口和外来人口的比例仍处于"严重倒挂"状态,应当推进户籍制度改革,不断扩大户籍人口的比重。加大常住人口身份转化工作力度,拓宽外来务工人员积分入户覆盖面。简化积分入户的程序,简化入户手续,减轻申请人的负担。畅通技术、技能迁户、投资纳税迁户渠道,适度优化政策性迁户条件。完善与户籍制度相关的辅助政策,消除人才入户障碍。

(四)加快特区一体化发展

深圳正在从经济特区向都会城市发展,在全市范围内消除二元结构、促进特区内外一体化、实现特区功能与城市功能有机融合,越来越成为深圳面临的

重大现实问题。加快特区一体化发展，不但要保证政策、制度、法规的一致性，在公共产品建设与公共服务供给等方面应当给予原关外地区一定的照顾和补偿。应当加快建设城市公用设施，优质提供公共服务，进而推进城市均衡化发展。

（五）加强环境治理和保护

良好的环境是一个城市持续发展的要素和基础，依据环境库兹涅茨曲线描述的环境质量与经济增长之间的关系，深圳市的环境指标已经达到或正在接近环境库兹涅茨曲线拐点，换言之，深圳已经处于环境治理的关键时期。应加快清洁能源的开发利用，加快污水处理厂建设，建立反映资源环境价值的价格机制，加强环境的监督管理。

（六）深化行政体制改革

转变政府职能，把工作内容集中到规划制定、经济调节、市场监管、社会管理和公共服务等方面上来。继续推进大部制改革，精简机构、减少办事环节。增强服务意识、改进工作作风、提高行政效率。继续探索新功能区在发展方向、工作重心、管理方式等方面的定位与职能范围，提升新区城市设计、规划，及其他社会公共服务方面的功能和效率。积极推进电子政务，以公众需求为导向，以服务内容为驱动，建立便捷、高效的电子政务平台。推进电子政务建设，促进政务信息公开，保证公众迅速了解政府机构的组成、职能、办事章程和各项政策法规，提高办事效率和执法的透明度，促进勤政廉政建设。

参考文献

[1] 中共深圳市委员会：《深圳年鉴2011》，2011年10月。
[2] 深圳市人民政府：《深圳市国民经济和社会发展第十二个五年规划纲要》，2011年1月19日。
[3] 刘芳：《深圳大部制改革再动刀》，《中国青年报》2012年4月23日，第7版。
[4] 叶明华、李晓敏：《深圳区级机构"大部制"改革启动》，《南方日报》2011年2

月 25 日，第 A01 版。

[5] 尤建新、卢超、郑海鳌、陈震：《创新型城市建设模式分析——以上海和深圳为例》，《中国软科学》2011 年第 7 期。

[6] 谭刚：《特区一体化与城市均衡化》，《特区实践与理论》2010 年第 7 期。

[7] 《深圳统计年鉴 2012》，中国统计出版社，2012 年 8 月。

B.11
珠海经济特区发展报告

陈红泉*

珠海位于广东省珠江口的西南部，东与香港隔海相望，南与澳门相连，西邻新会、台山市，北与中山市接壤。1980年8月，珠海经济特区建立，经济特区范围经过5次调整，到2010年8月，其范围已扩大到珠海全市。珠海已从昔日一个经济落后的边陲小县，一跃成为新型花园式海滨城市。近年来，珠海加快转变经济发展方式，全面推进幸福珠海建设。

一 珠海经济社会发展概况

2011年，珠海牢牢把握科学发展这个主题和加快转变经济发展方式这条主线，以"加快转型升级、建设幸福珠海"为核心任务，全面实施《珠江三角洲地区改革发展规划纲要（2008～2020年）》（以下简称珠三角《规划纲要》）和《横琴总体发展规划》，大力推进"三促进一保持"（促进提高自主创新能力、促进传统产业转型升级、促进建设现代产业体系、保持经济平稳较快增长），积极应对国际金融危机冲击等国际性经济形势变化，落实国家宏观调控政策，不断推进结构调整，保持了整体经济平稳较快增长，实现了"十二五"时期的良好开局。

1. 积极有效应对国内外复杂形势，保持经济平稳较快发展

面对复杂多变的国内外经济环境，珠海市重点落实扩大内需、稳定外贸、调整结构、加大投资等一揽子政策措施，促进全市经济平稳较快发展。

2011年全市实现地区生产总值（GDP）1403.24亿元，比上年增长

---

* 陈红泉，深圳大学中国经济特区研究中心讲师。

11.3%，增速回落1.5个百分点，低于全省平均水平。经济发展的基本面仍然保持良好态势，经济运行从应对危机的特殊状态向正常增长轨道转变。人均地区生产总值达1.4万美元，年均增长9.2%，继续位居全省前列。

社会消费品零售总额567.86亿元，增长18.1%。全年完成固定资产投资638.37亿元，比上年增长28.4%。实际吸收外商直接投资13.38亿美元，增长9.3%。外贸进出口516.39亿美元，增长18.8%，其中出口239.87亿美元，增长15.0%。

全年地方财政一般预算收入143.41亿元，比上年增长22.6%。其中，税收收入112亿元，增长17.3%。年末全市中外资金融机构本外币各项存贷款余额分别为2980.01亿元和1472.5亿元，比年初增长8.4%和11.3%。

2. 加快经济结构调整，提高经济增长质量

2011年珠海继续贯彻落实转变经济发展方式的政策，努力打造和完善珠海现代产业体系，进一步推动珠海的经济发展逐步转入内生增长和创新驱动的轨道。第一，生物医药、高端新型电子信息、新能源及新能源汽车等战略性新兴产业继续加快发展；第二，先进制造业方面实现了"上天入海"重大突破，其中，中航通用飞机珠海制造基地、中海油深水海洋工程装备制造基地等代表性重大项目初见规模；第三，占地少、用工少，有研发、有品牌，高技术、高效益的"两少两有两高"高科技企业群不断壮大；第四，珠海航空产业园在获批为"国家高技术产业基地"的基础上，进一步被批准为"国家新型工业化产业示范基地"，成为全国四个航空产业示范基地之一。

2011年，珠海高新技术产品产值达1500亿元，同比增长17.4%，占全市规模以上工业企业总产值的43%，占比创历史新高。全年新增国家高新技术企业58家，总数达244家。格力电器、金山软件等一批龙头骨干企业坚持自主创新，全年全市新增广东省自主创新产品46件。2项科技成果获国家科技进步二等奖，1项获省科技进步二等奖，2项获省科技进步三等奖。

2011年，珠海工业在2010年恢复性增长的基础上，取得较高的增长速度。全市规模以上工业企业实现工业总产值3475.96亿元，比上一年增长12.6%；工业增加值746.10亿元，增长15.5%，超额完成年初制定的增长13%的预期目标，高于全省12.6%的平均水平。其中，六大工业产业规模以上企业合计实现工业增加值557.8亿元，同比增长11.6%，占全部规模以上工业增加值的74.8%（见表1）。

表1 2007~2011年六大产业工业增加值占全部工业比重变化情况

单位：%

	2007年	2008年	2009年	2010年	2011年
电子信息	29.8	25.4	20.5	17.3	14.5
家电电气	25.1	25.4	26.9	24.8	24.9
石油化工	8.4	10.0	9.7	12.7	13.4
电力能源	10.3	11.3	11.5	10.9	10.3
生物医药	3.2	4.1	5.2	3.3	4.4
精密机械	5.6	7.8	7.9	8.2	7.3
六大产业合计	82.5	84.0	81.6	77.2	74.8

3. 大力推进"十大重点建设工程"建设，提升珠海经济的发展潜力和带动能力

2009年起滚动实施的"十大重点建设工程"是推动珠海新一轮大发展、加快珠江口西岸核心城市建设的主要抓手和重要动力，"十大重点建设工程"中港珠澳大桥、广珠铁路、海洋工程装备、通用航空制造、十字门中央商务区、长隆国际海洋度假区等重大基础设施项目和现代产业项目引起海内外高度关注，对珠海发展的影响广泛而深远。

2011年3月，珠海市委、市政府正式发文，确定珠海2011~2012年十大重点建设工程项目为101项，新增项目25项，总投资达3760.79亿元。具体包括：（1）广珠铁路珠海段、珠海高栏港高速公路、10万吨级高栏港主航道扩建工程等13项港口枢纽工程；（2）珠海机场高速公路等2项机场枢纽工程；（3）港珠澳大桥、广珠城际轨道珠海段等9项口岸枢纽工程；（4）中海油深水海洋工程装备珠海基地、三一重工港口机械等14项石化、船舶和海洋装备制造工程；（5）中航通用飞机制造基地、金山公司总部和研发基地、巨人集团南方研发总部等15项航空及高新技术产业工程；（6）珠海长隆国际海洋观光旅游项目等8项商务休闲旅游工程；（7）斗门现代农业园区等9项生态环保工程；（8）横琴新区市政基础设施等14项市政基础设施工程；（9）珠海市歌剧院等9项公共服务工程；（10）广东珠海LNG项目等8项能源保障工程。

2011年"十大重点建设工程"总体进展顺利，全年累计完成十大重点项目建设投资247.54亿元，完成年度计划的119.54%，提前1个月完成全年计划目标。其中，51项在建项目全年完成投资206.13亿元，占年度计划的119.54%，29项年内开工项目全年完成投资38.24亿元，完成年度计划的117.59%，列入省重点的26个项目累计完成194.11亿元，完成年度计划的117.25亿元，进度排名全省第三。

4. "稳外贸"措施见效，外贸经济实现转型升级

2011年，经过两年时间的调整，珠海外贸终于走出国际金融危机的低谷，大部分领域重新进入正常的增长时期。2011年，与珠海有贸易往来的国家和地区达到193个，全年全市外贸进出口总额、出口总额、进口总额均超过2008年的历史最高水平，达到外贸发展高峰。

2011年，珠海外贸企业全年累计实现外贸进出口总额516.39亿美元，首次突破500亿美元，比上年同期增长18.8%，其中出口239.87亿美元，同比增长15.0%；进口276.52亿美元，同比增长22.3%。进出口总额总量指标在全省21个地级以上市中排第5位；进出口、进口两项增幅分别高出全省平均增幅2.38和7.24个百分点，出口增幅低于全省平均增幅2.4个百分点。进出口、出口、进口三项增幅在珠三角九市中分别排第4位、第6位、第3位。

一般贸易进出口增长较大，加工贸易进出口增幅明显回落。2011年，珠海一般贸易出口、进口分别为56.66、136.02亿美元，同比分别增长24.85%、34.26%。加工贸易因"两头在外"，受外部环境影响较大，遭遇"寒冬"，全年同比增长6.27%；进口全年同比增长仅0.06%。

5. 生态文明建设卓有成效，城市人居环境持续改善

面对资源约束趋紧、环境污染严重、生态系统退化的严峻形势，珠海历届政府在进行大规模的开发建设、工业化进程中，都非常注意城市生态环境的保护，严格控制人口、控制土地、控制环境，执行"四个百分百"，即工业项目百分百进园区、污水垃圾百分百达标处理、裸露山体百分百恢复绿化、节能减排百分百实现目标的行动方案，把生态文明建设放在城市发展的重要方面，在尊重自然、顺应自然、保护自然的生态文明建设方面走在全国前列。

2011年新建污水处理厂3座，城市污水日处理能力大幅度提升，增长26.9%，达到54.3万吨；城市生活污水集中处理率、生活垃圾无害化处理率分别达85%和100%，水环境质量处于较好水平，饮用水源水质达标率100%。城市环境综合整治定量考核连续五年位居全省第一，城市人均公园绿地面积13.8平方米，森林覆盖率达到29.0%。

继续落实、扎实抓好节能减排工作。2012年8月广东省统计局公布了2011年广东各地万元地区生产总值（GDP）能耗指标值，珠海的0.503吨标准煤/万元排在全省第二位，仅位列深圳之后，同比下降3.93%，高于3.78%的全省平均下降水平。珠海万元工业增加值能耗同比降低6.61%，也高于全省5.13%的平均下降水平。珠海万元GDP下降1.05%，略低于全省1.46%的平均下降水平。

由于较好地实现了社会、经济、环境和文化的可持续融合和可持续发展，城市人居环境保护、生态文明建设方面的成就显著，珠海因此被新华社、中央电视台等数家权威媒体广泛宣传，也因此先后被联合国、国家有关部门授予"联合国改善人居环境最佳范例奖""国家级生态示范区""中国十佳和谐可持续发展城市""中国十佳休闲宜居生态城市""国家园林城市""国家环保模范城市""国家卫生城市""中国十大魅力城市""中国优秀旅游城市"等多项殊荣。

6. 增进民生福祉，保持社会和谐稳定

珠海的经济规模在广东不大，但人均经济指标则位居全省前列，这与珠海历届政府的"以人为本、改善民生，执政为民"的理念密切相关。2011年，珠海人民生活进一步改善，"幸福珠海"已见成效。2011年12月在由新华社《瞭望东方周刊》等主办的"2011中国最具幸福感城市"中，珠海再度获评"中国最具幸福感城市"，作为2007年首届"中国最具幸福感城市"，珠海又一次捧回"幸福"牌匾，"幸福之城"形象深入人心。2011年7月，国家工商总局还正式授予珠海旅游业界"幸福之城"商标。

2011年，珠海城镇居民人均可支配收入达28731元，比上年增长13.2%，在全国排名前列；全年农村居民人均纯收入11858元，增长16.4%，农民生活得到持续改善。同时，不断健全和完善社会救助体系，保障困难群体的基本生活，开展社会救助和扶弱济困活动，2011年全年全市累计投入各类扶助资金4.7亿元，其中政府部门累计发放低保金1.3亿元。

2011年，珠海城镇居民人均居住面积17.74平方米，农村居民居住住房总建筑面积人均33.7平方米，在全国处于领先水平。同时，为解决低收入家庭住房的困难，改善民生，促进社会和谐，珠海加强和不断完善住房保障体系建设，截止到2011年底，已累计提供保障性住房近2万套（间），累计解决了1万多户家庭的住房困难问题。

持续推进惠民生办实事工程建设，2011年珠海市政府承诺的十件民生实事中，累计投入达15.5亿元，包括社区全科医生培训、公交同城同价等民生实事已基本完成。

实施更加积极的就业政策，提高社会保障水平。2011年就业形势总体平稳，年末城镇实有登记失业人员1.1万人，城镇登记失业率2.35%。

从根本上解决影响社会和谐稳定的基础性问题，建立健全社会矛盾纠纷排查调处机制，加强社会治安综合治理，完善社会治安立体化防控体系。2011年珠海市严重暴力犯罪案件发案率比2006年下降44.2%，是社会各界公认的珠三角地区社会治安秩序最好的、最安全的城市之一。

二 横琴新区的发展实践

推进横琴新区的开发开放，是国家改革开放的战略措施，是维护澳门地区长期繁荣稳定的重大举措，是粤港澳合作的重要载体，也是关系珠海未来发展新优势的关键。

2011年7月14日，国务院印发了《关于横琴开发有关政策的批复》，正式批复同意横琴实行比经济特区更加特殊的优惠政策，其中一些政策安排为全国独创，体现了国家给横琴开发以超常规的政策支持。这是国家对横琴新区加快开发、开放、发展作出的新的重大决定。横琴新区由此成为所谓的"全国开放程度最高、开发政策最优、体制机制最活、创新空间最广"的新区。

《关于横琴开发有关政策的批复》旨在加快珠海横琴开发，构建粤港澳紧密合作新载体，重塑珠海新的发展优势，促进澳门经济适度多元化发展和维护港澳地区长期繁荣稳定。

1. 创新通关制度和措施

根据《关于横琴开发有关政策的批复》，横琴将按照"一线"放宽、"二线"管住（横琴与澳门之间的口岸是所谓的"一线"关，横琴与内地之间则被称为"二线"）、人货分离、分类管理的原则实施分线管理；允许横琴建设商业性生活消费设施和开展商业零售等业务，发展旅游休闲、商务服务、金融服务、文化创意、中医保健、科教研发和高技术等产业；横琴环岛不设置隔离围网，代之以设置环岛巡查及监控设施，确保有效监管。横琴与澳门之间的人员通关按现有模式管理，同时研究对澳门居民进出横琴实行更加便利通关措施。对从境外经"一线"进入横琴和经"二线"进入内地的旅客携带行李物品的具体规定和通关管理办法，分别由财政部、海关总署会同有关部门制定。①

这一制度设计在全国范围来讲尚属首次，将大大提高横琴的开放度，有力促进其与外部特别是港澳地区之间人员、物资的高效集聚和合理流动，为横琴开发创造有利条件。

2. 在横琴新区实现更加优惠的税收政策

（1）对从境外进入横琴与生产有关的货物实行备案管理，给予免税或保税，生活消费类、商业性房地产开发项目等进口的货物以及法律、行政法规和相关规定明确不予保税或免税的货物除外。货物从横琴进入内地按有关规定办理进口报关手续，按实际报验状态征税，在"一线"已完税的生活消费类等货物除外。内地与生产有关的货物销往横琴视同出口，按规定实行退税，生活消费类、商业性房地产开发项目等采购的国内货物以及法律、行政法规和相关规定明确不予退税的货物除外。横琴企业将免税、保税的货物（包括用免税、保税的料件生产的货物）销售给个人的，应按规定补齐相应的进口税款。

（2）对设在横琴的企业生产、加工并经"二线"销往内地的货物照章征

---

① 资料引自国务院《关于横琴开发有关政策的批复》（国函〔2011〕85号）。

收进口环节增值税、消费税。根据企业申请,试行对该内销货物按其对应进口料件或按实际报验状态征收关税政策,经实际操作并不断完善后再正式实施。①

（3）对横琴企业之间货物交易免征增值税和消费税。

（4）对横琴符合有关条件的企业减按15%的税率征收企业所得税。这是2007年新的《企业所得税法》颁布、全国统一实施25%企业所得税率后,东部沿海发达地区第一个享受税收优惠的特殊区域。

（5）对于在横琴工作的香港、澳门居民涉及的个人所得税问题,暂由广东省政府按内地与港澳个人所得税负差额对港澳居民给予补贴。纳税人取得的上述补贴免征个人所得税。②

3. 支持粤澳合作产业园发展

支持横琴中医药产业园内企业开展中医药创新研究,并结合广东省药品监管能力,将药品监管机制改革的相关措施在广东省先行先试,授权广东省药品监管部门负责部分药品注册等事项的审批。对于粤澳产业园其他产业的检测、认证及相关审批问题,国务院有关部门要结合相关产业实际情况及有关方面的具体政策积极研究解决。

4. 横琴新区的发展定位

横琴新区是珠海市横琴岛所在区域,与澳门一桥相连,处于"一国两制"交汇点。因其特殊地理位置,横琴开发开放由来已久。早在1992年横琴岛就被定为广东扩大对外开放的四个重点开发区之一。2004年广东省在"泛珠三角区域合作"计划中提出将横琴岛创建为"泛珠三角横琴经济合作区",由此横琴的开发开放成为国家战略的组成部分。

根据《横琴总体发展规划》,横琴新区的发展定位是"一国两制"的"两区一平台":一是探索粤港澳合作新模式的示范区;二是深化改革开放和科技创新的先行区,三是促进珠江口西岸地区产业升级的新平台。所谓"探索粤港澳合作新模式的示范区"是指通过采取创新的通关模式,以横琴为载体,

---

① 资料引自国务院《关于横琴开发有关政策的批复》（国函〔2011〕85号）。
② 资料引自国务院《关于横琴开发有关政策的批复》（国函〔2011〕85号）。

促进粤港澳的进一步融合发展，集聚和整合珠三角的产业、资源、科技优势与港澳的资金、管理、人才优势，加强三地在经济、社会、文化和环境等方面的合作，探索建立合作主体多元、合作渠道畅顺、合作方式灵活、合作效果显著的新机制，使横琴成为推进粤港澳更紧密合作的示范区。所谓"深化改革开放和科技创新的先行区"是指进一步扩大横琴的开发开放，充分发挥港澳的自由港优势，大力推进科学技术创新、管理体制创新、通关制度创新和发展模式创新，为港澳人士在横琴就业、居住和自由往来提供便利，大力提升横琴的国际化水平，在横琴建设高水平的科技创新和产业化基地，在改革开放的重要领域和关键环节"先行先试"，从而使横琴成为深化改革开放和科技创新的先行区。所谓"促进珠江口西岸地区产业升级的新平台"是指加强珠澳合作，大力吸纳国外和港澳的优质发展资源，打造区域产业高地，通过研发和创意设计等高技术的转移、扩散和外溢效应，促进珠三角和内地传统产业的技术改造和优化升级。拓展澳门的产业发展和教育科研空间，促进澳门经济适度多元发展。[①]

当前横琴的基础建设进展不错，澳门大学新校区、横琴新区市政基础设施、横琴燃气多联供发电项目、十字门中央商务区、横琴长隆国际海洋度假区、横琴新家园、粤澳合作中医药科技产业园七大示范性项目都在紧锣密鼓地建设中。

三 面对的新形势与新问题

1. 全球经济形势依然严峻

自2008年金融危机爆发以来，全球经济复苏缓慢。2011年欧洲主权债务危机升级蔓延，全球经济下行风险凸显。2011年美国经济出现积极信号，就业形势持续缓慢改善，但贸易和财政赤字问题依然存在。受债务危机影响，欧元区经济整体疲弱。2011年欧元区经济增长1.5%，但第四季度环比下降0.3%。受地震灾害、出口贸易下降和债务情况恶化等因素影响，日本整体经

---

① 资料引自《横琴总体发展规划》，珠海横琴新区网站：http://www.hengqin.gov.cn/。

济继续疲软，2011年第四季度日本GDP环比下降0.6%，折合年率下降2.3%。特别是2011年日本全年贸易逆差为2.5万亿日元，时隔31年再次成为贸易赤字国。印度、巴西、南非等主要新兴经济体受经济周期性下行以及外部需求下降等多重因素影响，经济增长速度普遍放缓。

2. 中国经济仍然处于重要战略机遇期，转变经济发展方式迫在眉睫

经过30多年改革开放和高速发展，中国已经成为全球仅次于美国的第二经济大国，人均GDP超过了5000美元，中国在很多工业领域的产值排名全球第一。在此基础上，各界普遍认为，当前，中国经济与社会发展仍处于重要战略机遇期，经济保持平稳较快发展具备不少有利条件。各地城镇化、工业化和区域协调发展的热情很高，消费扩张势头较好，服务业潜力巨大，经济长期增长的基本面没有发生变化。

与此同时，中国经济的固有弊端也越来越凸显，各种矛盾突出，经济发展不稳定、不协调、不平衡和不可持续的问题已经摆在中国经济发展的前面。首先是经济增长过度依赖投资和出口拉动，低水平重复建设严重。其次是资源紧张，环境污染现象严重，再次是国内需求不足，消费过低，另外中国服务业落后，服务业已经成为经济发展的最大短板之一。

由此，转变发展方式，实现产业结构的调整和升级，建立现代产业发展新体系，使经济发展更多依靠内需特别是消费需求拉动，是当前中国经济发展的紧迫任务，也是中国经济发展的正确方向。

3. 珠海的经济发展问题

总体来讲，珠海经济在2011年实现了全面恢复性增长，主要经济指标显示2011年珠海经济运行状况尚属良好。但是，珠海经济发展仍然存在不少困难和问题。

一是珠海经济具有外向依存度高的特点，随国外市场的波动而相应波动的现象非常明显。特别是2011年下半年，珠海的主要出口市场受欧洲国家主权债务危机的影响而再现低迷，直接影响到工业品出口，导致珠海工业生产和出口一路走低。工商外贸经济稳定性尚需加固。

二是珠海经济规模仍然偏小。珠海人均GDP虽然高居广东省第四名，与排名第一和第二的深圳、广州差距不大，但总量上远远落后于它们，仅属于广东省的中游水平，排在第11名（见表2）。偏小的总体经济规模，也使得珠海发挥辐射带动的作用偏弱，这也是制约珠海和澳门经济合作的重要因素。

表2 2011年广东省各市GDP、人均GDP情况

序号	全省合计	GDP(亿元)	增长速度(%)	人均GDP(万元)
1	广州市	12303.12	11.0	9.68
2	深圳市	11502.06	10.0	11.10
3	佛山市	6580.28	12.1	9.15
4	东莞市	4735.39	8.0	5.76
5	中山市	2190.82	13.0	7.01
6	惠州市	2097.33	14.6	4.56
7	江门市	1830.64	13.0	4.12
8	茂名市	1780.31	10.8	3.06
9	湛江市	1708.22	13.0	2.44
10	汕头市	1403.44	12.2	2.60
11	珠海市	1403.24	11.3	8.99
12	肇庆市	1323.30	14.7	3.38
13	清远市	1286.18	14.5	3.48
14	揭阳市	1228.18	14.6	2.09
15	韶关市	813.95	12.1	2.88
16	阳江市	773.53	14.7	3.19
17	梅州市	733.19	14.5	1.72
18	潮州市	647.10	13.0	2.43
19	河源市	571.94	13.1	1.93
20	汕尾市	550.16	14.0	1.87
21	云浮市	492.09	14.3	2.08

数据来源：来自广东省各市2011年国民经济和社会发展统计公报。

三是在工业化、城市化较快发展过程中，珠海虽然不断强调保护环境，加强生态文明建设，但环境、能源、土地资源的约束不断趋紧，加快产业结构优化升级、构建现代产业体系，促进全面协调可持续发展的任务依然任重道远，特别是珠海缺乏高等院校和科研机构，企业的创新主体与深圳等地差距明显，具有自主知识产权的自有品牌还不多，先进制造业整体竞争力有待进一步提高。

4. 珠澳合作中的障碍

珠海与澳门地域相连、人缘相亲、商脉相通，开展全方位、多层次、宽领域、高水平的交流与合作具有独特的优势和条件。珠澳合作源远流长，成果显著，经济往来日趋紧密。

然而相比深港合作，珠澳合作则远远落后。长期以来，珠澳双方各自单独发展居多，双方的资源未能有效整合和互补，影响了共同的发展，其中主要表现在以下几个方面：

（1）双方合作立足点不同。从珠澳合作历史来讲，由于珠澳两地经济发展水平差异较大，澳门政府和珠海政府的地方利益不同，导致双方合作立足点、出发点大相径庭。珠海在经济发展的初级阶段期望的是"钱"、"投资项目"来带动珠海的经济发展，澳门以单一产业为支撑的微型经济，博彩业"一业独大"，希望的是扩大"大陆客源"来促进澳门的博彩业发展。

（2）产业合作缺乏政府的引导。改革开放以来，澳门一直是珠海主要的外资来源地和出口市场，截至2011年，珠海累计引进澳资项目4423个，实际吸收澳资22亿美元，占全市实际吸收外资总量的15.6%，是珠海第二大外资来源地。但是，正是由于珠澳双方的地方利益和立足点不同，导致双方的经济往来缺乏政府的引导，而主要以民间的资源自发的形式来推动。这种合作缺乏区域分工产业政策的引导，使这种合作带有明显的短期行为特征。因此，30年的珠澳经济合作，既未形成区域内合理的分工格局，也不可能形成区域经济整合的优势。而且，澳门大型企业大多为博彩企业，无法同珠海企业形成密切合作。

（3）经济文化交往的深度不足。尽管通过拱北等口岸进出珠海与澳门的两地人数在逐年递增，但许多澳门居民仅把珠海作为进出内地的门户，在珠海工作、投资和学习的人比例偏低，许多澳门居民更乐意于在珠三角其他经济更为活跃的城市投资和生活，珠海居民"走出去"到澳门投资的人数和规模也增势较慢，更多的珠海居民仅仅是到澳门去旅游、观光和购物。

四 未来发展的对策建议

1. 加快经济发展方式转变，构建现代产业体系

加快经济发展方式转变，构建现代产业体系对目前中国各地来讲可谓是内在要求、形势所迫、大势所趋。

从面临的持续发展挑战看，伴随着经济快速增长和人口的不断增加，能源、水、土地、矿产等资源不足的矛盾日益尖锐，生态环境面临越来越严峻的挑战。从产业发展自身看，随着专业化分工的深化和专业服务外包化趋势的发展，制造业竞争力越来越依赖于设计策划、技术研发、物流等商务服务业的支撑。从发展阶段看，国际经验表明，在人均GDP 3000美元阶段，产业结构处于快速变动期。

因此，加快经济发展方式转变，构建现代产业体系是珠海经济社会发展的方向。必须立足珠海实际，发挥后发优势，着眼珠三角新一轮产业发展全局，以构建现代产业体系为途径推动产业结构优化升级，以调整优化经济结构为战略取向形成消费、投资、出口协调拉动的发展格局，以加快自主创新为核心提升经济发展质量和效益，以促进区域合作为突破口全面提高对外开放水平，以生态环境建设为抓手实现经济发展与环境保护双赢，以保障和改善民生为目的实现经济发展与改善民生共进，以深化改革创新为主要手段构建科学发展的长效机制，为加快建设生态文明新特区、科学发展示范市和珠江口西岸核心城市奠定坚实基础。

2. 处理好节能降耗和工业发展的关系

当前，珠海工业经济与全国各地一样普遍面临既要节能减排，又要保持经济稳定发展的双重任务。珠海基础工业已得到长足发展，电力能源、石油化工、装备制造等基础产业逐步替代装配型"螺丝刀工业"成为发展最迅猛的产业。但是，这些产业大多属于高能耗产业，继续大力发展这些产业，与珠海完成"一刀切"下来的节能目标，有着严重的冲突。

因此，对有必要发展的高耗能产业，要做到有保有压。保龙头项目、保优质项目，压普通项目、压低水平项目。同时，要充分利用横琴开发的历史机遇，加快横琴开发速度，打造"商旅珠海"，迅速提高第三产业对GDP增长的贡献率，通过加快发展第三产业，实现单位GDP能耗的相对降低。

3. 加快产业转型升级，努力摆脱流动性劳工依赖症

几年来的劳工短缺，对珠海劳动密集型企业生产已经构成严重威胁。当前，这个问题在珠三角地区具有相当的普遍性，单靠简单的办法难以解决。因而，主动地顺应经济发展潮流，加快地区产业转型升级，是其必然选择。加快经济结构调整，从增量入手是最简单的、最经济的做法。因此，在招商引资过程中，要注意项目的用工情况，优先引进技术水平较高，用工较少的项目。同时，通过改善西部地区工业园区的生活配套设施等手段，提高珠海对外来劳工的吸引力。

4. 加强在建项目的服务，促进项目早动工、早完工、早投产

目前，珠海正在滚动实施"十大重点建设工程"，这些重大项目是推动珠海新一轮大发展、加快珠江口西岸核心城市建设的主要抓手和重要动力。然而据调查了解，交通、产业和民生项目完成情况不一，其中产业项目完成较好，交通项目和民生项目完成率进展不快。比如，从2011年前3季度来看，产业项目2011年计划投资62.05亿元，前三季度完成投资61.44亿元，完成率99.01%。交通项目2011年计划投资74.78亿元，前三季度完成投资49.73亿元，完成率66.5%；民生项目2011年计划投资19.84亿元，前三季度完成投资11.34亿元，完成率仅为57.16%。因此，有必要进行调查研究，采取有针对性的灵活措施，加强项目服务，促进项目早动工、早完工、早投产。

参考文献

[1] 广东省统计局、国家统计局广东调查总队：《广东统计年鉴2012》，中国统计出版社，2012年8月。

[2] 郝雨凡、吴志良：《澳门经济社会发展报告（2010~2011），社会科学文献出版社，2011年4月。

[3] 珠海市统计局、国家统计局珠海调查队：《2011年珠海市国民经济和社会发展统计公报》，2012年3月19日。

[4] 何宁卡：《在珠海市第八届人民代表大会第一次会议上的政府工作报告》，2012年1月8日。

[5] 广东省统计信息网：http://www.gdstats.gov.cn/。

[6] 珠海统计信息网：http://www.stats-zh.gov.cn/。

[7] 中国珠海政府门户网站：http://www.zhuhai.gov.cn/。

[8] 珠海横琴新区网站：http://www.hengqin.gov.cn/。

B.12
汕头经济特区发展报告

陈红泉*

汕头位于广东省东部沿海潮汕平原上,是全国著名侨乡,华南重要港口城市,也是潮汕地区政治、经济、文化的中心,为粤东和闽西南出海的门户。自1980年8月汕头经济特区建立以来,其范围经过5次调整,2011年5月,已扩大到汕头全市。

一 汕头2011年经济社会发展情况

2011年,汕头抢抓特区扩围和发展新机遇,大力促进经济发展,加快经济结构转型升级,建设幸福汕头,经济运行保持平稳较快增长,人民生活质量和水平得到新的提高,在先后完成"三年打基础""五年大变化"的基础上,实现"十二五"时期的良好开局,昂首向经济社会发展总体上赶超全省平均水平的"十年大发展"目标任务迈进。

1. 经济综合实力迈上新台阶

2011年汕头实现地区生产总值(GDP)突破1400亿元,达1403.44亿元,比上年增长12.2%,超过了10.0%的全省平均水平,人均地区生产总值超4000美元,完成了《汕头市"十年大发展"战略规划纲要(2007~2016年)》中"五年大变化"的阶段性目标(见图1)。

2011年全年完成固定资产投资额438.74亿元,比上年增长44.5%,对促进汕头经济贡献较大。全年实际吸收外商直接投资金额34563万美元,增长35.3%;新签投资项目46个;其中投资规模在500万美元以上的项目9个,

---

* 陈红泉,深圳大学中国经济特区研究中心讲师。

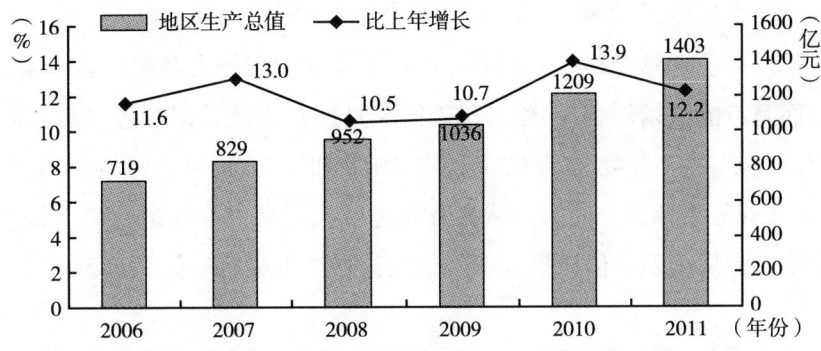

图1 2006~2011年汕头地区生产总值及增长速度

增长80.0%。全年社会消费品零售总额972.21亿元，比上年增长17.8%。全年进出口总额87.88亿美元，比上年增长19.3%；其中，进口总额28.35亿美元，增长16.6%；出口总额59.54亿美元，增长20.7%。

全市地方财政一般预算收入85.58亿元，一般预算支出157.57亿元，分别增长17.8%和31.5%，财政负担依然沉重。2011年，全市金融机构（含外资）年末本外币存贷款余额分别为1989.01和728.18亿元，分别比年初增加115.15亿元和66.66亿元。

2. 工业经济发展较快，产业结构调整任务依然艰巨

2011年，汕头积极落实"工业经济优化发展"策略，编制实施了战略性新兴产业倍增计划、传统优势产业提升计划和海洋综合开发计划等产业规划，出台了《加强总部经济发展的若干意见》等措施，推进产业集聚、高端发展，工业经济发展较快。

2011年全年完成工业增加值735.38亿元，比上年增长14.1%，占地区生产总值的比重由上年的52.1%上升为52.4%，工业对经济增长的贡献率达到60.3%。完成工业总产值3005.94亿元，增长14.7%。其中，规模以上工业总产值2251.16亿元，增长18.3%。规模以上工业产值占全部工业总产值的74.9%，比上年提高2.0个百分点。2011年完成固定资产投资额438.74亿元，比上年增长44.5%。其中，第二产业投资233.45亿元，增长42.5%。第三产业投资201.47亿元，增长46.0%。

汕头经济特区产业结构调整优化任务依然艰巨，第三产业比例偏低，三次产业结构由上年的5.3∶56.1∶38.6调整为5.1∶56.4∶38.5，第一、三产业比重下降，第二产业比重提高。但是第二产业中企业创新能力偏弱，集聚辐射能力不强，而且节能减排形势严峻。2012年8月广东省统计局、经济和信息化委员会以及发展和改革委员会联合公布2011年广东各地万元地区生产总值（GDP）能耗等指标值，汕头虽然在万元地区生产总值能耗指标值上低于全省平均水平，位居第四，但该指标下降幅度排在全省最后一位（见表1）。

表1　2011年广东省各市万元地区生产总值（GDP）能耗指标

序号	市别	万元地区生产总值能耗		万元工业增加值能耗上升或降低(±%)	万元地区生产总值电耗上升或降低(±%)
		指标值（吨标准煤/万元）	上升或降低（±%）		
1	深圳市	0.472	-4.39	-24.02	-4.69
2	汕尾市	0.480	-3.73	2.75	-4.61
3	珠海市	0.503	-3.93	-6.61	-1.05
4	汕头市	0.524	-3.44	-4.37	-2.27
5	广州市	0.533	-4.91	-10.06	-4.74
6	湛江市	0.551	-3.67	-4.94	-3.89
7	中山市	0.557	-4.18	-8.51	-5.98
8	佛山市	0.582	-4.01	-8.17	-5.83
9	阳江市	0.604	-3.47	-5.11	2.24
10	东莞市	0.632	-4.61	-6.12	-3.40
11	江门市	0.649	-3.66	-0.96	0.53
12	肇庆市	0.674	-3.74	-8.44	1.33
13	河源市	0.717	-3.67	0.03	1.11
14	揭阳市	0.732	-4.22	-18.98	-0.34
15	惠州市	0.814	-3.97	0.15	-4.93
16	茂名市	0.929	-3.90	-7.48	-2.99
17	梅州市	0.995	-4.39	-24.00	-4.25
18	潮州市	1.109	-3.71	17.99	-4.75
19	云浮市	1.135	-3.68	-17.32	-2.04
20	清远市	1.183	-3.94	-11.77	-0.18
21	韶关市	1.337	-3.68	-4.32	1.45
	全省合计	0.563	-3.78	-5.13	-1.46

3. 外贸进出口总额和出口总额创历史新高，外贸结构调整进一步优化

2011年，在外经贸发展面临外需持续低迷、企业生产综合成本大幅上升双重压力的严峻形势下，汕头以更大的决心、更有力的措施"稳外贸"，使汕头外贸经济逆势上扬，进出口总额和出口总额创历史新高，外贸结构调整进一步优化。

2011年汕头进出口总额87.88亿美元，比上年增长19.3%。其中，进口总额28.35亿美元，增长16.6%；出口总额59.54亿美元，增长20.7%。在出口总额中，一般贸易出口43.80亿美元，增长22.6%；加工贸易出口15.56亿美元，增长15.5%。

在总量上逆势突破的同时，2011年汕头外贸结构调整也得到进一步优化，主要呈现四个特点。一是贸易方式结构优化。全年一般贸易出口43.8亿美元，占全市出口比重达73.6%，高于全省平均水平39个百分点。二是主体结构优化。全市民营企业进出口47.4亿美元，同比增长27.6%，占全市出口总额的54%，所占比重比上年提高3.5个百分点；出口额和进口额分别同比增长30.7%和20.9%%，增幅分别高于全市平均水平10个百分点和4.3个百分点。三是出口市场结构优化。对新兴市场进出口的增幅明显高于中国香港、美国、东盟、欧盟（27国）、日本等五大传统出口市场，其中对东盟和拉丁美洲分别出口了9亿美元和5.6亿美元，同比分别增长46.6%和33.9%。四是出口产品出现新的增长点。机电产品、服装及衣着附件、玩具仍位居三甲，2011年分别出口14.7亿美元、14.2亿美元和8.6亿美元，同比分别增长14.5%、21.4%和29.5%，在此基础上，出口产品出现新的增长点，塑料制品和农产品，出口额同比分别增长38.6%和28.6%。

4. 加快行政体制改革，建设服务型政府

第一，2011年4月，在全国地级市率先出台《行政程序规定》，规范行政行为，提升政府的服务质量。第二，努力推进行政管理体制改革创新，以特区立法的形式明确市、区责权划分，启动了濠江区的行政体制综合配套改革，政府部门由22个整合缩减为14个，下放了471项管理权限。第三，启动建设全市统一的行政审批和公共服务综合信息系统，并开通了网上行政审批系统，削减和调整了32%的审批事项，为企业、投资者和市民提供快捷、方便的审批服务。2011年11月，国家发改委等8个部委联合发文授予包括汕头在内的全国21个城市"国家电子商务示范城市"。第四，城市规划也是生产力和竞争力，科学合理调整汕头的城市规划，增强城市规划的战略性、前瞻性，提升城市管理水平，以"多规融合"启动了新一轮全市总体规划修编工作，高标准规划汕头市"一核多组团"的城市发展格局和"一湾两岸"的城市形态，不断优化城市空间结构。第五，积极谋划一批交通基础设施项目，积极主动与粤东和海峡西岸地区对接，全力推进港口、铁路、高速路网建设，城市交通功能和区域合作功能不断提升，进一步完善投资环境和经济发展环境。

5. 增进民生福祉，努力建设幸福汕头

2011年8月，为了大力推进社会建设，构建和谐社会，努力建设幸福汕头，汕头市委、市政府制定出台了《加强社会建设的决定》，编制了幸福汕头客观指标评价体系和汕头"十二五"民生发展规划，并将此纳入政绩考核体系。

2011年汕头市民生领域的财政支出占一般预算支出的68.3%，达到96.24亿元，其中，用于最低生活保障资金支出1.77亿元，比上年增加0.47亿元，增长38.7%。2011年政府确定了十件民生实事并按时完成年度任务：完成80%以上贫困户脱贫目标，提前一年完成省下达的任务；实现了城镇居民基本医疗保险和新型农村合作医疗保险全覆盖；将年人均收入低于1500元的困难家庭全部纳入低保；完成新增就业8.3万人的任务；解决了农村68.1万人饮水安全问题；实施了中小学校舍安全工程项目52个；全市新增了公共汽车307部；新增视频监控点5.9万个；开工建设保障性住房9169套。

在促进经济发展的同时，注重生态文明建设和环境保护。2011年汕头环保总投资158.42万元，完成环境污染限期治理项目7个，关停并转迁污染企业34个。市区已建成绿地面积7721.64公顷，绿化覆盖率达41.84%。进一步改造和完善了生活垃圾填埋场和污水处理站，实现垃圾无害化处理率100%、日处理污水能力58.7万吨。中心城区建成空气自动监测系统，环境噪声自动监测显示装置2个，城市区域环境噪声平均值为55.7分贝，低于国家2类声环境功能区的环境噪声标准。

二 汕头经济社会发展存在的问题

与建立经济特区之初的百废待兴、一片荒芜的情况相比，汕头经济特区经济社会发展成就巨大。但是，必须清醒地认识到，与深圳、珠海这样的经济特区相比，汕头经济社会发展还存在较大的差距，也没有达到中央政府、人民群众、海内外潮人的期盼要求，汕头经济社会目前存在诸多困难和问题，其主要表现包括经济规模小、发展水平相对滞后、财政收支矛盾突出、政府财力薄弱、固定资产投资率低、体制机制改革相对滞后、人才匮乏等。

1. 经济总量偏低，发展水平相对滞后，发展速度偏慢

从历史来讲，汕头素有"岭东门户、华南要冲"的美称，是粤东的政治、经济、文化中心城市。但是建立经济特区以来，特别是十年来，汕头作为特区城市和区域中心城市，相对广东省其他地区，其经济总量在全省的比重和位次呈下降和后移趋势，令人扼腕。

2011年汕头人口占全省的比重分别为5.0%，GDP总量仅占全省的2.66%，在全省位次已由前列退至第10位。比如，1999年汕头人口占全省的6.2%，GDP占全省的4.8%，列第6位，而2009年人口占全省的比例基本没变，但GDP仅占全省的2.6%，财政收入和外贸出口也分别从占全省的2.3%和3.5%下降到1.6%和1.1%。

应该说，汕头历史上也曾经历快速发展阶段，"八五"时期GDP年均增长21.7%，最高年份的1995年达到25%。"九五"时期GDP年均增长12.3%，仍高于全省11%的平均水平。但"十五"时期GDP年均增长6.9%，低于全省平均水平6.4个百分点。从经济增长速度来看，"十一五"时期前四年汕头市GDP年均递增11.4%，不仅落后全省1个百分点，而且比揭阳、潮州和汕尾分别少了4.8、1.5和5.2个百分点。经济总量虽然在粤东各市仍然最大，但增长速度最慢，已没什么优势可言，甚至可能被超越。

2. 财政收支矛盾突出，政府历史债务沉重，财力薄弱

2011年汕头地方财政一般预算收入85.58亿元，占GDP的比重仅为6.09%，远低于全省平均10.5%的水平，GDP与汕头相当的珠海经济特区的一般预算收入占GDP的比重为10.2%,深圳该指标为11.65%。往前数,"十一五"前四年,汕头地方财政一般预算收入占GDP的比重即一般预算收入得益率仅为5.7%,远远低于全省9.2%的水平,比深圳、珠海分别低了4.1和8.1个百分点。从人均可支配财力上看,汕头财力更为薄弱,2011年只有1582.87元,仅为全省平均水平的30.1%,与深圳、珠海经济相比差距更大,分别只有它们的12.31%和17.26%。

在财政收入困难的情况下,汕头的政府财政支出压力很大。2011年一般预算支出157.57亿元,占GDP的比重为11.23%,略低于全省平均水平的12.74%,深圳与珠海该指标为13.82%和13.57%。汕头的这种严重"入不敷出"的财政收支缺口近十多年来一直是个严重问题,政府历史债务沉重。

从以上关于汕头的一般预算收入和一般预算支出的数据中,至少可以得出几个基本结论。(1)受制于较小的经济规模和较低的一般预算收入得益率,汕头的财政总收入低,人均政府收入更低;(2)在财政收入远低于全省平均水平的情况下,财政支出仍然要保持全省平均水平非常困难;(3)扣除一般公共服务支出,政府财政支出用于教育文化卫生等民生方面的支出压力很大,而用于交通、城建等提升经济发展潜力的产业方面的支出更加艰难。

3. 固定资产投资率低,市场要素大量外流,发展后劲严重不足

投资是拉动经济发展的三大动力之一,固定资产投资率即固定资产投资规模占国内生产总值的比重,是反映经济发展变化与投资规模大小关联程度的指标。高投入、高积累、高增长是经济起飞的一个重要特征。2002年以来全国开始新一轮投资热潮,以及加入WTO后外贸经济迅猛发展是这些年经济高增长的两大引擎。

但近十多年来,汕头固定资产投资率一直处于低位。在快速发展时期,汕头的投资率一直比较高,1995年达到48%。但自1998年以后,一直徘徊在30%以内,低于同期全国、全省平均水平10个百分点以上,成为制约汕头发展的重要因素。"十一五"时期汕头重点项目仅完成投资计划的54.56%。2011年固定资产投资才有了较大增长,但此前固定资产投资增长率一直较低(见图2),2010年投资额增长23.9%,比揭阳、汕尾低了19.7和2.1个百分点，绝对值比揭阳少了 203 亿元，也被汕尾市超过。投资率长期在低位徘徊，城市和产业发展严重缺乏后劲，区域中心城市地位面临严峻挑战。

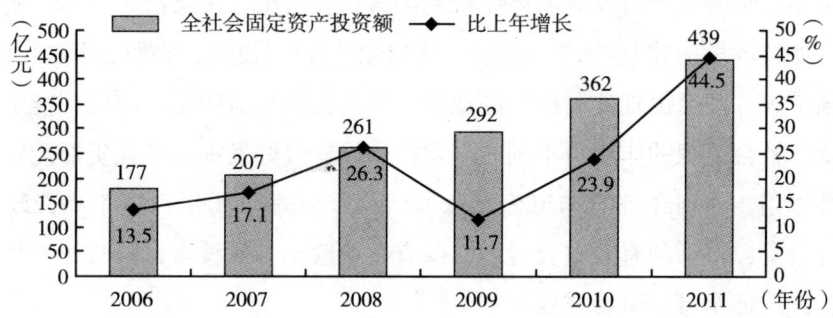

图 2　2006～2011 年全社会固定资产投资及增长速度

导致汕头固定资产投资率低的因素很多，包括经济、产业、金融、财政等多方面。从金融方面来讲，汕头的资金外流现象严重。2011 年，汕头金融机构（含外资）年末本外币存款余额 1989.01 亿元，而贷款余额只有 728.18 亿元，存贷比只有 36.61%。全省存贷比平均水平为 63.99%，深圳、珠海的存贷比分别为 76.68% 和 54.97%。存贷比较低，说明了汕头资金使用效率低，其中大量本地资金外流。这种情况在过去十几年都没有改变，统计显示，汕头"十一五"时期存贷比均低于 40%，比全省低了 20 多个百分点，大量本地资金外流。作为经济特区，需要外界的资金"输血"，然而在汕头经济本身"造血"功能弱的情况下，还源源不断地向外"流血"，这是导致汕头经济长期低迷，相对落后的主要原因。

汕头的开放度还比较低，外贸经济仍然比较薄弱。作为粤东枢纽港的汕头港，每年仅吞吐潮汕地区集装箱生成量不到四成，六成以上货物外流深圳或厦门口岸出口。外向型经济是经济特区的主要标志之一，但汕头的外向型经济规模很小，2011 年外贸依存度仅约为 40%，远远低于深圳、珠海等经济特区 200% 以上的水平。

4. 体制机制改革相对滞后，思想观念相对保守，高层次人才匮乏

导致汕头当前发展的落后状况，原因是多方面的，既有客观原因，也有主观原因。概括来说，主要有如下几个因素的影响。

首先是体制机制改革滞后。汕头经济特区成立之后，曾经是体制机制改革的先锋。但由于欠缺改革的韧劲和力度，许多改革成果得不到巩固，新的改革举措不多，阻碍生产力发展的体制机制因素仍较突出，深层次矛盾得不到有效解决。如特区早期建立的"小政府、大社会"管理模式，在特区第二次扩围后逐渐消失，甚至出现体制回归的现象，行政机构日益膨胀，政府职能未能根本转变，社会组织的作用得不到充分发挥，没有很好发挥市场在资源配置中的基础性作用，计划经济的味道依然浓厚，生产要素市场化程度不高，政府资源、社会资源得不到有效整合运用，国有企业改革步伐缓慢，财政压力越来越大，已经远远超过风险警戒线。

其次是投资发展环境不尽如人意。汕头人有着自强不息、诚实守信、合群团结、勇于拼搏、重商务实等优秀传统文化精神，但在一定程度上也存在着轻法治重人情的局限性，办事讲人情、讲关系，欠缺法律法规意识。人重感情本来是一种美德，但不能把感情作为办事的前提，甚至把职位当成一种商业资源去经营，不给好处不办事，给了好处乱办事。政府出台的一些优惠政策和扶持措施，也往往在执行当中大打折扣。服务意识差、办事效率低，这些现象不但本地群众不满意，海内外潮商不满意，而且让外来人员感到难以融入当地社会，外来投资者望而却步，严重阻碍外部要素资源的流入和积累。据不完全统计，目前汕头外来人口仅21.4万人，仅约为户籍人口的4%。这一方面反映了汕头发展水平、发展潜力对外来人口缺乏吸引力，也在一定程度上反映了汕头在开放性、包容性方面的不足。

再次是思想观念跟不上时代发展的步伐。汕头经济特区创办以来，总体上经历了初期发展、快速增长、整顿低潮和恢复增长四个阶段。在特区创立和发展初期，汕头经济特区的早期创业者在艰苦的条件下，能够勇当改革开放的排头兵，创造了多个"全国率先"。但20世纪90年代以来随着全国全方位改革开放的不断深入，汕头未能抓住新的机遇，没有树立与时俱进的思想观念，认知水平、思维方式没有很好适应形势发展变化的需要，缺乏世界眼光和战略思维，习惯于用老眼光看待新事物，用旧思维解决新问题，敢闯敢试的精神不断退化，明哲保身的观念相当浓厚，不敢负责的作风普遍存在，存在"小富即安""小进则满"的思想意识，发展理念远远落后于先进地区。未能形成优秀人才脱颖而出的环境和氛围,各类人才配置不合理。比如,汕头各级领导干部存在年龄结构老化、高层次人才匮乏等问题。

三 未来发展建议

从第二部分关于汕头经济社会发展存在问题的论述中,可以看出尽管与特区之初相比,汕头经济特区经济社会发展成就巨大,但近十多年来,与其他经济特区相比,汕头错过了国内经济高速增长的黄金时期。当前汕头既面临2008年金融危机爆发以来的全球经济复苏缓慢的国际经济形势,又面临转变发展方式、实现产业结构调整和升级、建立现代产业发展新体系的国内经济趋势,也面临汕头市"建设幸福汕头、加大民生投入"的本市迫切任务。在这种复杂的国内外形势下,如何在促进经济发展的同时加快经济结构转型?这对汕头来说,是一个巨大的挑战,也是比较艰难的任务。

1. 改革建设服务型政府,营造良好的投资环境

与深圳、珠海等经济特区相比,汕头的投资环境竞争力、吸引力差距明显,距离建设与市场经济相适应的服务型政府的目标尚远。提供公共服务,满足社会公共需求,是转变政府职能的核心。因此,汕头经济特区应回归到建立之初"小政府、大社会"的管理模式。

首先,推行公共服务市场化与社会化,调整政府与市场、社会的关系,真正做到该管的事政府坚决管好,不该管的事政府不要过多干预;其次,调整和完善政府职能体系,区别政府的经济职能与监督管理职能,做到政府各个职能之间彼此分工、相互协调,突出重点;再次,要着力解决一般"官本位""以权谋私"、服务意识薄弱的问题,营造良好的投资环境,努力形成亲商、安商、富商的良好行政工作作风。

2. 大力发展现代服务业,实现经济增长方式转变

鉴于汕头经济规模偏小,通过"优先发展工业经济"迅速壮大整个经济规模,似乎是比较可行的策略,但是国内经验表明,工业经济往往会带来环境、资源等方面的问题,这也是中国经过30年工业化发展后导致的严重后果。

因此,汕头下一步的发展需要转变思路,根据汕头本市的资源禀赋,重点

发展现代旅游业、现代农业、海洋经济等产业，实现经济增长方式的转变。

3. 积极引导民间投资、提高银行信贷供给能力

由于汕头财力薄弱，必须充分利用经济特区政策、侨乡资源，充分调动全社会的积极性，激活民间投资主体，形成本地、侨商、外资多元化投资格局。进一步放宽投资领域，除国家明令禁止的以外，允许各种资金享有"国有资金"的同等待遇，积极引导民间资本参与国有企业的改组、改造和各类基础设施项目建设。

政府应该在金融生态环境建设中发挥主导作用，为信贷市场发展打造良好的外部环境，提高汕头银行业的信贷供给能力。一是鼓励和引导信贷支持中小企业的发展，筹集建立中小企业发展基金，为中小企业贷款提供贴息等金融优惠政策；二是将重点发展产业的优惠政策与银行信贷相联系，建立各种产业投资基金和高科技投资风险基金的同时，引导和促进银行方面的信贷支持；三是完善农村金融服务体系，引导和促进商业银行对汕头现代农业、现代农村旅游业的信贷支持。

4. 采取有效措施，提高财政收入质量，降低行政运行成本

汕头政府收支缺口大，因此有必要加强财政收支管理。在财政收入管理方面，需对各种税收收入和非税收入，进行专题研究，分别采取有效措施，强化政府性税费征管，提高财政收入质量，优化财政收入结构。在财政支出方面，完善政府编制和经费双向控制机制，控制行政人员支出不合理增长，严格控制会议数量和规模，简化会议形式，严格限制"三公消费"，降低行政运行成本。要认真研究中央、广东省在财政收支、产业发展、基础设施建设、民生保障等方面的优惠政策、倾斜政策，使汕头能充分争取到、利用到、使用好诸多方面的各种支持政策。

参考文献

［1］广东省统计局、国家统计局广东调查总队：《广东统计年鉴2012》，中国统计出版社，2012年8月。

［2］汕头市统计局、国家统计局汕头调查队：《2011年汕头国民经济和社会发展的统

计公报》，2012 年 4 月 11 日。

［3］郑人豪：《在汕头市第十三届人民代表大会第一次会议上的政府工作报告》，2012 年 1 月 6 日。

［4］李锋：《在市委九届十次全会第一次全体会议上的报告》，2011 年 1 月 16 日。

［5］广东省统计信息网：http：//www.gdstats.gov.cn/。

［6］汕头统计信息网：http：//sttj.shantou.gov.cn/。

［7］汕头市政府门户网站：http：//www.shantou.gov.cn/。

B.13
厦门经济特区发展报告

刘伟丽*

2011年是厦门经济特区建立30周年，也是"十二五"时期开始的第一年，地区生产总值2539.3亿元，比上年增长15.1%（见表1）。实现了"十二五"时期经济社会发展良好开局。三次产业比例为1.0∶51.1∶47.9，第一、第二和第三产业对GDP增长的贡献率分别为0.3%、56.9%、42.8%，经济不断进行产业转型升级，三次产业的结构不断优化和协调发展；岛内外一体化建设全面展开，岛外集美新城、海沧湾新、同安新城和翔安新城四个区的建设快速推进。提出了创新厦门、宜居厦门、平安厦门、文明厦门和幸福厦门的"五个厦门"建设目标和具体的措施。实现了全国文明城市"三连冠"，综合配套改革方案获国务院批准，荣膺全国科学发展典范城市、全国十大创新型城市、全国十大低碳城市，名列中国服务型政府十佳城市前茅。

表1 厦门地区国民核算

单位：亿元

指　标	1981年	2010年	2011年
地区生产总值	8.7	2060.1	2539.3
第一产业	1.9	23.1	24.7
第二产业	4.4	1024.5	1297.1
第三产业	2.4	1012.5	1217.5

数据来源：《厦门经济特区年鉴》，中国统计出版社，2012。

---

* 刘伟丽，女，深圳大学经济学院教授，经济学博士。

一 2011年主要经济和社会发展情况

（一）三大产业发展状况

厦门特区的现代农业稳步发展，龙头企业保持良好发展态势。厦门33家农业龙头企业2011年农业总产值达到274.15亿元，比上年增长27.3%；农业销售收入271.78亿元，比上年增长27.3%；农业出口创汇5.45亿美元，比上年增长18.9%；农业上缴税金12.58亿元，比上年增长28.7%。全年实现农林牧渔业总产值40.1亿元，比上年下降4.3%（见表2）。其中，农业产值18.0亿元，增长5.6%；牧业产值12.5亿元，下降14.9%；渔业产值6.1亿元，下降13.7%。全年各种农作物总播种面积44.0万亩，比上年下降0.4%；全年蔬菜总产量58.0万吨，比上年增长6.5%；蛋品总产量0.4万吨，比上年增长3.0%；全市生猪存栏数为38.27万头，比上年增长1.2%；年末家禽存栏数为176.83万只，比上年增长1.1%；全年家禽累计出栏数为394.57万只，比上年增长2.2%。全面落实农村社区股份合作经济项目、生态补偿等促进农民增收措施，农民人均纯收入增幅超过城镇居民人均可支配收入增幅，农民收入增长较快。

表2 厦门农业主要经济指标

单位：亿元

指　　标	2010年	2011年
农业总产值（现行价）	37.5	40.1
农业产值	16.1	18.0
林业产值	0.1	0.2
牧业产值	11.9	12.5
渔业产值	6.3	6.1
农林牧渔服务业产值	3.2	3.4

数据来源：《厦门经济特区年鉴》，中国统计出版社，2012。

工业生产规模稳步增长，产业集聚水平不断提升，制造业加快产业转型升级。2011年工业产值1109.8亿元，建筑业产值187.4亿元，规模以上工业总产值增长18.3%，高新技术企业产值占规模以上工业产值比重的14.7%，同比提高4.2%，工业经济效益综合指数提高8个点。产业技术研究院等重大科技平台加快建设。国内发明专利授权量同比增长35%。

第三产业增长较快，现代服务业加快提升。2011年第三产业增加值1217.5亿元，其中批发和零售业增加值294.5亿元，是第三产业中增加值最高的；其他行业按照增加值从高到低的次序分别为：金融业增加值190.6亿元，金融监管部门、金融机构加大对地方建设支持力度；房地产业增加值154.4亿元；交通运输、仓储及邮政业增加值152.2亿元；住宿和餐饮业增加值66.2亿元；教育增加值63.7亿元；信息传输、计算机服务和软件业增加值60.5亿元；居民服务和其他服务业增加值56.1亿元；租赁和商务服务业增加值53.8亿元；公共管理和社会组织增加值48.5亿元；卫生、社会保障和社会福利业增加值24.0亿元；科学研究、技术服务和地质勘察业增加值22.1亿元；文化、体育和娱乐业增加值15.8亿元；水利、环境和公共设施管理业增加值15.3亿元（见表3）。

表3　厦门第三产业增加值

单位：亿元

年　份	1982	1992	2002	2010	2011
交通运输、仓储及邮政业	0.3	7.7	43.3	113.5	152.2
信息传输、计算机服务和软件业	0.0	1.0	18.6	49.9	60.5
批发和零售业	1.0	9.2	80.1	249.4	294.5
住宿和餐饮业	0.1	0.8	11.1	52.3	66.2
金融业	0.3	15.0	37.3	145.9	190.6
房地产业	0.1	5.2	36.8	134.6	154.4
租赁和商务服务业	0.0	0.2	6.2	45.7	53.8
科学研究、技术服务和地质勘察业	0.0	0.4	3.7	16.8	22.1
水利、环境和公共设施管理业	0.0	0.3	2.3	12.2	15.3
居民服务和其他服务业	0.1	2.7	5.6	53.5	56.1
教育	0.2	1.7	15.5	60.3	63.7
卫生、社会保障和社会福利业	0.0	0.5	3.8	21.9	24.0
文化、体育和娱乐业	0.0	0.9	3.5	12.5	15.8
公共管理和社会组织	0.2	2.7	13.6	44.1	48.5
总　计	2.4	48.2	281.5	1012.5	1217.5

数据来源：《厦门经济特区年鉴》，中国统计出版社，2012。

（二）对外贸易发展

外贸平稳较快增长，进一步放宽视野、拓展领域。口岸部门加大服务力度，通关效率持续提高，2011年外贸进出口总额7016667万美元，出口4264724万美元，进口2751943万美元，外贸进出口总额增长22.4%（见表4）。外贸发展方式加快转变，进口增幅高于出口6.2个百分点，对新兴市场出口增速超过30%。

表4　厦门对外经济主要经济指标

单位：万美元

指　　标	2010年	2011年
外贸进出口总额	5703644	7016667
出口总额	3532468	4264724
进口总额	2171176	2751943
实际利用外资	169653	172566
合同利用外资	164321	224190

数据来源：《厦门经济特区年鉴》，中国统计出版社，2012。

增强海峡两岸交流与合作，2011年1月1日《海峡两岸经济合作框架协议》（ECFA）货物贸易早收计划开始实施。2011年厦门和台湾省的进出口总额达到723567万美元，比2010年增长13%；出口额为146335万美元，比2010年增长37.9%，占全市比重3.43%，台湾省处于厦门出口的第6位（见表5）；进口额为577232万美元，比2010年增长8.5%，占全市比重的20.98%，台湾省处于厦门出口的第1位。实际利用台湾省的外资335476万元，共3247个项目，占厦门全部外资项目的34.6%。

（三）固定资产投资

2011年，厦门市实现全社会固定资产投资1128.1亿元，比上年增长30.4%，其中城镇投资1114.0亿元，比上年增长30.9%；农村投资14.1亿元，比上年增长1.3%。投资结构出现变化，受工业投资快速增长的拉动，第二产业投资占比略有提高，三次产业投资比例由上年的0.0∶19.9∶80.1调整

表5 厦门外贸出口主要国家（地区）

国家（地区）	2011年（万美元）	2010年（万美元）	比2010年增长（%）	占全市比重（%）
美 国	760721	725570	4.8	17.84
香 港	388866	293130	32.7	9.12
日 本	328098	276801	18.5	7.69
德 国	201020	183837	9.3	4.71
韩 国	163480	139747	17.0	3.83
中国台湾省	146335	106135	37.9	3.43
菲律宾	124962	84416	48.0	2.93
荷 兰	100509	88575	13.5	2.36

数据来源：《厦门经济特区年鉴》，中国统计出版社，2012。

为今年的0.1∶20.8∶79.2，同时基础设施和房地产投资的比重出现较大幅度的下降，分别比上年减少3.2和7.0个百分点。重点项目建设有序推进，进度比往年加快，全年191个重点项目完成投资786.7亿元，完成年度计划的105.2%。全年新开工城镇投资项目460个，比上年增加220个，实际完成投资194.1亿元，增长1.9倍。工业投资快速增长，全年完成工业投资231.1亿元，增长29.5%，其中制造业投资205.4亿元，增长34.3%。分行业看，30个行业中的19个行业投资实现增长，其中10个行业投资增速在50%以上，快速增长的行业主要分布在造纸及纸制品业、塑料制品业、非金属矿制品业、金属制品业、专用设备制造业、电子设备制造业等领域。社会事业投资增长强劲，完成投资56.5亿元，增长78.1%。基础设施投资增长速度减缓，全年完成318.3亿元，增长17.2%，其中交通行业完成投资151.2亿元，增长10.1%，水利、环境及公共设施管理业完成投资134.0亿元，增长31.7%。房地产投资平稳增长。全年房地产开发完成投资438.1亿元，增长10.6%，其中土地购置费182.0亿元，下降27.3%，占房地产投资的41.5%，比上年降低21.7个百分点。

二 新的发展实践

2011年厦门迎接建立经济特区30周年之时，也取得了很多荣誉：首先，厦门以第一名的成绩获得"全国文明城市"称号，实现了"全国文明城市"

三连冠；其次，厦门在中国城市科学发展综合排名中位居第一；再次，厦门在"2011年中国城市科学发展典范城市"评选中位居第一；最后，厦门在中国服务型政府十佳城市中位居第一。这些荣誉充分说明了2011年的厦门继续走在科学发展的道路上，并不断实现跨越发展。

（一）社会经济改革的成果

国务院批准《厦门市深化两岸交流合作综合配套改革试验总体方案》。厦门市提出了"创新两岸金融合作体制机制、创建厦门国家创新型城市、创新社会管理体制机制、深化医药卫生体制改革"等四项"重中之重"改革事项，以及十二项重点改革事项，作为全年改革的重要抓手。

"重中之重"改革事项取得了突破性的进展，主要体现在：两岸区域性金融中心建设取得新突破。厦门获批建设两岸区域性金融中心，先行和先试某些金融领域重大改革措施，为加快厦门金融业发展、推进厦门科学发展跨越发展提供了良好的机遇。创建厦门国家创新型城市建设取得新进展，建立市区联动推动国家创新型城市建设的机制；加快完善自主创新平台建设；两岸科技合作与交流机制进一步创新，加快推进国家级对台科技合作与交流基地建设，打造海峡西岸区域性研发中心；科技与金融结合的多元化投融资体系建立。社会管理体制机制进一步创新，科学有效的利益诉求机制逐步建立；创新矛盾纠纷解决化解机制，进一步完善提升镇（街）多元化矛盾纠纷排解机制；建立重大事项社会稳定风险评估机制，进一步完善风险评估机制；创新流动人口管理机制，全面推进流动人口服务管理站建设，实行流动人口"一站式"服务。医药卫生体制改革取得新突破，探索建立三甲医院与基层医疗卫生机构分工协作机制；构建多元办医格局；探索管办分开有效形式，组建厦门市公立医院发展管理中心；建立统一的城乡居民医疗保险制度。服务业综合改革试点工作，多层次的资本市场体系，文化体制，教育体制，行政管理体制机制和统筹城乡发展的体制机制等重点改革事项全面推进。

（二）精神文明建设成果

2011年制定印发《厦门市创建第三届全国文明城市实地测评工作任务分

解》，将各项指标分解到各区、各部门，明确工作职责、工作标准。调整厦门市创建全国文明城市工作指挥部机构，设立8个工作组、6个专项整治组，由分管市领导担任各组组长，通过召开现场会、推动集中整治等形式，落实各项创建任务。出台《厦门市创建全国文明城市工作奖惩问责暂行办法》，把创建全国文明城市工作作为精神文明建设各类先进评选考核的重要内容和评先的重要依据，层层签订目标责任状，逐级建立问责制度，实行奖优罚劣，推动创建工作规范化、制度化建设。

（三）服务型政府建设成果

2011年，依托工业协调办、"968119"工业企业服务热线等平台，主动协调解决企业在生产经营过程中反映的问题570个，较好地促进了企业发展，强化了服务企业意识。积极争取上级部门资金支持，全年共向国家和省争取到近3.4亿元的资金支持本市企业发展，其中国家级资金3.1亿元，省级资金2828万元。同时，加强对经济运行以及重点企业生产的监测分析，强化煤电油运等要素保障，努力营造良好的生产经营环境。2011年研究起草并出台了一系列支持和扶持工业企业发展的政策措施：一是阶段性降低五项社会保障金征收费率，减收、免收部分涉企收费；二是支持企业融资，包括给予有订单的企业融资贴息支持、设立中小企业融资担保机构风险补偿专项资金、完善金融服务、组织银企对接等；三是鼓励重点制造企业技改投入，从2011年开始，3年内安排厦门市财政资金1亿元对重点制造业企业技术改造实施财政扶持；四是帮助企业开拓市场，包括提高展位费补助水平、支持企业承接订单、继续发布地产工业品目录等；五是支持企业扩大出口，对电子、机械等行业企业本市内生产的产品实行扶持措施，降低企业出口风险。

三 面对的新形势与新问题

（一）国外新形势和新问题

从国际形势看，受美国和欧盟债务危机的影响，国际经济环境恶化。当前全球实体经济没有新突破,新增长点尚不明朗,总体上发达经济体陷入中长期低迷的可能性有所增加,俄罗斯入世,世界贸易组织中将出现新的格局变化,金砖国家将成为主要的力量在世界经济贸易中发挥重要的作用。

(二)国内新形势和新问题

从国内形势看,我国经济增速呈现逐渐回落趋势。中央经济工作会议确定了经济工作思路,总基调是"稳中求进",并继续实施积极的财政政策和稳健的货币政策。我国总需求增长也会有所回落。从投资、消费、出口三大需求看,发达经济体结构调整无力,新兴经济体经济增长虽然好于发达国家,但并不能完全摆脱发达经济体的影响,在全球需求放缓的背景下,我国出口增长将难以达到2011年水平,外需对经济的拉动将会继续减弱;近年来我国消费的增长主要是靠居民消费结构的升级,我国消费市场难有大的突破;出口回落在一定程度上抑制制造业投资增长,房地产调控政策尚未放松,总体上我国的投资增速可能出现回调。厦门城市规模小,外向度高,受国际、国内经济形势变化的影响较为明显,但厦门经济发展仍处于比较好的发展环境之中,微观经济领域生产和销售衔接顺畅,工业企业经济效益提升。因此,综合预警指数下调幅度将逐步收窄至最终走稳,宏观经济景气将在正常区间的低位走稳。①

四 未来发展建议

(一)继续优化经济结构

在经济发展方式上重视自主创新,向国家创新型城市发展;建立资源节约型、环境友好型城市,积极发展绿色城市;重点发展机械、电子、旅游会展、金融和商务等支柱产业;发展海洋高新、文化创意等战略产业;不断优化产业结构,增强产业的实力,与台湾、漳州和泉州进行合作与交流中,积极发挥优势产业的作用,在产业合作整体布局中,积极进行协调分工合作。

---

① 《2011年厦门经济发展报告》,http://wenku.baidu.com/view/dc352391dd88d0d233d46ae6.html。

（二）实施综合配套改革

全面拓展和深化厦门和台湾省的交流与合作，用好、用足、用活中央政府赋予厦门地方政府的先行和先试政策，深化政治、经济、社会等各个领域的改革，转变政府职能，加强对中小型企业的扶持力度，建立服务型的政府机构。为了扩大对台湾省的贸易，应采取更加开放的贸易政策措施，提供厦门和台湾两岸投资便利，在建立新兴产业、现代服务业、金融服务业、生态休闲农业和旅游业等领域进行更密切的交流与合作。

（三）继续加强岛内外一体化和同城化的建设

加快岛内外一体化建设的步伐，岛内不断提升城市功能，岛外不断扩展空间，形成新的产业集聚的地点。不断进行同城化建设，在各个领域建设同城化的工程，主要的同城化体现在：基础设施同城化、产业发展同城化、公共服务同城化和要素市场同城化四个方面；主要的同城化工程体现在：交通领域、通信领域、产业领域和公共服务领域四个领域。加强闽南金三角厦门、漳州和泉州三市的合作，利用厦门经济特区的特殊地位带动漳州和泉州的发展，加快同城化建设，建立厦漳泉大都市区，主要在产业协调发展建设、交通项目建设、公共信息平台建设、社会公共服务一体化建设、资源和要素市场一体化建设等方面进行合作与交流。①

参考文献

［1］邱太厦：《新起点上新跨越》，《厦门日报》2012 年 2 月 22 日，第 022 版。
［2］《厦门经济特区年鉴2012》，中国统计出版社，2012。
［3］《2011 年厦门经济发展报告》，http：//wenku.baidu.com/view/dc352391dd88d0d233d46ae6.html。

---

① 邱太厦：《新起点上新跨越》，《厦门日报》2012 年 2 月 22 日，第 022 版。

B.14
海南经济特区发展报告

刘伟丽*

2011年是"十二五"时期经济社会发展的开局之年,也是海南国际旅游岛建设发展的第二年,海南省在经济、社会和政治各个方面都取得了许多成绩,全省地区生产总值完成2522.7亿元,比上年增长12.0%,高于全国人均GDP增速2.8个百分点,一、二、三产业的具体增加值见表1;全省人均生产总值28898元,首次突破4000美元大关。全省全口径公共财政预算收入689.8亿元,比上年增长30.5%,财政支出首先大力向医疗卫生、文化体育与传媒、环保和交通运输支出倾斜,其次向教育、社会保障和就业、农林水事务支出倾斜。全省居民消费价格指数(CPI)比上年上涨6.1%,主要是由食品价格上涨推动的,其次居住价格较快上涨也是CPI上涨的主要原因。

表1 海南省地区国民核算

单位:亿元

指 标	1988年	2010年	2011年
地区生产总值	77.0	2064.5	2522.7
第一产业	38.5	539.8	659.2
第二产业	14.2	571.0	714.5
第三产业	24.4	953.7	1148.9

数据来源:国家统计局:《海南统计年鉴2012》,中国统计出版社,2012。

2011年与海南经济和社会发展及其国际旅游岛的建设密切相关的国内外环境变化主要表现在,从外部环境来看,俄罗斯加入世界贸易组织,改变了发展中国家在世界经济中的地位,世界经济格局正经历着巨大的变化;后危机时

---

* 刘伟丽,深圳大学经济学院教授,经济学博士。

代外部市场需求的调整，改变了中国消费和需求结构的变化；随着碳关税问题的提出，各国越来越关注生态和环境保护问题。从内部环境来看，中国的消费结构正在发生巨大的变化，人均收入提高，中国正在进入消费主导的时代。这些内外环境的变化，需要海南在发展经济和建设国际旅游岛的进程中，站在国家战略和区域发展的高度进行发展规划，需要借鉴诸如西班牙、巴厘岛等著名旅游国家和地区的打造旅游环境和旅游魅力的经验，利用海南自身的优势，构建全国人民的四季花园和海南人的幸福家园。

一 2011年主要经济和社会发展情况

（一）国际旅游岛问题研究

2009年12月，《国务院关于推进海南国际旅游岛建设发展的若干意见》印发，海南国际旅游岛建设上升为国家战略的高度，海南发展进入了新的时期。2010年6月，《海南国际旅游岛建设发展规划纲要》（2010～2020）出台，规划纲要按照《意见》明确的指导思想、战略定位、发展目标和重点任务，在全面分析海南国际旅游岛建设发展的内外部条件的基础上，从空间布局、基础建设、产业发展、保障措施、近期行动计划等方面提出了具体工作安排。[①]"十二五"时期是海南国际旅游岛发展的重要时期，如何适应国内外的新形势，抓住机遇，快速建设国际旅游岛是海南面临的重要问题。为此，2011年4月，中国（海南）改革发展研究院提出"加快推进海南国际旅游岛建设进程"的6点建议，首先，提出了全国对海南消费需求的快速增长与海南的消费总量较小、消费结构不合理和消费环境不优化的突出矛盾；其次，应加快发展现代服务业和推进海南城镇化进程；最后，提出建立全国第一个环境保护特区和建设海南人的"幸福家园"。[②]

2011年，海南省政府推进并完成了四大建设"幸福家园"的事项：一是

[①] 《海南国际旅游岛建设发展规划纲要（2010～2020）》，http：//www.hainan.gov.cn/data/news/2010/06/105367//。

[②] 中国（海南）改革发展研究院：《走向开放的海南》，中国经济出版社，2011。

物价水平问题;二是基本保障房建设问题;三是"十二五"期间收入水平提高问题;四是率先实现基本公共服务均等化问题。①

(二)三大产业发展状况

作为加快转变经济发展方式的主攻方向,海南在经济结构调整上积极培育发展热带农业现代化、新兴工业和高新技术产业,提升经济整体竞争力。根据《海南统计年鉴2012》中的数据,海南省第一产业呈现逐年递减的趋势,第二产业基本呈现逐年递增的趋势,从2010年的占比27.7,上升为2011年的28.3。2011年三次产业结构比例调整为26.1:28.3:45.6,产业结构继续优化。

农业和农村经济发展。热带特色现代农业继续保持良好增长态势,2011年实现农业增加值659.2亿元。实现工业增加值475.0亿元,同比增长13.4%,呈现逐年平稳增长的态势,规模以上工业总产值(当年价)220.8亿元。服务业增加值1141.6亿元,同比增长13.3%。房地产业增加值全年219.5亿元,同比增长5.0%,全年房屋销售面积888.2万平方米、增长3.9%,销售收入790.4亿元、增长5.9%,服务业增长的主要力量来自交通运输、邮政仓储业,增长达到22.1%。伴随着旅游环境的改善,海南省的旅游业也呈现快速发展的势头,不断推进了国际旅游岛的建设。

(三)对外贸易发展状况

海南特区自建立以来,一直没有离开"改革开放"的路径,2011年进出口总额127.6亿美元,比2010年增长17.9%(见表2),对中国香港出口7.41亿美元,增长26.8%;对欧盟出口4.63亿美元,增长91.8%;对美国出口2.42亿美元,增长10.0%;对日本出口1.51亿美元,增长22.4%。海南省利用外资总额为15.8亿美元,实际外商直接投资15.2亿美元。2011年1月13日,继苏州工业园、天津滨海新区和北京天竺综合保税区成立之后,全国第四个综合保税区海口综合保税区成立并通过了国家10部委联合验收组的验收,

---

① 中国(海南)改革发展研究院:《走向开放的海南》,中国经济出版社,2011。

至此海口综合保税区具备了封关运作的条件,海南向"大开放"继续迈进,其外向型经济的发展取得了新的进展。

表2 对外经济贸易和旅游

指标	1988年	2010年	2011年
进出口总额(亿美元)	6.6	108.2	127.6
进口	3.7	84.3	102.1
出口	2.9	23.9	25.4
入境旅游人数(万人次)	20.5	66.3	81.5

数据来源:《海南统计年鉴》,中国统计出版社,2012。

(四)固定资产投资状况

2011年全社会固定资产投资总额1673.46亿元,比上年增长26%,其中国有单位438.10亿元;城镇投资,占总固定资产投资的94.5%;资金来源于自筹和其他投资的最多,占52.7%,国内贷款占22.4%;三次产业的投资占比为0.7∶18.9∶80.4;房地产开发663.05亿元,比上年增长42%,增幅较大,也预示着房地产泡沫的存在。

二 国际旅游岛建设的新发展

(一)旅游业发展势头良好

2011年启动实施"境外旅客购物离境退税"和"离岛旅客免税购物"政策,这两项政策的成功启动实施是国家对海南优惠政策的集中表现;已经编制完成《海南省热带森林旅游发展总体规划》和《海南省旅游业发展"十二五"规划》,海南在规划管理上取得重大突破。旅游产业呈现国际化、度假化、品牌化、高端化的发展趋势,已经步入了加速发展和提升质量的转型升级阶段,旅游公共服务体系逐步完善。创新了海南旅游营销,塑造了新产品、新线路,设计旅游精品路线。

（二）构建国际旅游岛的政策法规体系不断完善

规划管理和法规体系逐步建立。《海南国际旅游岛建设发展规划纲要》获国家发展改革委批准并实施；完成了"十二五"规划纲要和44个配套专项规划、省主体功能区规划，以及国际旅游岛风貌规划、主题公园规划、12个重点旅游度假区和22个风情小镇规划，启动了新一轮城市总体规划、土地利用总体规划和洋浦开发区总体规划修编，加强和规范了村镇规划建设管理。成立了省旅游规划委员会，对重大旅游景区景点、项目的布局进行规划审批，确保各项重点旅游项目建设在科学规划指导下有序进行。同时，海南省人大常委会编制了海南省国际旅游岛建设发展专项立法计划，确定了56个立法项目。《海南省中长期旅游人才发展规划（2010～2020年）》编制完成，实施"人才强旅"战略；《海南国际旅游岛建设发展条例》《海南经济特区旅行社管理规定》《海南经济特区旅游价格管理规定》《海南省旅游景区景点管理规定》《海南省游艇管理试行办法》《海南经济特区导游人员管理规定》等多项法规和规章出台。①

（三）基础设施和本地特色项目稳步推进

加快建设海南省一些重大基础设施建设项目，认真学习《国务院关于推进国际旅游岛建设发展若干规定》和《国际旅游岛建设发展规划纲要》，将海南的总体规划和各市的具体规划进行相应的完善。综合整合海南省的环境旅游资源，保证旅游市场的有序发展。三亚定位国际海滨旅游城市、乐东黎族自治县积极发展现代热带农业、万宁积极吸引跨国大企业进驻。

三 面临的新形势与新问题

海南面临的新形势和存在的新问题，主要是海南国际旅游岛遭遇的新矛盾与新问题，与国外旅游岛相比存在很大的差距，这些新的问题主要体现在如下几个方面。

---

① 海南省发展改革委：《海南国际旅游岛建设开局良好》，《中国经济导报》2012年10月16日。

（一）旅游市场不健全

伴随着海南发展成为国际旅游岛的目标上升为国家战略，海南的旅游市场呈现繁荣发展的迹象，2011年海南旅游过夜人数已经达到3001.34万人次，比上年增长16.0%，海南旅游总收入达到324.04亿元，比上年增长25.8%；与此同时，海南省2011年房地产开发增长达到42%，表明海南房地产存在严重的泡沫现象，炒房问题严重，导致旅游市场不健全，同时与旅游相伴的服务水平、管理水平、基础设施条件等都比较低，无法满足建设国际旅游岛的需要。更重要的是旅游产品的创新不能满足人们日益提高的旅游需求，也不能很好地进行可持续的旅游发展。

（二）岛屿规划不规范

海南省陆地面积3.54万平方公里，岛屿存在重复建设的问题，全岛旅游的协调发展受到影响，还需要许多规范性的规划出台，以改变许多规划的不规范性，加强全岛旅游发展的整体协调性。

（三）政策法规不配套完善

虽然出台了很多政策法规，但是在实施过程中遇到了很多新的问题，需要及时进行解决，并不断根据新出现的问题对政策法规进行调整。

（四）基础设施建设滞后

海南省的重大交通设施建设缓慢并滞后，基础设施建设受到土地资源和征用成本的限制，已经规划好的项目没能如期开工，没能形成方便快捷的进出岛的通道，不能及时满足国际旅游岛的建设需要。

（五）缺乏经济结构的优化性

海南省的经济结构层次较低，没有特色的和非常突出的产业规模和布局，产业整体水平较低，企业竞争力较差，企业的国际竞争力较弱，这与海南要建立的国际旅游岛不一致，海南省目前的经济结构还不能支撑国际旅游岛的建设。

四 未来发展政策建议

针对海南省2011年发展的具体情况，对海南发展的未来提出政策建议，主要是海南如何对国际旅游岛进行战略意义上的定位，建立开放、服务、生态的国际旅游岛，所以，最后的政策建议是针对海南以构建国际旅游岛为主，其他建设为辅而提出来的。

（一）健全旅游市场

海南要构建国际旅游岛，不仅仅要成为中外旅游者的度假休闲的天堂，更要打造成海南人民的幸福理想家园。积极借鉴国外旅游岛的成功路径，坚持本土特色与国际标准的结合，创造具有本土特色的国际品牌；加强旅游从业人员和管理人员的培训和监督，提高旅游的服务水平和管理水平；建设一些具有长远效益的重大旅游基础设施，开发特色旅游项目，健全海南的旅游市场。

（二）海南岛屿规划和政策法规体系的完善

海南岛屿规划要具有科学性，要突出规划的法律执行力，强调建设海南省的土地、岸线和山区总体规划的一致性，建设好国际旅游岛。根据《海南国际旅游岛建设发展规划纲要（2010~2020）》的内容，归纳海南岛屿规划的空间主要布局：一是发挥海口的政治、经济、文化、旅游中心的地位，辐射文昌、定安、澄迈三市县，打造北部现代服务业和高新技术产业；二是发挥三亚热带海滨景区的作用，辐射陵水、保亭、乐东三市县，建设南部的高端旅游相关产业；三是规划五指山、琼中、屯昌、白沙、琼海、万宁六市县发展特色农业、少数民族文化旅游业和相关加工业；四是依托洋浦经济开发区和儋州、临高、昌江、东方四市县发展高新技术产业和工业旅游等；五是海南省管辖的西沙、南沙和中沙等群岛积极发展海洋新兴产业。出台有利于民生和产业发展的政策措施，要利用先行先试的优势，积极探索新的路径，并进行试点和实施。

（三）经济结构的优化性

积极发展战略型新兴产业，严禁三高产业的发展，转变经济增长的方式，提升海南经济的总体水平，促进国际旅游岛建设。以工业化作为核心，走新型工业化发展的道路，最大限度地发展资源型工业、反哺农业型工业和新兴工业等产业，推广低碳技术和低碳产品。主动接收发达国家或地区的高科技、高附加值和高水平产业的转移，积极参与泛珠江三角地区及东盟10+3的产业布局及分工，努力提高海南本地区的配套能力。①

促进服务业发展，做好服务业的教育培训。对于在第三产业中起着重要作用的金融业应该放宽国内外金融机构进入海南的门槛，加大立法管理，使之有法可依，加大政府对金融业的扶持力度。

（四）加大公共服务建设的力度

公共服务建设方面，政府在积极推进城乡义务教育、公共卫生和基本医疗保险、基本社会保障、公共就业服务、公共文化服务一体化的同时，可适度开放市场，以调动社会力量包括外国资本参与基本公共服务建设，以适应岛内基本公共服务的多元需求。②

（五）构建完善的国际旅游岛建设理论体系

国际旅游岛的发展应该关注可持续发展、环境、经济、文化等问题的研究，加强岛屿旅游业开发与管理的研究、旅游目的地市场需求的研究、特色化旅游项目开发的研究，借鉴国外岛屿旅游开发的成功经验，增加定量性的研究，细化研究视角，加强民俗文化的保护和基础设施的系统化建设，总体来说，国际旅游岛的建设应该从旅游产业和游客感受的双重角度来考虑。③

---

① 王常华、周益：《新时期加快海南产业结构调整研究》，《商场现代化》2012年第5期。
② 中国（海南）改革发展研究院：《走向开放的海南》，中国经济出版社，2011。
③ 沈华玉：《岛屿旅游、海岛旅游研究述评及启示》，《北京第二外国语学院学报》2012年第5期。

参考文献

[1] 国家统计局：《海南统计年鉴 2012》，中国统计出版社，2012。

[2] 《海南国际旅游岛建设发展规划纲要（2010～2020）》，http：//www.hainan.gov.cn/data/news/2010/06/105367//。

[3] 海南省发展改革委：《海南国际旅游岛建设开局良好》，《中国经济导报》2012 年 10 月 16 日。

[4] 海南省发展改革委：《关于海南省 2011 年国民经济和社会发展计划执行情况与 2012 年国民经济和社会发展计划草案的报告》。

[5] 海南省十一届全国人大代表视察组：《站在新起点谋划新发展——海南省十一届全国人大代表视察国际旅游岛建设进展情况的报告》，《海南人大》2012 年第 1 期。

[6] 陆志远：《海南国际旅游岛之旅游探索》，东南大学出版社，2012。

[7] 苗树彬、夏锋：《海南国际旅游岛大趋势》，中国经济出版社，2010。

[8] 沈华玉：《岛屿旅游、海岛旅游研究述评及启示》，《北京第二外国语学院学报》2012 年第 5 期。

[9] 王常华、周益：《新时期加快海南产业结构调整研究》，《商场现代化》2012 年第 5 期。

[10] 中国（海南）改革发展研究院：《2020 年的海南》，中国经济出版社，2011。

[11] 中国（海南）改革发展研究院：《走向开放的海南》，中国经济出版社，2011。

B.15
上海浦东新区、天津滨海新区发展比较报告
——基于金融中心建设指标的分析

章平 张扬*

"十二五"时期是各个特区在后高速增长阶段进一步发展的关键时期。综合分析各种因素,未来五年,上海浦东、天津滨海发展面临难得的重大机遇,也面临不少问题和挑战。本报告主要概述上海浦东、天津滨海两个新区在2011年所取得的新进展,总结其发展特征和优劣势,并以金融中心指标要求,定量分析两个新区继续发展成为区域乃至国际金融中心的可能性,并做出预测分析、提出对策建议。

一 世界级国际金融中心发展特征

金融中心是以巨量金融业务为基础,以较强的辐射作用为其基本特点,它的标志可以概括为资金相对集中、筹资融资功能强,各类金融市场兴旺发达、交易量大,与国内外金融联系及服务紧密而广泛。美国纽约、英国伦敦和日本东京是世界上最著名的三大国际金融中心。这一部分主要分析三大国际金融中心的基本情况和发展特征,为之后的定量分析和比较分析做准备。

(一)伦敦

伦敦是历史最为悠久的国际金融中心之一。19世纪后,随着海上贸易的

---

* 章平,深圳大学中国经济特区研究中心讲师,管理学博士;张扬,深圳大学政治经济学专业硕士研究生。

发展，欧洲和外界的联系逐渐增多，贸易量巨大增长，产生了对跨国金融服务的巨大需求，海上霸主的地位在促进英国贸易经济发展的同时也产生了一大批金融机构和金融业从业者。工业革命后，英国一跃成为世界上经济实力最强大国，英镑成为世界货币。而伦敦作为英国的政治经济中心自然成为世界金融中心。二战后，美国崛起对伦敦世界金融中心的地位构成了极大威胁，但是全球外资股权交易的19%还是在伦敦证券市场进行。世界上480多家外资银行坐落在伦敦，而伦敦银行同业拆放利率（LIBOR）也被确立为国际金融市场中大多数浮动利率贷款基准利率，全球约有1/3的货币业务在此交易。

（二）纽约

纽约是国际上仅次于伦敦的世界第二大国际金融中心。其拥有世界上最大的海港，东临大西洋，地理环境优越。独立战争期间，纽约华尔街就已作为战争融资的重要场所而出名，1792年的《梧桐树协议》创造了证券交易佣金制度并以此为基础开设了证券交易所。一战期间，作为中立国的美国，经济获得了巨大发展，而此时美国联邦储备体系的建立加上金本位制的恢复，使美元成为国际贸易及清算的重要手段。1981年12月，纽约离岸金融市场设立。自由港、发达的贸易和制度创新促进了纽约金融业发展，并最终取代费城成为美国的金融中心。美联储的成立也使得纽约在国际金融市场上扮演重要角色。二战后，美元成为国际结算货币，美国国际经济中心的地位建立，而纽约在国际金融中心的地位也随之提高。

（三）东京

日本东京是国际金融中心的后起之秀。二战后，日本致力于经济发展，并在短期内实现了经济腾飞，东京作为国际金融中心的地位也由此奠定。20世纪60年代，日本通过推动工业化，成为世界制造中心，并实现跨越式经济发展。同时，理想的地理优势、制造业异军突起、日元迅速国际化以及一系列金融自由化改革和对外投资，成为东京实现国际金融中心地位得天独厚的条件。东京证券交易所的金融资产交易量和存量曾位居世界金融中心之首，跻身于世

界三大国际金融中心。但随着日本经济泡沫破裂，东京国际金融中心地位也有所下降。

（四）三大金融中心的共同特征

综上所述，可以看出世界三大金融中心的共同点是：

1. 便利的交通条件

纽约位于美国大西洋东北岸，临近全球最繁忙的大西洋航线，再加上优越的港口条件，又以伊利运河联结5大湖区，以上种种条件奠定了其成为全球航运交通枢纽及欧美交通中心的基础。伦敦位于英格兰东南部，跨泰晤士河下游两岸，便利的水上交通使伦敦在18世纪就因为广泛发展海上贸易取代荷兰成为海上霸主，建立了日不落帝国。东京的交通很便利，时速达200公里的新干线，从东京延伸到九州，并向东北方面延伸。地道几乎能到达所有的重要地区。铁路、公路、航空和海运组成了一个四通八达的交通网，通向全国及世界各地。

2. 发达的经济基础

据财经日报统计，截至2008年底，纽约控制着全球40%的财政资金，是世界上最大的金融中心。纽约证券交易所拥有的上市公司总市值全球最大，总计为15万亿美元，2800多家公司在此上市。2010年，纽约的财产所有总值为813万亿美元，世界500强企业中的56家企业总部均位于纽约。纽约2010年的GDP为15268亿美元，位居世界第二；人均GDP为13.88万美元，居世界第一位。大约一半以上的英国百强公司和100多个欧洲500强企业均在伦敦设有总部。全球大约31%的货币业务在伦敦交易。伦敦2010年GDP达到6955亿美元，位于世界城市GDP排名第4。2010年东京全年GDP为16000亿美元，位居世界首位，是亚洲的经济中心。

3. 成熟的金融市场

以纽约为例，作为纽约核心的曼哈顿岛，面积仅有57.91平方公里，却是美国金融中心，美国500强企业有三分之一的总部设在此地。7家大银行中的6家及各垄断组织的总部都在此设立据点。世界金融、证券、期货和保险的精华都集中在这里。一条长度仅540米的狭窄街道——华尔街有2900多家金融和外贸机构，包括著名的纽约证券交易所和美国证券交易所。金融机构云集并不能完全表明其金融市场发达程度，但足以从一个侧面反映出其金融发达。

4. 高度国际化的货币

货币国际化是指能够跨越国界，在境外流通，成为国际上普遍认可的计价、结算及储备货币的过程。目前已国际化的货币有美元、欧元、日元等。众所周知，在能源日益紧张的现代社会，石油资源作为最重要的能源，对各个国家的意义十分重大。而世界上大部分石油交易都是以美元为结算单位，这就足以反映出美元的重要性。2012年上半年，伊朗接受我国以人民币为结算单位进行石油交易，可以说这是人民币向国际化货币迈出的第一步。

二 上海浦东、天津滨海建设现状

（一）上海浦东新区

自北宋起，上海便已拥有相当繁盛的海上贸易往来，后来逐步成为沿海贸易的主要商业中心。开埠之后，外贸中心迅速北移，其逐步成为全国商业中心和手工业中心，继而成长为全国金融中心。

上海由于地理位置优越，其位于中国大陆海岸线中部长江口，拥有中国最大外贸港口和最大工业基地；隔海与日本九州岛相望，南濒杭州湾，西与江苏、浙江两省相接；上海港货物吞吐量和集装箱吞吐量居世界第一位。

把上海建设成为国际金融中心，是党中央、国务院制定的国家发展经济的战略部署，是我国社会主义市场经济体制建设的核心内涵。1992年3月《政府工作报告》提出上海"逐步发展成为远东地区经济、金融、贸易中心之一"，同年10月中共十四大报告提出"以上海浦东开发开放为龙头，进一步开放长江沿岸城市，尽快把上海建成国际经济、金融、贸易中心之一"。故此，位于浦东的陆家嘴成为上海建设金融中心选定的基地。

中国人民银行于1995年迁入，中国工商银行上海市分行、中国建设银行上海市分行、中国银行上海市分行和交通银行总行先后于2000年迁入。上海证券交易所和中国人民保险公司、中保公司亦分别于1998年和2000年迁入。

1996年12月浦东新区被作为外资银行经营人民币业务的试点地区。随之，44家外资金融机构迁入浦东，花旗、渣打和汇丰也位列其中，此外，它们还将其指定为中国区总部。国内外金融机构的大量入驻，为浦东成为国内乃至国际金融中心打下了坚实的基础。

2009年4月，国务院颁发《关于推进上海加快发展现代服务业和先进制造业建设国际金融中心和国际航运中心的意见》明确提出：到2020年上海要基本建成与我国经济发展水平及人民币国际地位相适应的国际金融中心。2012年，国家发改委牵头与国家有关部门、上海市人民政府，编制了《"十二五"时期上海国际金融中心建设规划》，充分体现了党中央、国务院对于加快推进上海国际金融中心建设的坚定决心。这一《规划》的发布，对于加快推进国际金融中心建设，加快经济发展方式转变，实现产业结构升级，加速改革开放进程，继续发挥上海的带动、示范作用，更好地服务全国具有重要意义。

2011年，浦东新区按照上海市"创新驱动、转型发展"和"六个着力"的总体要求，坚持抓开局、抓重点、抓落实，积极应对外部形势趋紧、通胀高位运行、银根持续收紧、房市加大调控、土地征收新政实施等新情况、新问题，各项工作有序开展，"四个中心"核心功能区、战略性新兴产业主导区、国家改革示范区建设取得新进展，全国文明城区创评、全国双拥模范城区"三连冠"争创成功，国家环保模范城区复检工作顺利完成，创新驱动、转型发展成效逐步显现，经济社会发展总体呈现"经济运行平稳，转型发展加快，核心功能提升，社会建设加强，民生持续改善"的良好态势，年初人代会确定的主要经济和社会发展目标有望顺利完成，实现"十二五"平稳开局。

2011年，浦东新区实现地区生产总值5484亿元，同比增长11.1%，占上海全市比重达到28.6%。新增各类监管金融机构43家，累计达到692家，引进股权投资及管理企业非监管类金融机构337家，新增金融专业配套服务机构45家。上海股权托管交易中心建设进入最后阶段。

总体上呈现出以下特征（根据2012年浦东新区统计年鉴数据整理）：

（1）经济平稳较快增长（见表1）。新区经济保持两位数平稳增长，完成年初预期目标。实现地区生产总值5484亿元，同比增长11.1%，占全市比重达到28.6%。

表1 2011年浦东新区国民经济和社会发展计划主要指标完成情况

序号	指标名称	属性	年度目标	全年完成情况
1	地区生产总值	预期性	预期增长11%~12%达到5000亿元以上	预计增长11%达5400亿元
2	地方财政收入	预期性	增长12%	500.3亿元增长16.7%
3	全社会固定资产投资	预期性	与上年完成数基本持平	1435亿元
4	合同外资	预期性	与上年完成数基本持平	65亿美元增长15.5%
	外商直接投资实际到位金额	预期性	与上年完成数基本持平	52亿美元增长34.8%
5	第三产业增加值占生产总值比重	预期性	进一步提高	57%以上
6	战略性新兴产业增加值占生产总值比重	预期性	进一步提高	进一步提高
7	工业园区单位土地产出率	预期性	进一步提高	进一步提高
8	区属单位增加值综合能耗	约束性	完成市下达指标	预计下降4%
9	金融业增加值	预期性	增长11%以上	增长11%左右
10	金融市场直接融资额占全国融资总额比重	预期性	进一步提高	进一步提高
11	航运业增加值	预期性	增速进一步提高	增长10%左右
12	外贸进出口总额	预期性	增长11%左右	2240亿美元增长20%
13	服务贸易进出口总额占全市比重	预期性	35%	近40%
14	商品销售总额	预期性	增长20%以上	突破10000亿元增长27%
15	社会消费品零售总额	预期性	增长13%左右	1203亿元增长16%
16	跨国公司地区总部	预期性	新增12家	新增21家
17	全社会研发经费支出相当于生产总值比例	预期性	保持3%以上	保持3%以上
18	每百万人发明专利授权数	预期性	300件	370件
19	以民生改善为重点的社会建设投入增长	约束性	两位数增长	两位数增长
20	主要农产品最低保有量	约束性	完成市下达指标	完成市下达指标
21	城镇登记失业人数	约束性	完成市下达指标	控制在市下达指标内
22	新增就业岗位数	约束性	完成市下达指标	完成市下达指标
23	城镇居民家庭人均可支配收入	预期性	持续稳步增长	增长约12%
	农村居民家庭人均可支配收入	预期性		增长约13%
24	新增养老床位数	约束性	800张	860张

续表

序号	指标名称	属性	年度目标	全年完成情况
25	保障性住房开工面积	约束性	近400万平方米	近400万平方米
	其中:动迁安置房	约束性	300万平方米	300万平方米
	经济适用房	约束性	35万平方米	35万平方米
	公共租赁房	约束性	60万平方米	60万平方米
	新增廉租住房受益家庭户数	约束性	1100户	应保尽保
26	城镇污水集中处理率	约束性	84%	近85%
27	二氧化硫、化学需氧量等主要污染物排放削减率	约束性	完成市下达指标	完成市下达指标

数据来源：上海浦东新区统计局。

（2）结构优化和效益提升进一步显现。第三产业推动经济增长的主体作用明显，占生产总值比重达到57.3%；新型贸易业态、高技术服务业等新兴现代化服务业快于服务业整体增长；完成地方财政收入500亿元，增长16.7%，高于12%的年度目标。

（3）"三大三新"产业引领工业发展。工业总产值达到9554亿元，增长10.6%。其中，"三大三新"产业实现产值5409亿元，增长14.6%，快于工业增速4个百分点。其中电子信息、新能源分别增长22.6%和18.6%，民用航空增长87.8%。

（4）内外需共同拉动、拉动作用明显。在2010年世博高基数基础上，社会消费品零售总额、商品销售总额仍保持较快增长，全年分别完成1203亿元和10503亿元，增长16.1%和27.1%；外贸进出口总额全年达到2240亿美元，增长21.1%，进口增长快于出口增长。

（5）投资强度不减，结构优化。建立企业投资推进联席会议制度，协调解决重点难点问题，全社会固定资产投资完成1435元。第三产业投资占总投资的75%以上，战略性新兴产业投资占工业投资的五成以上。

（6）招商引资总量、质量创历史最好水平。全年合同外资、实到外资分别达到65亿美元（不含迪斯尼项目11亿美元）和52亿美元，增长15.5%和34.8%。引进内资注册资本达到808亿元（不含150亿元的增资），增长一倍。

（二）天津滨海新区

天津在设卫之前，地名直沽，本为海滨荒地。自明永乐二年（1404年）设卫驻兵、建城，赐名天津。由于地处首都东大门，随着漕粮输运及芦盐的运销，促使天津贸易往来日益活跃，人口也逐渐增多。清代初年，天津已成为重要海口城市。1860年天津开为商埠，商业勃兴，对外贸易发达，金融业也随之发展。至新中国成立前天津已发展成为华北最大的工商业城市和北方的金融中心，成为全国仅次于上海的第二金融中心。

天津目前的任务是建设区域金融中心，其重点是设立全国性非上市公众公司股权交易市场，并将建立内地首个离岸金融中心。

天津滨海新区是国家综合配套改革试验区和国家级新区，拥有世界吞吐量第四的天津港。2011年，吞吐量达到4.3亿吨，通达全球400多个港口，服务我国华北、西北、东北12个省区市；四通八达的立体交通和信息通信网络，在第一时间与世界相连。"十一五"期间，滨海新区经济发展始终保持22%以上的年均增长速度。

2011年，滨海新区国民生产总值达到6206.87亿元，以可比价计算，比上一年增长23.79%。地方财政收入为917.3亿元，增长率47.2%；规模以上工业总产值为12732.22亿元，增长率29.4%；全社会固定资产投资为3702.12亿元，增长率32.0%；社会消费品零售总额为882.53亿元，增长率24.3%；外贸进出口额为711.21亿美元，增长率27.1%，其中出口额276.76亿美元，增长率18.9%；实际利用外资达到85.02亿美元，增长率20.8%；实际利用内资额459.38亿元，增长率30.4%（见表2）。

第一产业实现增加值8.82亿元，同比增长3.30%；第二产业实现增加值4273.89亿元，增长26.91%，其中工业增加值4036.40亿元，增长27.94%，贡献率为73.4%，拉动全区经济增长17.47个百分点，建筑业增加值237.49亿元，增长10.73%；第三产业实现增加值1924.15亿元，增长16.93%。

2011年，新区财政总收入完成1379.3亿元，同比增长37.1%；地方财政收入917.3亿元，增长47.2%，其中税收收入457.5亿元，增长31.5%。新区规模以上独立核算工业企业完成主营业务收入12871.7亿元，同比增长

27.9%；实现利税总额2109.9亿元，增长32.0%；其中利润1239.6亿元，增长27.4%。

表2　2011年滨海新区主要经济指标完成情况

项　目	单位	滨海新区				天津全市	
		年计划	实际完成	同比(%)	完成进度(%)	实际完成	同比(%)
1. 地区生产总值	亿元	6200	6206.87	23.79	100.1	11190.99	16.4
第一产业	亿元	—	8.82	3.3	—	159.09	3.8
第二产业	亿元	—	4273.89	26.91	—	5878.02	18.3
#工业	亿元	—	4036.4	27.94	—	5380.53	19.3
第三产业	亿元	—	1924.15	16.93	—	5153.88	14.6
2. 规模以上工业总产值	亿元	12400	12732.22	29.4	102.7	20857.72	29.2
3. 固定资产投资总额	亿元	3700	3702.12	32	100.1	7510.67	31.1
4. 商品销售总额	亿元	—	10832.36	35.9	—	20831.44	33.2
5. 社会消费品零售总额	亿元	—	882.53	24.3	—	3395.06	18.7
6. 外贸进出口总额	亿美元	—	711.21	27.1	—	1033.91	25.9
进口总额	亿美元	—	434.45	33.1	—	588.93	32
出口总额	亿美元	279	276.76	18.9	99.2	444.98	18.7
7. 合同利用外资金额	亿美元	—	129.53	10.7	—	168.37	10.1
实际利用外资金额	亿美元	87	85.02	20.8	97.7	130.56	20.4
8. 国内招商引资	亿元	458	459.38	30.4	100.3	2085.87	27.7
9. 财政收入	亿元	1307.8	1379.3	37.1	105.5	—	—
#地方财政收入	亿元	810.1	917.3	47.2	113.2	1454.87	36.1
10. 人民币存款余额	亿元	—	3549.24	1.6	—	17197.51	6.6
人民币贷款余额	亿元	—	3580.07	9.6	—	15242.17	16.4

注：全市地方财政收入为一般预算财政收入。
数据来源：天津滨海新区统计局统计报告《滨海新区2011年经济持续较快发展》。

航空航天、石油化工、装备制造、电子信息、生物医药、新能源新材料、轻纺和国防等八大优势产业完成总产值11530.8亿元，占全区规模以上工业总产值的90.6%，带动新区工业总产值增长25.9个百分点。其中，石油化工对新区工业贡献率最高，完成产值3588.9亿元，同比增长34.8%，拉动全区工业增长9.4个百分点，其中中海油全年完成产值1237.2亿元，增长27.6%；

电子信息完成产值1946.6亿元，增长28.1%；新能源新材料完成产值510.6亿元，增长24.6%；汽车及装备制造业完成产值3920.9亿元，增长18.1%；现代冶金、生物医药增速平稳，全年增速分别为26.6%和11.5%；粮油食品和航天航空增速较快，全年增速分别达到77.5%和48.8%。

全年服务业增加值完成1924.15亿元，同比增长16.93%，对经济增长的贡献率为26.5%，拉动经济增长6.30个百分点。其中，交通运输、仓储及邮政业增加值完成248.15亿元，增长10.63%；批发和零售业增加值594.59亿元，增长22.24%；住宿和餐饮业增加值32.36亿元，增长18.63%，金融业增加值178.86亿元，增长20.86%，房地产业增加值133.66亿元，增长16.01%，其他服务业增加值736.54亿元，增长15.12%。物流业稳定增长。2011年，港口货物吞吐量4.53亿吨，增长9.7%；集装箱吞吐量1158.76万TEU，增长14.9%。从重点货类看，煤炭及制品完成10394万吨，增长25.8%；石油及制品完成5934万吨，下降3.5%；金属矿石完成8730万吨，增长10.2%；钢铁完成2535万吨，下降9.8%。滨海国际机场完成旅客吞吐量755.42万人次，增长3.8%；货邮吞吐量18.29万吨，下降9.7%。现代服务业加速发展。楼宇经济、新兴金融业、创意产业等加快发展。新区已投入使用楼宇43座，合计建筑面积超过247万平方米，商务建筑面积165万余平方米。据初步统计，目前共有入驻企业超过2500家，全年新增859家。

新兴金融业蓬勃发展。截至2011年6月底，新区共有新兴金融机构1033家，占新区金融机构总数的62.6%，但新兴金融业企业创造经济效益状况不均衡，据初步测算，新区新兴金融业80%的经营成果由长江、渤海、兴业、民生、工银等几个较大的融资租赁企业创造，绝大多数中小新兴金融机构尚属初建阶段，发展较慢，赢利能力不强。

截至2011年底，新区股权投资基金及管理企业超过2000家，认缴资本额约4000亿元人民币；融资租赁公司209家，业务量约占全国的四分之一；国际股权交易所挂牌企业400家；瀛寰东润作为国家工商总局批准注册成立的我国唯一一家非银行独立保理商在滨海设立；捷信消费金融有限公司成为我国首家且唯一一家外商独资消费金融公司，天津也成为继北京、上海和成都后的第四座消费金融公司试点城市。

三 金融中心分析指标选取依据

（一）经济指标

通过前面对世界几大国际金融中心的分析以及对上海和天津成为国内金融中心和北方金融中心的历史回顾上可以看出，金融中心一定是经济中心，所有成为金融中心的城市经济发展水平都一定处于较高的水平。

1. GDP 增长率

纵观纽约、伦敦和东京的发展史，它们在成为国际金融中心之前和之后的很长一段时间内，GDP 增长率都处于高速发展阶段。金融业的发展是以经济的发展为基础的，可以说经济的发展需求滋生了人们对金融的需求。以19世纪的纽约为例，在工业化还没有全面展开，资本密集型产业没有大量出现的时期，为物资流通进行融资的商业信用服务就成为决定金融中心的形成及其规模的重要因素，这也就意味着贸易量的大小和繁忙程度直接决定着金融中心的等级和重要性。贸易的发达其直接受益者就是经济的高速增长。可见，GDP 增长率与金融中心形成的关联度十分密切。

2. 投资比率（投资额/GDP）

没有投资就没有产出。最著名的生产率模型中，决定生产率的其中一项因素就是单位固定资产投资额。一个地区可以获得尽可能多的投资，就说明投资者看好这个地区的经济发展前景，愿意将资金投入这一地区，这样在投资者投资的同时本地区经济也得到了发展。

（二）金融指标

既然是国际金融中心，其金融业必定有着良好的发展。金融业产值高、金融从业人员数量多以及金融相关行业覆盖面广是其必然特点。

1. 金融部门产值/GDP

一个城市的金融部门能否为这个城市的发展做出贡献或者做多大的贡献，其最直观的指标就是金融部门的产值，但是仅仅有绝对化的指标并不能表明这个城市以金融业为其发展重点,只有将金融业与整个城市的 GDP 相比较,其所占的百分比才能反映出金融业对其的重要性。

2. 股票投资额/GDP

股票交易成为现今社会资金融通的重要渠道,上市公司通过出售股票筹集公司发展所需资金,普通民众以及有闲置资金的机构通过购买股票也间接地支持了其发展,所以交易所成为越来越多的公司筹集资金的主要渠道。由于股票市场门槛低、资金量大,通过股票筹资也就成为大多数公司的首选,股票筹资额占 GDP 的比重可以反映出一个地区金融的覆盖面程度。

3. 金融市场的成熟程度

一个成熟的金融市场可以更方便快捷地实现其投资、融资、资源配置、风险分散以及降低交易成本等功能。这些都需要完善的制度保证。但是制度总在不断改变,不断进步中,并不是所有的城市在一开始就可以建立完善的金融市场制度,它们都是在实践中不断摸索前进的,尤其在经历了 2008 年经济危机之后,世界各国都制定了更为严格的市场准入以及交易制度,在减少投机机会的同时也增加了交易成本,这就需要我们的政府和金融从业人员继续探寻新的更好的适应并促进经济发展的金融制度。成熟的金融制度会令市场更加适合经济发展。在实证分析部门,此指标因为不易量化,我们将使用虚拟变量来数值化其表现(专家评分法)。

4. 金融市场的透明度

在一个理性人的社会中,人们会根据自己得到的信息进行选择,选择是一项基本的人权。在市场不透明的情况下,不但会导致寻租等行为的发生,而且会极大地降低人们进行交易的欲望,这就相当于砍掉了金融市场的最重要的功能——资金融通。所以一个拥有高市场透明度的金融市场才会吸进人们在此进行交易,由此可见,信息披露和监管的程度对金融市场的重要性。此项指标的数据分析阶段也使用虚拟变量替代。

(三)政治指标(政治风险等级)

政治对金融的影响程度是不言而喻的,美国的费城在 18 世纪是美国的金融中心,这就与其是美国的政治中心有很大的关系。其后,随着纽约经济的发展,联合国在纽约的设立,纽约证券交易所的成立等,美国的金融中心由费城转换到纽约,不可否认的是,联合国建址的选择、纽约证券交易所的成立都与政治有很大的关系。而新加坡(全球金融中心排名第4)作为国际金融中心之一,其形成可以归类为政策推动型。综上,政治在金融中心的形成上影响相当大。一个不稳定动荡的政治环境不但会导致政局不稳,对经济、金融的影响也是相当大的,最直接的表现就是各个金融机构可能会从本地区撤出,人们因为担心资金被冻结或者货币贬值,在银行层面上来讲,就可能出现挤兑风潮;对证交所来说就是抛售风潮;对保险机构等来说,由于政局不稳,潜在的被保险者出于可能担心保险公司倒闭等原因而放弃投保。综上,政治风险等级对金融市场的影响之大可见一斑。对于政治风险的评分,我们将直接借用穆迪的评分。

四 实证分析

(一)描述性统计分析

通过对比上海浦东新区、天津滨海新区两个地区和伦敦、纽约、东京的数据(见表3),我们可以看出,在金融部门的产值和股票投资额占GDP的比重两个方面,浦东和滨海与国际3大金融中心还存在很大的差距。

表3 2010年上海浦东新区、天津滨海新区和伦敦、纽约、东京的主要相关指标

城市	GDP增长率(%)	投资额/GDP(%)	金融部门产值/GDP(%)	股票投资额/GDP
伦敦	1.35	13.9(2009年)	21.5(2008年)	156.5
纽约	3.03	14.2(2009年)	22(2008年)	211.2
东京	3.96	20.5(2009年)	29.3(2008年)	78
上海浦东	12.4	30.4	17.5	4.59
天津滨海	25.1	66.7	2.1	0.0073

数据来源:伦敦、纽约和东京的GDP增长率来源于国际货币基金组织WEO数据库;
伦敦、纽约和东京的投资额/GDP以及金融部门产值/GDP数据来源于《国际统计年鉴》(2011年);
伦敦、纽约和东京的股票投资额/GDP数据来源于世界银行WDI数据库;
浦东数据来源于《上海浦东新区统计年鉴》(2011年);
滨海数据来源于《天津滨海新区统计年鉴》(2011年)。

金融中心，从字面上理解，一定是金融业高度发达的地区，其金融机构在数量、资金实力以及规模上的集中度都是其他地区无法比拟的。区域金融中心指的是以一定区域范围为辐射，对其周边一定地区的筹资融资、交易、贸易等产生极大影响的地区。推而广之，全球金融中心自然是指对全球的经济金融都有极大影响的地区。其脱离了地理的限制，依托当今四通八达的网络和交通，对全球的经济金融都形成了很大的影响。而要使这个金融圈子得到很好的运作，一定数量的金融机构和从业人员就是必不可少的条件。在这方面自从2009年国家提出将浦东建设成为国际金融中心和航运中心的目标后，浦东新区的金融业机构数量和从业人员数量等就开始飞一般的增长（见图1和图2）。

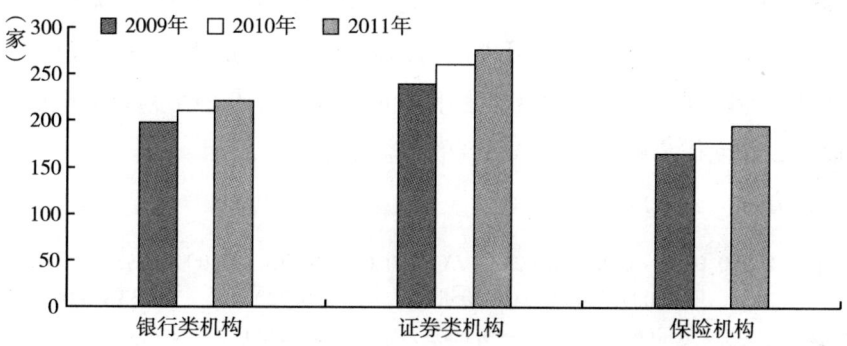

图1　浦东新区2009～2011年金融部分分行业机构数变化图

同浦东相比，滨海在金融业的从业规模上就要小很多。图2总结了滨海近几年金融业规模的变化以及与上海的比较（以金融机构从业人员总数为对比）。

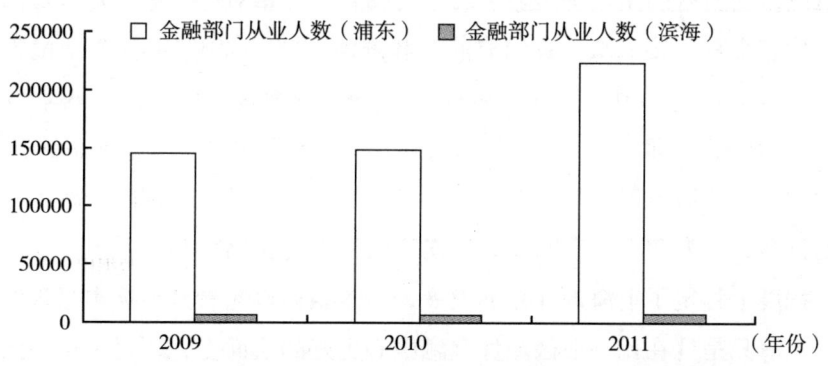

图2　2009～2011年滨海新区和浦东新区金融从业人员数量比较

（二）统计分析

接下来将通过上文第三部分介绍的几个数据指标对纽约、伦敦、东京和浦东、滨海进行数据分析比较。本报告将使用 EViews 软件对数据进行拟合。其中被解释变量 y 代表一个地区是否为国际金融中心，当其取值为 0 时，代表其不是国际金融中心，取值为 1 时，代表其为区域性国际金融中心，取值为 2 时代表其为国际金融中心。

我们利用纽约、伦敦和东京 2007~2009 年的数据（因为国家统计局公布的 2010 年和 2011 年国际上的统计数据用我国统计口径核算后的数据十分不完整，而 2008 年后国际上经济形势并未发生太大的变化，故采用 2007~2009 年的数据）对决定一个地区是否可以成为国际金融中心的因素进行分析。根据反馈回来的专家评分，一个地区金融市场的成熟度和其透明度取值相同，故此处仅取其成熟度作为解释变量。得到的拟合结果如下所示。

拟合方程（式1）：

$$Y = 0.0168 * GDP - 0.0213 * INV + 0.0635 * FIN - 0.0002 * STC +$$
$$(0.0046) \quad (0.0058) \quad (0.0052) \quad (6.33E-05)$$
$$(3.6483) \quad (-3.6605) \quad (12.3273) \quad (-3.4964)$$
$$0.3488 * MAT - 7.1400e - 05 * RIS$$
$$(0.006) \quad (2.38E-05)$$
$$(57.7213) \quad (-3.0041)$$

因为各项系数的 P 值都在 5% 以内，政治风险除外，但是也只是 5.75%，基本可以认为所有的系数都是显著的。说明各个变量对一个地区是否是国际金融中心均有影响。接下来，我们取浦东和滨海 2009~2011 年各个变量 3 年数值的平均数带入式 1 中，得到，浦东为 1.29，滨海为 -0.4574。两个数值都取和其近似的数，即浦东为 1，滨海为 0。故此可得出结论：浦东尚未成为国际金融中心；滨海也不是区域金融中心。根据新华-道琼斯国际金融中心发展指数的排名，上海 2011 年和 2012 年连续两年在此排名中位列第 6，这一排名在一定程度上肯定了上海近几年的发展，但是我们也应看到根据本报告的拟合结果，上海只是处在比一般区域性金融中心更好的层面上，还远未达到国际金融中心的水平。而对于滨海而言，其金融中心建设的任务就更加任重而道远。

负数的取值表明其金融业连一般性金融中心的水平都未达到。

既然知道了我们现阶段的发展水平，就要从根本层面上找出我们与纽约、伦敦等国际金融中心的差距所在并加以改进。

金融中心的等级越高，其金融市场的成熟度自然越高，两者相互影响，剔除金融市场的成熟程度这个指标后，可以看到，金融业产值占GDP的比重、投资占GDP的比重、GDP增长率、股票投资额/GDP这4个指标对被解释变量的影响程度依次降低。从我们得到的数据中可以看出，东京金融部门产值占其GDP的比重最高，达到了29.3%，伦敦和纽约也在20%以上，这方面，浦东新区已经接近20%的水平，在2011年达到了18.1%，而滨海则只有2.9%。此项指标造成了滨海和国际金融中心的巨大差距，但其好的一面表现在其从2009年的2.1%上升到2011年的2.9%；相比而言，浦东新区此项指标则没有很大的进步，3年来仅仅上升了0.4个百分点。图3表现了两个地区的发展变化及对比情况。

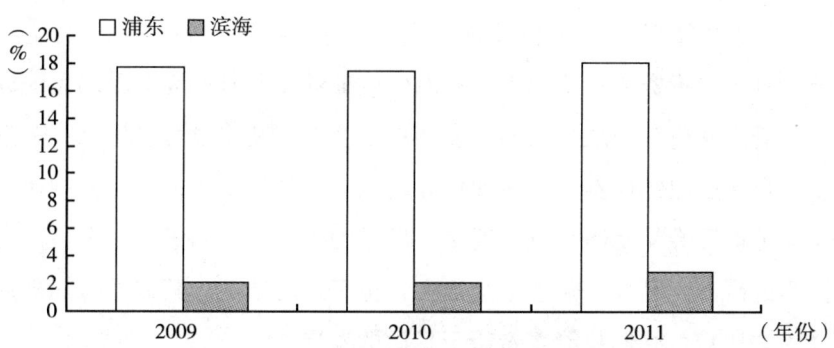

图3　浦东新区和滨海新区2009～2011年金融部门产值/GDP变化比较

我们经常说的拉动GDP的3驾马车是投资、消费和出口，中国几十年来一直依靠投资拉动经济增长，浦东新区2009～2011年投资占GDP的比重均高于25%，而滨海新区的这一数值则在50%以上。不过，我们也应看到浦东和滨海在这方面取得的成绩，浦东新区从2009～2011年连续3年投资占GDP的比重显著下降，而滨海也处于下降趋势，下降趋势虽然不明显，具体情况见图4。在肯定它们取得的成绩的同时也应清醒地认识到我们与国际三大金融中心的显著差距，转变经济发展方式刻不容缓。

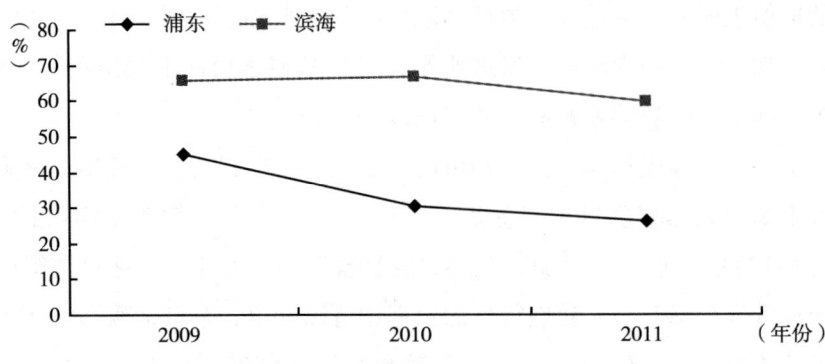

图 4　2009~2011 年浦东和滨海投资占 GDP 比重变化

接下来讨论 GDP 增长率，鉴于中国正处于高速发展阶段，而美国（纽约）、英国（伦敦）和日本（东京）已经是发达国家，经济增长率趋于平缓，所以在此项指标上浦东和滨海相对于国外的高增长速度优势会随着我国经济的发展逐渐消失。

再说股票投资额占 GDP 比值这一变量，纽约拥有全世界最大的纽约证券交易所，其股票投资额自然相当高；而伦敦证券交易所作为世界四大证券交易所之一，受理超过三分之二的国际股票承销业务，其规模可以想见；东京证券交易所是仅次于纽约证券交易所的世界第二大证券交易所；同它们相比，我国股票交易地即证券交易所就位于浦东，但是因为成立时间短、整个经济发展水平等因素的限制，其投资额也不会很大，至于滨海新区，其成立时间极短，这方面就无法比较。我们只能寄希望于日后的发展。

五　对策建议

（一）进一步扩大金融部门在整个经济中的比重

国际金融中心一般是以第三产业为主要产业，以金融业为其核心产业的国际性大都市。通过上文的比较分析，我们已经得出浦东和滨海金融产业所占比重与国际三大金融中心相比还存在一定差距，尤其是滨海，其金融部门产值占 GDP 的比值不及东京的 1/12，足见差距之大。但是浦东金融部门产值已经占

GDP 的 18%，和伦敦的差距只有 3 个百分点，说明浦东在这方面发展得比较好，但是近 3 年来此项比值未见明显增长，也反应出浦东金融部门发展后劲不足的问题，各金融业机构需要在新的项目上寻找发展机会。

（二）鼓励企业上市融资，做好上市资格审批与日后监督工作

上市融资已经被公认为是最经济有效的融资方法，它脱离了融资中的地域和资金规模的限制，可以更快地让上市公司筹集到公司发展所需资金，且因为购买股票的人数众多，上市公司也更容易筹集到更多的资金。但是在便利的条件下，上市监管部门也应该严格执行上市审批制度，不因为人情等因素批准不合格的公司进行上市融资，且在公司上市后应对其进行持续监管，这就需要审计部门和证监会等部门配合行动，将证券市场打造成为一个可以令投资者安心投资的场所。因为滨海并没有证券交易所，所以滨海在这方面可以通过发展期货、黄金等其他市场来弥补。

（三）多途径拉动经济增长，改变传统依靠投资和出口保增长的方式

我国自从实行改革开放以来，就确定了依靠投资和出口拉动经济增长的方针，在基础设施奇缺的年代，我们的确可以通过大规模的投资来达到发展经济的目的，但是在国民收入增长到现阶段后，我们则不应再继续通过此种方式发展经济。投资的最终目的也是获得尽可能多的产出，而产出是为人民服务的，人民只有将产出消费了，才可以转化为自身的效用而受益，所以现阶段，浦东和滨海在这个问题上都应该尽快转变经济发展方式，鼓励人民进行消费，这就要求两地政府切实做好社会保障工作，让人民有钱敢于消费而不是存起来作为预防性基金。

（四）健全法律制度，增加制度透明度，完善信息公开制度

上海浦东新区和天津滨海新区都是在政府的推动下建立起来的，政府在其成立中发挥了重要的作用，鉴于当今世界经济发展格局已经基本形成，想要依靠自然力量演变成为国际金融中心将是一个十分漫长的过程，我们可以学习近邻东京的经验，依靠政府的大力扶持在短时间内成为国际金融中心。所以，政府要在政策上、资金上、人力上等一切可以加快国际金融中心建设的步伐上给

予充分的支持，具体可以包括税收优惠策略和人才引进策略等。

法律制度是保证一切事物正常运行的必要手段，没有完善的法律制度的保障，作奸犯科之人就有了可乘之机，长期下去，处在这个环境中的人们会对一切产生不信任感，缺乏安全感，到最后，必定会导致一个市场的消亡。

在一个信息不公开的环境下，投资者会出于风险等的考量而不予投资，消费者也因为害怕上当受骗而减少消费，同时也会因为比较等而大大增加选择成本。放大来讲，国际机构投资者或者跨国公司可能因为担心暗箱操作问题的存在而放弃投资，这样就减少了地方发展机会，所以在这方面，浦东和滨海都应该努力做到政务公开，严格按照预定制度办事。

当今世界的金融交易大多通过计算机等电子设备完成，要想更快更安全更便捷地进行各类交易，就要强化信息载体建设，有了好的信息载体才可以保证交易的顺利进行。

（五）提高教育水平，加强职业培训，广泛招揽人才

要建设成为国际金融中心，仅仅有硬件设施的保障是不够的，还要有人才的支撑。一切工具只有经过人的使用才会发生作用。要建设成为国际一流的金融中心，就要招揽一批熟练掌握金融知识、法律知识等相关行业知识的人才，只有他们才可以为这个行业注入新鲜血液，促进这个行业不断超前发展。但是，仅仅通过外界招揽是不够的，我们最终要有能力自己培养适合自身发展需要的各方面的人才，这就要求政府努力抓教育，从根本上解决人才缺口问题，上海有国内知名的复旦大学、上海交通大学等一流大学，而天津也有南开大学、天津大学坐镇，浦东和滨海可以好好利用这一地缘优势，为自身发展谋求更多有用之才。虽然两地都有国内一流高校，但是它们同国际一流名校相比还存在很大的差距，还拥有很大的上升空间。当然，工作后的教育培训也是必不可少的，其不但可以保证工作人员熟知科技理论发展前沿问题而且可以令一些没有接受过很好的高等教育的人群弥补自身缺陷，高等教育和职业教育两手抓的决策一定可以培养出更多的人才。

（六）明确定位，分别推进金融和航运两个中心建设

国家2009年提出将上海浦东新区建设成为国际金融中心和国际航运中心的

目标，这两者是相辅相成的，金融业的发达会促进整个产业链的发展，反过来，航运建设的好坏也会促进和影响国际贸易的发展，而国际贸易的发展最终会影响一个地区金融的发展。两者同时建设会带来事半功倍的效果。滨海是我国提出的另一个航运中心建设地点，依靠环渤海经济区的优势，滨海已经发展成为我国几大贸易港口之一，相信随着滨海航运建设的不断发展必定会促进其金融业的蓬勃发展。

（七）在推进金融创新建设的同时注重金融风险的监控

金融业的发展需要创新，但是2008年世界经济危机为我们敲响了警钟，任何一个行业离开了创新就再无生存之路，但是一味地只追求创新则会造成混乱的局面。次贷危机就是最好的例证。所以在2008年之后，美国政府出台了一系列针对金融部门的监管规则。我国近些年一直强调把创新作为发展生产力的一大要素，却从未注重过创新过程中所产生的问题，这些都会为以后的发展埋下祸根。所以要想将浦东和滨海建设成为国际金融中心，在追求金融创新的同时也一定要做好金融监管的工作。

（八）加快人民币国际化进程

美元是国际上公认的通兑货币，世界上涉及不同种类货币的交易60%以上都是由美元完成的，英镑作为老牌通用货币，其币值稳定为其作为国际货币奠定了基础，日本作为全球第三大经济体，其货币在国际上的公认程度也很高。我国在2010年首度超越日本成为国际上第二大经济体，加之经济危机后美国大量发行货币，导致美元不断贬值，同时人民币不断升值，已经开始有部分国家接受人民币作为其交易货币。所以现在的主要任务是继续推进人民币国际化进程，当人民币为大多数国家所接受时，浦东和滨海的金融业必定会在贸易业的带领下逐渐发展壮大。

参考文献

[1] 洪葭管：《中国金融史十六讲》，上海人民出版社，2009。

[2] 中国美国史研究会:《美国现代化历史经验》,东方出版社,1994。
[3] 周光友、罗素梅:《国际金融中心形成模式的比较及启示》,《现代经济探讨》2011年第1期。
[4] 陈增年:《近代上海金融中心的形成和发展》,上海社会科学出版社,2006。
[5] 上海市金融学会:《论新世纪上海国际金融中心建设》,上海三联书店,2002。
[6] 上海浦东新区统计局等:《上海浦东新区统计年鉴2012》,中国统计出版社,2012。
[7] 沈大年:《天津金融简史》,南开大学出版社,1988。
[8] 天津滨海新区统计局:《天津滨海新区统计年鉴2012》,中国统计出版社,2012。

附表

城市	年份	GDP增长率(%)	投资额/GDP(%)	金融部门产值/GDP(%)	股票投资额/GDP(%)	金融市场的透明度	政治风险评级
伦敦	2007	2.17	17.1	21.5	372.5	3	81
	2008	-0.06	16.7	21.5	245.1		
	2009	-4.87	13.6	21.5	156.5		
纽约	2007	3.07	19.9	22	309.9	3	81
	2008	-0.34	17.5	22	256.7		
	2009	-3.49	14.2	22	336.3		
东京	2007	1.93	23.6	29.3	148.2	3	79
	2008	-1.16	23.6	29.3	119.5		
	2009	-6.28	20.5	29.3	82.7		
浦东	2009	10.5	45	17.7	9.88	1	62.5
	2010	12.4	30.4	17.5	4.59		
	2011	11.1	26.2	18.1	2.55		
滨海	2009	23.5	65.7	2.1	0.15	1	62.5
	2010	25.1	66.7	2.1	0.0073		
	2011	23.79	59.6	2.9	0.092		

注:伦敦、纽约和东京的GDP增长率来源于国际货币基金组织WEO数据库。
浦东数据来源于《上海浦东新区统计年鉴》(2010至2012)。
滨海数据来源于《天津滨海新区统计年鉴》(2010至2012)。
投资额/GDP以及金融部门产值/GDP数据来源于《国际统计年鉴》(2008~2011年)。
股票投资额/GDP数据来源于世界银行WDI数据库。
金融市场的透明度来源于专家评分。
政治风险等级取自穆迪评分。

B.16 武汉—长株潭"两型社会"试验区发展报告

范霄文*

全国资源节约型和环境友好型社会建设综合配套改革试验区,简称"两型社会"实验区。2007年12月14日,武汉城市圈与长株潭城市群成功获批为全国资源节约型和环境友好型社会建设综合配套改革试验区,从此拉开了"两型社会"改革试验的序幕。

随着区域经济一体化进程的演进,以大都市为核心的城市群开始主导区域经济发展。目前,武汉城市圈和长株潭城市群已粗具规模,对中部经济发展的影响越来越大,加快"两型社会"发展已成为国家促进区域协调发展的重要举措。"两型社会"的资源节约型社会是指在社会生产、生活的各个领域,资源合理开发利用,以尽可能少的资源消耗获取尽可能多的经济和社会利益,实现社会经济可持续发展。环境友好型社会则是在开发、利用环境时,充分考虑环境自身的承载力,实现"人与自然"的和谐共存,最终实现社会经济可持续发展。2011年"两型社会"试验区继续深化"两型"改革,积极推进"两型"建设,构建"两型"环境,基本形成比较完善的"两型社会"建设制度保障体系和新型工业化、农业现代化、新型城镇化、信息化的促进机制,"两型社会"建设初见成效。

一 "两型社会"试验区经济发展现状

武汉城市圈,又称"1+8"城市圈,是指以武汉、黄石、鄂州、黄冈、

---

* 范霄文,深圳大学中国经济特区研究中心副教授,经济学博士,主要从事特区经济、计量经济学研究。

孝感、咸宁、仙桃、天门、潜江9个城市所组成的城市圈（如图1所示）。武汉为城市圈中心城市，黄石为城市圈副中心城市。土地总面积5.8万平方公里，占全省总面积的31.2%，常住人口3050.87万人，占全省的52.98%，人口密度526人/平方公里（见表1）。

长株潭城市群包括长沙、株洲、湘潭三市，三市沿湘江呈"品"字形分布，两两之间距离不足40公里（如图1所示）。土地总面积2.8万平方公里，占全省总面积的13.3%，常住人口1373.6万人，占全省的20.8%，人口密度491人/平方公里（见表1）。

图1　武汉城市圈、长株潭城市群分布地图

（一）城市群作用日益明显，试验区集聚能力较强

2011年武汉城市圈地区生产总值11865.52亿元，比上年增长13.6%，占全省的60.44%；人均地区生产总值39042元，是湖北省人均地区生产总值的

表1 2011年武汉城市圈、长株潭城市群主要指标

		土地面积（万平方公里）	总人口（万人）	地均GDP（亿元/万平方公里）	人口密度（人/平方公里）
武汉城市圈	绝对值	5.8	3050.87	2046	526
	占全省(%)	31.2	52.98	—	—
长株潭城市群	绝对值	2.8	1373.6	2967	491
	占全省(%)	13.3	20.8		

1.14倍，是全国的1.11倍；就业人员1709.21万人，占全省就业人员的46.55%；全社会固定资产投资7823.29亿元，占全省的60.5%；工业企业利润总额862亿元，占全省的46.23%；社会消费品零售总额5205.72亿元，占全省的62.91%；进出口总额占全省的81.22%，地方一般财政预算收入占全省的60.63%（见表2）。武汉市城市圈地区生产总值及人均地区生产总值如图2和图3所示。

表2 2011年武汉城市圈主要经济指标

指　　标	指标值	占全省的比例(%)
地区生产总值(亿元)	11865.52	60.44
地区生产总值增长率(%)	13.6	
人均生产总值(元)	39042	1.14倍
就业人员(万人)	1709.21	46.55
全社会固定资产投资(亿元)	7823.29	60.50
工业企业资产总计(亿元)	12909	—
工业企业利润总额(亿元)	862	46.23
社会消费品零售总额(亿元)	5205.72	62.91
进出口总额(亿美元)	272.25	81.22
实际外商直接投资(万美元)	370860	37.09
地方一般财政预算收入(亿元)	925.69	60.63

2011年长株潭城市群地区生产总值8307.74亿元，比上年增长14.4%，占全省的42.3%，比2010年提高0.4个百分点；人均地区生产总值60671元，增长12%，是湖南省人均地区生产总值的2.03倍，是全国的1.72倍；从业人

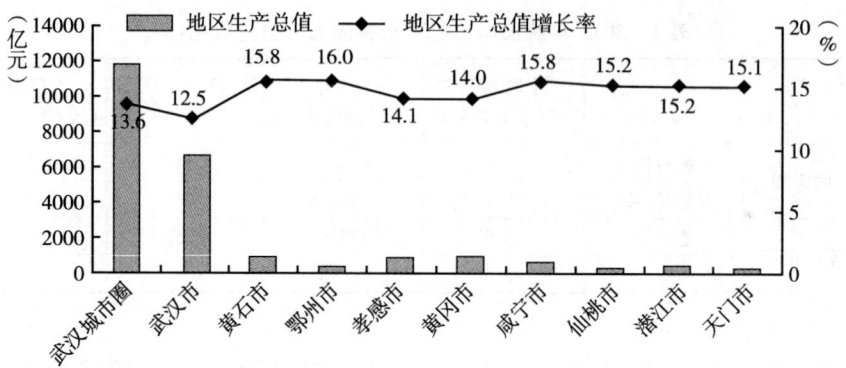

图2 2011年武汉城市圈地区生产总值及增长率（右轴）

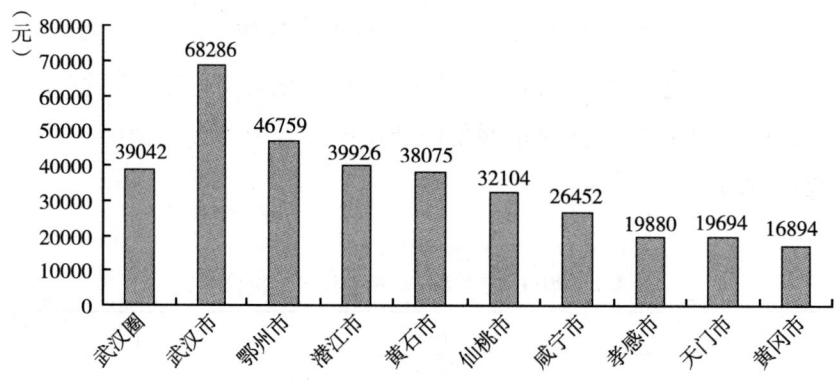

图3 2011年武汉城市圈人均地区生产总值

员842.8万人，占全省就业人员的21.04%；全社会固定资产投资4932.55亿元，占全省的43.1%；工业企业利润总额701.02亿元，占全省的38.2%；社会消费品零售总额2547.96亿元，占全省的43.7%；进出口总额占全省的62.3%，地方一般财政预算收入占全省的39.5%（见表3）。长株潭城市群地区生产总值及人均生产总值如图4、图5所示。

表3 2011年长株潭城市群主要经济指标

指　　标	指标值	占全省的比例(%)
地区生产总值(亿元)	8307.74	42.3
地区生产总值增长率(%)	14.4	
人均地区生产总值(元)	60671	2.03倍
从业人员(万人)	842.8	21.04

续表

指标	指标值	占全省的比例(%)
全社会固定资产投资(亿元)	4932.55	43.1
规模以上工业企业资产总计(亿元)	6965.27	45
规模以上工业企业利润总额(亿元)	701.02	38.2
社会消费品零售总额(亿元)	2547.96	43.7
进出口总额(亿美元)	118.3	62.3
实际外商直接投资(万美元)	357653	58.2
地方一般财政预算收入(亿元)	599.67	39.5

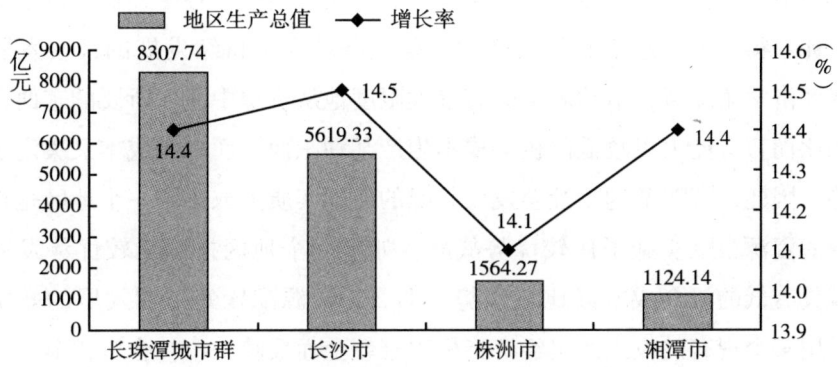

图4 2011年长株潭城市群地区生产总值及增长率

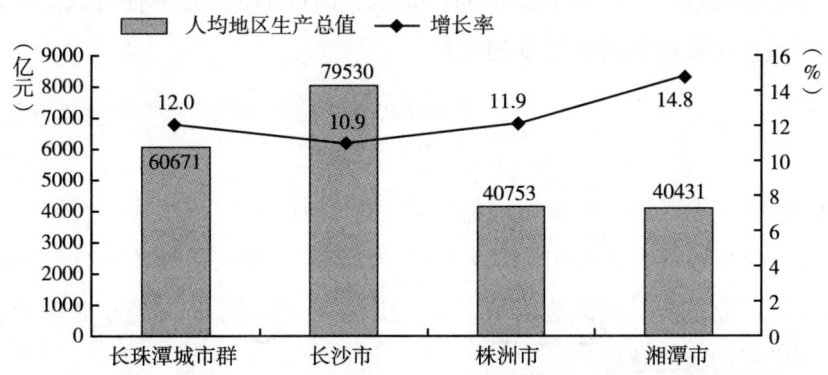

图5 2011年长株潭人均地区生产总值及增长率

从两个试验区的集聚性看,仅从就业比率与产出所占比例看,武汉城市圈强于长株潭城市群。如果从相对集聚性看,长株潭城市群在就业与土地产出方面均优于武汉城市圈。长株潭城市群就业人员比例与人口比例之比为1.01,武汉城市圈则为0.88,长株潭城市群就业集聚性要强于武汉城市圈;从土地产出集聚性看,长株潭城市群地区生产总值占比与土地面积占比之比为3.18,武汉城市圈为1.94,试验区土地集聚效应明显。这些数据表明,长株潭城市群、武汉城市圈就业集聚性相对较弱,但均具有较强的土地产出集聚性。

(二)资源节约型社会发展状况

资源节约型社会的内涵是在社会生产、流通、消费的各个领域,以最少的资源消耗获得最大的经济和社会效益,是经济社会可持续发展的社会发展模式。从经济学角度看,节约就意味着最大限度地从资源中获取所要的东西,也就是相比而言有能力以较低的机会成本生产某种东西,而机会成本又决定了比较优势。因此,资源节约型社会发展状况的好坏实质上取决于一个地区是否根据自身的资源禀赋实施了比较优势战略,如果一个地区按照比较优势发展经济,就具有低的机会成本或比较优势,那么,资源配置效率和发展的效率就高。采用某个现有的投入产出经济指标很难较全面反映一个社会资源节约型发展情况,我们需要换一种视角,从测度比较优势的角度来反映资源节约型社会发展状况。

技术选择指数①(technology choice index,简称TCI)是一种可以测度地区是否推行违背比较优势战略程度的变量。

$$TCI_i = \frac{MGDP_i/ML_i}{GDP_i/L_i}$$

$MGDP_i$是i地区第二产业增加值,ML_i是i地区第二产业从业人数,GDP_i是i地区生产总值,L_i是i地区从业人数。如果一个地区违背比较优势而推动资本密集型产业发展,则该地区TCI就会比较高。显然,TCI越小表明社会资源节约型发展的状况越好。

---

① 参见林毅夫《新结构经济学》,北京大学出版社,2012,第294页。

图 6 显示了从 1978 年改革开放以来至 2011 年全国、湖北省、湖南省 TCI①的动态变化情况。由图不难看出，我国改革开放以来，推行比较优势战略可以分为三个阶段：第一阶段是 1978～1987 年，违背比较优势战略程度逐年降低；第二阶段是 1988～2003 年，TCI 数值保持相对平稳，反映出这一阶段中国经济发展过程中资源利用效率既没有降低也没有大的提高，处于平稳发展阶段；第三阶段是 2003 年至今，又一次出现了资源利用效率逐年提高的情况。"两型社会"试验区所在的湖北和湖南两省，与全国的走势有所不同，改革开放初期与全国一样 TCI 呈现了下降的态势，1991 开始出现低于全国水平，湖南在 1994 年达到最低的 1.70，然后迅速反弹，1998 年 TCI 达到最高为 2.85，到 2006 年降至接近全国水平的 1.89，2007 年后又走出与全国相悖的走势，2008 年后呈现出相对平稳但高于全国水平的走势。湖北省的 TCI 在 1995 年达到最低 1.48，2001 年 TCI 最高达到 3.30，然后开始呈现快速降低的态势，2007 年开始呈现与全国相同的走势并开始接近全国 TCI 的水平。湖北和湖南都出现大约 10 年的违背比较优势发展状况，其中湖北的起伏波动又大于湖南，这从另一个角度也反映了两省在社会经济发展过程中资源没有得到有效的利用，国家将这两省作为"两型社会"综合配套试验区具有非常重要的意义。

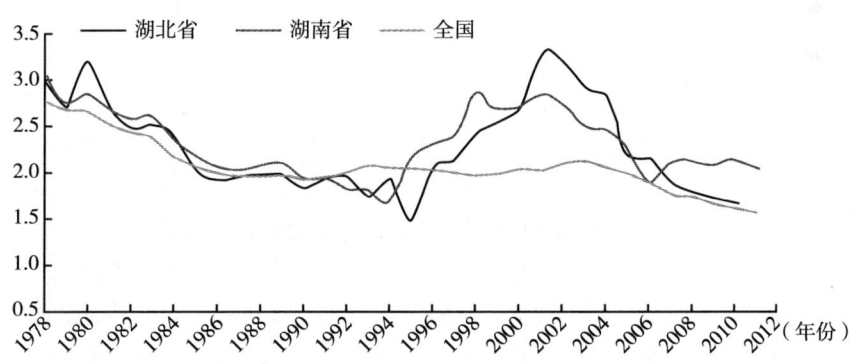

图 6　1978～2012 年中国、湖南、湖北 TCI

---

① 局限于各省三次产业结构数据与国家统计局公布数据的差异，为保持数据的统一性和可比性，全国、湖南省和湖北省的 TCI 全部采用国家统计局公布的三次产业结构数据计算。试验区各城市的三次产业结构数据采用各省公布的数据。2012 年中国统计年鉴未公布各省 2011 年三次产业从业人员数据，因此，湖北、湖南两省的 TCI 只算到 2010 年。

武汉城市圈、长株潭城市群自2007年获批"两型社会"配套改革试验区以来，经济发展喜忧参半，一方面经济总量不断提高，另一方面从资源节约的发展角度看，两试验区均存在一定的问题。图7所示的TCI走势表明，武汉城市圈在资源节约型方面要胜于长株潭城市群。武汉城市圈2007～2010年存在下降趋势，反映出在社会经济发展中，资源利用效率不断提高，但2011年有所反弹，TCI取值大于2007年，反映出忽视比较优势而采取推动资本密集型产业发展的倾向又有所抬头，资源利用效率有所降低。长株潭城市群成为"两型社会"配套改革试验区后，TCI却呈现逐年上升态势，虽然经济发展很快，却是以较高的资源消耗为代价获得的，经济的增长主要依靠与自身资源禀赋相悖的资本密集型产业的推动，显然不可能使资源得到最有效的利用，从本质上来讲也违背了资源节约型社会发展的宗旨，长株潭城市群在资源节约型社会发展的成效上不是很理想。2011年长株潭城市群已经进入纵深推进阶段，建立有效的资源节约发展机制是面临的迫切任务。

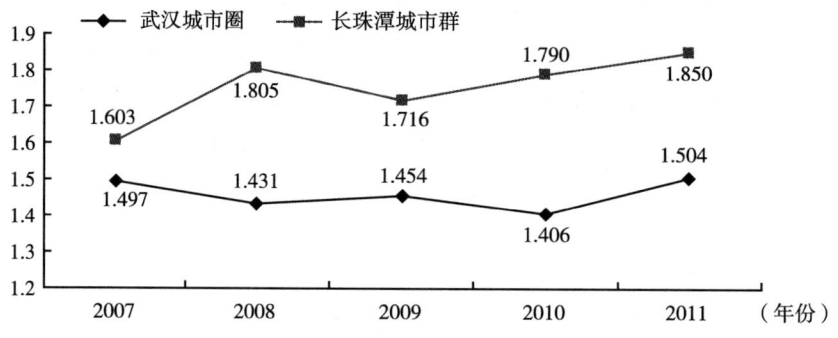

图7　2007～2011年武汉城市圈、长株潭城市群TCI

2011年武汉城市圈TCI为1.5，略低于全国1.58的水平，长株潭城市群TCI为1.85，高于全国水平，武汉城市圈在社会发展过程中资源利用效率要高于长株潭城市群（见表4）。在"两型社会"试验区城市中，武汉市的资源综合利用效率最高，资源节约型社会发展状况最好。武汉城市圈中TCI低于全国水平的有4个城市，湖北省TCI的不断降低在某种程度上受益于武汉城市圈TCI的降低，反映出以武汉市为核心的城市圈的资源节约型社会发展效果较为显著，经济发展的辐射作用较强。长沙在长株潭城市群中资源利用效率最高，虽然低于湖南 TCI 水平，却依然高于武汉城市圈和全国水平。仅从 TCI 这一指标看，长株潭城市群在发挥比较优势促进经济增长方面还有更长的路要走。各城市 TCI 数据详见表5。

表4　2011年"两型社会"试验区 TCI*

试　验　区	TCI	排序
武汉城市圈	1.50	1
长株潭城市群	1.85	2

* TCI 数据依据《湖北统计年鉴2012》《湖南统计年鉴》计算，由于各省与全国三次产业从业人员数据不尽相同，因此，各城市 TCI 数值与各省 TCI 数值只做参照。

表5　2011年"两型社会"城市 TCI

城　　市	TCI	排序
武汉市	1.26	1
黄冈市	1.39	2
孝感市	1.41	3
黄石市	1.55	4
仙桃市	1.68	5
长沙市	1.70	6
鄂州市	1.83	7
咸宁市	1.85	8
株洲市	2.03	9
湘潭市	2.12	10
潜江市	2.13	11
天门市	2.15	12

武汉城市圈和长株潭城市群 TCI 反映的状况，可从两个试验区三次产业增加值和产业人员结构分布上得到进一步的印证。由表6不难发现，武汉城市圈从事第一产业的人员比重要低于长株潭城市群，而第一产业增加值的比重高于长株潭城市群；从事第二产业的人员比重高于长株潭城市群，而第二产业的增加值比重远低于长株潭城市群；从事第三产业的人员比重与第三产业增加值比重均高于长株潭城市群。可见，武汉城市圈从三次产业的从业人员分布与增加值分布看显然更符合比较优势发展情况。长株潭城市群从事第一产业的人员占到了33%，而第一产业增加值只占到了约6%，显示出劳动力密集型特征；第二产业从业人员占31%，而增加值占57%，显示出资本密集型特征，畸形产

业结构较为明显。按照经济学家钱纳里三次产业结构模式，武汉城市圈产值结构已进入工业化的全面实现阶段，而就业结构则处于工业化的基本实现阶段，就业结构略滞后于产值结构。长株潭城市群的产值结构就第一产业比重而言已进入全面工业化阶段，但就业结构处于工业化的中级阶段，滞后于产值结构，第一产业相对生产率较低反映出长株潭城市群缺乏可选择的就业机会，难以提供承接第一产业转移劳动力的产业，目前的产业结构有违资源禀赋特征，资源节约型发展有待进一步转变。"两型社会"试验区三次产业结构与所在省份及全国比较情况详见图8～图13。

表6　三次产业结构

单位：%

城　　市	三次产业产值结构	三次产业就业结构
武汉城市圈	9.41∶49.12∶41.38	25.58∶32.72∶41.70
长株潭城市群	5.77∶57.36∶36.87	32.96∶31.07∶35.97
湖　　北	13.09∶50.00∶36.91	45.70∶21.00∶33.30
湖　　南	14.07∶47.60∶38.33	41.90∶23.30∶34.80
全　　国	10.04∶46.61∶43.35	34.80∶29.50∶35.70

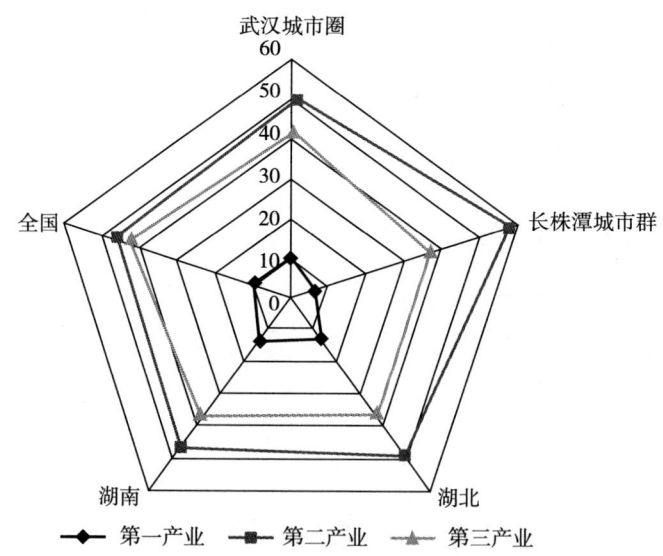

图8　两型社会试验区、湖北、湖南、全国产值结构

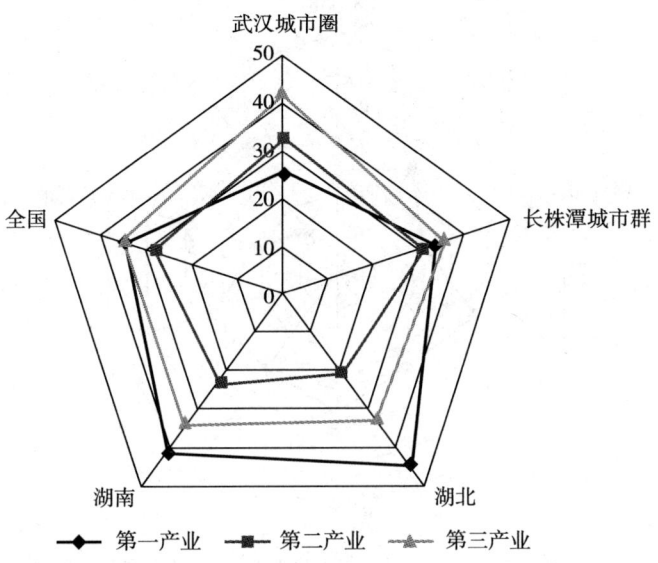

图9 两型社会试验区、湖北、湖南、全国就业结构

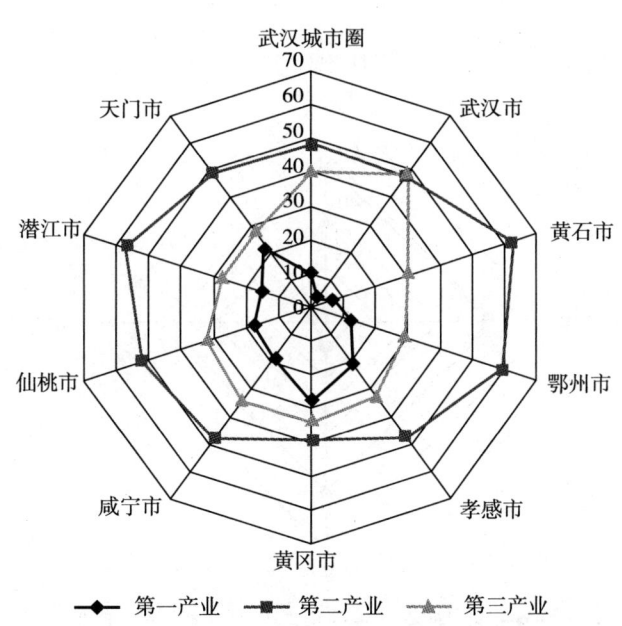

图10 武汉城市圈三次产业产值结构

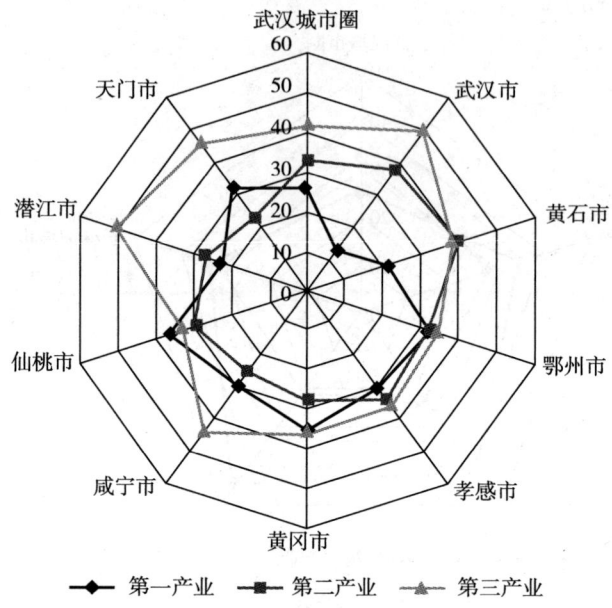

图 11 武汉城市圈三次产业就业结构

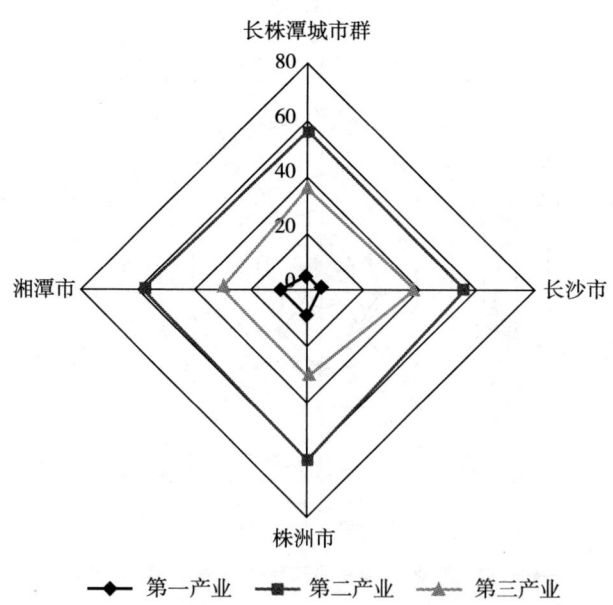

图 12 长株潭城市群三次产业产值结构

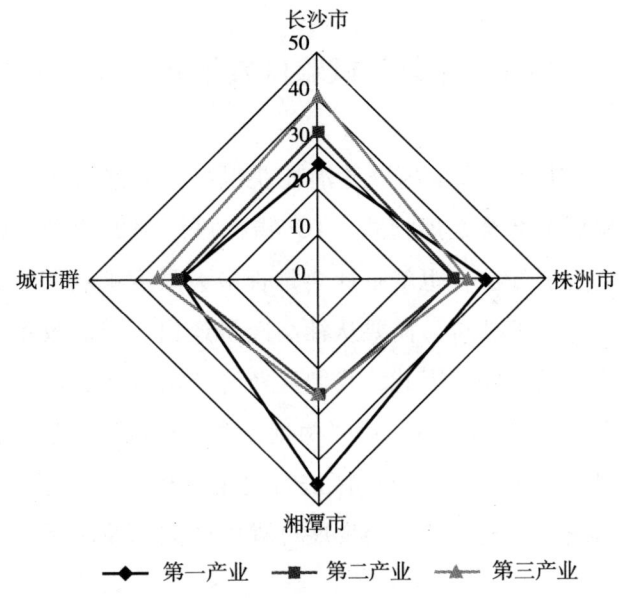

图 13 长株潭城市群三次产业就业结构

（三）环境友好型社会发展现状

所谓环境友好型社会，是以环境承载能力为基础，遵循比较优势，追求经济社会协调发展的社会体系。从实质上看，建设两型社会，就是为了实现可持续发展，实现经济社会发展与环境和睦相处的社会形态。2011年"两型社会"试验区基础设施保障水平全面增强，初步形成了节约资源和保护环境的产业结构、消费模式和增长方式。试验区大胆探索污染排放交易制度，全力提高区域生态承载能力。积极探索建立跨区域的流域综合整治和保护机制新模式，加强水系、水域环境污染的联防联治。构建环境保护的市场化运作机制，建立了污染物排放总量初始权有偿分配、排污许可证、排污权交易等制度，并通过设立排污权交易市场，推进环境保护的市场化运营。与此同时，进一步改革有关行政管理制度和相关法规，完善城市污水和固体废弃物处理费征管办法，创新排污费征收使用管理模式，改进污染物排放标准体系。通过制定统一的环境保护和生态补偿地方性法规，不仅提高了产业发展的环保准入门槛，而且建立起一体化的垃圾分类、收集、运输、处理体系，环境友好型社会发展初见成效。

二 "两型社会"试验区发展进程综合评价

"两型社会"就是以最少的资源消耗获得最大的经济和社会效益,是经济社会可持续发展的社会发展模式。TCI 指标可以帮助我们了解一个地区是否遵循比较优势发展经济,也就是社会是否最大限度地利用资源,然而,要对试验区有一个综合的评价,需要从社会经济产出、资源效率、社会环境等各方面加以更详细的了解。因此,我们从经济产出效率、社会效益两方面构建"两型社会"评价指标体系,对"两型社会"试验区发展进程进行科学动态评价。通过对"两型社会"试验区进行定量分析评价,了解"两型社会"试验区的进展情况,分析经济社会发展过程中的问题及不足,为决策提供科学依据。

(一)评价指标体系

评价指标的选择既要考虑反映"两型社会"内涵,也要考虑数据的可得性,依据近几年公布的统计年鉴现有指标数据,从经济发展资源产出效率、资源投入、经济运行状况及社会环境角度选取 16 个评价指标:包括人均地区生产总值、地均 GDP、人均全社会固定资产投资、第一产业比较劳动生产率、人均社会消费品零售总额、人均地方财政收入、技术选择指数 TCI、单位 GDP 能耗、规模以上企业亏损面、城乡收入比、人口密度、工业废水排放量、工业二氧化硫排放量、工业固体废物综合利用率、污水集中处理率、生活垃圾无害化处理率。选取 2007～2011 年的相关统计年鉴数据,整理出武汉城市圈和长株潭城市群评价指标体系数据。将各指标以一定的权重加权平均,得到"两型社会"试验区发展进程的综合评价指数。综合指数值越大,则表明"两型社会"资源节约型社会发展状况越好,反之则差。为了有效评价首先从综合评价角度对评价指标的有效性进行分析,数据分析表明 X_{12}、X_{13}、X_{14}、X_{15}、X_{16} 在综合评价中作用较小,最终确定表 7 中所列的 11 个评价指标。

表7 "两型社会"评价指标体系

指标	评价指标名称	指标性质
X_1	人均地区生产总值	正指标
X_2	地均GDP	正指标
X_3	人均全社会固定资产投资	正指标
X_4	第一产业比较劳动生产率	正指标
X_5	人均社会消费品零售总额	正指标
X_6	技术选择指数TCI	逆指标
X_7	单位GDP能耗	逆指标
X_8	规模以上企业亏损面	逆指标
X_9	人均地方财政收入	正指标
X_{10}	城乡收入比	逆指标
X_{11}	人口密度	正指标

（二）发展进程综合评价

选取武汉城市圈9个城市、长株潭城市群3个城市、武汉城市圈、长株潭城市群2007～2011年11个指标数据，形成70×11的数据阵。为消除量纲的影响，对数据进行标准化处理。通过SPSS软件，选用因子分析进行因子的提取和综合指数评价模型建立。分析结果显示可提取4个因子，旋转后的第一因子方差贡献率为47.42%，第二因子方差贡献率为18.95%，第三因子方差贡献率为13.95%，第四因子方差贡献率为11%，累计方差贡献率达到91.33%。其中第一因子主要与人均地区生产总值、地均GDP、人均全社会固定资产投资、第一产业比较劳动生产率、人均社会消费品零售总额、人均地方财政收入指标相关性较强，我们将其命名为经济发展指数；第二因子主要与技术选择指数TCI、规模以上企业亏损面及城乡收入相关，且TCI与其他两个指标呈现负相关关系，也即城乡收入比越高，企业亏损面越大，资源利用效率越低，资源禀赋的比较优势越得不到发挥，因此将其命名为资源绩效指数；第三因子主要与人口密度、地均GDP产出正相关，将其命名为区域集聚指数；第四因子主要与单位GDP能耗及第一产业相对劳动率相关，将其命名为社会发展能耗指数。依据因子得分系数矩阵可建立如下四个因子的评价指数模型。

$$F_2 = -0.23X_1 - 0.045X_2 - 0.002X_3 - 0.055X_4 + 0.021X_5 - 0.353X_6 - 0.050X_7 + 0.377X_8 + 0.090X_9 + 0.524X_{10} - 0.145X_{11}$$

$$F_3 = -0.066X_1 + 0.326X_2 - 0.092X_3 + 0.225X_4 + 0.034X_5 - 0.254X_6 + 0.224X_7 + 0.058X_8 - 0.122X_9 - 0.339X_{10} + 0.691X_{11}$$

$$F_4 = -0.0X_1 + 0.043X_2 - 0.052X_3 - 0.4X_4 - 0.171X_5 + 0.45X_6 + 0.693X_7 + 0.077X_8 - 0.108X_9 - 0.052X_{10} + 0.225X_{11}$$

$$F = -0.519F_1 + 0.207F_2 + 0.153F_3 + 0.121F_4$$

根据以上模型即可得到各个区域和城市综合评价得分。从得分情况看,武汉城市圈和长株潭城市群"两型社会"发展不断取得进展,经济发展逐年提升。长株潭城市群"两型社会"发展进程综合指数由2007年的0.068上升到2011年的0.626;武汉城市圈"两型社会"发展进程综合指数由2007年的-0.008上升到2011年的0.498。总体上看,"两型社会"综合指数逐年上升,保持良好的增长态势,说明"两型社会"试验区建设力度不断加大,经济、社会和科技发展水平不断提高。2011年长株潭城市群综合得分高于武汉城市圈,主要得益于较高的经济发展指数得分。武汉城市圈虽然在经济发展水平方面略逊于长株潭城市群,但资源绩效指数方面强于长株潭城市群,反映出武汉城市圈在资源利用效率和城乡统筹发展方面略胜一筹。试验区各个城市发展也基本呈现出逐年向好的动态发展趋势。其中区域核心城市武汉市区域集聚效应显著,2007年以来综合发展状况最好,至今一直保持领先位置。从因子得分情况看,武汉市的经济发展指数、资源绩效因子和区域集聚指数得分均较高,特别是资源绩效因子综合反映出武汉在资源利用效率、城乡统筹发展和发挥比较优势方面的综合实力。另一个核心城市长沙虽然在综合得分方面略逊于武汉,但在经济发展指数得分方面一直保持领先地位,其他指数得分情况则不尽理想,再次反映出长沙的发展更注重经济发展增量,在资源绩效指数、区域集聚指数和资源节约指数方面均差于武汉,反映出长沙在社会转型发展中注重经济的发展而在一定程度上忽视了最根本的社会资源有效利用。在能源节约方面两市均得分较低,反映出经济的发展依然靠高能耗来实现。各城市评价得分具体数据及排序详见表8、表9。

我们通过对12个城市的四个因子得分进行聚类分析,可将试验区12个城市2007~2011年分为6种发展类型,即经济集聚综合发展型、经济增长推动型、

表 8 2007～2011 年武汉城市圈、长株潭城市群综合评价得分情况

年份	区　　域	经济发展指数 F1	资源绩效指数 F2	区域集聚指数 F3	社会发展能耗指数 F4	综合指数 F
2011	长株潭城市群	1.920	-0.706	-0.905	-0.715	0.626
	武汉城市圈	1.003	1.377	-1.170	-1.074	0.498
2010	长株潭城市群	1.405	-0.586	-0.820	-0.274	0.450
	武汉城市圈	0.531	1.757	-0.956	-0.618	0.420
2009	武汉城市圈	0.298	1.874	-1.039	-0.305	0.348
	长株潭城市群	0.969	-0.182	-0.752	-0.200	0.327
2008	武汉城市圈	0.095	2.141	-1.042	-0.180	0.313
	长株潭城市群	0.632	-0.209	-0.761	0.316	0.206
2007	长株潭城市群	0.220	0.249	-0.668	0.034	0.068
	武汉城市圈	-0.421	0.704	0.093	0.416	-0.008

表 9 "两型社会"试验区各城市得分情况

	城市	经济发展指数 F1	资源绩效指数 F2	区域集聚指数 F3	社会发展能耗指数 F4	综合指数 F
2011	武汉	2.407	0.563	2.985	-1.149	1.685
	长沙	2.788	-0.779	-0.304	-1.512	1.057
	黄石	0.583	0.806	-0.140	0.402	0.497
	鄂州	0.838	-1.146	0.547	0.548	0.347
	湘潭	0.831	-1.312	-0.325	1.255	0.261
	株洲	1.025	-0.532	-1.808	-0.001	0.145
	潜江	0.155	-1.634	-0.222	0.181	-0.270
	咸宁	0.044	-0.528	-1.377	-0.589	-0.368
	仙桃	-0.088	-1.232	0.089	-0.772	-0.380
	孝感	-0.689	-0.345	0.482	-0.782	-0.450
	黄冈	-0.693	0.722	-0.843	-1.672	-0.540
	天门	-0.491	-2.077	0.016	-0.416	-0.733
2010	武汉	1.627	0.959	2.975	-0.424	1.447
	长沙	2.121	-0.835	-0.260	-1.010	0.767
	黄石	0.070	1.017	0.116	0.804	0.362
	鄂州	0.333	-1.097	0.820	1.674	0.272
	湘潭	0.421	-1.052	-0.148	1.618	0.173
	株洲	0.681	-0.260	-1.671	0.480	0.102
	潜江	-0.276	-1.388	0.437	0.598	-0.292
	咸宁	-0.324	0.119	-0.956	-0.239	-0.318

续表

	城市	经济发展指数 F1	资源绩效指数 F2	区域集聚指数 F3	社会发展能耗指数 F4	综合指数 F
2010	孝感	-0.960	-0.107	0.686	-0.348	-0.458
	黄冈	-0.878	0.758	-0.715	-1.197	-0.552
	仙桃	-1.117	-0.597	1.059	-2.022	-0.786
	天门	-0.865	-1.409	0.050	-0.707	-0.819
2009	武汉	1.423	1.044	2.336	-0.046	1.307
	长沙	1.681	-0.356	-0.217	-0.931	0.653
	黄石	-0.209	1.424	0.206	0.953	0.333
	鄂州	0.022	-0.972	0.744	1.731	0.132
	湘潭	0.058	-0.735	-0.035	1.752	0.084
	株洲	0.384	0.341	-1.617	0.476	0.080
	潜江	-0.384	-0.670	-0.018	0.773	-0.248
	咸宁	-0.630	0.362	-0.855	-0.016	-0.384
	孝感	-1.048	0.247	0.566	-0.183	-0.428
	黄冈	-1.049	0.797	-0.511	-0.900	-0.566
	天门	-0.910	-1.620	0.034	-0.555	-0.870
	仙桃	-1.522	-0.520	1.220	-2.115	-0.966
2008	武汉	1.006	1.275	2.234	0.178	1.150
	黄石	-0.323	2.046	0.291	1.700	0.506
	长沙	1.277	-0.430	-0.451	-0.486	0.446
	株洲	0.132	0.450	-1.532	0.695	0.012
	湘潭	-0.237	-0.642	0.168	1.836	-0.009
	鄂州	-0.253	-0.851	0.525	1.039	-0.102
	孝感	-1.151	0.854	0.476	-0.143	-0.365
	潜江	-0.774	-0.681	0.205	0.729	-0.424
	咸宁	-0.764	0.442	-1.170	-0.348	-0.526
	黄冈	-1.338	0.882	-0.133	-0.976	-0.650
	天门	-1.101	-1.167	0.218	-0.861	-0.884
	仙桃	-1.498	-0.345	1.140	-2.128	-0.932
2007	武汉	0.695	1.308	1.775	0.332	0.943
	黄石	-0.570	1.929	0.410	1.987	0.407
	长沙	0.721	0.254	-0.443	-0.775	0.266
	湘潭	-0.536	-0.343	0.400	1.869	-0.063
	株洲	-0.127	0.484	-1.323	0.860	-0.064
	鄂州	-0.508	-0.595	0.609	1.403	-0.125
	潜江	-0.949	0.087	0.564	0.936	-0.276

续表

	城市	经济发展指数 F1	资源绩效指数 F2	区域集聚指数 F3	社会发展能耗指数 F4	综合指数 F
2007	孝感	-1.148	0.784	0.395	0.558	-0.306
	咸宁	-0.973	0.813	-0.926	-0.179	-0.500
	黄冈	-1.453	0.895	0.222	-0.579	-0.604
	仙桃	-1.103	-0.538	0.721	-0.713	-0.660
	天门	-1.041	-1.290	0.297	0.012	-0.761

相对平衡发展型、早期资源绩效发展型、能耗集聚经济发展型和独特优势发展型（见表10）。各个城市资源禀赋不同，发展路径存在较大差异。总体上看，各城市经济总量的发展成效显著，但在近两年资源绩效方面，除武汉、黄石、黄冈外，其他城市效果并不是很明显。

表10　12城市发展类型分类

类　别	地　区
经济集聚综合发展型	武汉
经济增长推动型	长沙
相对平衡发展型	黄石
早期资源绩效发展型	咸宁、株洲
能耗集聚经济发展型	鄂州、潜江、湘潭
独特优势发展型	孝感、黄冈、仙桃、天门

三　"两型社会"试验区发展面临的问题

从对武汉城市圈和长株潭城市群的评价分析中，我们发现虽然试验区试图通过推进排污权交易、生态补偿等政策，缓解经济发展与生态保护之间的矛盾，然而，资源节约型社会并不是简单地能源消耗的降低，更重要的是整个资源的节约，即能否按照比较优势来发展经济的问题。经济学角度下两型社会可以理解为：追求经济增长的同时，减少社会成本，也就是要在根据资源禀赋发挥比较优势的同时，尽量减少社会的负外部性，如何解决发展经济与其所带来的负外部性无疑是一种挑战,从"两型社会"发展情况看,试验区还存在以下问题有待进一步解决。

(一)资源利用效率的机制尚待建立完善

武汉城市圈和长株潭城市群近几年的发展显示,各地在实施比较优势发展战略上成效不尽如人意,已公布的数据显示两区域都在一定程度上倾向于依靠推动资本密集型产业发展来追求经济高速增长,尤其是长株潭城市群资源的利用效率低于武汉城市圈。虽然,长株潭城市群综合发展指数得分最高,但是自获批"两型社会"配套改革试验区以来,其资源的综合利用效率不仅没有提高,相反还有所下降,这显然与两型社会发展宗旨相违背。如果只是在表面上单纯地追求能耗降低,而忽略自身资源禀赋所具有的比较优势发展的话,快速的经济增长将难以为继。武汉城市圈人均指标方面略逊于长株潭城市群,但在资源的综合利用效率方面则胜于长株潭城市群,只是2011年又呈现出资本密集型产业推动经济发展的倾向。资本过度密集就会减少就业机会,无法承接城市化转移的劳动力,导致第一产业相对劳动率低的状况。加之资本密集型产业的发展需要技术创新,技术创新的成本不可避免,特别是发展中地区的创新成本往往高于发达地区,我国发达地区经济发展的经验表明,如果放弃自身的比较优势,一味追求产业的规模和集群作用,即使产业集聚起来也终究会丧失竞争力。充分利用比较优势发展经济,就是最大的资源节约。武汉城市圈和长株潭城市群目前的发展现状表明,充分竞争的要素市场机制仍没有建立起来,有效利用资源的效率机制尚待进一步建立和完善。

(二)发展经济与社会环境之间的矛盾下制度的缺失

经济发展需要要素投入,随着经济的高速增长,土地开发强度的提高,资源消耗的加速,环境污染问题凸显,高能耗低收益的矛盾使的依靠能源投入的发展方式遭遇"瓶颈"。个体争取利益极大化是经济学公理,个体争取利益最大化给社会带来效益,但有时也会给社会带来损害,人们在制定决策时没有将其考虑在内的成本就是负外部性。伴随着高能耗的粗放式增长与严重的环境污染,使得社会的负外部性迅速增加。当以污染环境为代价生产商品的边际收益低于溢出成本，人们对环境资源赋予更高的边际价值时，环境产权要求就产生了。产权经济学家哈罗德·德姆塞茨（Demsetz Harold）指出，产权是"使自己或他人受益或受损的权利"。只有建立完善的环境产权制度，才能降低发展的成本。武汉城市圈和长株潭城市群虽然已尝试运用环境产权来应对环境挑战，开始尝试碳产权交易、排污权交易，并制定诸如开采权转让、碳排放权、排污权等资源环境产权交易制度，但要对复杂资源环境产权体系中的诸种权利归属做出明确的界定，尚需时日。因为环境具有公共性、运动性、传导性、不可逆性等特点，所以环境产权不易界定或者界定的成本较高。如何从制度上解决推进环境保护和污染治理市场化运营是长期需要解决的问题。

（三）就业结构与城市化矛盾

2011年武汉城市圈第一产业从业人员所占比重为25.58%，第一产业产值所占比重为9.41%，第一产业相对劳动生产率为0.368，第二产业相对劳动生产率为1.5。长株潭城市群第一产业从业人员所占比重为32.96%，第一产业产值所占比重为5.77%，第一产业相对劳动生产率为0.175，第二产业相对劳动生产率为1.85。全国第一产业从业人员所占比重为34.80%，第一产业产值所占比重为10.04%，第一产业相对劳动生产率为0.295，第二产业相对劳动生产率为1.58。第一产业劳动生产率较低的主要原因不是农业生产问题[①]，而是农村劳动力转移或者说是城市化问题。城市化是解决城乡收入差异和提高第一产业劳动生产率的有效途径，但是，城市化必须具有承接农村剩余劳动力的产业结构基础，发展劳动密集型产业是顺利实现农村劳动力转移的前提条件，如果采取发展不符合比较优势的资本密集型产业，忽视劳动力资源丰富的比较优势，就难以缩小城乡二元结构矛盾，也难以推动城市化的进程。在现有的产业结构下，如果不考虑劳动力资源优势而一味追求技术创新，进一步推动创造就业机会较少的资本密集型产业发展的话，不仅难以承接城市化转移出的农村剩余劳动力，可能也无法解决城市新增就业需求。因此，如何解决这一矛盾是试验区面临的发展战略问题。

---

① 林毅夫：《解读中国经济》，北京大学出版社，2012，第153页。

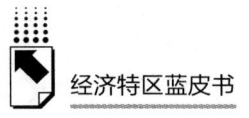

四 "两型社会"试验区发展的对策建议

(一) 根据资源禀赋特点,发挥比较优势

利用比较优势就是降低机会成本,资源节约型和环境友好型社会发展其本质就是要根据资源禀赋特点,实施比较优势发展战略。毫无疑问资源是稀缺的,需要制定分配的规则,那么什么样的分配制度或规则是最有效率或是可以低投入高产出呢?首要的一点是资源的交换要有选择的自由,选择就意味着权衡,权衡之后的选择应该能够体现选择者的利益,从而使其尽可能地节约使用能源;其次是要制定节约能源的激励机制,特别是在资源属于国有的情况下,如果不建立节约的激励机制,对于共有的稀缺品,人们会只考虑自己的利益而不考虑其后果,最大限度地攫取能源。武汉城市圈和长株潭城市群目前的比较优势还是劳动力资源丰富,劳动力价格便宜,按照这个比较优势发展就会形成劳动力相对密集的产业。较强的竞争力会带来最大的利润和剩余,从而推动资本的快速积累,产业结构的优化升级,资源禀赋结构也会随之提升,资本与劳动力的相对价格会相应改变,劳动力价格上升,资本价格下降,收入分配结构也会向劳动力倾斜,收入差距缩小,收入分配结构也会趋于改善。武汉城市圈和长株潭城市群应实施比较优势发展战略,提升区域竞争力和区域经济互补性,推动产业结构、技术结构优化升级。如果忽视比较优势而单纯追求集聚和规模效应,那么即使城市集聚起来也会缺少竞争力。因地制宜,根据资源禀赋发挥比较优势的发展就是资源节约型社会发展。

(二) 建立有效的市场机制,降低社会的负外部性

按照科斯的理论,牧场和农场的关系与工厂生产与居民环境是相同的问题,均可归结为成本效益选择问题。对于环境友好型社会,那就意味着解决的思路与资源节约型社会是相同的,只要在制度上进行环境产权界定并使其进入市场交换即可。因此,"两型社会"发展重要的是解决环境产权界定,并建立市场导向的交换机制,不断完善和丰富现有环境产权交易形式。另外,我们应

该清醒地认识到，经济发展所带来的环境影响或负外部性是不可能被完全消除的。消除负外部性同样要遵从比较优势发展原则，从机会成本出发来制定环境产权交易的规则与内容，并依据社会环境结构的变迁，建立价格引导机制，解决经济发展所带来的环境问题。

低成本的交易体系是资源节约型社会的先决条件，如果无法进行交换就不会有分工与专业化生产，交通和交易体系影响个体的交易成本，基础设施决定了市场范围和规模，也决定了交易成本，企业个体无法将交易的成本内化，这就需要由政府来提供软硬件基础设施建设，降低企业的交易成本，发挥区域比较优势。

"两型社会"建设是一项系统工程，只有转变思想观念，深化改革，才能取得突破。总体来说，中国资源节约型和环境友好型社会建设综合配套改革试验区——武汉城市圈、长株潭城市群，已进入纵深推进改革阶段，尽管存在这样或那样的问题，但取得的成效明显，为全国的两型发展积累了好的经验，制度体制不断完善，必将推动全国"两型社会"的发展。

参考文献

[1] 林毅夫：《解读中国经济》，北京大学出版社，2012，第153页。

[2] 湖南统计局编《2012湖南统计年鉴》，中国统计出版社，2012。

[3] 湖南统计局编《2008湖南统计年鉴》，中国统计出版社，2008。

[4] 湖南统计局编《2009湖南统计年鉴》，中国统计出版社，2009。

[5] 湖南统计局编《2010湖南统计年鉴》，中国统计出版社，2010。

[6] 湖南统计局编《2011湖南统计年鉴》，中国统计出版社，2011。

[7] 湖北省统计局、国家统计局湖北调查总队编《2012湖北统计年鉴》，中国统计出版社，2012。

[8] 湖北省统计局、国家统计局湖北调查总队编《2011湖北统计年鉴》，中国统计出版社，2011。

[9] 湖北省统计局、国家统计局湖北调查总队编《2010湖北统计年鉴》，中国统计出版社，2010。

[10] 湖北省统计局、国家统计局湖北调查总队编《2009湖北统计年鉴》，中国统计出版社，2009。

［11］湖北省统计局、国家统计局湖北调查总队编《2008 湖北统计年鉴》，中国统计出版社，2008。

［12］杨文进：《经济学视角中的"两型社会"建设》，《中国地质大学学报》（社会科学版）2009 年第 4 期。

［13］中华人民共和国国家统计局编《2012 中国统计年鉴》，http：//www.stats.gov.cn/tjsj/ndsj/2012/indexch.htm。

［14］长株潭试验区门户网（绿网），http：//www.czt.gov.cn/channel.aspx? chid = 12。

B.17
成—渝统筹城乡综合配套改革试验区发展报告

范霄文*

2007年6月7日,《国家发展改革委关于批准重庆市和成都市设立全国统筹城乡综合配套改革试验区的通知》(发改经体〔2007〕1248号)批准重庆市和成都市设立全国统筹城乡综合配套改革试验区。2011年是国务院批准成都和重庆设立"统筹城乡发展综合配套改革试验区"的第5年,两城市在统筹城乡发展的过程中,由于情况各异,采取了不同的发展战略。成都市围绕建设世界现代田园城市,提出了"全域成都"的发展理念,实施工业向集中发展区集中、农民向城镇集中、土地向规模经营集中的城乡统筹发展策略。重庆市则提出了"一圈两翼"的区域发展策略,实施大工业带动大农业、大城市带动大农村的战略,以两江新区统筹现代工业发展带动区域城乡统筹发展。

一 2011年的主要进展

2011年统筹城乡试验区以严重制约城乡协调发展的突出矛盾为突破口,以建立促进城乡经济社会发展一体化制度为核心,积极推进制度改革,以"确权为基础,流转为核心,配套为保障"的改革思路,围绕深化农村产权制度改革、户籍制度改革及配套制度完善进行了卓有成效的工作。在农村产权制度市场化改革方面,大力促进了劳动力、土地、资本和技术等农村资源在城乡间的自由流转和优化配置,全面突破城乡二元结构制约,在关键环节率先突

---

* 范霄文,深圳大学中国经济特区研究中心副教授,经济学博士,主要从事特区经济、计量经济学研究。

破，大胆创新，统筹城乡发展的体制机制不断得以发展完善，示范和带动作用初现成效。

2011年，成都市实现地区生产总值6950.58亿元，比上年增长15.2%，经济增速跃居15个副省级城市的首位，经济总量由2008年副省级城市的第7位提升为第4位（见图1）。其中，第一产业实现增加值327.3亿元，增长3.7%；第二产业实现增加值3143.9亿元，增长19.8%；第三产业实现增加值3383.4亿元，增长12.4%。按常住人口计算人均生产总值49438元，增长10.3%。一、二、三产业比例关系为4.8∶45.8∶49.4。城市居民人均可支配收入23932元，比上年增长14.9%；农村居民人均纯收入9895元，增长20.6%。城乡居民收入比由2008年的2.61∶1缩小到2.42∶1。城镇化率67%，比上年提高近12个百分点（见图2～图4）。

2011年，重庆实现地区生产总值10011.37亿元，增长速度高达16.4%，高出全国7.2个百分点，排位跃升全国第一（见图1）。其中，第一产业实现增加值844.52亿元，增长5.1%，第二产业实现增加值5542.80亿元，增长21.8%；第三产业实现增加值3623.81亿元，增长10.8%。按常住人口计算，全年人均地区生产总值达到34500元，比上年增长15.2%。一、二、三产业比例关系为8.4∶55.4∶36.2。城镇居民家庭人均可支配收入20249.70元，增长15.5%，农村居民人均纯收入6480.41元，比上年增长22.8%。城乡居民收入比由2008年的3.48∶1缩小到3.12∶1。城镇化率55.0%，比上年提高2.0个百分点（见图2～图4）。

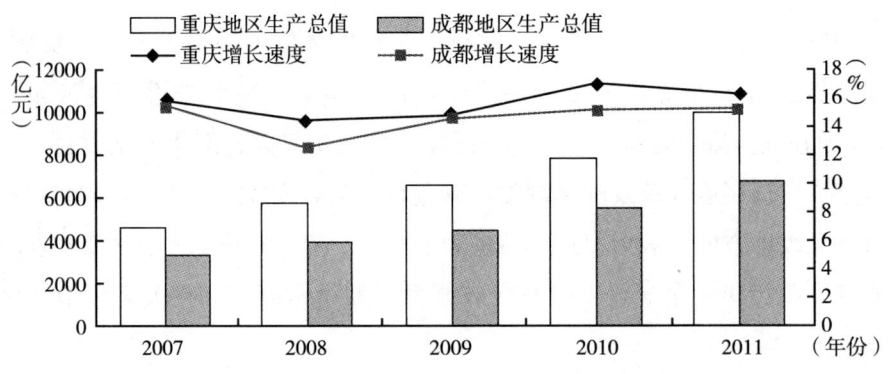

图1　2007～2011年成都、重庆地区生产总值及增长速度

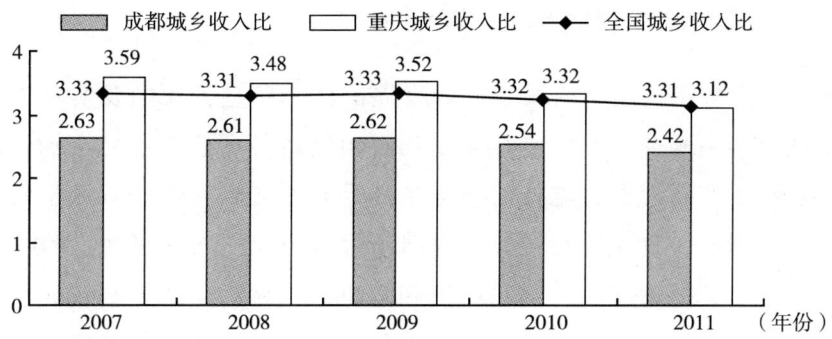

图 2　2007~2011 年全国、成都、重庆城乡收入比

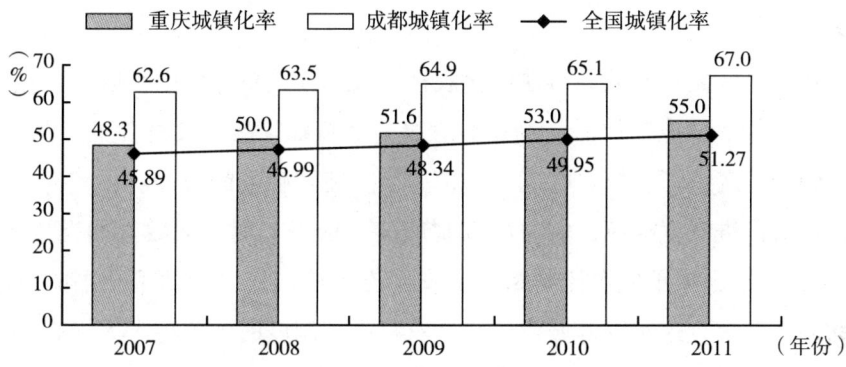

图 3　2007~2011 年全国、成都、重庆城镇化率

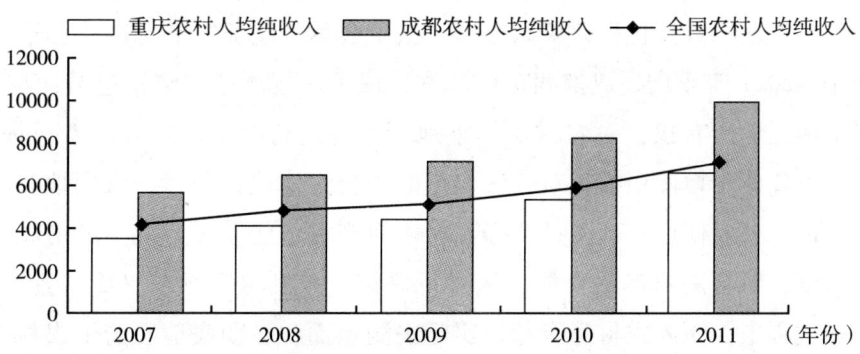

图 4　2007~2011 年成都、重庆农村人均纯收入

（一）农村产权制度改革不断深化

城乡二元化结构是制约城乡协调发展的体制壁垒，我国要实现城乡一体化发展就必须实现生产要素在城乡的自由流转。在社会主义市场经济制度下，农村生产要素自由流转的前提条件是要有清晰的产权，赋予农民清晰的财产使用权、收入权和转让权是社会主义市场经济体制的内在要求。农村的土地及其他财产产权问题得不到解决，农村的生产要素就无法进入市场流转，就难以激活农村发展的动力与活力，城乡一体化发展的新格局也就难以形成。不赋予农民清晰完整的财产权利，农村富余人口就没有条件实现向城镇的转移。在清晰完整财产权利基础上的户籍制度改革才有意义。

改革试验区之一的成都市在深化农村产权制度改革过程中，以市场化为导向，以"多予、少取、放活"为指导，以"还权赋能""农民自主"为原则，以建立健全归属清晰、权责明确、保护严格、流转顺畅的现代农村产权制度为目标，积极推进制度改革，农村产权制度改革取得了明显成效。如果说20世纪80年代农村土地承包责任制赋予了农民土地使用权，带动了全国的市场化改革的话，那么，这次统筹城乡试验区农村产权制度的改革将大大提高土地的使用效率，激活中国经济的第二次跨越式发展。

1. 确权工作基本完成

农村产权制度改革的首要任务就是确权。试验区按照"由宣传动员、入户调查、实地测量、村组评议与公示、法定公示、颁证"的标准流程进行确权操作。2011年重庆、成都两市已基本完成了确权颁证。确权包括："明确农村集体土地所有权，对农村集体土地所有权进行登记，核发所有权证书；明确农村集体土地使用权，对合法取得的农村集体建设用地、农用地和林地进行登记，核发使用权证书；明确农村房屋产权，建立城乡统一的房屋登记管理制度，对合法取得的农村房屋进行登记，核发房屋所有权证。"成都市在确权过程中，深入农村每家每户实际去测量面积，彻底地厘清了农村土地和房屋的权属关系，并在确权的基础上通过产权证书的颁发实现了"确实权，颁铁证"。在农村确权工作中总结出"五个一致、应确尽确、程序规范、群众满意"的4个确权工作技术标准。"五个一致"是指承包土地的"地、账、证、合同及耕保基金发放面积"一致;"应确尽确"是指,除违法违规占用的土地和建设的构(建)筑物外的农村集体土地及集体土地上的构(建)筑物的确权、登记、颁证;"程序规范"是指严格按照"组织动员、调查测绘、方案议决、结果公示、确权颁证、耕保基金发放"的确权工作程序,以确保关键步骤不省,基本环节不少;"群众满意"是指通过邀请国家统计局成都调查队等单位对农村产权制度改革作第三方调查评估,建立第三方调查评估机制,对确权工作进行满意度测评,以做到让群众满意。规范的确权工作为产权市场化奠定了基础。

2. 农村产权流转模式初步形成

确权为产权的市场交易创造了条件,通过一系列探索与实践,成都和重庆两市已初步建立了以挂牌出让制和"地票"交易制为主的产权转让模式。成都市在农地确权的基础上,积极探索,建立国内首个农村产权综合性市场平台,交易范围包括林权、土地承包经营权、农村房屋产权、集体建设用地使用权、农业类知识产权、农村经济组织股权等农村产权流转。交易平台通过对土地承包经营权、农业类知识产权等欲转让农村产权信息进行收集发布、科学评估和专业服务,市场化的流转模式推动了农村产权的合理流动,提高了资本的效率。除此之外,成都还按照"自愿有偿原则,鼓励采取转包、出租、互换、转让以及股份合作等方式,推动农村土地承包经营权流转,发展多种形式的土地适度规模经营"。在建立完善农村各类股权的登记制度和对农村集体资产进行股份量化的同时,允许农村居民依法通过多种形式参与集体建设用地开发经营,促进了生产要素在城乡之间的自由流动。重庆则采用"地票"交易制度形式,"地票交易"是指将农村闲置和废弃的集体建设用地复垦后形成城市新增建设用地指标,然后以票据的形式在重庆农村土地交易所公开拍卖的交易制度。这是一种"先造地后用地"的交易制度,是先把农村建设用地转化成耕地之后,才在城市新增建设用地,"地票"交易制度创新使得农村闲置的宅基地及其附属设施用地、乡镇企业用地、农村公共设施和农村公益事业用地等农村集体建设用地,经过复垦并经土地管理部门严格验收后产生城市的建设增地指标,以票据的形式实现产权流转。在确权到户基础上,2011年重庆累

计交易"地票"8.9①万亩，农民直接获得土地增值收益124亿元，盘活了原来闲置的资产。随着农村产权制度改革的深化，阻碍城乡一体化发展最坚固的市场体制壁垒被打破，激活了重庆、成都大量"沉睡"的农村资产，两市农村焕发出蓬勃的市场活力。

（二）创新耕地保护和土地综合整治集约利用新机制

在"确权颁证"的基础上，成都通过设立"耕保基金"，在全国率先建立起农民为责任人、市县财力支持的耕地保护基金机制。在农村资源大规模流转的城市化中，设立了一道保护耕地的"防火墙"。具体做法是："成都市县两级财政每年从新增建设用地土地有偿使用费和土地出让收入中提取26亿元，按照基本农田每年400元/亩、一般耕地每年300元/亩的标准，由政府向拥有耕地的农户发放耕地保护补贴，不足部分由政府财政补充。政府与农民签订《耕地保护合同》，农户承担耕地保护责任，如果违约将被追回补偿款并承担相应处罚。"成都这种对承担耕地保护责任的农民给予补偿的创新性耕地保护机制，充分调动起了农民保护耕地的积极性。

在创新保护耕地的同时成都市建立了市场化的土地综合整治集约利用的新机制。土地整治就是按照土地利用总体规划、城乡建设规划、土地整治规划对农村地区的田、水、路、林、村采取工程措施进行综合整治，提高土地的利用率。成都通过土地整治和建设用地增减挂钩的办法，不仅有效解决了城市发展土地承载能力的不足问题，而且建立起用城市土地级差收益反哺农村的市场机制。截至2011年底，成都已实施完成农村土地综合整治项目817个，其中，完成农用地整理项目392个，建设用地整理项目425个；新增耕地42万余亩，复垦建设用地7.32万亩。累计投入农村土地综合整治资金340多亿元（其中吸引社会资金100亿元），新建中心村和聚居点1400余个，改善了30余万户90余万农民群众的生活居住条件。土地整治运作机制，在很大程度上解决了制约新农村建设的资金"瓶颈"，也形成了农民与各相关利益方共享城市化土地增值的利益分享格局。在

---

① 数据来自《2012重庆政府工作报告》。

"还权赋能"后，农村实现了资产资本化，积极推动了城乡要素自由流动和城镇化的进程。

（三）新型的城镇化推进机制

成都试验区探索建立了以科学规划为引领的新型城镇化的推进机制。在户籍制度改革的同时，逐步建立"工业向集中发展区集中、农民向城镇和农村新型社区集中、土地向适度规模经营集中"和以"三次产业互动"为基本原则的统筹城乡资源要素发展机制，围绕三次产业互动发展的内在规律，实现新型工业化、新型城镇化、农业现代化联动推进。目前成都三分之一的农田已实现规模化经营，城镇化发展不断取得进展，为我国城镇化发展探索出一条可行之路。

户籍制度一直是形成城乡二元结构的标志性体制壁垒。在推进土地适度规模经营过程中，2010年底成都率先进行户籍制度改革。新的户籍制度实行"城乡统一的户籍登记，城乡居民平等享受各项基本公共服务和参与社会管理的权利，实现自由迁徙"。新的户籍制度鼓励农村居民持证进城、持股进城，进城农村居民的财产权益得到了有效的保障，极大地推动了农村居民向城镇的转移，彻底破除城乡二元体制，为土地规模化经营奠定了基础。重庆则推出以农民工为主体的户籍制度改革，农村转户农民的宅基地进入"地票"市场以后，通过"地票"置换，一部分收入用于户籍改革，保障了转户居民的就业、住房、养老、医疗、教育等权益和待遇，促进了城乡资源优化配置，加快了城市化进程，截至2011年平稳有序转户322万人[①]。

（四）建立城乡一体的"三分离"新型规划管理体制

市场能够有效地配置资源，但在有些局限条件下，市场也有所不能。统筹试验区在统筹城乡协调发展过程中，率先在全国将规划延伸至乡、村一级，将以往传统的城市规划改变为城乡规划，建立了城乡一体的规划体系。成都制定了被称为"全域成都"的规划，实现市域范围内各类规划全覆盖，保证了土

---

① 数据来自《2012 重庆政府工作报告》。

地的市场配置与产业布局在科学规划上的一致性。进一步完善了市、县、乡三级规划监督管理体制，积极探索建立土地利用总体规划和城乡总体规划实施动态评价机制，构建起编制、审批、监督"三分离"的新型规划管理体制，为有序发展提供了制度保障。

（五）农村投融资机制改革

农村资源的资本化催生了多种形式的融资渠道，农村产权抵押融资、集体建设用地使用权出让、土地综合整治投融资等形式的融资机制已经形成，市场生产要素在城乡之间实现了自由流动，资金的注入为农村发展注入了强大的动力，农民收入明显增加。同时，积极发展村镇银行、小额贷款公司等新型农村金融机构，鼓励金融机构向农村延伸网点和服务，并通过产权的市场交易积极引导社会资本积极参与统筹城乡发展和新农村建设。通过组建兴农融资担保公司，重庆2011年"三权"抵押贷款已达到180亿元。成都市首例农村土地承包经营权抵押贷款项目，合作社用首期贷款6万元试种羊肚菌，仅仅4个多月就实现赢利。试验区积极开放社会资本和金融资本在农村的投资领域，鼓励支持社会资本向农村流动。积极探索建立银保互助的融资模式，提高了农业市场风险防范的能力。

（六）城乡公共财政体制

为了从根本上解决长期二元体制导致的公共服务供给在城乡长期不平等的问题，缩小城乡居民之间"福利差距"，成都率先设立市公共服务和公共管理村级专项资金，将村级公共服务和社会管理经费纳入财政预算，通过城乡公共财政体制改革，使得村级公共服务和社会管理建设的资金得到有效保障。

（七）新型村级基层治理机制

在农村产权确权过程中，成都摸索出一套切实可行的村民自治新型基层治理机制：村民议事会制度。目前这种新型的村民议事会已经作为一项社会管理制度，在关系群众切身利益的农村土地综合整治、农民集中居住、土地流转等大事中实现了民主决策。村民议事会制度是由村民议事会决策，村委会执行，其他经济社会组织广泛参与的新型村级治理机制。村民议事会作为村级自治事务的常设决策机构，议事会成员由村民选举产生，并从中推选5至7人组成村务监督机构。村委会作为执行机构，向议事会负责和报告工作。村民议事会负责人由村党组织书记兼任，负责审查议题、召集和主持议事会，在保证党组织对基层组织领导的同时，积极推动基层民主管理的改革进程。

（八）2011年城乡统筹试验区发展水平综合评析[①]

成都统计信息网发布的《成都市2011年度统筹城乡发展水平综合评价监测报告》显示，2011年成都统筹城乡发展总体实现程度为78.3%，比上年提高2.9个百分点，综合评价得分同比增长3.8%。统筹城乡发展水平呈现逐年提升态势，综合评价得分年均增长4.4%（如图5所示），2008年以来总体实现程度累计提高12.4个百分点。按照评价体系关于统筹城乡发展进程5个阶段的划分标准，2011年，成都市统筹城乡发展水平继续处于整体协调阶段。

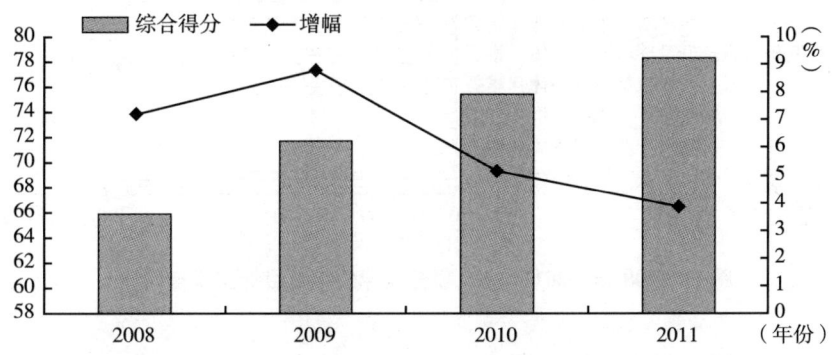

图5 成都2008~2011年统筹城乡发展水平综合评价得分与增幅

2011年成都市工业集中度、耕地规模经营率和农村新型社区人口集中度等指标的目标实现度分别比2008年提高13.8个百分点、22.3个百分点和57.4个百分点，带动全市工业集中区单位面积产出率和单位耕地产出率分别

[①] 成都评析数据引自《成都市2011年度统筹城乡发展水平综合评价监测报告》，http://www.cdstats.chengdu.gov.cn/detail.asp?ID=69324&ClassID=02080203。

增长72.5%和30%。城乡"三个集中"推进指数、城乡医疗卫生一体化指数和城乡产业发展一体化指数分别为57.8%、63.2%和68.5%。全市城乡居民医疗保险参保率为97.6%，比2008年提高11.3个百分点，征地农民养老医疗保险参保率为96.7%，比2008年提高1.5个百分点。

全市行政村等级公路通达率达99.9%，行政村公交或客运通达率98.1%，乡镇污水设施覆盖率达100%。城乡安全饮水人口比重比的目标实现度比2008年提高16.5个百分点，城乡生活垃圾无害化处理率比的目标实现度比2008年提高5.4个百分点，城乡居民清洁能源普及率比的目标实现度比2008年提高38.2个百分点，农村基础设施和人居环境明显改善（见图6）。

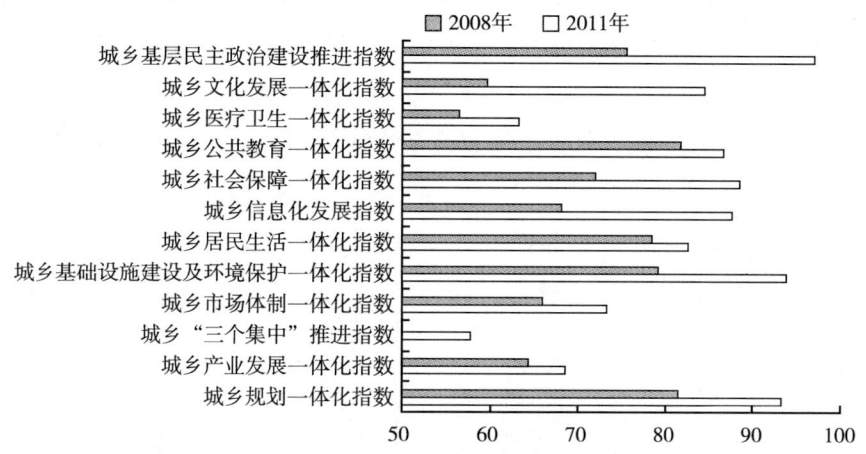

图6 2008年、2011年12项分类评价指数目标实现度对比

重庆官方目前尚未发布统筹城乡发展水平综合评价数据。

二 新的发展实践

由城乡二元结构体制造成的"三农"问题一直困扰着我国经济的发展，城乡发展一体化是解决"三农"问题的根本途径。统筹城乡综合改革配套试验区改革的目标就是要破解城乡二元结构体制，探索新型工业化、新型城镇化、农业现代化"三化联动"的城乡一体化发展模式，为全国统筹城乡发展探索新的发展路径。

破除城乡二元结构的关键是提高农民的收入水平，从世界其他国家发展经验来看，提高农民收入水平有效的方式是减少农业从业人员数量，让农业从业人员向二、三产业转移，农业同时实现规模化生产。虽然成都和重庆两个统筹城乡试验区的发展战略侧重点有所不同，但殊途同归，统筹城乡发展实质上都是工业化、城镇化和农业现代化的同步推进。

（一）户籍改革促进了农村剩余劳动力的自由流动和城镇化进程

破除城乡二元结构，推进城镇化最直接的阻力是流入城市的农民工及其新生代的社会保障制度问题。而现有社会保障是附着在户籍制度之上的，二元户籍制度造成城镇居民与农村居民身份地位在教育、医疗等社会保障制度上的差别，这种差别阻碍着农村人口向城市非农化转移，阻碍着城镇化的推进。因此，成都和重庆两个试验区均把户籍改革作为统筹城乡改革的突破点，围绕户籍制度改革相应配套设计城乡社会保障一体化措施，将转户农民的社保、住房、就业、教育和养老"五大保障"一步到位。重庆、成都户籍制度是以实际上已经生活在城镇而没有城镇户口及城镇居民待遇的城镇务工农民为突破口，将这部分属于城镇常住人口但具有农村居民户籍的人口城市化，户籍改革遵循自愿的原则，转户农民可以保留农村的林权、宅基地使用权和耕地承包经营权"三权"，而并非是所谓简单地"土地换户口"。两市实行有步骤、有条件转户，户籍制度改革消除了农民向城镇转移的体制性障碍。

（二）农民产权制度改革促进了农村资源的优化配置

如果说户籍和社会保障制度的改革为农村劳动力的自由流动提供了前提条件的话，那么，农村产权制度的改革则为农民摆脱土地束缚，实现农村资源优化配置提供了制度保证。

宅基地使用权、土地、林地承包经营权是农民的基本权益，保证农民在城镇化过程中的各项权益不受到侵害是城镇化的关键。成都、重庆通过农村产权确权，从制度上保证了转户农民保留农村的林权、宅基地使用权和耕地承包经营权等权利，在保障农民财产权利的同时也为农村资源市场化创造了条件。城镇化建设必然会占用土地，要做到既要保证转户农民合法的财产权利，也要避免农民进城后农村建设用地不减，城市建设用地增长的格局。统筹城乡试验区利用级差地租的原理，推出了城市建设用地与农村建设用地增减挂钩的市场引导机制，保证了城镇化的过程中土地不减。而且通过确权赋能，培育出多种农业新型规模化经营的经济组织。

目前，我国农村剩余劳动力外出打工，将土地留给年老无法出去打工的老人耕种，而当这些留守的老人耕种土地成本较高而收益较低时，必然产生一种新的需求，那就是新型的组织既能减少市场交易的成本，又能为农民带来较高的财产收益，而要达到这一点必然要求从制度上解决农村资本的自由流动与重组，关键的是城市与农村要有寻租的空间，只有这样才会有资本流动，也就是要有利益驱动机制。因为他们自己经营时，需要购买种子、化肥及其他相关生产资料，而且需要自己去销售，这些市场交换的成本相对较大，于是乎就会出现寻求降低这种市场交换成本经营形式的原动力，一旦产权明晰，农村劳动力及土地等资本可以自由流转，新的生产经济组织就会随之产生。农民通过将自己的土地转租出去、参加合作社、成立股份公司等方式将多个个人一系列的契约交换行为减少为一个契约，规模化的生产降低了交易的费用。这些多种形式的产权流转模式，不仅为农民带来了财产收益，同时也创造了就业机会，提高了收入，优化了资源配置，提高了生产的效率，促进了农业现代化。

（三）农村土地要素流转制度创新突破统筹城乡发展的"瓶颈"

土地是农村的命脉所在，工业化和城镇化都需要土地的支撑，而农业现代化则需要将土地规模化经营，成都、重庆通过土地制度创新突破了这一统筹城乡发展的"瓶颈"。

重庆的"地票"制度利用城乡级差地租将城乡建设用地增减挂钩。居住在城市的农民转为非农业居民后，农村闲置、废弃的宅基地等就需要建立市场机制将其复耕为耕地。"地票"制度就是通过将闲置的农村宅基地复耕为耕地，产生城市建设用地指标，并通过重庆农村土地交易所进行公开市场化交易，实现市域内大范围、远距离用地置换，极大提升了农村宅基地价值，同时又为农民转户进城提供利益补偿机制。宅基地通过"地票"变现即增加了农民的财产性收入也促进了农业规模化经营。通过"地票"交易获得的资金从城市流向农村,特别是流向进城打工较多的边远农村,85%补贴给农户、15%补贴给集体经济组织,探索出一条整理节约农村建设用地改善农村生产生活条件的新路。

成都则进一步深化市场化的土地综合整治机制,积极盘活存量集体建设用地。在2011年的农村土地综合整治中,成都结合灾后重建,把农民权益放在首位,充分尊重农民意愿,由农民集体和农户自主决定土地综合整治项目筹资方式、集中居住形式、收益分配、权属调整等重大事项,大力推广农民自主申报项目,自筹资金或以预期产生的建设用地指标质押贷款,成立项目公司实施项目。大片的耕地被整理出来后,通过组建各类合作组织,统一对外招商租赁,这种"政府引导、以农民集体和农户为主体、乡(镇)村组织、市场化运作"的农村土地综合整治新机制,通过城乡建设用地增减挂钩,不仅有效化解了城乡统筹发展用地难题,而且依托农村集体建设用地流转,推进了农村田、水、路、林、村的综合整治。

(四)制度顶层设计、统一规划布局初步实现了城乡"三化"互动

经过多年的发展,统筹城乡试验区通过制度的顶层设计、统一规划布局,统筹推进"三个集中",初步实现了"三化"互动、城乡经济社会融合,基本建立了城乡一体的就业、户籍、社会保障和覆盖城乡的文化、教育、医疗卫生等公共服务体系。实现了交通、供水、供电等公共资源的均衡配置,有力推进了城乡经济、社会、生态的协调发展。

2011年两市以市场化手段推进城镇化,围绕城镇化来统筹工业布局,工业的发展为城镇化创造了就业机会,而城镇化的推进又为农业规模化经营及农业现代化提供了必要的市场条件。围绕产权流转建立了全国首个农村产权仲裁院,进一步完善了农村产权融资体系,明确了农村土地承包经营权、林权、农村居民房屋宅基地使用权和塘库堰承包经营权等"五权",而且可以抵押融资,通过成都农村产权交易所扩大了农村产权交易的范围,降低了交易的成本。资金的流入盘活了农民宅基地及农房等"死资产",极大地激活了农村资本市场的活力,统筹城乡改革与发展取得初步成效。

三 新形势与新问题

重庆、成都城乡二元结构矛盾依然突出，区域发展不平衡，在现有经济结构矛盾突出、经济发展方式转型的大背景下，统筹城乡发展一方面面临产业升级转型的压力，另一方面又面临承接农业规模化生产过程中转移出的劳动力压力。转型升级要求具有一定技能的专业化的从业人员，而从农业转移出的待就业人员一般缺乏专业技能，劳动力市场供求结构矛盾相应突出。另外，"离土又离乡"的农民工转户之后，虽然从制度上给予保障可以享受城镇居民同等待遇，但一般均属于低收入阶层，如果他们不能安居乐业，就可能成为社会稳定的最大隐患。再就是不能单纯追求城镇化的速度，更应关注城镇化进程中生活质量的提高。不能以行政手段推动城镇化，而应由市场推动城镇化。随着农业现代化水平的提高，农业从业人员会逐渐减少，农民数量的减少会促进农业规模化的生产和农产品需求的增加，向城镇转移农村劳动力是缩小城乡差距、提高农民收入的有效途径，但是大规模的劳动力转移必须要有一个前提条件，那就是转移出来的劳动力必须在城镇有相应的就业机会。城镇能否提供足够的就业机会关键就在于政府的产业发展路径。如果一味强调发展知识密集型和资本密集型产业，忽略中国劳动力资源的比较优势，不仅不能容纳转移出的农民，而且可能连城镇新增的劳动力都难以承接。在未来的统筹城乡发展中，主要面临以下的问题。

（一）新的城市"二元"结构问题

农村劳动力向非农业转移的前提条件是非农产业就业机会的增加，收入水平的提高，否则，仅仅改变户籍及社保待遇的城镇化只会将"三农"问题转变为城镇的失业问题。目前成都鼓励农村居民持证进城、持股进城，维护进城农村居民的财产权益，促进农村居民向城镇转移，但也存在有的农民转户后拿着政府补偿的钱缺少就业动力，形成新的特殊"有闲"人群。另外，政府住房保障双轨制度虽然解决了转户农民工的住房困难，大多数转户农民工属于低收入阶层，户籍的改变对于他们来说一定程度上受益于社会保障制度，但如果没有一整套改善这部分人收入水平的长效机制的话，很容易导致城市中新的"二元"结构的产生，这绝对与城乡统筹发展的初衷背道而驰。

城镇化不是简单的人口比例增加和城市面积扩张，企望改变农民的户口，就达到统筹城乡发展的目的显然有违改革的初衷，如何避免在统筹城乡发展中出现借户改之机行圈地之实是避免形成新的更严重城市问题的当务之急。因为在目前两市实行的"地票"制度和土地综合整治的农村建设用地盘活机制中，都存在着很大的寻租空间，利益驱动可能导致以土地换户籍现象的产生。另外，转户农民工城乡建设用地的双重占用，也是城镇化中有待进一步解决的问题。目前的转户政策允许转户农民保留宅基地，对于转为非农业居民的这部分农民工而言，如果进城的同时依然保留农村的宅基地就等于同时占用城市和农村的建设用地，形成了双重占用，显然是城乡权利的不对等体现，如何在制度上解决这一问题有待进一步探索。

（二）转型升级与城镇化的就业结构矛盾

在全球金融危机的影响下，一方面我国产业转型产生了对知识型和创新型人才的需求，另一方面随着传统能耗型产业的调整城镇本身就形成一定的结构性就业压力，加之需要接纳农村转移出的劳动力，这就使得就业结构矛盾加剧。在城乡统筹改革中，只有真正解决这样的矛盾，才能建立长效的就业机制。目前，成都、重庆两市在城镇化过程中，虽然制定了"三化"联动的发展战略，鼓励小微型企业及服务业的发展，也初步建立了相应的失业保障制度，但尚没有建立较为完善的市场就业机制。转移劳动力的承接能力直接影响着城镇化和农业现代化的进程，因此，如何解决就业结构矛盾是当前城乡统筹面临的主要问题之一。

（三）农村发展的投融资市场体系有待进一步完善

重庆、成都以增加农民财产性收入为核心的"地票"交易制度和市场化土地综合整治，打通了城镇资本投向农村的制度通道，改善了农村的基础设施，提高了现有土地的利用效率。集体建设用地使用权的成功流转为产业发展提供了空间保障，但是农村通常缺乏以低成本开发资源的知识和设备，往往阻碍了相关产业的发展。产业的发展需要资金的注入和投资渠道的畅通。虽然，目前农村小额贷款公司、村镇银行、贷款担保公司等新型农村金融机构的市场化发展为农村的发展注入了活力，助推了农村旅游业、加工业等相关产业的发展，但是，城乡资本自由流转的关键是城乡之间要有寻租空间，要从制度上进一步完善社会资本参与统筹城乡发展和新农村建设的利益驱动机制，建立城乡一体化的投融资市场化体系，才能有效推动"三化"齐动。如何完善农村投融资机制，健全"三农"投资服务体系，推进金融机构网点和服务向农村延伸，是统筹城乡面临的问题之一。

四 未来发展建议

（一）完善区域性或全国性的城乡市场体系

成都、重庆的资源禀赋特点不同，比较优势各异，建立区域性甚至是全国性的市场交易体系将有利于各地发现自己的比较优势，比较优势只有通过现实的市场交易才能发现。只要让每个人有充分选择的自由，他们就会找到最符合自身利益的方式，自然而然地选择那些代价最小的方式来从事生产经营活动，因为他们远比别人更清楚自己的状况，他们会在所有可能的方式中选取对他们而言最好的方式，这恰恰是使社会达到最高效率的方式。统一的市场交易体系不仅有助于比较优势的发现，同时也有助于专业化程度的提高，专业化程度的提高又可以进一步扩大生产的可能性。因此，在现有改革基础上，统筹城乡发展可以通过健全统一开放、竞争有序的市场体系来实现。在竞争性领域，进一步推进市场开放和充分竞争，特别是开放生产要素市场，完善要素价格形成机制和城乡一体的资本、土地、劳动力和产权、技术等要素市场，促进资源的合理配置。同时充分发挥价格机制的调节作用，消除城乡各类要素价格的扭曲。另外是促进政策透明、信息公开，保证企业独立自主经营和公平竞争。充分应用现代网络技术，建立更加快捷的网络交易市场，降低交易成本。完善的市场交换体系不仅可以有效地配置资源，也是提高农业专业化程度、促进农业现代化和城镇化的有效手段。

（二）深化统筹城乡财政配套改革

随着城镇化的推进和农业专业化水平的提高，市场交换成本会随之增加，为了降低交换成本，充分发挥城乡比较优势，政府应在引导社会资本投入的同时，增加财政在城乡道路、交通、通信、互联网等基础设施建设方面的支出。统筹城乡改革就是要破除阻碍城乡一体化发展的体制壁垒，使公共资源在城乡之间实现均衡配置。市场体系的完善可以促进资源的有效配置，但市场有所能也有所不能，城乡公共资源的均等化配置需要相应的财政支持，在统筹城乡财政的基础上，进一步改革财政分税制度，明确各级政府的事权和财权，进一步完善财力与事权相匹配的财政体制。将政府的事权集中于市场无法运作或个人、企业运作成本太高的项目。清晰界定各级政府的事权与财权不仅可以促进政府行政职能转变，而且也可以促进城乡公共服务均等化，进而进一步推动市场化进程和统筹城乡发展。市场化体系的完善和财政制度的完善使得政府和市场各司其职，共同推进统筹城乡发展。

（三）集体经济组织的制度改革完善

随着农村产权确权的完成和产权的自由流转，成都、重庆两市积极培育各类市场主体，降低交易成本的动机促使产生一大批农村新型集体经济组织。目前主要有三种模式：一是由村民出现金或土地承包经营权、村集体出资产或货币共同组建的村民和村集体合作模式；二是由村民出现金或土地承包经营权、村集体出资产或货币、公司出资本共同组建公司的村民、村集体与公司合作模式；三是将原村组集体所有的货币及经营性资产股份化、土地股权化，量化给村民后，以集体资产组建公司的村集体资产股份合作社模式。这些农村新型集体经济组织主要从事传统的种养业，也有部分从事农产品初加工，还有一部分从事农产品流通、乡村旅游等第三产业。目前，农村多数新型集体经济组织与村委会关系尚未理顺，村委会既要负责发展集体经济，又要承担社会职能，显然不符合市场经济下产权制度的要求，会极大影响农村新型集体经济组织的效率。虽然成都农村也采取村民议事会的形式参与集体经济组织重大事情决策，但这种形式依然无法保证不出现村民法律权利与实际权利产生的分歧，产权的局限需要从制度上加以克服。这就需要在实践中进一步优化集体经济组织的治理结构,探索出具有中国特色的农村企业制度。

(四)农民是城镇化和农业现代化的关键所在

人、资源、制度是经济发展的三要素,其中人又是经济得以发展的重要因素。在统筹城乡发展改革进程中,农民是实现城镇化和农业现代化最关键的因素。首先,在城镇化的过程中,从农村转移出来的剩余劳动力必须具有一定的知识与技能和适应城镇生活的能力,要满足城镇提供的新增就业岗位的要求需要农民自身素质不断提高。这方面即需要农民自身的努力,也需要政府完善覆盖城乡的就业促进体系,建立农民就业培训及引导机制,降低农民再就业的成本。其次,随着农业规模化生产进程的加快,农业现代化本身对继续从事农业的农民也提出了更高的要求,需要不断更新知识,掌握新的农业技术和信息技术。最后就是农村新型集体经济发展需要培育一批懂市场经营管理的新型农村职业经理人。为了促进城镇化和农业现代化,统筹城乡发展,就必须由政府建立较为完善的城乡劳动力市场,以政府购买或其他方式建立农民职业培训机制,提高农民的从业素质,促进经济发展。

参考文献

[1] 林毅夫:《解读中国经济》,北京大学出版社,2012,第218~227页。

[2] 成都公众信息网,http://www.cdstats.chengdu.gov.cn/。

[3] 肖密密、苗建青:《关于统筹城乡发展水平变动趋势及影响因素的研究综述》,《经济研究导刊》2011年第7期。

[4] 李敬、张阳艳、熊德平:《制度创新与统筹城乡发展——来自重庆统筹城乡综合配套改革试验区的经验》,《农业经济问题》2012年第6期。

[5] 成都市社会科学院课题组:《一场意义深远的改革试验》,http://economy.gmw.cn/2011-03/09/content_1694893.htm,2011-03-09。

[6] 夏珺、梁小琴:《落实科学发展观的生动实践——成都统筹城乡综合配套改革试验的调研与思考》,http://www.mlr.gov.cn/xwdt/jrxw/201103/t20110302_820719.htm,2011-03-02。

[7] 张晏、李倩、郑荣:《确实权颁铁证——成都集体土地确权颁证工作纪略》,

http：//www.mlr.gov.cn/xwdt/jrxw/201204/t20120420_1086353.htm，2012 - 04 - 20。

［8］成都市发展和改革委员会：《成都市国民经济和社会发展第十二个五年规划纲要》，http：//www.chengdu.gov.cn/special/template/index.jsp?ClassID=021245。

［9］刘欣欣、侯大伟：《成都探索新型城乡土地利用机制》，《经济参考报》2011 年 1 月 7 日。

［10］成都市人民政府门户网站：《2012 成都市政府工作报告》，http：//www.chengdu.gov.cn/GovInfoOpens2/detail_allpurpose.jsp?id=nu6DqChA4rEBHiwUPVFK.2012 - 06 - 11。

［11］颜婧：《成都城乡居民收入比缩小到 2.42∶1》，《四川日报》2012 年 5 月 29 日。

［12］冯雅、唐明：《成都农村产权改革突破城乡二元结构 守住耕地红线》，http：//www.ce.cn/xwzx/gnsz/gdxw/201102/21/t20110221_22231964.shtml，2011 - 02 - 21。

B.18
附录一
经济特区建设与我国区域开发开放路径的形成

罗海平*

在我国对外开放和市场化的过程中，以"先行先试""重点开发""优先开发"为特征的经济特区发挥了重要作用。"十一五"时期我国陆续推出了数十个上升为国家战略的区域发展规划，这些规划继承和发展了我国经济特区的发展思路，体现了经济特区的本质内涵。此类特殊区域相对于传统经济特区可称之为"新兴经济特区"。新兴经济特区在此主要指具有试验、示范职能的经济功能区，如综合改革试验区、先行先导经济区、生态经济区、主体功能区等经济区域，同时也包括各种享受特殊政策的开发区型特区。总体而言，我国新兴经济特区的发展是"东部腾飞、西部开发、东北振兴、中部崛起"系列区域开发和开放战略的具体实施。各类新兴经济特区衍生体的产生尤其是国家综合配套改革试验区以及各类上升为国家战略的经济开发区的空间布局体现了我国区域发展的战略思想。

一 经济特区与新兴经济特区

（一）新兴经济特区的定义

在我国对外开放和市场化的过程中，以"先行先试""重点开发""优先

---

* 罗海平，南昌大学中国中部经济社会发展研究中心助理研究员，博士。教育部人文社会科学研究青年基金项目（项目编号：12YJC790134）；江西省高校人文社会科学重点研究基地项目（项目编号：JD1111）；江西省社会科学研究"十二五"（2011年）规划项目一般项目（项目编号：11YJ66）。

开发"为特征的经济特区发挥了重要作用。鉴于经济特区的职能和存在形式的多样性，经济特区的定义往往比较宽泛。钟坚（2009）[1]基于世界经济特区的发展视角，将经济特区定义为主权国家或个别地区在其境内划出一定范围，实行特殊开放政策和特殊管理体制，以此实现特定经济发展目标的特殊区域。高进田（2009）用"特殊经济区（Special Economic Areas，SEA)[2]来定义我国特区模式下特区的各类衍生体。石国亮[3]等则将我国经济特区分为广义和狭义经济特区，狭义的经济特区是指以深圳为代表的五个综合型经济特区，广义的经济特区则泛指特区及各类衍生体，包括经济特区、沿海沿江开放城市、省会开放城市、内陆边境开放城市、经济技术开发区、高新技术产业区、保税区、出口加工区、边境经济合作区、旅游度假区、综合保税区、自由贸易港区、综合配套改革试验区等。

"十一五"时期，我国陆续推出了数十个上升为国家战略的区域发展规划，这些规划继承和发展了我国经济特区的发展思路，即圈出特殊区域或划定区域采取"重点开发、优先开发和典型示范"的非均衡区域开发开放战略。这些"特殊区域"尽管并没称之为经济特区，却发展和完善了特区谱系，均体现了经济特区的本质内涵。此类特殊区域相对于传统经济特区可称之为"新兴经济特区"。故新兴经济特区则特指我国新时期，尤其是"十一五"时期，在全国范围内所设立的具有试验、示范职能的经济功能区，包括综合改革试验区、先行先导经济区、生态经济区、主体功能区等经济区域。

（二）经济特区的演变与新兴经济特区的形成

随着市场化进程的推进，"特区"的概念、内涵和作用不断得以扩展和演化，特区走向了综合性和多元性试验的道路。樊纲（2009）认为，中国渐进

---

[1] 钟坚：《中国经济特区创办与发展的历史回顾与前景展望》，《中国经济特区发展报告（2009）》，社会科学文献出版社，2009，第14页。
[2] 高进田：《特殊经济区发展与中国区域经济发展》，《兰州大学学报》（社会科学版）2009年第3期。
[3] 石国亮：《我国广义上经济特区的行政管理体制》，http://blog.iqilu.com/60004/viewspace-62670，2009年9月17日。

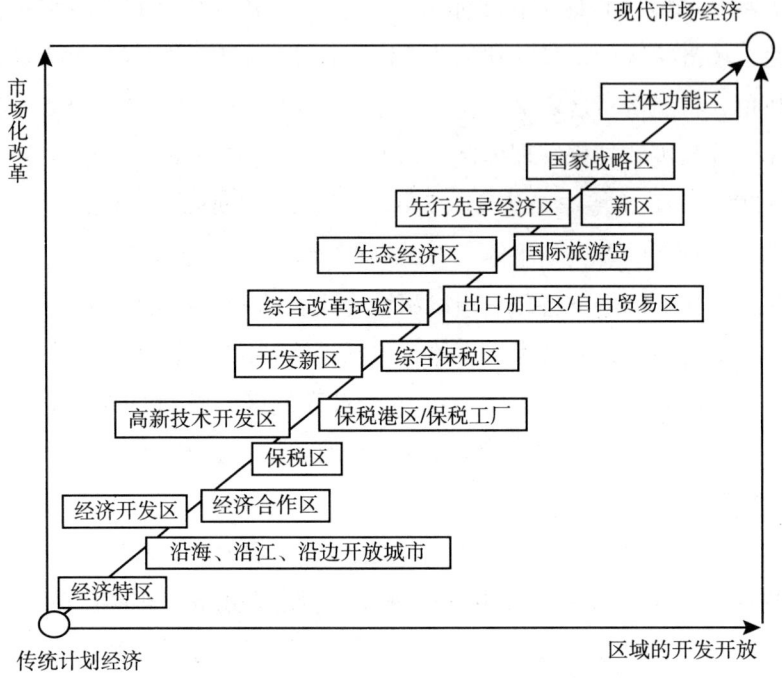

图 1　特区衍生与演变

式改革开放的试验走过了一条典型的从"特区（试验）"到"推广（示范）"的"路径依赖"，并且市场化和对外开放一直是路径依赖的两个不可偏离的轴心。1979年1月国务院批复《关于我驻香港招商局在广东宝安建立工业区的报告》，同意将蛇口半岛2.14平方公里的土地划给招商局，建立蛇口工业区标志着我国特区模式开始启动。从1980年批准的最早设立深圳、珠海、厦门、汕头4个"经济特区"开始，各种特区衍生体开始诞生，比如1984年批准开放的大连、秦皇岛、天津、烟台、青岛、连云港、南通等14个沿海城市以及在此基础上建立的"国家级经济技术开发区"，1987年建海南经济特区，1990年批准设立上海浦东新区。1992年邓小平南方谈话以后，以开放为主要目标的各类特区开始从沿海转向内地。1992年以来全国先后确定34个试点城市，围绕国有企业实施配套改革，在建立市场体系和社会保障制度等方面进行了全面的探索。进入21世纪，新的区域发展规划纷纷出台。从2005年和2006年先后批准浦东新区和天津滨海新区为"综合配套改革试验区",到 2007 年批准重庆、成都为"统筹城乡综合配套改革试验区",武汉、长株潭为"两型(即资源节约型、环境友好型)综合改革试验区",再到 2008 年的广西北部湾,2009 年的海西区、关中—天水区、辽宁沿海经济带、江苏沿海经济带等区域发展规划上升为国家战略,2010 年鄱阳湖生态经济区、黄河三角洲高效生态经济区以及长三角、珠三角、京津翼经济圈及东北老工业基地的发展规划纷纷出台并上升为国家战略,直到 2010 年 12 月《全国主体功能区规划》正式发布,我国区域开发与区域发展新的路径渐趋成熟。各类特区则成为优先开发、重点开发的区域。从而,各种类型的经济特区以及新兴经济特区统一纳入分为四类的主体功能区范畴。

二 开发区型特区概况及发展绩效

开发区型特区亦被称为园区型特区,该类特区特指在圈定的较小区域内享受开放和优惠政策从事集聚性强的开发、贸易、加工、科研等经济活动,主要有经济技术开发区、保税区、高新技术开发区、边境经济合作区、出口加工区、旅游度假区、特殊投资来源区(如台商投资区)等。开发区型特区根据其主要职能分为:工业型特区、贸易型特区、工贸型特区、科技型特区四种类型。

(一)工业型特区

以开发和发展地方经济为首要任务的工业开发型特区的典型形式是经济技术开发区,尤以国家级经济技术开发区(China National Economic and Technical Development Zone)为代表。到 2011 年底我国共有国家级经济技术开发区 79 个,到 2012 年 8 月增至 142 个(见表 1)。除此之外,我国还设有 14 个边境经济合作区,而这些经济合作区均为设在我国边境城市的国家级经济技术开发区(见表 2)。由于国家级经济技术开发区不受港口等地理条件的限制,故国家级经济技术开发区的地域分布非常明晰地反映出我国区域发展的战略意图。通常国家级经济开发区越多越密集,说明其区域的战略地位越高。

表1　国家级经济技术开发区汇总（2011）

序号	开发区名称	序号	开发区名称
1	北京经济技术开发区	37	南宁经济技术开发区
2	武清经济技术开发区	38	重庆经济技术开发区
3	沧州临港经济技术开发区	39	广安经济技术开发区
4	呼和浩特经济技术开发区	40	贵阳经济技术开发区
5	锦州经济技术开发区	41	曲靖经济技术开发区
6	长春经济技术开发区	42	陕西航空经济技术开发区
7	四平红嘴经济技术开发区	43	金昌经济技术开发区
8	宾西经济技术开发区	44	银川经济技术开发区
9	虹桥经济技术开发区	45	石河子经济技术开发区
10	连云港经济技术开发区	46	晋中经济技术开发区
11	南京经济技术开发区	47	浏阳经济技术开发区
12	徐州经济技术开发区	48	芜湖经济技术开发区
13	吴江经济技术开发区	49	天津经济技术开发区
14	盐城经济技术开发区	50	秦皇岛经济技术开发区
15	张家港经济技术开发区	51	太原经济技术开发区
16	温州经济技术开发区	52	营口经济技术开发区
17	嘉兴经济技术开发区	53	大连经济技术开发区
18	绍兴袍江经济技术开发区	54	长春西新经济技术开发区
19	嘉善经济技术开发区	55	哈尔滨经济技术开发区
20	合肥经济技术开发区	56	哈尔滨利民经济技术开发区
21	铜陵经济技术开发区	57	漕河泾经济技术开发区
22	福州经济技术开发区	58	南通经济技术开发区
23	漳州招商局经济技术开发区	59	苏州工业园区
24	泉州台商投资区	60	镇江经济技术开发区
25	九江经济技术开发区	61	淮安经济技术开发区
26	上饶经济技术开发区	62	锡山经济技术开发区
27	青岛经济技术开发区	63	宁波经济技术开发区
28	日照经济技术开发区	64	萧山经济技术开发区
29	临沂经济技术开发区	65	湖州经济技术开发区
30	漯河经济技术开发区	66	金华经济技术开发区
31	许昌经济技术开发区	67	衢州经济技术开发区
32	武汉经济技术开发区	68	安庆经济技术开发区
33	吴家山经济技术开发区	69	滁州经济技术开发区
34	宁乡经济技术开发区	70	福清融侨经济技术开发区
35	常德经济技术开发区	71	漳州台商投资区
36	湛江经济技术开发区	72	厦门海沧台商投资区

续表

序号	开发区名称	序号	开发区名称
73	赣州经济技术开发区	108	江宁经济技术开发区
74	萍乡经济技术开发区	109	太仓港经济技术开发区
75	威海经济技术开发区	110	宁波大榭开发区
76	潍坊滨海经济技术开发区	111	杭州经济技术开发区
77	招远经济技术开发区	112	长兴经济技术开发区
78	鹤壁经济技术开发区	113	宁波石化经济技术开发区
79	洛阳经济技术开发区	114	义乌经济技术开发区
80	黄石经济技术开发区	115	马鞍山经济技术开发区
81	荆州经济技术开发区	116	池州经济技术开发区
82	长沙经济技术开发区	117	东山经济技术开发区
83	广州开发区	118	泉州经济技术开发区
84	惠州大亚湾经济技术开发区	119	南昌经济技术开发区
85	钦州港经济技术开发区	120	井冈山经济技术开发区
86	长寿经济技术开发区	121	烟台经济技术开发区
87	德阳经济技术开发区	122	东营经济技术开发区
88	遵义经济技术开发区	123	邹平经济技术开发区
89	拉萨经济技术开发区	124	郑州经济技术开发区
90	陕西航天经济技术开发区	125	开封经济技术开发区
91	天水经济技术开发区	126	新乡经济技术开发区
92	石嘴山经济技术开发区	127	襄阳经济技术开发区
93	库尔勒经济技术开发区	128	鄂州葛店经济技术开发区
94	遂宁经济技术开发区	129	岳阳经济技术开发区
95	五家渠经济技术开发区	130	湛江经济技术开发区
96	西青经济技术开发区	131	增城经济技术开发区
97	廊坊经济技术开发区	132	海南洋浦经济开发区
98	大同经济技术开发区	133	成都经济技术开发区
99	沈阳经济技术开发区	134	万州经济技术开发区
100	大连长兴岛经济技术开发区	135	昆明经济技术开发区
101	吉林经济技术开发区	136	西安经济技术开发区
102	海林经济技术开发区	137	兰州经济技术开发区
103	闵行经济技术开发区	138	西宁经济技术开发区
104	上海金桥出口加工区	139	乌鲁木齐经济技术开发区
105	昆山经济技术开发区	140	奎屯—独山子经济技术开发区
106	扬州经济技术开发区	141	海安经济技术开发区
107	常熟经济技术开发区	142	阿拉尔经济技术开发区

表2 国家级边境经济合作区（2011）

序号	名称	序号	名称
1	黑河边境经济合作区	8	绥芬河边境经济合作区
2	满洲里边境经济合作区	9	二连浩特边境经济合作区
3	伊宁边境经济合作区	10	塔城边境经济合作区
4	凭祥边境经济合作区	11	东兴边境经济合作区
5	畹町边境经济合作区	12	河口边境经济合作区
6	珲春边境经济合作区	13	博乐边境经济合作区
7	丹东边境经济合作区	14	瑞丽边境经济合作区

（二）贸易型特区

贸易型特区泛指通过实行优惠政策来吸引外商、外贸、外轮和商品，从而发展各种形式的对外贸易和转口贸易，繁荣地方和地区经济的特殊区域。该类区域以商业赢利为主要目标，以关税减免为主要政策优惠措施，具体形式包含保税区、保税港区与综合保税区等类型。

1. 保税区

保税区类似于国际上的自由贸易区，是由中央政府批准进行国际贸易和保税业务的区域。在保税区内外商可投资经营国际贸易，发展保税仓储、加工出口等业务。国务院先后设立了15个国家级保税区。由于保税区对港口、海上交通等资源的特殊要求，我国保税区都建在沿海港口城市，15个保税区中无一是内陆城市（见表3）。

表3 国家级保税区汇总（2011）

序号	名称	序号	名称
1	上海外高桥保税区	9	张家港保税区
2	天津港保税区	10	宁波保税区
3	深圳沙头角保税区	11	福州保税区
4	深圳福田保税区	12	青岛保税区
5	大连保税区	13	汕头保税区
6	广州保税区	14	深圳盐田港保税区
7	海口保税区	15	珠海保税区
8	厦门象屿保税区		

2. 保税港区

保税港区是指经国务院批准，设立在国家对外开放的口岸港区和与之相连的特定区域内，具有口岸、物流、加工等功能的海关特殊监管区域，是目前中国开放层次最高、运作模式基本与国际接轨的特殊区域，是国家实施自由贸易区域战略的先行区。到 2011 年我国前后共设立 14 家保税港区（见表 4）。

表 4　国家级保税港区（2011）

序号	名称	序号	名称
1	上海洋山保税港区	8	青岛前湾保税港区
2	天津东疆保税港区	9	深圳前海湾保税港区
3	大连大窑湾保税港区	10	广州南沙保税港区
4	海南洋浦保税港区	11	重庆两路寸滩保税港区
5	宁波梅山岛保税港区	12	江苏张家港保税港区
6	广西钦州保税港区	13	烟台保税港区
7	厦门海沧保税港区	14	福州保税港区

3. 综合保税区

综合保税区与保税港区享受的政策和业务功能基本一致，区别在于保税港区设立在国家对外开放的口岸港区和与之相连的特定区域，而综合保税区设立在没有港口条件的内陆地区。截止到 2012 年 5 月 31 日，经国务院批准设立的综合保税区有 22 家（见表 5）。其中，苏州工业园综合保税区、天津滨海新区综合保税区、北京天竺综合保税区、重庆西永综合保税区、河南新郑综合保税区、广西凭祥综合保税区、江苏昆山综合保税区、苏州高新区综合保税区等已封关运行。

表 5　综合保税区（2012）

序号	名称	序号	名称
1	无锡高新区综合保税区	12	黑龙江绥芬河综合保税区
2	济南综合保税区	13	上海浦东机场综合保税区
3	沈阳综合保税区	14	江苏昆山综合保税区
4	长春兴隆综合保税区	15	重庆西永综合保税区
5	潍坊综合保税区	16	广州白云机场综合保税区
6	成都综合保税区	17	苏州高新技术产业开发区综合保税区
7	苏州工业园综合保税区	18	陕西西安综合保税区
8	天津滨海新区综合保税区	19	河南新郑综合保税区
9	北京天竺综合保税区	20	新疆阿拉山口综合保税区
10	海南海口综合保税区	21	武汉东湖综合保税区
11	广西凭祥综合保税区	22	山西太原武宿综合保税区

（三）工贸型特区

工贸型特区是以减免关税和所得税为主要优惠政策，吸引外商直接在区内投资、生产和出口各种加工制品，以生产收入为主要目标的经济特区。它的基本形式是出口加工区，此外还有自由工业区、投资促进区、经济技术开发区和保税工业区等。到2011年底，全国已有59个出口加工区（见表6）。

表6　国家级出口加工区汇总（2011）

序号	名称	序号	名称	序号	名称
1	辽宁大连出口加工区	21	天津出口加工区	41	北京天竺出口加工区
2	山东威海出口加工区	22	山东烟台出口加工区	42	江苏昆山出口加工区
3	江苏苏州工业园出口加工区	23	上海松江出口加工区	43	浙江杭州出口加工区
4	福建厦门杏林出口加工区	24	广东深圳出口加工区	44	广东广州出口加工区
5	湖北武汉出口加工区	25	四川成都出口加工区	45	吉林珲春出口加工区
6	重庆出口加工区	26	上海金桥出口加工区	46	江苏无锡出口加工区
7	浙江宁波出口加工区	27	江苏南通出口加工区	47	安徽芜湖出口加工区
8	陕西西安出口加工区	28	河北秦皇岛出口加工区	48	内蒙古呼和浩特出口加工区
9	河南郑州出口加工区	29	上海青浦出口加工区	49	上海漕河泾出口加工区
10	上海闵行出口加工区	30	江苏南京出口加工区	50	江苏连云港出口加工区
11	江苏苏州高新区出口加工区	31	江苏镇江出口加工区	51	浙江嘉兴出口加工区
12	山东济南出口加工区	32	山东青岛出口加工区	52	山东潍坊出口加工区
13	辽宁沈阳出口加工区	33	广西北海出口加工区	53	新疆乌鲁木齐出口加工区
14	上海嘉定出口加工区	34	江苏常州出口加工区	54	江苏吴中出口加工区
15	江苏吴江出口加工区	35	江苏扬州出口加工区	55	江苏常熟出口加工区
16	浙江慈溪出口加工区	36	广东广州南沙出口加工区	56	广东惠州出口加工区
17	辽宁张士出口加工区	37	四川绵阳出口加工区	57	福建福州出口加工区
18	河北廊坊出口加工区	38	云南昆明出口加工区	58	江西九江出口加工区
19	湖南郴州出口加工区	39	福建福清出口加工区	59	福建泉州出口加工区
20	江西南昌出口加工区	40	江西赣州出口加工区		

（四）科技型特区

科技型特区是以大学和科研机构为依托，通过吸引外资、外技、建立高新技术出口产业，以研究、出口和生产高新技术产品为主要目标的经济特区。科技型特区的典型形式是科学工业园区，包含有国家级高新技术产业开发区、省级高新技术产业开发区以及享受教育部和地方等扶持和孵化政策的大学科技园区等（见表7）。

表7　国家级高新技术产业开发区列表（2011）

序号	名称	序号	名称	序号	名称
1	中关村科技园	30	常州高新技术产业开发区	59	芜湖高新技术产业开发区
2	武汉东湖高新技术开发区	31	佛山高新技术产业开发区	60	济宁高新技术产业开发区
3	南京高新技术产业开发区	32	惠州高新技术产业开发区	61	烟台高新技术产业开发区
4	沈阳高新技术产业开发区	33	珠海高新技术产业开发区	62	安阳高新技术产业开发区
5	天津新技术产业园区	34	襄阳高新技术产业开发区	63	南阳高新技术产业开发区
6	西安高新技术产业开发区	35	青岛高新技术产业开发区	64	包头稀土高新技术产业开发区
7	成都高新技术产业开发区	36	淄博高新技术产业开发区	65	乌鲁木齐高新技术产业开发区
8	威海火炬高新技术产业开发区	37	昆明高新技术产业开发区	66	东莞松山湖高新技术产业开发区
9	中山火炬高新技术产业开发区	38	贵阳高新技术产业开发区	67	渭南高新技术产业开发区
10	长春高新技术产业开发区	39	南昌高新技术产业开发区	68	白银高新技术产业开发区
11	哈尔滨高新技术产业开发区	40	太原高新技术产业开发区	69	昌吉高新技术产业开发区
12	长沙高新技术产业开发区	41	南宁高新技术产业开发区	70	唐山高新技术产业开发区
13	福州高新技术产业开发区	42	肇庆高新技术产业开发区	71	燕郊高新技术产业开发区
14	广州新技术产业开发区	43	柳州高新技术产业开发区	72	辽阳高新技术产业开发区
15	合肥高新技术产业开发区	44	潍坊高新技术产业开发区	73	延吉高新技术产业开发区
16	重庆高新技术产业开发区	45	株洲高新技术产业开发区	74	齐齐哈尔高新技术产业开发区
17	杭州高新技术产业开发区	46	洛阳高新技术产业开发区	75	绍兴高新技术产业开发区
18	桂林高新技术产业开发区	47	大庆高新技术产业开发区	76	蚌埠高新技术产业开发区
19	郑州高新技术产业开发区	48	宝鸡高新技术产业开发区	77	泉州高新技术产业开发区
20	兰州高新技术产业开发区	49	吉林高新技术产业开发区	78	新余高新技术产业开发区
21	石家庄高新技术产业开发区	50	绵阳高新技术产业开发区	79	景德镇高新技术产业开发区
22	济南高新技术产业开发区	51	保定高新技术产业开发区	80	宜昌高新技术产业开发区
23	上海市张江高科技园区	52	鞍山高新技术产业开发区	81	江门高新技术产业开发区
24	大连高新技术产业开发区	83	青海高新技术产业开发区	82	银川高新技术产业开发区
25	深圳高新技术产业开发区	54	宁波高新技术产业开发区	83	杨凌农业高新技术产业示范区
26	厦门火炬高新技术产业开发区	55	自贡高新技术产业开发区	84	泰州医药高新技术产业开发区
27	海口高新技术产业开发区	56	湘潭高新技术产业开发区	85	上海紫竹高新技术产业开发区
28	苏州高新技术产业开发区	57	营口高新技术产业开发区	86	临沂高新技术产业开发区
29	无锡高新技术产业开发区	58	昆山高新技术产业开发区	87	湖南益阳高新技术开发区

三 国家综合配套改革试验区的设立及发展规划

国家综合配套改革试验区是我国为了顺应经济全球化与区域经济一体化趋势和完善社会主义市场经济体系内在要求,在科学发展观指导下,国家所建立的以制度创新为主要动力,以全方位改革试点为主要特征,对全国社会经济发展带来深远影响的试验区,它是在我国进入市场化纵深阶段为完善社会主义市场经济体制而圈定的全国性改革试验区。截至2011年12月,国务院已经批准了10个国家级综合配套改革试验区。

(一)上海浦东新区"国家综合改革试验区"

2005年6月,国务院批准上海浦东为"国家综合改革试验区",并拥有体制改革的"先行权",中国第一个"综合改革试验区"成立。[①] 浦东被批准成为国家综合改革试验区,其核心功能定位是"完善社会主义市场经济体制综合配套改革试点"。"综合改革试验区"身份的确立,意味着浦东成为全国首个由享受政策优势的地区转向享有体制优势的地区。

2011年浦东新区实现地区生产总值5484亿元,同比增长继续超过10%。经济结构调整取得重要进展,2011年第三产业增加值占地区生产总值的比重达到57.3%,战略性新兴产业增加值占地区生产总值的比重进一步提高。金融业快速发展,金融业增加值占地区生产总值的比重提高到18%。中国金融期货交易所等落户浦东,金融要素市场体系不断完善。2011年城镇和农村居民人均可支配收入分别达到3.68万元和1.59万元。2011年综合配套改革试点取得新突破,国际贸易结算中心试点拓展、融资租赁多元化发展、期货保税交割试点等多项改革试点取得重要进展(见表8)。

(二)天津滨海新区"国家综合改革试验区"

2006年4月26日国务院正式批准天津滨海新区进行综合改革配套试点,

---

① 摘自《人民日报》2005年6月23日。

表 8 2011 年浦东新区综合配套改革试点建设进展

重点领域	重大进展事项
政府管理领域	"撤三建二"新镇体制稳步推进
	行政审批标准化、电子化加快建设
	投融资体制改革加快推进,形成"4+X"投融资平台
金融等服务业领域	形成多方参与共治的陆家嘴金融城管理体制创新方案
	外资股权投资企业资本金结汇试点
	创新跨国公司总部运营环境,持续推进通关、外汇等便利化
航运贸易领域	深化国际贸易结算中心试点,试点企业拓展到 20 家
	完成期货保税交割试点全程操作,业务流程全贯通
	国家进口贸易促进创新示范区挂牌
	开展旧机电入境维修检验检疫改革试点,全球检测维修中心起步
自主创新领域	张江国家自主创新示范区获批,"张江创新十条"出台
	初步建立国资创投支持创新机制,出台国有资本参与创业风险投资管理办法
	国内第一所中美合作大学上海纽约大学获批并开工建设
	探索建立人才住房保障新机制,临港新城限价商品房开工建设
城乡统筹领域	探索建立耕地占补平衡指标有偿使用机制,开展占补平衡指标回购、指标使用实行差异化管理
	推进集体资产产权制度改革,试点村开展分红
	南北卫生和社会保障体制二元并轨

其发展定位为"高水平的现代制造和研发转化基地、北方国际航运中心和国际物流中心、宜居的生态城区"。2011 年天津滨海新区共实现生产总值 6206.9 亿元;实现规模以上工业总产值 12732 亿元;全年实际利用外资 85 亿美元;城市居民人均可支配收入、农村居民人均纯收入分别增长 12%。在综合配套改革方面,行政管理体制改革审批职能归并,审批事项减少到 230 项。土地管理改革专项方案获国土资源部批复;建立了具有新区特色的住房保障体系;构建了新型社区医疗服务模式;金融资产交易所交易网络逐渐覆盖全国。目前天津北方国际航运中心核心功能区建设方案获得国务院批准;社会管理创新综合试点区建设步伐加快。

(三)深圳综合配套改革试验区

2009 年 5 月《深圳市综合配套改革总体方案》获得国务院批复。深圳在特区基础上获批"综合配套改革试验区"将再次强化深圳特区先行先试的职能,意味着深圳将在经济体制、行政管理体制、社会管理体制和自主创新体制等方面全面推进改革。2011年深圳全市生产总值11502.06亿元,比上年增长10.0%。人均生产总值110387元/人,比上年增长7.3%。在现代产业中,现代服务业增加值4150.31亿元,比上年增长8.5%;先进制造业增加值3786.79亿元,增长15.3%。在第三产业中,金融业增加值1562.43亿元,增长8.6%。民营经济增加值3330.33亿元,增长10.1%。

(四)重庆和成都全国统筹城乡综合配套改革试验区

2007年6月重庆、成都被批准设立全国统筹城乡综合配套改革试验区。试验区的设立对西部破解城乡二元结构突出问题、走上协调发展之路有着重要意义,对全国统筹城乡发展也具有重要的借鉴和指导作用。重庆、成都设立全国统筹城乡综合配套改革试验区是中国在新的历史时期加快中西部发展,推动区域协调发展的重大战略部署。

表9为2011年成都和重庆主要发展指标的比较。

表9 2011年成都和重庆发展比较

比较项	重庆市	成都市
地区生产总值(亿元)	10011.13	6854.6
人均生产总值(元)	34500	48755
第一产业增加值(亿元)	844.52	327.3
第二产业增加值(亿元)	5542.80	3143.9
第三产业增加值(亿元)	3623.81	3383.4
新增农业富余劳动力非农就业(万人)	37.00	12.3
农村劳动力劳务输出人数(万人)	321.90	226.1

(五)武汉城市圈和长株潭全国两型综合配套改革试验区

2007年12月14日武汉城市圈和"长株潭"城市群同时被国务院批准成为"全国资源节约型和环境友好型社会建设综合配套改革试验区"。武汉城市圈是指以武汉为圆心,包括黄石、鄂州、黄冈、孝感、咸宁、仙桃、天门、潜江周边8个城市所组成的城市圈。2011年"武汉城市圈"实现地区生产总值11859.6亿元,占全省的60.5%,实现规模以上工业增加值4824.7亿元,占全省的56.3%(见表10)。

表10 2011年武汉城市圈地区生产总值

	武汉市	黄石市	鄂州市	孝感市	咸宁市	黄冈市	仙桃市	潜江市	天门市
GDP(亿元)	6831.79	926.96	490.89	958.16	652.1	1012	378.45	347.25	262
比值(%)	57.61	7.82	4.14	8.08	5.50	8.53	3.19	2.93	2.21
武汉城市圈地区生产总值:11859.6亿元									

长株潭城市群位于湖南省中东部,包括长沙、株洲、湘潭三市,是湖南省经济发展的核心增长极。2011年长株潭地区生产总值8320.62亿元,比上年增长14.4%;长株潭地区固定资产投资4932.55亿元,比上年增长25.5%。在两型社会建设上,取得了显著成效。单位GDP能源消耗显著下降(见表11)。

表11 2011年长株潭能源消耗比较

地区	单位GDP能耗		单位规模工业增加值能耗		单位GDP电耗	
	指标值 吨标准煤/万元	变动 (±%)	指标值 吨标准煤/万元	变动 (±%)	指标值 千瓦时/万元	变动 (±%)
长 沙	0.640	-3.96	0.41	-11.60	383.1	0.22
株 洲	0.964	-4.28	0.67	-11.37	718.6	-5.83
湘 潭	1.301	-4.10	1.36	-11.37	1018.1	-4.16

(六)沈阳经济区国家新型工业化综合配套改革试验区

2010年4月沈阳经济区获国家发展改革委批复为国家新型工业化综合配套改革试验区。沈阳经济区国家综合配套改革试验区的主题是"新型工业化",探索新型工业化发展模式。通过综合配套改革试验,着力构建"一核、五带、十群",建立以沈阳为核心,开发建设五条城际连接带,并以五条城际连接带为载体,打造十个主业突出、优势明显的重点产业集群。

2011年沈阳经济区地区生产总值达到13948亿元,占辽宁全省地区生产

总值的 63.3%。在新型城镇化建设方面，2011 年沈阳经济区 38 个新城累计完成固定资产投资 4946 亿元，同比增长 51%，其中有 18 个新城完成固定资产投资超过 100 亿元。在一体化建设方面，已经实现 024 区号共享，鞍山、本溪等六个城市完成医疗保险异地就医信息系统建设，实现养老保险和医疗保险一卡通。目前，沈阳经济区八城市正加速推进教育、社会保障、交通、金融等方面的一体化进程。

（七）山西省国家资源型经济转型综合配套改革试验区

山西省是我国重要的资源和能源基地，长期以来为国家的能源安全、经济发展做出了巨大的贡献。2010 年 12 月 1 日经国务院同意，国家发改委正式批复山西省国家资源型经济转型综合配套改革试验区设立，山西省国家资源型经济转型综合配套改革试验区旨在通过深化改革，加快产业结构的优化升级和经济结构的战略性调整，加快科技进步和创新的步伐，实现建设资源节约型和环境友好型社会，统筹城乡发展，保障和改善民生的综合配套改革的各项目标。山西省国家资源型经济转型综合配套改革试验区是我国第一个全省域、全方位、系统性的国家级综合配套改革试验区。2011 年全省实现生产总值 11100.2 亿元，比上年增长 13.0%。人均地区生产总值 30974 元。其中第二产业增加值 6577.8 亿元，增长 16.5%，占生产总值的比重为 59.2%；第三产业增加值 3880.9 亿元，增长 8.6%，占生产总值的比重为 35.0%。第三产业中，金融保险业增加值 489.4 亿元，增长 6.2%。全年全省一次能源生产折标准煤 7.5 亿吨，增长 17.6%；二次能源生产折标准煤 3.4 亿吨，增长 12.9%。2011 年全年向省外运输煤炭 5.8 亿吨，增长 13.5%，外运煤炭占原煤产量的 66.6%。向省外输送电力 683.5 亿千瓦小时，下降 0.3%，外输电量占发电量的 29.2%；向省外运输焦炭 6505.3 万吨，增长 6.3%，外运焦炭占焦炭产量的 71.9%。

（八）厦门市深化两岸交流合作综合配套改革试验区

2011 年 12 月《厦门市深化两岸交流合作综合配套改革试验总体方案》获国家发改委批复。该方案的批复使得厦门继深圳后成为第二个兼具"经济特区"和"综合配套改革试验区"双重身份的沿海城市。厦门市深化两岸交流合作综合配套改革试验区建设目标是在推动科学发展和深化两岸交流合作的重点领域和关键环节率先试验。以配套推进区域合作、行政管理、对外开放等支撑体系建设为基础,构建两岸交流合作先行区。促进两岸产业深度对接和生产要素进一步融合;推动文化以及科技、教育、卫生、体育等全方位、多层次的交流合作;完善两岸直接"三通"的基础条件,提升对台开放合作整体功能;通过完善新型高效的社会管理体系,优化保护和服务台胞正当权益的法制政策环境,形成两岸同胞融合最温馨家园。

四 上升为国家战略的特殊经济区与主体功能区

经济开发开放区与试验区特指以区域经济开发开放或试验为目的并上升为国家战略的新时期经济开发区。经济开发开放区与试验区区别于早期的沿海开放城市中设立的经济技术开发区,其不同是该类经济区并不依附于所在城市,而是其自身区域发展的区位优势或特殊对外关系以及特殊的区域发展战略地位潜能的再开发与挖掘。而且此类经济区或经济带不限于一个城市也不限于一个省而是以共同的特殊可资利用经济资源或经济区位为界,比如广西北部湾、海峡西岸、江苏沿海经济带、辽宁沿海等都是以海湾为区分和鉴别,且都属于同一经济区。

(一)广西北部湾经济区

2008年2月国家发改委正式将广西北部湾发展纳入国家发展战略规划。北部湾经济区是我国与东盟十国既有海上通道、又有陆地接壤的区域,战略地位非常突出。随着国家批准实施《广西北部湾经济区发展规划》和设立广西钦州保税港区,广西临海产业集群正在加快形成,区域性国际大通道正逐步完善,沿海亿吨大港和以钦州保税港区为重点的保税物流体系正在加快建设,面向东盟的开放合作进入快速推进阶段。目前钦州中石油、北海诚德新材料等一批重大项目相继投产,广西北部湾经济区内的"园区经济"蓬勃发展。北部湾经济区的经济增长方式逐步从依赖投资增长向依靠工业支撑发展。2011年北部湾11个重点产业园区工业总产值为1320亿元,比2010年的625亿元翻了近一番。钦州保税港区、北海铁山港工业区、钦州石化产业园、防城港大西南临港工业园工业总产值分别增长8倍、5.9倍、2倍和1倍。

（二）海峡西岸经济区

海峡西岸经济区东与台湾地区一水相隔，北承长江三角洲，南接珠江三角洲，是我国沿海经济带的重要组成部分。2009年5月国务院颁布《关于支持福建省加快建设海峡西岸经济区的若干意见》，明确了建设海西区的战略定位与发展目标。2011年3月，国务院正式批复《海峡西岸经济区发展规划》。"海西区"根据发展规划将主要发挥福州、厦门、泉州三大中心城市的作用，做大做强闽东北、闽西南两翼，推进海峡西岸经济区与长三角、珠三角紧密对接、联动发展；加强两岸三地联系，逐步形成外资密集、内外结合、带动力强的经济区域。同时依托大型港湾和基础设施，发展新型港口工业城市和区域中心城市，培育重要经济增长极，促进海峡两岸城市群加快崛起。

（三）江苏沿海地区

2009年6月《江苏沿海地区发展规划》获得国务院常务会议通过。2011年江苏沿海地区生产总值达8262.7亿元、人均生产总值达43651元、城市化率达55.2%，提前一年实现国家规划明确的沿海开发第一阶段目标。三年来，沿海地区生产总值年均增长17.4%、地方一般预算收入年均增长37.6%、进出口总额年均增长16.7%，主要经济指标增幅持续高于苏南、高于全省平均水平。800里黄金江岸的沿江开发和沿江制造业基地，拉动了苏中地区的快速崛起；沿东陇海线的加工工业带和沿海产业带，正成为苏北振兴的先导拉动区；沿沪宁线的高新技术产业带，已成为江苏新型工业化的先导区域。沿海开发战略不仅将成为江苏未来经济发展的新起点，也肩负着孕育中国东部经济新增长极的重任。

（四）关中—天水经济区

2009年6月国务院发布《关中—天水经济区发展规划》，提出将把关中—天水经济区打造成为"全国内陆型经济开发开放的战略高地"。关中—天水经济区涵盖面积达7.98万平方公里,该区域位于亚欧大陆桥中心,承东启西、连接南北,是中国西部地区经济基础好、自然条件优越、人文历史深厚、发展潜力较大的地区。

2011年关中—天水经济区各地市经济发展情况见表12。

表12 2011年关中—天水经济区各地市经济发展

经济指标	地市名	陕西关中						甘肃
		西安市	铜川市	宝鸡市	咸阳市	渭南市	商洛市	天水市
GDP	总值(亿元)	3864.21	234.53	1175.75	1359.1	1028.97	362.88	357.6
	增长率(%)	13.8	16.0	14.5	14.2	15.0	15.1	12.0
第一产业	增加值(亿元)	173.14	17.41	128.56	252.50	160.47	70.61	67.00
	增长率(%)	6.7	7.3	6.1	7.2	7.0	6.5	7.6
	比重(%)	4.5	7.4	10.9	18.6	15.6	19.5	18.7
第二产业	增加值(亿元)	1697.16	149.31	749.25	738.10	545.19	162.96	142.20
	增长率(%)	16.4	18.0	17.6	19.6	20.6	21.2	14.8
	比重(%)	43.9	63.7	63.7	54.3	53.0	44.9	39.8
第三产业	增加值(亿元)	1993.91	67.81	297.94	368.50	323.31	129.31	148.40
	增长率(%)	12.1	14.2	11.0	9.1	10.9	13.1	11.5
	比重(%)	51.6	28.9	25.2	27.1	31.4	35.6	41.5

(五)辽宁沿海经济带

2009年7月1日,国务院通过《辽宁沿海经济带发展规划》。包括大连、丹东、锦州、营口、盘锦、葫芦岛等沿海城市在内的辽宁沿海经济带,地处环渤海地区重要位置和东北亚经济圈关键地带,资源禀赋优良,工业实力较强,交通体系发达。辽宁沿海经济带发展规划获批后,振兴东北和对外开放的优惠政策叠加效果可能使辽宁沿海经济带成为中国的经济"黄金海岸线",成为东北地区新的重要增长极和东北亚经济的隆起带。在辽宁沿海经济带上分布的42个重点园区里,产业和城市建设都在同步进行,产业为城市做支撑,城市为产业提供配套。2011年,辽宁沿海42个重点园区实现地区生产总值5386.3亿元,占全省比重的24.5%;完成固定资产投资6357.7亿元,占全省比重的36.5%,比上年增长43.9%;实际利用外资118.1亿美元,占全省比重的48.7%。

（六）横琴新区

横琴新区是珠海市横琴岛所在区域，处于广东珠海市南部，毗邻港澳，也是东南亚和中国经济活跃地区的中心。2009年8月14日，国务院正式批准实施《横琴总体发展规划》。《横琴总体发展规划》获通过，并被纳入珠海经济特区范围，使珠海经济特区范围从20世纪80年代中期扩展后的121平方公里，增加至207平方公里，而且横琴从此成为粤港澳合作的新平台。2011年3月签署《粤澳合作框架协议》，横琴开发成为重中之重。2011年7月，国务院明确提出横琴要实行比经济特区更加特殊的优惠政策，并正式批复横琴开发有关的政策。

（七）长吉图开发开放先导区

2009年11月《中国图们江区域合作开发规划纲要——以长吉图为开发开放先导区》获国务院批复。图们江区域是我国东北亚地区合作的重要平台。根据规划要求，以吉林省为主体的图们江区域在我国沿边开放格局中具有重要战略地位，加快图们江区域合作开发，是新时期我国提升沿边开放水平、促进边疆繁荣稳定的重大举措。长吉图开发开放先导区的建设，将对进一步振兴东北老工业基地，促进东北地区区域发展发挥重要作用，并将增强我国与东北亚各国的合作，开创图们江区域国际合作开发新局面，成为辐射和带动东北亚区域加快发展的重要引擎。

（八）海南国际旅游岛

2010年1月4日国务院发布《关于推进海南国际旅游岛建设发展的若干意见》，计划在未来10年，将海南打造成我国旅游业改革创新的试验区、世界一流的海岛休闲度假旅游目的地。2011年海南国际旅游岛建设成效显著，全年海南接待过夜游客3000余万人次，三亚凤凰国际机场和海口美兰国际机场年度旅客吞吐量双双突破1000万人次，跻身国内大型客运机场行列，特别是三亚凤凰国际机场成为我国非省会城市第一个突破1000万人次的地市级机场。2011年海南实现旅游总收入324.04亿元，同比增长25.8%。全省旅游业增加值占GDP比重的6.9%，比全国平均值高出两个百分点。

(九)鄱阳湖生态经济区

2009年12月12日国务院正式批复《鄱阳湖生态经济区规划》。鄱阳湖生态经济区的发展定位是:建设全国大湖流域综合开发示范区、建设长江中下游水生态安全保障区、鄱阳湖水利枢纽工程、加快中部地区崛起的重要带动区、国际生态经济合作重要平台、连接长三角和珠三角的重要经济增长极和世界级生态经济协调发展示范区。《鄱阳湖生态经济区规划》自实施以来,2010年、2011年鄱阳湖生态经济区域内实现GDP分别突破5000亿元和6000亿元大关,占全省经济比重的近六成,发挥了经济发展"领头羊"的作用。生态建设上,在全省规划建设国家和省级自然保护区43个、森林公园147个、湿地公园48个。因地制宜发展各具特色的主导和优势产业,引导产业向工业园区集聚发展。围绕保护好"一湖清水",大力实施造林绿化"一大四小""五河一湖"生态环境综合治理、城镇生活污水处理、工业园区污水处理、农村清洁等重大生态工程,取得显著成效。正努力把生态和资源优势转化为经济优势,加快构建以生态农业、新型工业和现代服务业为支撑的环境友好型产业体系。

(十)中原经济区

2012年11月,国务院批复《中原经济区规划》。经济区范围包括河南18个地市及山东、安徽、河北、山西12个地市3个县区,总面积28.9万平方公里、总人口1.5亿人。中原经济区面积及人口居全国第一位,经济总量仅次于"长三角""珠三角"及"京津冀",列全国第四位。中原经济区位于全国"两横三纵"城市化战略格局中陆桥通道横轴和京广通道纵轴的交会处,是沿海地区发展的重要支撑和中部崛起的重要基地。从示范和试验的功能属性来看,中原经济区将建设成为国家重要的粮食生产和现代农业基地,全国工业化、城镇化和农业现代化协调发展示范区,全国重要经济增长板块,全国区域协调发展的战略支点和重要的现代综合交通枢纽,华夏历史文明传承创新区。

(十一)黄河三角洲高效生态经济区

2009年11月国务院批复并发布《黄河三角洲高效生态经济区发展规划》。黄河三角洲位于渤海南部黄河入海口沿岸地区,包括山东省的东营、滨州和潍坊、德州、淄博、烟台市的部分地区，共涉及十九个县（市、区），总面积2.65万平方公里，总人口约985万人。该区域土地资源优势突出，地理区位条件优越，自然资源较为丰富，生态系统独具特色，产业发展基础较好，具有发展高效生态经济的良好条件。按照国务院《黄河三角洲高效生态经济区发展规划》，黄河三角洲高效生态经济区将建设成为全国重要的高效生态经济示范区、特色产业基地、后备土地资源开发区和环渤海地区重要的增长区域。

（十二）重庆两江新区

2009年2月5日国务院发布《关于推进重庆统筹城乡改革发展的若干意见》，在国家战略层面正式研究设立"两江新区"。国务院于2010年5月7日批准重庆设立两江新区。两江新区，以北部新区和两路寸滩保税港区为核心，包括江北、渝北、北碚三个区的部分区域。两江新区的面积为1200平方公里，包含重庆市渝北区、江北区、北部新区、北碚区（含蔡家组团）的部分区域，可开发面积约为650平方公里。两江新区的定位是立足重庆市、服务大西南、依托长江经济带、面向国内外，形成"一门户两中心三基地"，即西部内陆地区对外开放的重要门户、长江上游地区现代商贸物流中心、长江上游地区金融中心、国家重要的现代制造业和国家高新技术产业基地、内陆国际贸易大通道和出口商品加工基地、长江上游的科技创新和科研成果产业化基地。

（十三）皖江城市带承接产业转移示范区

2010年1月国务院正式批复《皖江城市带承接产业转移示范区规划》，规划范围为安徽省长江流域，成员包括合肥市、芜湖市、马鞍山市、铜陵市、安庆市、池州市、滁州市、宣城和六安市（金安区、舒城县）共九市，共59个县（市、区），辐射安徽全省，对接长三角地区。根据《规划》，皖江城市带承接产业转移示范区将依托现有的产业基础，继续发挥区位和资源优势，在空间布局上以沿长江一线为发展轴，以合肥和芜湖两市为"双核"，以滁州和宣城两市为"双翼"，构筑"一轴双核两翼"产业分布的新格局。2011年皖江城市带承接产业转移示范区的各项工作得到积极推进。2011年1至10月，示范区引进亿元以上省外投资项目 2983 个,到位资金 2531.1 亿元;吸引外商直接投资项目 123 个,投资总额 25.7 亿美元。在建、签约、洽谈的各类合作共建园区 84 个,占地约 44 万亩,总投资 2600 亿元以上。

五 新兴经济特区与我国新区域开发开放战略的形成

对外开放和区域开发是建立现代市场经济的两个重要方面,同时我国市场化的区域序列遵从区域开发和开放序列。我国自 80 年代开始有选择地实施点轴式对外开放和区域开发。邓小平认为,"沿海地区要加快对外开放,使这个拥有两亿人口的地带较快地发展起来,从而带动内地更好地发展起来"。在这种思想的指导下,《全国国土规划纲要(草案)》提出了将沿海地区和沿长江地区作为全国第一级发展轴的"T"字形发展轴构想,即以长江黄金水道轴线和南北沿海轴线为基础,形成了三极:北极——京津,南极——以香港和广州为中心的珠江三角洲,西极——重庆,中枢——上海。形成了经济特区(点)—沿海开放城市(线)—沿海经济基础开放区(带)的对外开放局面,也形成了珠江三角洲、长江三角洲和闽南三角洲等点轴开发格局。而这个格局同时也是我国转型早期和中期的区域治理格局。

我国的市场化是与对外开放进程紧密相连的,它是在开放的推动下逐步延伸和发展的。对外开放的基本轨迹是由点到线、以线带片、从片到面、片面联体,是一个区域循序渐进、逐步向纵深推进的过程。从沿海到沿江、从沿海到沿边、从沿海到内陆铁路沿线,至今已形成"四沿"全方位开放的新格局。相应地,我国经济也在对外开放中逐渐市场化和国际化。而最近启动的新的区域开发开放依然沿袭了由点到线、以线带片、从片到面、片面联体,是一个区域循序渐进、逐步向纵深推进的空间治理思想。比如成都与重庆两个特大城市的"点",形成成—渝经济带,进而带动成渝之间及周边城市形成成—渝经济圈。以西安为重心的关中—天水经济区则是典型的带状区域,然后向南北扩散延伸带动一片,再作为一个整体与成—渝经济带相连,则构成以成都—重庆—西安为三角的"西三角"经济区。所以无论是辽宁沿海的"五点一线",还是长吉图、江苏沿海、广西北部湾以及海西区在目前都处于点线连接的开发初期。

上海浦东、天津滨海以及深圳上升为社会主义市场经济国家综合配套改革试验区，既是转型走向纵深阶段社会主义市场经济制度完善中先行先试特区功能的赋予，又是"东部腾飞"区域发展战略的保证，是对已经形成的沿海三个经济增长极长三角、环渤海、珠三角的强化和完善。为此，国家先后出台《关于进一步推进长江三角洲地区改革开放和经济社会发展的指导意见》《珠江三角洲地区改革发展规划纲要（2008～2020）》和《京津冀都市圈区域规划》等中长期的区域规划设计。而江苏沿海地区、海峡西岸经济区、珠海横琴新区、深圳前湾等都是"东部腾飞"区域治理设计的重要组成部分。成都和重庆成为全国城乡统筹综合配套改革试验区、关中—天水经济区上升为国家战略、西安成为全国统筹科技资源综合配套改革试验区以及广西北部湾的开放与开发则是新时期"西部开发"的特区模式的区域治理设计。武汉城市圈和"长株潭"被列入"全国资源节约型和环境友好型社会建设综合配套改革试验区"则是实现"中部崛起"的重要举措。辽宁沿海经济带、长吉图开发开放先导区等近期被批准的区域开发区以及东北老工业基地振兴计划构成了"东北振兴"的战略意图。尤其是2009年在国务院先后批复了《珠江三角洲地区改革发展规划纲要（2008～2020年）》《关于支持福建省加快建设海峡西岸经济区的若干意见》《关中—天水经济区发展规划》《江苏沿海地区发展规划》《横琴总体发展规划》《辽宁沿海经济带发展规划》《中国图们江区域合作开发规划纲要》《促进中部地区崛起规划》等8个区域发展规划后，我国新的区域经济版图逐渐成形，包括了长三角、珠三角、北部湾、环渤海、海峡西岸、东北三省、中部和西部等经济版图。同时，各地新提出的区域经济规划如雨后春笋，比如淮海经济区、环渤海地区的唐山湾西三角经济圈、黄河三角洲经济区、鄱阳湖生态经济区、重庆"两江新区"等。这一方面表明我国已进入社会主义市场经济全面建设和完善的历史阶段，另一方面也说明新时期我国区域发展和开放格局日趋完善和明朗。

除由中央政府主导、组织和批准实施的特殊区域外，一种区域间自我组织、自我整合和一体化的多区域发展趋势正在形成。相对于单一行政区域的先行试验区，城市群、跨省区的区域经济整合、市场融合与一体化逐渐成为新的区域开发与区域开放的方向,如泛珠江三角洲、泛长江三角洲、环渤海湾、环北部湾等。① 我国城市具有不同的行政等级,如直辖市、副省级市、地级市及县级市,这使它们拥有对经济资源的不同控制能力。而以经济联系结成的区域经济合作区是一种以专业化地区经济为特色,以中心城市为依托,在生产、流通等方面紧密联系、互相协作、内部具有很强经济集聚性的经济综合体。中心城市与周边地区的相互作用使其影响不断跨越行政区界限,而形成以中心城市为核心的经济区。由于非中央政府主导下的跨区域治理是基于市场原则、共同利益上公共机构与非机构的合作,为此,参与区域合作的各地方政府是推动区域间合作与协调的主要动力。所以,无论是泛珠三角的"9+2"、环渤海地区经济联合市长(专员)联席会议、长株潭经济区等都是以地方政府自我协调、自我组织形成的区域治理形式②,是对中央政府主导下特区发展战略的补充,也是特区模式更高发展阶段的必然要求。

参考文献

[1] 王志锋:《创新区域治理机制推动都市圈一体化进程》,《学习与实践》2005年第3期。

[2] 高进田:《特殊经济区与中国区域经济发展》,《兰州大学学报》(社会科学版)2009年第3期。

[3] 石国亮:《我国广义上经济特区的行政管理体制》,http://blog.iqilu.com/60004/viewspace-62670,2009年9月17日。

[4] 厉无畏、王振:《中国开发区的理论与实践》,上海财经大学出版社,2004。

[5] 钟坚:《中国经济特区创办与发展历史回顾与前景展望》,《中国经济特区发展报告(2009)》,社会科学文献出版社,2009。

[6] 朱金海、陆德明:《论中国市场化的区域渐进》,《上海社会科学院学术季刊》1995年第4期。

[7] 于东山、娄成武:《省级政府竞争之弊与跨省区域治理》,《东北大学学报》(社会科学版)2009年第4期。

---

① 于东山、娄成武:《省级政府竞争之弊与跨省区域治理》,《东北大学学报》(社会科学版)2009年第4期。
② 王志锋:《创新区域治理机制推动都市圈一体化进程》,《学习与实践》2005年第3期。

B.19
附录二
世界经济特区的建设与发展

罗海平*

经济特区是具有超越意识形态，超越经济、社会和政治制度，超越国情和发展阶段的世界经济发展形态，任何国家都可以通过建立经济特区找到适合自身的发展国情的路径。不同国家和地区经济特区的建设成果和发展绩效差异明显，这种差异的形成原因具有多元性，但根本在于"特殊政策"的执行力。我国经济特区的巨大成功，为发展中国家、转型国家、新兴工业国家甚至西方发达国家提供了经济发展、体制改革、对外开放和非均衡跨越式区域开发的成功范例，经济特区作为中国模式的最重要元素在世界范围内被推崇。新时期我国经济特区的发展应适应世界经济特区发展新形势需要，将特区发展战略由会聚外部资源向深入海外、发展海外特区转变，由创造中国模式向为世界输出中国模式转变。

一 经济特区的世界属性与全球分布

（一）经济特区的世界形态

经济特区（Special Economic Zone）是在国内划定一定范围，在对外经济活动中采取较国内其他地区更加开放和灵活的特殊政策的特定地区。目前世

---

* 罗海平，南昌大学中国中部经济社会发展研究中心助理研究员，博士。教育部人文社会科学研究青年基金项目（项目编号：12YJC790134）；江西省高校人文社会科学重点研究基地项目（项目编号：JD1111）；江西省社会科学研究"十二五"（2011年）规划项目一般项目（项目编号：11YJ66）。

上的经济特区有很多类型而且提法不一，按照国别属性可分为：第一类，西方发达国家的"经济特区"，通常这类国家都不叫经济特区，而是遵从一贯的叫法，如出口加工区、自贸区、保税区、科技园、特别合作区，等等。第二类，发展中的市场经济国家的经济特区，比如印度、非洲等国家和地区的经济特区。这类国家几乎都是效仿我国经济特区，希望能像我国办经济特区一样成功地实现区域的开发和城市建设，故往往按照我国的叫法，叫"经济特区"（Special Economic Zones）。第三类，转型国家或社会主义国家的经济特区。这种类型的经济特区往往承担了区域开发与对外开放的试验功能，具有与他国或世界经济合作的"飞地"作用。

当前世界经济特区总体上呈现发展目标和国别的多元化。从世界范围来讲，设立经济特区最主要的目的，大多是为了使该国能够适应全球化，并从中获益进而提高本地经济生活水平。在冷战时代，亚洲的中国台湾和香港，韩国和新加坡充分运用这方面的经济策略，成就了"亚洲四小龙"奇迹。苏联解体之后，许多社会主义阵营国家不是跟着崩溃，就是开始采用类似经济特区的政策。随着中国内地及亚洲四小龙在经济特区政策上取得成功，许多国家如越南、巴西、印度、伊朗、约旦、巴基斯坦、菲律宾、波兰、朝鲜、俄罗斯、乌克兰、阿拉伯联合酋长国、韩国、秘鲁等纷纷开始效仿进而成立经济特区。根据世界银行统计，2007年全世界有将近127个国家估计有近3000多个经济特区。但是，各国经济特区的数量、规模以及绩效差距巨大，功能定位亦各不相同。

（二）世界经济特区的分布特征

一般而言，世界经济特区均是基于自身区位优势拓展内外市场为选址要求。从世界范围来看，经济特区的选址根据特区的属性不同而不同。大多数的自由港、自由贸易区类的特区均选在沿海港口城市，我国四大综合性特区在最初设计时即由自由港而来，故均处于南方沿海，且均有港口。第二类是设在大型国际机场附近，比如爱尔兰的香农自由贸易区、美国波士顿的洛根国际机场特区等，而泰国曼谷工业村既靠近泰国最大的海港吞武里，又靠近廊曼国际机场。第三类是设在首都或大城市附近，如新加坡的裕廊工业区、斯里兰卡的卡塔纳亚克投资促进区、叙利亚大马士革和阿德拉自由区。利比里亚蒙罗维亚工业区、塞内加尔的达喀尔工业自由区、加纳的阿克拉工业自由区；第四类是内陆国际交通枢纽处，一般位于国际机场附近，或设在通往邻国的国际河流、国际铁路或公路沿线的水路交通枢纽或边境口岸，如巴西的玛瑙斯自由贸易区。第五类是环境优良的地区，如法国的索菲亚·安蒂波利斯科技园处在面向地中海、背靠阿尔卑斯山、环境优美的著名城市尼斯附近。

1. 亚洲经济特区

亚洲尤其是亚洲新兴工业国家和地区经济特区分布最多亦最为成功，较著名和成功的是我国台湾和韩国的特区。台湾地区早年受惠于加工出口区、科学园区，通过这些特区的特殊安排，使得台湾产业竞争力大增，著名的经济特区有成立于1966年12月的台湾第一个加工出口区高雄加工出口区和成立于1980年12月的新竹科学工业园区以及潭子加工出口区等。韩国经济特区则主要分布在马善、里里、仁川和首尔。另外，亚洲其他经济特区主要分布在菲律宾的巴丹、碧瑶，印度的圣克鲁斯和卡德拉，新加坡的裕廊，印度尼西亚的泗水、雅加达，巴基斯坦的卡拉奇、拉合尔和泰国的清迈—南奔等地。

2. 欧洲的经济特区

欧洲是传统经济特区的起源地。大多工业发展比较早的国家，特别是转口贸易发达的国家，都把经济特区建立在港口、航空港附近。同时，欧洲经济特区基本上都是经济特区的最早形态，如自由港、自由贸易区等。较多集中在德国（汉堡港的自由贸易区）、荷兰、英国、爱尔兰和俄罗斯等国家。

3. 拉丁美洲经济特区

拉丁美洲大部分国家都设立了出口加工区或自由贸易区。较为著名的经济特区有巴拿马科隆自由贸易区、巴西玛瑙斯出口加工区、墨西哥的蒂华纳和墨西卡利自由边境区。

4. 北美经济特区

无论是美国，还是加拿大或墨西哥的经济特区均是北美经济的重要组成部分。美国设有众多的自由贸易区，几乎每个港口城市都设立了自由贸易区；除此之外，美国还是世界上高科技园区最多的国家——除了硅谷以外，还有奥兰治县、波士顿的 128 号公路科技园、达拉斯—沃斯堡的硅高原、大西洋沿岸的硅三角。

5. 非洲经济特区

目前,非洲许多国家都在学习和借鉴中国模式或中国经济特区的发展路径。非洲的经济特区多数处于地中海、红海、非洲西部的几内亚湾和东非沿海各地。

二 主要发达国家经济特区

(一)美国的科技园

美国最成功的经济特区类型是以硅谷为代表的高新技术科技园。美国的高技术园区有三种主要类型:(1)以硅谷为代表的高技术区;(2)以 128 号公路为代表的高技术带;(3)以北卡罗来纳为代表的研究三角科技园。

硅谷作为世界上第一个高科技园区的形成与其所处的地理位置和文化环境密切相关。其中科技、经济两个方面的因素最为重要。20 世纪 50 年代新技术革命的迅猛发展,为高科技园区的发展奠定了基础;美国二战后经济得到迅猛发展,世界科技重心也从欧洲转向美国,成为高科技园区在美国率先诞生的前提条件。

北卡罗来纳三角科学园位于北卡罗来纳州达勒姆、罗利和查佩尔希尔三个城镇所构成的三角地带的中部,称为三角科学园。同时这三个城镇也是全美一流大学杜克大学、北卡罗来纳大学、北卡罗来纳州立大学所在地。1959 年州政府决定出面规划,在三角地兴建研究园。三角洲科学园的创建为当地的经济振兴做出了突出贡献。

(二)日本的"特区计划"

日本自 20 世纪 90 年代泡沫经济破灭以后,已持续衰退了二十余年,迄今仍无法摆脱困局。为此,日本提出"结构改革"计划,希望通过体制创新推动经济发展,但日本目前的经济结构和财政结构对体制创新形成了巨大的阻力，既得利益集团对结构改革设下重重障碍。在这种情况下，日本政府启动了建立日本版"经济特区"的计划。日本有意设立的特区包括：日本国内首个实行24小时通关、检疫的"国际物流特区"；从小学到高中，除了日语和社会学外，其他学科均用英语进行教学的"外语教育特区"；政府、企业、学校联合起来进行科学研究的"知识特区"；引进国外优秀人才，在医疗技术领域中建立研究开发企业集团的"尖端医疗产业特区"；等等。日本政府已经认识到要复苏经济，就必须改变现在的经济结构，增强国际竞争力，发展新产业。但由于中央各部门的现有权限和各业界的现有利益等利害关系交织在一起，在全国范围内放宽各种政策的限制非常困难。而在特区这样限定的区域内适用特例，采取较为宽松的政策则具有较强的可操作性。因此，小泉的"日本版特区"的主要特点就是"放宽政策"，即根据各地区的特性和创意，在特定的区域内放宽有关政策的限制，一方面培育地方新兴产业，另一方面将特定的产业集中在特定的区域内，提高产业竞争力，复苏地方经济，实现国内经济的复苏，并把获得成功的特区的经验推广到全国。

日本政府强调"特区"有三个要点：（1）不是国家进行的示范模式，而是通过地方政府、民营企业的智慧和努力去刺激经济复苏。（2）不采取一贯的补助金和减税等政府援助措施，而是由地方政府承担全部责任去实行。（3）"特区"要结合地域特征实行，需要在全国范围内进行的改革仍由中央政府统一实行。

（三）爱尔兰金融特区

爱尔兰政府于1987年利用港湾仓库用地设立了约15公顷的"国际金融服务中心（IFSC）"，把50%的法人税降低到10%，以吸引海外金融机构进驻。现在，包括花旗银行、摩根大通集团、汇丰银行、柏克莱、德累斯顿银行、通用金融、ING集团、美林公司等欧美大型金融机构几乎都来到这里，创造了大量的直接就业机会。爱尔兰的教育水准在欧洲比较高，而且使用英语，这使得金融机构的工作人员在这里很容易适应，这也是"金融特区"获得成功的重要原因。2011年，爱尔兰的人均GDP达到47513美元，比欧盟平均水平高出25%，排在世界第16位，高于法国、德国、日本和英国等传统的资本主义发达国家。爱尔兰经济发展的巨大成功，离不开金融特区对其经济发展的启动和巨大推动作用。

三 主要发展中资本主义国家的经济特区发展

（一）印度经济特区

1965年，印度兴建了第一个出口加工区——坎德拉（Kandia）加工区，随后又陆续建立了桑特克鲁兹（Santacruz）电子出口加工区、法尔他（Falta）出口加工区、马德拉斯（Madras）出口加工区、科钦（Cochin）出口加工区、诺依达（Noida）出口加工区和维萨喀克哈帕纳姆（Visakhapatnam）出口加工区。这些带有经济特区特色的出口加工区是享受诸多优惠政策的经济专属区，用于减少商品贸易和国际收支逆差、缓和货币贬值的巨大压力并促进印度产品的出口。从本质上看，这些出口加工区成了日后印度经济特区的前身。

2000年，时任印度贸易部长的莫拉索里、马兰提出了建设印度经济特区的发展理念①。2000年1月，印度政府将古吉拉特的坎德拉和苏拉特、马哈拉施特拉邦的孟买桑特克鲁兹和喀拉拉邦的科钦等出口加工区改为经济特区。2000年4月，政府又根据私营企业和邦政府的建议设立了17个经济特区。2004年5月印度国大党上台后大力推动经济改革，2005年5月辛格政府颁布了《经济特区法》。到2007年2月底，印度政府已经批准了237个经济特区，占地面积多达3.45万公顷，就此印度跑步进入"经济特区时代"。2006~2010年，印度获得批准的经济特区已达576个，其中有114个已开始运行，其余经济特区在2011到2013年之间投入运行。② 印度经济特区申请情况见表1。2006~2010年3月，印度经济特区已吸引投资达280亿美元，其中60亿美元为外国直接投资。

---

① 牟健：《探析印度经济特区的发展现状与问题》，《科协论坛》2007年第4期。
② 张雷：《印度经济特区建设的历程及绩效评析》，《亚非纵横》2011年第2期。

表1 印度经济特区申请概况

年份	2007	2008	2009
已获通知的经济特区数量	205	289	365
正式核准的经济特区数量	232	278	224
已办正式手续的经济特区数量	165	141	147
已开工建设的经济特区数量	30	58	105

(二)菲律宾经济特区

菲律宾苏比克湾位于马尼拉西北110公里处,海湾三面环山,可停泊万吨巨轮。目前,苏比克湾已建成占地670平方公里的商业旅游特区。在区内,15个码头港口停靠着大小不等的各类船只,设有一个占地1万平方米、拥有2.7公里长跑道、可吞吐700名乘客的国际机场,一流的高速公路网络可通向菲律宾的任何角落。15年来,已有650多家外国及本地公司进驻苏比克湾开发区,总投资额超过38.5亿美元,创造了6万多个就业机会。其中,来自韩国、日本、中国台湾的投资者居于主导地位。①

(三)拉美国家经济特区

拉美最早的自由贸易区是1923年乌拉圭在拉普拉塔河东岸建立的科洛尼亚自由贸易区,其占地面积102公顷。第二次世界大战后,为适应国际贸易的需要,拉美的经济特区得到蓬勃发展,在许多重要口岸相继开设了各种形式的自由区,如自由港、自由贸易区、保税仓库和转口区等,还有一些拉美国家在边境地区设立了边境自由贸易区。60年代中期,拉美经济特区的发展进入了一个新阶段。这一时期,不仅特区的数量急剧增加,而且形式发生了重大变化,由过去以发展自由贸易区为主转为重点发展出口加工区。出口加工区成为许多拉美国家吸引外资、吸收国外先进技术、增加外汇收入和增加劳动力就业的重要方式。80年代以来,拉美出口加工区的产业结构逐渐从低附加值产业向高附加值产业过渡,部分出口加工区甚至出现了经营内容不断综合化、技术

---

① 《外国经济特区什么样?有的要学中国特区模式》,http://www.ce.cn/xwzx/gjss/gdxw/。

结构不断高级化的趋势。由于各出口加工区注重发展电子工业、家用电器、仪器仪表、汽车制造和电视机装配等行业，经济特区在拉美各国经济发展中的作用越来越重要，一些小国甚至将发展经济特区作为促进国家工业化的重要途径。墨西哥和巴西等国则把发展加工出口区作为其推行外向型经济发展战略的重要组成部分。截至 2011 年，拉美地区共有各种类型的经济特区 150 多个，分布在 27 个国家和地区。

（四）巴西马瑙斯自由贸易区

马瑙斯自由贸易区是巴西，也是拉美地区唯一的综合型经济特区。1957 年巴西政府批准设立这个自由贸易区，1967 年批准扩展为自由港，1968 年将整个亚马孙地区划为自由贸易区。马瑙斯自由贸易区由商业区、工业区和农牧业区等组成，并按行业、功能进行规划和建设。马瑙斯自由贸易区的旅游业也很发达，已成为世界旅游胜地之一。已建成了世界上最大的水上浮动集装箱码头。马瑙斯已成为巴西西北部经济龙头，带动了西亚马孙地区 4 个州的经济发展。马瑙斯自由贸易区是在巴西经济落后、交通不发达的地区建立的，完成了巴西西北部大开发的战略部署，催生了"巴西经济奇迹"。

四　主要转轨国家经济特区发展

（一）俄罗斯经济特区

根据陈杰（2009）对俄罗斯经济特区的研究[①]，俄罗斯经济特区建立的主要动机在于改变过度依赖能源及原材料的产业形态。为此，2005 年俄罗斯政府设置了特别经济区（SEZ），分别以工业生产、技术创新、观光休闲和港口运输为四大发展主轴，提供制度和税收优惠，提升服务效率，以引进国内外各类型企业。目前俄罗斯的经济特区分为四大类：第一类是工业生产型特区，以吸引制造业为主。已核准利佩次克（Lipetsk）及鞑靼斯坦共和国（Tatarstan）

---

① 陈杰：《俄罗斯加紧建设四大类型经济特区》，《大陆桥视野》2009 年第 1 期。

两处地点，其中鞑靼斯坦特区以汽车零配件厂商为主，且已开始生产。第二类为技术创新型特区，类似中国台湾的新竹科学园区。已核准的有圣彼得堡市、莫斯科市的 Zegenograd、莫斯科州的 Dubna，以及托木斯克州。第三类为观光休闲型，主打旅游产业。第四类是港口型经济特区，目前尚在接受各州申请中，未公布实施。

1. 绿城经济特区

泽廖诺格勒"绿城"经济特区素有"俄罗斯硅谷"之称，坐落在莫斯科泽廖诺格勒行政区内，是俄首批 4 个技术推广型经济特区之一。绿城是俄罗斯经济特区发展的一个缩影。

2. 圣彼得堡经济特区

圣彼得堡的经济特区有两处，分别在圣彼得堡市区的南、北端。南部的特区名为 Neudorf，只有 18 公顷。北部特区名为 Novo-Orlovskoye，面积约 112 公顷，预计可容纳 200 家厂商进驻，将在 2012 年完成基础建设，引进以制药、生物科技及纳米科技为主的企业。

3. 托木斯克经济特区

托木斯克是西伯利亚远东地区唯一的经济特区，政府预计将投资 150 亿卢布，发展面积 200 公顷的经济特区。此外，当地州政府计划在特区旁再提供 100 公顷土地，发展工业生产园区，以吸引更多外商。招商对象包括纳米科技、信息产业及电子公司、化工技术及生物科技等。

4. 俄罗斯旅游特区

2006 年 6 月 3 日俄罗斯政府对《俄联邦特区法》进行了补充修订，对俄罗斯准备实施的兴建旅游休闲型经济特区作了相关的规定。目前旅游休闲型经济特区已经开始兴建。俄罗斯国土面积世界第一，横跨 11 个时区，从东到西、从南到北，到处都有风景名胜。但这些风景区开发程度低，外国游客足迹罕至。因此，经济特区管理局选定了七处旅游特区，力图打造世界级观光胜地：两处位于阿尔泰山脚下，贝加尔湖畔及附近的艾尔库特斯克（Irkutsk）、黑海旁的克拉斯诺达尔（Krasnodar）及斯塔夫罗波尔（Stravropol）各一处，另一处位于俄罗斯与波兰及立陶宛交界的加里宁格勒（Kaliningrad）。

5. 加里宁格勒州经济特区

加里宁格勒州早在20世纪90年代就开始设立自由经济区，2006年4月1日俄罗斯开始实施《加里宁格勒州经济特区法》，该法律的颁布与实施为加里宁格勒州经济特区建设提供了新的法律依据。加里宁格勒州特区目前正在实施由减免关税优惠政策过渡到减免其他税收的优惠政策。即在特区企业建立前6年免除企业利润税和财产税，从第7至第12年利润税和财产税减半征收，对利润税地方预算应征收部分减半征收，等等。法律规定加里宁格勒州经济特区期限25年。

（二）波兰经济特区

波兰于1994年10月通过经济特区法，于1995年创办经济特区，创办之初，设有17个经济特区，后因其中两个投资环境较差，对外商投资者没有吸引力，经营不下去而被取消。2001年，为便于管理，又将两个临近的特区合并。目前波兰共有经济特区14个，占地总面积6325公顷，隶属于10个省，主要分布于北部的波罗的海沿岸省份和南部、西南部与德国、捷克、斯洛伐克接壤的边境省份。截止到2005年底，波兰经济特区共吸引国内外投资约255亿兹罗提（约64亿欧元），其中吸引投资最多的特区是卡托维兹经济特区，共有72家企业投资，总金额77亿兹罗提，其次为瓦波日赫经济特区投资园，吸引投资金额45亿兹罗提，然后依次为：罗兹经济特区（33.5亿兹罗提）、莱格尼察经济特区（27亿兹罗提）、米莱兹经济特区（22亿兹罗提）。在经济特区投资企业的主要投资领域有：汽车、电子、建材、家电、金属制品、化工、食品等。目前波兰部分特区在部分产业方面已初步形成集群。汽车工业：卡托维兹经济特区（Katowice SEZ）、莱格尼察经济特区（Legnica SEZ）、瓦波日赫经济特区投资园（Walbrzych SEZ "Invest Park"）。家电工业：卡托维兹经济特区（Katowice SEZ）、罗兹经济特区（Lodz SEZ）、瓦波日赫经济特区投资园（Walbrzych SEZ "Invest Park"）。

五 主要社会主义国家的经济特区发展

（一）老挝磨丁黄金城经济特区

2003年，老挝政府在琅南塔省与中国交界的地方建设了老挝最早的经济特区"磨丁黄金城经济特区"。近几年来，老挝非常重视和支持特区发展。过去磨丁特区的博彩业一直以来是特区最重要的产业，如今其他产业开始兴盛起来。目前磨丁特区吸引投资已达1.3亿美元，前期重点建设12个项目，包括加工业、商贸、金融、高尔夫球场等。相对于老挝非特区区域来讲，特区的经济很有活力。在磨丁海关，车辆进出络绎不绝，特区街道两旁商店、餐馆生意红火。未来磨丁特区重点发展方向是，利用特区毗邻中国的区位优势，发展仓储物流中心、免税区、休闲旅游中心等。2010年10月，老挝政府签署政府令，计划在全国开发10个经济特区。总体而言，老挝正在加快学习中国的经验，结合老挝自身特点，制定符合自身特区发展的经济政策。[①]

（二）越南经济特区

越南无论工业区、出口加工区，还是当前正在兴起的经济区，都全面借鉴了中国的成功经验。1994年越南参照中国的特区经济发展模式建立了芒街——越南第一个经济特区。2003年，越共中央决定在越南中部地区仿效中国经济特区建立第一个经济开放区——朱莱经济开放区。朱莱经济区位于越南中部广南省境内的沿海地区，在首都河内以南860公里处，南北交通大干道1号公路穿境而过。目前，越南共有15个沿海经济区，其中优先建设和发展5个沿海经济区，即位于广南和广义省的朱莱—容桔经济区、位于海防市的亭武—吉海经济区、位于清化省的宜山经济区、位于河静省的永昂经济区、位于坚江省的富国岛和南安泰群岛经济区。2012年，越南财政用于经济区建设的资金为2.3万亿越盾（约合1.1亿美元），其中65%将用于上述5个经济区。其中河静省永昂经济区成立5年后（2006年7月12日～2011年7月12日）已吸引总投资金额约达120亿美元的103家大型企业在该经济区进行投资，其中有24家外国企业。在五个重点发展的经济区中永昂经济区总面积约达2.3万公顷，包括河静省奇英县南边9个乡。该经济区的核心是可停泊载重量5万至35万吨轮船的永昂—山阳深水港组合。永昂油气

---

① 吴成良、孙广勇：《老挝特区不只有赌场》，《环球时报》2011年1月30日。

大库、北中部液化气体大库、永昂港口等若干国家重点项目已投入运营并逐渐发挥作用。

（三）朝鲜经济特区

1. 罗津—先锋自由贸易区

20世纪90年代朝鲜主席金日成时期设立罗津—先锋自由贸易区。在缺少社会间接资本的环境下，又缺乏朝鲜政府为外资企业扫清障碍的努力，使罗津—先锋自由贸易区发展缓慢。但该地区进行了取消粮食配给制度、提高工资、自由市场合法化的试点，罗津—先锋经济贸易区作为第一个经济特区对朝鲜改革开放具有重要地位和作用。

2. 新义州特别行政区

新义州特别行政区位于朝鲜西北部的平安北道，地处鸭绿江下游左岸的冲积平原上，距河口约40公里，与中国辽宁省丹东市隔江相望。2002年9月12日，朝鲜最高人民会议常任委员会颁布《朝鲜民主主义人民共和国新义州特别行政区基本法》。根据这项法律，新义州特别行政区作为特殊的行政单位，将建成国际性金融、贸易、商业、工业、尖端科学、娱乐和旅游区，拥有国家赋予的立法权、行政权和司法权，其法律制度50年不变。基本法规定，新义州特别行政区为中央直辖的特殊行政单位，由国家行使主权。国家赋予新义州特别行政区立法权、行政权和司法权，行政区的法律制度50年不变。新义州特别行政区土地租赁期限至2052年12月31日。

3. 开城工业区

开城市位于军事分界线以北20公里，2002年11月13日朝鲜最高人民会议常任委员会决定在开城市及板门店平和里一带设立"开城工业地区"。2002年11月20日颁布《开城工业地区法》，主要内容与新义州特区类似，保障优惠经济政策50年不变。开城工业地区近期目标是建成一个出口加工性工业和无关税贸易型的经济特区，以生产功能为中心，中长期目标是建成融高技术、金融业、商贸、旅游业和国际都市服务功能为一体的城市。

六 世界经济特区发展的启示

（一）经济特区是超越社会政治制度和生产力发展水平的世界经济普遍现象

经济特区已成为超越意识形态，超越经济、社会和政治制度，超越国情和发展阶段的世界经济的发展形态，任何国家都可以通过建立经济特区找到适合自身的发展国情的路径。任何一个经济特区，作为个体，从其产生之日起都必然带有一种过渡性质，这也决定了其有生有灭的必然归宿。但利用经济特区来发展本国经济这一举措本身却历经数百年仍方兴未艾，这在世界经济发展史上无疑是一个很值得人们关注的历史现象。经济特区是超越社会政治制度和生产力发展水平的世界经济普遍现象。无论是发达国家，还是发展中国家都辟有不同类型的经济特区。从社会政治制度看，无论是资本主义国家，还是社会主义国家都已经或正在建立经济特区。

（二）不同国家和地区经济特区的建设成果和发展绩效差异明显

这种差异的形成原因具有多元性，但根本在于"特殊政策"的执行力，不管这种执行力是来自健全的法律法规还是强有力的政府都是如此。对于发展中国家和转型国家而言，经济特区是对外开放和体制改革的突破口，也是与世界经济接轨的试验田。经济特区的成功与否，除了跟特区的选址、政策设计以及发展定位等相关外，更重要的是所有经济特区均需对各种特殊政策提供强有力的支撑，这种支撑既可来自健全的法律和法规，也可来自强有力的中央政府和地方政府。这也是最成功的经济特区要么出现在民主法制健全的国家、要么出现在中央集权的原社会主义国家内的根本原因。但总体而言，在当前全球经济一体化、市场力量决定一切的背景下，西方民主国家设立经济特区来自内部的阻力将越来越大。而一旦经济特区建立并开始运行后，在发达的市场经济国家下经济特区的运行成本将比社会主义国家低，效率也会更高。

附录二 世界经济特区的建设与发展

(三)中国经济特区为世界经济特区提供了成功范例

中国经济特区的巨大成功,为发展中国家、转型国家、新兴工业国家甚至西方发达国家提供了经济发展、体制改革、对外开放和非均衡跨越式区域开发的成功范例,更是作为中国模式最重要的元素在世界范围内被推崇。中国经济特区的创办和成功,是中国迈向现代化进程中的产物,是市场经济体制与我国特殊的制度装置相结合的产物,是社会主义发展史上的一大创举,不仅引起了发达国家和其他发展中国家的极大关注,而且在世界经济性特区发展史上也是一个新的贡献。世界不少国家纷纷效仿我国,向我国取经然后建设各种类型的经济特区,这不仅是我国经济特区的成功,更是中国模式的成功。尽管,很多国家在学习中国经济特区过程,但并没有获得类似我国经济特区建设的成功,但这并不能否认我国经济特区或者说世界经济特区所反映出来的核心发展理念的正确性,更不能因此否定经济特区世界范围内的实用性和可推广性,特区发展的内核具有坚硬性。

(四)新时期中国经济特区的发展要与时俱进

新时期中国经济特区的发展应适应世界经济特区发展的新形势新变化的要求,将特区发展的中心任务由会聚外部资源向深入海外、发展海外特区转变,由创造中国模式向为世界输出中国模式转变。我国经济特区从创办之初,就借鉴了国外经济特区的许多成功做法,主要表现在其吸引外商投资、促进外向型经济发展的目的方面,也表现在吸引外国投资的手段和特区运作管理的很多方面。随着我国经济实力的增强,我国应加强与世界区域开发的合作。通过在国外建立产业园区、特别合作区、自由贸易区的方式实现我国"走出去"的战略,减少我国经济特区建设以及我国经济发展受国内资源和生产要素的约束,减少我国经济发展对我国生态、环境、人口的承载压力。

参考文献

[1] 牟健:《探析印度经济特区的发展现状与问题》,《科协论坛》2007年第4期。

[2] 张雷:《印度经济特区建设的历程及绩效评析》,《亚非纵横》2011年第2期。

[3] 周松兰:《朝鲜对外开放战略暨经济特区建设评析》,《黑龙江对外经贸论坛》2003年第9期。

[4] 吕刚:《俄罗斯经济特区报告》,《中国企业家》2006年第15期。

[5] 张庆辉:《印度经济特区布局及其利用外国直接投资特征》,《世界地理研究》2008年第3期。

B.20 后　记

呈现在读者面前的《经济特区蓝皮书》是由教育部人文社科重点基地——中国经济特区研究中心所承担的一个持续了五年的研究项目,自2009年起,《经济特区蓝皮书》就以真实反映中国经济特区发展状况,及时记录中国经济特区发展历程,动态记载中国经济特区成长路径的独特地位,而受到社会各界的关注。

2013年出版的《经济特区蓝皮书》较之以往在体例和结构上有了一些改变和调整,这些改变与调整一方面是由于经济特区在中国深化改革进程中的地位、使命的变化所致,另一方面也是为了增强蓝皮书自身的理论探索价值与现实意义。比如,蓝皮书分为总报告、专题报告、特区分报告和附录四个部分。总报告部分是全书的基本纲要,是站在国家整体发展战略和规划的角度,对中国经济特区,包括改革试验区和部分新特区一年发展状态的整体评述。我们希望总报告部分能更充分地体现国家整体战略,并准确反映中国改革的大方向,能成为具有一定学术分量和政策意义的有关经济特区的拥有独特地位的发展报告。当然,由于认识能力、水平及对国家整体发展战略理解的局限,目前的总报告作为初探时期的结果,离我们所期望的有些距离。

专题报告部分,是以五个传统特区为研究对象。但这部分的研究并不是泛泛而论的综合,而是以问题为导向的探索。即分别从五大特区的发展现状、比较分析及发展建议为切入点,对特区所面临的转型问题,资源的使用与可持续发展问题,政治体制改革问题,经济社会发展问题,社会保障问题和科技创新问题进行综述、比较,并提出了发展建议。可以说这些问题既是经济特区所面临的问题,也是中国社会发展现阶段所遇到的问题,特区对上述问题的解决路径与举措,或许会对全国产生借鉴与先行的意义。

特区分报告部分,保留了原蓝皮书体例的内容,是对五大传统特区及上海浦东和天津滨海新区一年发展状况的历史性记录与梳理，但增加了分析的内容。如果说专题报告部分是共性问题的比较，那么分报告部分则是偏重不同特区的特殊问题的比较。由于历史及地域位置不同，各经济特区及新区或经济圈对所处经济区域所担负的责任不同；由于不同经济区域或经济圈在产业结构的定位和在中国经济发展布局中的地位、角色、作用不同，各经济特区及新区的发展路径选择也有所不同，第三部分的分析正是从这些不同展开的。

第四部分附录即动态研究，是试图使蓝皮书摆脱以往单纯回顾的色彩，走向理论及对策建议的前沿性与前瞻性的一种结构安排。这部分的研究拓展了以往蓝皮书研究的领域，加入了国外有关特区建设与发展问题的内容。这正是中国经济特区研究中心走向学术开放道路的一种体现与尝试，在今后的蓝皮书撰写中，开放的内容，即中外经济特区比较的内容还会有所增加，这是中国道路探索的过程，也是理念、理论开放的历程。

其实，在编写《经济特区蓝皮书》的过程中，我们也面临着现实的挑战与考问。因为从概念上讲，特区本来就是"实行特区优惠政策的地区"的简称，一旦这种政策取消了，特区在概念上自然就没有可能存在了。从20世纪末的近30年的实践上来看，特区已经很好地或者说圆满地完成了她当初的特殊的政治——历史使命，即"窗口"、"试验田"、"排头兵"的使命。1992年之后，当全国都走上市场经济之路时，特区也就没有存在的必要了。也正是在这个意义上，时任总理朱镕基说："现状特区已经不'特'了，已经没有什么特区优惠政策了，全中国都是一样的。我们并不是按地区来优惠，而是按产业来优惠。"[①] 在经济特区成立二十周年大会上，中央要求特区"增创新优势，更上一层楼"，宣告经济特区将贯穿于中国改革开放的全过程，贯穿于中国现代化建设的全过程[②]。有学者认为，上述两个全过程清楚表明经济特区被历史地赋予了双重使命：即从"改革"的意义上讲，是要加快完成市场经济的转型，继续当好改革开放的先锋队、排头兵；从"发展"的意义上讲，是要加快实现发展方式的转变，早日完成现代化国际性大城市建设，构筑中国区域经

---

① 《朱镕基答记者问》，人民日报出版社，2009，第397页。
② 江泽民在特区成立二十周年大会上的讲话，《深圳特区报》2000年8月11日。

济的新版图。胡锦涛在2009年12月视察珠海时曾对特区提出要求:"努力当好推动科学发展、促进社会和谐的排头兵。"①

我以为,从根本上说无论对中国社会还是一直走在改革开放前沿的特区而言,改革的任务并没有完成,改革的时代也并没有结束。所以,无论如何我们都不能得出这样的结论:中国社会已从"改革的时代"进入了"科学发展的时代";特区的主要任务不再是深化改革,而是大力发展。从根本上说,只有深化改革,扩大开放,确实建立起社会主义市场经济体制,才能实现发展方式的彻底转变,才能使中国社会真正走上科学发展的道路,才能实现震撼人心的中国梦。因为无论从逻辑上还是现实上说,"改革"与"发展"之间的关系绝不是此先彼后的关系,而是深刻的因果关系。它们不是处于两个不同时代的承上启下的两项任务,而是同一时代的同一过程中的共同主题。这正如阿玛蒂亚·森的自由与发展的关系一样。

共筑"中国梦"的过程,依然是改革开放的过程。改革开放30多年来,中国社会取得了举世瞩目的巨大成就。可以说,30多年来的高速增长,靠的就是改革开放;令世人感叹的"中国奇迹",靠的也是改革开放;实现科学发展,靠的还是改革开放;共筑"中国梦"的伟大实践,靠的还必然是改革开放。

从中国社会发展的现实来看,由于区域间经济社会发展的非均衡性的普遍存在,在实现"中国梦"的实践中,地方政府,尤其是发达地区或城市的地方政府的"率先"行动选择,不仅具有战略上的可行性,更具有深刻的现实意义。因为这将同样有利于规避或减少"奋斗"(改革)进程中的试错成本,从而推动"中国梦"的实现进程。比如,中国改革开放的历史,赋予了深圳"先行先试"的改革权(包括立法权),这一率先改革的"特殊"权利与30多年改革开放所积淀的财富积累、体制改革所拥有的政治资本、敢于创新所形成的精神财富相结合,使作为中国最成功的经济特区的深圳,有条件有可能有能力在实现"中国梦"的进程中,继续走在全国的前面。

经济特区作为特殊政策的产物,已经完美地完成了她的特殊的历史使命,但特区作为中国道路的一种选择,或者说作为中国实现现代化的一条捷径,她的存在是有其必要性的,她的使命是与时俱进的。或许特区作为一种路径选择将伴随着中

---

① 《广东,珠海再出发》,《南方周末》2010年2月25日。

国梦实现的全过程,诸如喀什等新兴经济特区的出现就是一个很有力的现实的说明。

蓝皮书的顺利完成,首先要感谢创作团队的全体同仁。这是一支专业知识扎实,学术功底深厚,对经济特区问题有比较深入思考与研究的学术团队。如果说共同的学术兴趣是蓝皮书团队的凝聚力之所在,那么团结、友善、合作,充满活力与朝气则是这个团队的战斗力之所在。蓝皮书的完成是项目的完成,更是学术团队的共同收获。对学术的敬畏和对专业的热爱是这支学术团队已经拥有,并期待永远拥有的美好品格。另外,作为学术团队的重要成员和负责人之一,袁易明教授为蓝皮书的完成付出了更多的精力和努力。

蓝皮书编委会是由学者和来自几大中国经济特区的实际工作者与地方官员组成的。蓝皮书从前期调研、资料收集到制定撰写框架和初稿的论证都得到了编委会全体成员的大力支持。来自各大特区的编委们以丰富的实践经验和实政思考,为蓝皮书的完善提出了许多有针对性、有价值的意见与建议,他们在蓝皮书撰写中具有冷静而现实的头脑。

在这里还要特别感谢《经济特区蓝皮书》出版项目负责人高雁女士和本书的责任编辑王玉山先生。他们踏实的工作作风和令人敬佩的专业精神为蓝皮书的顺利完成提供了不可或缺的指导与帮助。

蓝皮书的出版获得了教育部哲学社会科学发展报告培育项目"中国经济特区发展报告"立项资助,还获得了深圳市文化宣传基金的资助,深圳市政府的远见卓识不仅会为中国特区发展的历史,为中国改革开放的历史,而且还会为中国现代历史留下厚重的一笔。它的意义和价值随着时间的延续将越来越显现出来。在这里还要特别感谢时任深圳社会科学院院长、市委宣传部副部长、现任深圳市委宣传部常务副部长吴忠同志的支持与帮助,他作为编委会的主任委员不仅为蓝皮书的撰写贡献了思想与政治智慧,同时也给予了切实的资助。还要感谢深圳市宣传文化事业发展专项基金领导小组办公室李建阳主任对蓝皮书的支持,政府的远见卓识将是学术自由发展的制度环境保证。

希望蓝皮书在以飨读者的同时,能得到同行和读者的批评与指教。

陶一桃

二〇一三年四月于荔园

权威报告　热点资讯　海量资源

当代中国与世界发展的高端智库平台
皮书数据库 www.pishu.com.cn

　　皮书数据库是专业的人文社会科学综合学术资源总库,以大型连续性图书——皮书系列为基础,整合国内外相关资讯构建而成。包含七大子库,涵盖两百多个主题,囊括了近十几年间中国与世界经济社会发展报告,覆盖经济、社会、政治、文化、教育、国际问题等多个领域。

　　皮书数据库以篇章为基本单位,方便用户对皮书内容的阅读需求。用户可进行全文检索,也可对文献题目、内容提要、作者名称、作者单位、关键字等基本信息进行检索,还可对检索到的篇章再作二次筛选,进行在线阅读或下载阅读。智能多维度导航,可使用户根据自己熟知的分类标准进行分类导航筛选,使查找和检索更高效、便捷。

　　权威的研究报告,独特的调研数据,前沿的热点资讯,皮书数据库已发展成为国内最具影响力的关于中国与世界现实问题研究的成果库和资讯库。

皮书俱乐部会员服务指南

1. 谁能成为皮书俱乐部会员?
- 皮书作者自动成为皮书俱乐部会员;
- 购买皮书产品(纸质图书、电子书、皮书数据库充值卡)的个人用户。

2. 会员可享受的增值服务:
- 免费获赠该纸质图书的电子书;
- 免费获赠皮书数据库100元充值卡;
- 免费定期获赠皮书电子期刊;
- 优先参与各类皮书学术活动;
- 优先享受皮书产品的最新优惠。

卡号：5502290891790524
密码：

(本卡为图书内容的一部分,不购书刮卡,视为盗书)

3. 如何享受皮书俱乐部会员服务?

(1) 如何免费获得整本电子书?

　　购买纸质图书后,将购书信息特别是书后附赠的卡号和密码通过邮件形式发送到pishu@188.com,我们将验证您的信息,通过验证并成功注册后即可获得该本皮书的电子书。

(2) 如何获赠皮书数据库100元充值卡?

　　第1步：刮开附赠卡的密码涂层(左下);

　　第2步：登录皮书数据库网站(www.pishu.com.cn),注册成为皮书数据库用户,注册时请提供您的真实信息,以便您获得皮书俱乐部会员服务;

　　第3步：注册成功后登录,点击进入"会员中心";

　　第4步：点击"在线充值",输入正确的卡号和密码即可使用。

皮书俱乐部会员可享受社会科学文献出版社其他相关免费增值服务
您有任何疑问,均可拨打服务电话：010-59367227　QQ:1924151860
欢迎登录社会科学文献出版社官网(www.ssap.com.cn)和中国皮书网(www.pishu.cn)了解更多信息

法律声明

"皮书系列"(含蓝皮书、绿皮书、黄皮书)由社会科学文献出版社最早使用并对外推广,现已成为中国图书市场上流行的品牌,是社会科学文献出版社的品牌图书。社会科学文献出版社拥有该系列图书的专有出版权和网络传播权,其LOGO( )与"经济蓝皮书"、"社会蓝皮书"等皮书名称已在中华人民共和国工商行政管理总局商标局登记注册,社会科学文献出版社合法拥有其商标专用权。

未经社会科学文献出版社的授权和许可,任何复制、模仿或以其他方式侵害"皮书系列"和LOGO( )、"经济蓝皮书"、"社会蓝皮书"等皮书名称商标专用权的行为均属于侵权行为,社会科学文献出版社将采取法律手段追究其法律责任,维护合法权益。

欢迎社会各界人士对侵犯社会科学文献出版社上述权利的违法行为进行举报。电话:010-59367121,电子邮箱:fawubu@ssap.cn。

社会科学文献出版社

盘点年度资讯　预测时代前程

社会科学文献出版社

2013年
皮书系列

权威·前沿·原创

社会科学文献出版社
SOCIAL SCIENCES ACADEMIC PRESS (CHINA)

社长致辞

我们是图书出版者,更是人文社会科学内容资源供应商;

我们背靠中国社会科学院,面向中国与世界人文社会科学界,坚持为人文社会科学的繁荣与发展服务;

我们精心打造权威信息资源整合平台,坚持为中国经济与社会的繁荣与发展提供决策咨询服务;

我们以读者定位自身,立志让爱书人读到好书,让求知者获得知识;

我们精心编辑、设计每一本好书以形成品牌张力,以优秀的品牌形象服务读者,开拓市场;

我们始终坚持"创社科经典,出传世文献"的经营理念,坚持"权威、前沿、原创"的产品特色;

我们"以人为本",提倡阳光下创业,员工与企业共享发展之成果;

我们立足于现实,认真对待我们的优势、劣势,我们更着眼于未来,以不断的学习与创新适应不断变化的世界,以不断的努力提升自己的实力;

我们愿与社会各界友好合作,共享人文社会科学发展之成果,共同推动中国学术出版乃至内容产业的繁荣与发展。

社会科学文献出版社社长
中国社会学会秘书长

2013 年 1 月

社会科学文献出版社　　　皮书系列

"皮书"起源于十七、十八世纪的英国，主要指官方或社会组织正式发表的重要文件或报告，多以"白皮书"命名。在中国，"皮书"这一概念被社会广泛接受，并被成功运作、发展成为一种全新的出版形态，则源于中国社会科学院社会科学文献出版社。

皮书是对中国与世界发展状况和热点问题进行年度监测，以专家和学术的视角，针对某一领域或区域现状与发展态势展开分析和预测，具备权威性、前沿性、原创性、实证性、时效性等特点的连续性公开出版物，由一系列权威研究报告组成。皮书系列是社会科学文献出版社编辑出版的蓝皮书、绿皮书、黄皮书等的统称。

皮书系列的作者以中国社会科学院、著名高校、地方社会科学院的研究人员为主，多为国内一流研究机构的权威专家学者，他们的看法和观点代表了学界对中国与世界的现实和未来最高水平的解读与分析。

自 20 世纪 90 年代末推出以经济蓝皮书为开端的皮书系列以来，至今已出版皮书近 800 部，内容涵盖经济、社会、政法、文化传媒、行业、地方发展、国际形势等领域。皮书系列已成为社会科学文献出版社的著名图书品牌和中国社会科学院的知名学术品牌。

皮书系列在数字出版和国际出版方面成就斐然。皮书数据库被评为"2008~2009 年度数字出版知名品牌"；经济蓝皮书、社会蓝皮书等十几种皮书每年还由国外知名学术出版机构出版英文版、俄文版、韩文版和日文版，面向全球发行。

2011 年，皮书系列正式列入"十二五"国家重点出版规划项目，一年一度的皮书年会升格由中国社会科学院主办；2012 年，部分重点皮书列入中国社会科学院承担的国家哲学社会科学创新工程项目。

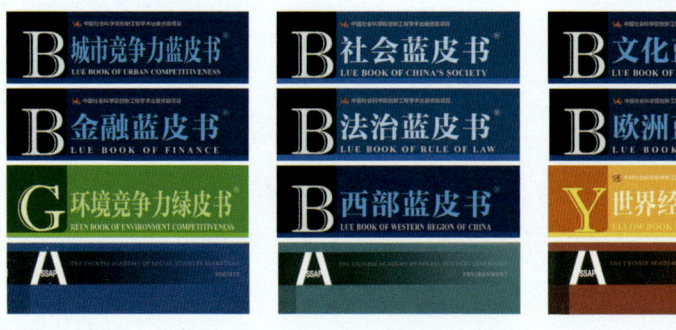

经济类　　 皮书系列 重点推荐

经 济 类

经济类皮书涵盖宏观经济、城市经济、大区域经济，提供权威、前沿的分析与预测

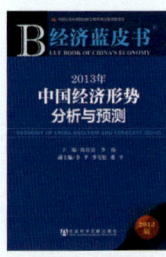

经济蓝皮书
2013年中国经济形势分析与预测（赠阅读卡）

陈佳贵　李 扬/主编　　2012年12月出版　　估价:59.00元

◆ 本书课题为"总理基金项目"，由著名经济学家陈佳贵、李扬领衔，联合数十家科研机构、国家部委和高等院校的专家共同撰写，其内容涉及宏观决策、财政金融、证券投资、工业调整、就业分配、对外贸易等一系列热点问题。本报告权威把脉中国经济2012年运行特征及2013年发展趋势。

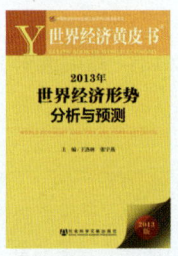

世界经济黄皮书
2013年世界经济形势分析与预测（赠阅读卡）

王洛林　张宇燕/主编　　2013年1月出版　　估价:59.00元

◆ 2012年全球经济复苏步伐明显放缓，发达国家复苏动力不足，主权债务危机的升级以及长期的低利率也大大压缩了财政与货币政策调控的空间。本书围绕因此而来的国际金融市场震荡频发、国际贸易与投资增长乏力等经济问题对世界经济进行了分析展望。

国家竞争力蓝皮书
中国国家竞争力报告No.2（赠阅读卡）

倪鹏飞/主编　　2013年4月出版　　估价:69.00元

◆ 本书运用有关竞争力的最新经济学理论，选取全球100个主要国家，在理论研究和计量分析的基础上，对全球国家竞争力进行了比较分析，并以这100个国家为参照系，指明了中国的位置和竞争环境，为研究中国的国家竞争力地位、制定全球竞争战略提供参考。

皮书系列重点推荐 经济类

城市竞争力蓝皮书
中国城市竞争力报告 No.11（赠阅读卡）
倪鹏飞／主编　　2013年5月出版　　估价：69.00元

◆ 本书由中国社会科学院城市与竞争力中心主任倪鹏飞主持编写，汇集了众多研究城市经济问题的专家学者关于城市竞争力研究的最新成果。本报告构建了一套科学的城市竞争力评价指标体系，采用第一手数据材料，对国内重点城市年度竞争力格局变化进行客观分析和综合比较、排名，对研究城市经济及城市竞争力极具参考价值。

城市蓝皮书
中国城市发展报告 No.6（赠阅读卡）
潘家华　魏后凯／主编　　2013年8月出版　　估价：59.00元

◆ 本书由中国社会科学院城市发展与环境研究所主编，以聚焦新时期中国城市发展中的民生问题为主题，紧密联系现阶段中国城镇化发展的客观要求，回顾总结中国城镇化进程中城市民生改善的主要成效，并对城市发展中的各种民生问题进行全面剖析，在此基础上提出了民生优先的城市发展思路，以及改善城市民生的对策建议。

农村绿皮书
中国农村经济形势分析与预测 (2012~2013)（赠阅读卡）
中国社会科学院农村发展研究所　国家统计局农村社会经济调查司／著
2013年4月出版　　估价：59.00元

◆ 本书对2012年中国农业和农村经济运行情况进行了系统的分析和评价，对2013年中国农业和农村经济发展趋势进行了预测，并提出相应的政策建议，专题部分将围绕某个重大的理论和现实问题进行多维、深入、细致的分析和探讨。

西部蓝皮书
中国西部经济发展报告 (2013)（赠阅读卡）
姚慧琴　徐璋勇／主编　　2013年7月出版　　估价：69.00元

◆ 本书由西北大学中国西部经济发展研究中心主编，汇集了源自西部本土以及国内研究西部问题的权威专家的第一手资料，对国家实施西部大开发战略进行年度动态跟踪，并对2013年西部经济、社会发展态势进行预测和展望。

经济类 — 皮书系列重点推荐

宏观经济蓝皮书
中国经济增长报告（2012~2013）（赠阅读卡）

张 平 刘霞辉／主编　2013年7月出版　估价：69.00元

◆ 本书由中国社会科学院经济研究所组织编写，独创了中国各省（区、市）发展前景评价体系，通过产出效率、经济结构、经济稳定、产出消耗、增长潜力等近60个指标对中国各省（区、市）发展前景进行客观评价，并就"十二五"时期中国经济面临的主要问题进行全面分析。

经济蓝皮书春季号
中国经济前景分析——2013年春季报告（赠阅读卡）

陈佳贵 李 扬／主编　2013年5月出版　估价：59.00元

◆ 本书是经济蓝皮书的姊妹篇，是中国社会科学院"中国经济形势分析与预测"课题组推出的又一重磅作品，在模型模拟与实证分析的基础上，从我国面临的国内外环境入手，对2013年春季及全年经济全局及工业、农业、财政、金融、外贸、就业等热点问题进行多角度考察与研究，并提出政策建议，具有较强的实用性、科学性和前瞻性。

就业蓝皮书
2013年中国大学生就业报告（赠阅读卡）

麦可思研究院／主编　王伯庆／主审　2013年6月出版　估价：98.00元

◆ 大学生就业是社会关注的热点和难点，本书是在麦可思研究院"中国2010届大学毕业生求职与工作能力调查"数据的基础上，由麦可思公司与西南财经大学共同完成的2013年度大学毕业生就业及重点产业人才分析报告。

国际城市蓝皮书
国际城市发展报告（2013）（赠阅读卡）

屠启宇／主编　2013年1月出版　估价：69.00元

◆ 国际城市蓝皮书是由上海社会科学院城市与区域研究中心主办，世界经济研究所国际政治经济学研究室协办的关于国际城市发展动态的年度报告，力求为中国城市发展的决策者、操作者、研究者和关注者把握与借鉴国际城市发展动态、规律和实践，提供及时、全面、权威的解读。

皮书系列
重点推荐

社会政法类

社 会 政 法 类

社会政法类皮书聚焦社会发展领域的热点、难点问题，提供权威、原创的资讯与视点

社会蓝皮书

2013年中国社会形势分析与预测（赠阅读卡）

汝 信　陆学艺　李培林／主编　　2012年12月出版　　估价：59.00元

◆ 本书为中国社会科学院核心学术品牌之一，荟萃中国社会科学院等众多学术单位的原创成果。本年度报告结合中共"十八大"会议精神，深入探讨中国迈向更加公平、公正的全面小康社会的路径。

法治蓝皮书

中国法治发展报告 No.11(2013)（赠阅读卡）

李　林／主编　　2013年3月出版　　估价:85.00元

◆ 本书是中国社会科学院法学研究所精心打造的年度报告。在多篇法治国情调研报告中，着力分析中国在立法、依法行政、预防与惩治腐败等方面的进展，并提出原创性箴言。

教育蓝皮书

中国教育发展报告 (2013)（赠阅读卡）

杨东平／主编　　2013年3月出版　　估价：59.00元

◆ 本书由著名教育学家杨东平担任主编，直面当前教育改革中出现的教育公平、高校教育结构调整、义务教育均衡发展、学校布局调整与校车系统建设等热点、难点问题，提供极具价值的学者建言。

社会政法类　　皮书系列 重点推荐

社会建设蓝皮书
2013年北京社会建设分析报告（赠阅读卡）
陆学艺　唐　军　张　荆/主编　2013年5月出版　估价:69.00元

◆ 本书由著名社会学家陆学艺领衔主编，依据社会学理论框架和分析方法，对北京市的人口、就业、分配、社会阶层以及城乡关系等社会学基本问题进行了广泛调研与分析，对广受社会关注的住房、教育、医疗、养老、交通等社会热点问题做了深刻了解与剖析，对日益显现的征地搬迁、外籍人口管理、群体性心理障碍等进行了有益探讨。

政治参与蓝皮书
中国政治参与报告(2013)（赠阅读卡）
房　宁/主编　2013年7月出版　估价:58.00元

◆ 本书是国内第一本运用社会科学数据对"中国公民政策参考"进行持续研究的年度报告，依据全国性问卷调查数据，对中国公民的政策参与客观状况和政策参与主观状况作了总体说明，并对不同性别、不同年龄、不同学历、不同政治面貌、不同职业、不同区域、不同收入的公民群体的政策参与客观状况和主观状况作了具体说明。

社会心态蓝皮书
中国社会心态研究报告(2012~2013)（赠阅读卡）
王俊秀　杨宜音/主编　　2012年12月出版　　估价:59.00元

◆ 本书由中国社会科学院社会学研究所社会心理研究中心编撰，从社会感受、价值观念、行为倾向等方面对于生活压力感、社会支持感、经济变动感受、微博使用行为、心理危机干预等问题，用社会心理学、社会学、经济学、传播学等多种学科的方法角度进行了调查和研究，深入揭示了我国社会心态状况。

城乡统筹蓝皮书
中国城乡统筹发展报告(2013)（赠阅读卡）
程志强　潘晨光/主编　　2013年3月出版　　估价:59.00元

◆ 全书客观地总结了各地城乡统筹发展进程中的经验，详细论述了统筹城乡经济社会发展的理论基础，从多个角度对新时期加快我国城乡统筹发展进程进行了深入的研究与探讨。

皮书系列 重点推荐 社会政法类

环境绿皮书
中国环境发展报告(2013)（赠阅读卡）
杨东平 / 主编　　2013 年 4 月出版　　估价 :69.00 元

◆ 本书由民间环保组织"自然之友"组织编写,由特别关注、生态保护、宜居城市、可持续消费以及政策与治理等版块构成,以公共利益的视角记录、审视和思考中国环境状况,呈现 2013 年中国环境与可持续发展领域的全局态势,用深刻的思考、科学的数据分析 2012 年的环境热点事件。

环境竞争力绿皮书
中国省域环境竞争力发展报告(2010~2012)（赠阅读卡）
李建平　李闽榕　王金南 / 主编　　2013 年 3 月出版　　估价 :148.00 元

◆ 本报告融马克思主义经济学、环境科学、生态学、统计学、计量经济学和人文地理学等理论和方法为一体,充分运用数理分析、空间分析以及规范分析与实证分析相结合的方法,构建了比较科学完善、符合中国国情的环境竞争力指标评价体系,对中国内地 31 个省级区域的环境竞争力进行全面、深入的比较分析和评价。

反腐倡廉蓝皮书
中国反腐倡廉建设报告 No.3（赠阅读卡）
李秋芳 / 主编　　2013 年 8 月出版　　估价 : 59.00 元

◆ 本书从"惩治与专项治理、多主体综合监督、公共权力规制、公共资金资源资产监管、公职人员诚信管理、社会廉洁文化建设"六个方面对全国反腐倡廉建设进程与效果进行了综述,结合实地调研和问卷调查,反映了社会公众关注的难点焦点问题,并从理念和举措上提出建议。

行业报告类

行业报告类皮书立足重点行业、新兴行业领域，提供及时、前瞻的数据与信息

金融蓝皮书
中国金融发展报告（2013）（赠阅读卡）

李扬 王国刚／主编　2012年12月出版　估价：59.00元

◆ 本书由中国社会科学院金融研究所主编，对2012年中国金融业总体发展状况进行回顾和分析，聚焦国际及国内金融形势的新变化，解析中国货币政策、银行业、保险业和证券期货业的发展状况，预测中国金融发展的最新动态，包括投资基金、保险业发展和金融监管等。

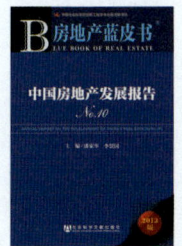

房地产蓝皮书
中国房地产发展报告 No.10（赠阅读卡）

潘家华　李景国／主编　2013年5月出版　估价：69.00元

◆ 本书由中国社会科学院城市发展与环境研究所组织编写，秉承客观公正、科学中立的原则，深度解析2012年中国房地产发展的形势和存在的主要矛盾，并预测2013年中国房价走势及房地产市场发展大势。观点精辟，数据翔实，对关注房地产市场的各阶层人士极具参考价值。

住房绿皮书
中国住房发展报告（2012~2013）（赠阅读卡）

倪鹏飞／主编　2012年12月出版　估价：69.00元

◆ 本书从宏观背景、市场体系和公共政策等方面，对中国住房市场作全面系统的分析、预测与评价。在评述2012年住房市场走势的基础上，预测2013年中国住房市场的发展变化；通过构建中国住房指数体系，量化评估住房市场各关键领域的发展状况；剖析中国住房市场发展所面临的主要问题与挑战，并给出政策建议。

旅游绿皮书
2013年中国旅游发展分析与预测（赠阅读卡）
张广瑞 刘德谦 宋 瑞／主编　2013年5月出版　　估价:69.00元

◆ 本书由中国社会科学院旅游研究中心组织编写，从2012年国内外发展环境入手，深度剖析20112年我国旅游业的跌宕起伏以及背后错综复杂的影响因素，聚焦旅游相关行业的运行特征以及相关政策实施，对旅游发展的热点问题给出颇具见地的分析，并提出促进我国旅游业发展的对策建议。

产业蓝皮书
中国产业竞争力报告(2013) No.3（赠阅读卡）
张其仔／主编　　2013年12月出版　　估价:79.00元

◆ 本书对中国产业竞争力的最新变化进行了系统分析，对2012年中国产业竞争力的走势进行了展望，对各省、56个地区和44个园区的产业国际竞争力进行了评估，是了解中国产业竞争力、各地产业竞争力最新变化的支撑平台。

能源蓝皮书
中国能源发展报告(2013)（赠阅读卡）
崔民选／主编　　2013年7月出版　　估价:79.00元

◆ 本书结合中国经济面临转型的新形势，着眼于构建安全稳定、经济清洁的现代能源产业体系，盘点2012年中国能源行业的运行和发展走势，对2012年我国能源产业和各行业的运行特征、热点问题进行了深度剖析，并提出了未来趋势预测和对策建议。

 文化传媒类 皮书系列 重点推荐

文化传媒类

文化传媒类皮书透视文化领域、文化产业，探索文化大繁荣、大发展的路径

文化蓝皮书
中国文化产业发展报告(2012~2013)（赠阅读卡）

张晓明　胡惠林　章建刚/主编　2013年1月出版　估价:59.00元

◆ 本书是由中国社会科学院文化研究中心和文化部、上海交通大学共同编写的第10本中国文化产业年度报告。内容涵盖了我国文化产业分析及政策分析，既有对2012年文化产业发展形势的评估，又有对2013年发展趋势的预测；既有对全国文化产业宏观形势的评估，又有对文化产业内各行业的权威年度报告。

传媒蓝皮书
2013年：中国传媒产业发展报告（赠阅读卡）

崔保国/主编　2013年4月出版　估价:69.00元

◆ 本书云集了清华大学、人民大学等众多权威机构的知名学者，对2012年中国传媒产业发展进行全面分析。剖析传统媒体转型过程中，中国传媒界的思索与实践；立足全球传媒产业发展现状，探索我国传媒产业向支柱产业发展面临的路径；并为提升国际传播能力提供前瞻性研究与观点。

新媒体蓝皮书
中国新媒体发展报告No.4(2013)（赠阅读卡）

尹韵公/主编　2013年5月出版　估价:69.00元

◆ 本书由中国社会科学院新闻与传播研究所和上海大学合作编写，在构建新媒体发展研究基本框架的基础上，全面梳理2012年中国新媒体发展现状，发表最前沿的网络媒体深度调查数据和研究成果，并对新媒体发展的未来趋势做出预测。

国别与地区类

国别与地区类

国别与地区类皮书关注全球重点国家与地区，
提供全面、独特的解读与研究

国际形势黄皮书

全球政治与安全报告 (2013)（赠阅读卡）

李慎明　张宇燕/主编　　2012年12月出版　　估价:59.00元

◆ 本书是由中国社会科学院世界经济与政治研究所精心打造的又一品牌皮书，关注时下国际关系发展动向里隐藏的中长期趋势，剖析全球政治与安全格局下的国际形势最新动向以及国际关系发展的热点问题，并对2013年国际社会重大动态作出前瞻性的分析与预测。

美国蓝皮书

美国问题研究报告 (2013)（赠阅读卡）

黄　平　倪　峰/主编　　2013年6月出版　　估价:69.00元

◆ 本书由中华美国学会和中国社会科学院美国研究所组织编写，从美国内政、外交、中美关系等角度系统论述2013年美国政治经济发展情况，既有对美国当今实力、地位的宏观分析，也有对美国近年来内政、外交政策的微观考察，对观察和研究美国及中美关系具有较强的参考作用。

欧洲蓝皮书

欧洲发展报告 (2012~2013)（赠阅读卡）

周　弘/主编　　2013年3月出版　　估价:79.00元

◆ 欧洲长期积累的财政和债务问题，终于在世界金融危机的冲击下转变成主权债务危机。在采取紧急应对危机举措的同时，欧盟还提出一系列经济治理方案。正当欧盟内部为保卫欧元而苦苦奋战之时，欧盟却在对外战线上成功地完成对利比亚的一场战争。关注欧洲蓝皮书，关注欧盟局势。

 地方发展类　　　皮书系列 重点推荐

地方发展类

地方发展类皮书关注大陆各省份、经济区域，提供科学、多元的预判与咨政信息

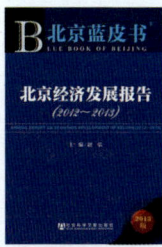

北京蓝皮书
北京经济发展报告(2012~2013)（赠阅读卡）

赵　弘 / 主编　　2013年5月出版　　估价：59.00元

◆ 本书是北京蓝皮书系列之一种，研创团队北京市社会科学院紧紧围绕北京市年度经济社会发展的目标，突出对北京市经济社会发展中全局性、战略性、倾向性的重点、热点、难点问题进行分析和预测的综合研究成果。

北京蓝皮书
北京社会发展报告(2012~2013)（赠阅读卡）

戴建中 / 主编　　2013年6月出版　　估价：59.00元

◆ 本书是北京蓝皮书系列之一种，研创团队以北京市社会科学院研究人员为主，同时邀请北京市党政机关和大学的专家学者参加。本书为北京市政策制定和执行提供了依据和思路，为了解中国首都的社会现状贡献了丰富的资料和解读，具有一定的影响力，因持续追踪社会热点问题而引起广泛的关注。

上海蓝皮书
上海经济发展报告(2013)（赠阅读卡）

沈开艳 / 主编　　2013年1月出版　　估价：59.00元

◆ 本书是上海蓝皮书系列之一种，围绕上海如何实现经济转型问题展开，通过对复苏缓慢的国际经济大环境、趋于紧缩的国内宏观经济背景的深入分析，认为上海迫切需要解决而又密切相关的现实问题是"增长动力转型"与"产业发展转型"两大核心。

皮书系列 重点推荐　地方发展类

上海蓝皮书
上海社会发展报告 (2013)（赠阅读卡）

卢汉龙　周海旺 / 主编　2013 年 1 月出版　估价：59.00 元

◆　本书是上海蓝皮书系列之一种，围绕机制创新、社会政策、社会组织等方面，对上海近年来的社会热点问题进行了调研，在总结现有状况及成因的基础上，提出了一些建议与对策，关注了上海的主要社会问题，可为决策层制订相关政策提供借鉴。

河南蓝皮书
河南经济发展报告 (2013)（赠阅读卡）

喻新安 / 主编　2013 年 1 月出版　估价：59.00 元

◆　本书是河南蓝皮书系列之一种，由河南省社会科学院主持编撰，以中原经济区"三化"协调科学发展为主题，深入全面地分析了当前河南经济发展的主要特点以及 2012 年的走势，全方位、多角度研究和探讨了河南探索"三化"协调发展的举措及成效，并对河南积极构建中原经济区建设提出了对策建议。

甘肃蓝皮书
甘肃省经济发展分析与预测 (2013)（赠阅读卡）

朱智文　罗哲 / 主编　2012 年 12 月出版　估价：69.00 元

◆　本书是甘肃蓝皮书系列之一种，近年来甘肃经济社会发展的年度综合性研究成果之一，是对不同时期甘肃省实现区域创新和改革开放的年度总结。全书以特有的方式将经济运行情况、预测分析、政策建议三者结合起来，在科学分析经济发展形势的基础上为甘肃未来经济发展做出了科学预测及提出政策建议。

经济类

城市竞争力蓝皮书
中国城市竞争力报告No.11
著(编)者：倪鹏飞　2013年5月出版 / 估价：69.00元

城市蓝皮书
中国城市发展报告NO.6
著(编)者：潘家华　魏后凯　2013年8月出版 / 估价：59.00元

城乡一体化蓝皮书
中国城乡一体化发展报告(2013)
著(编)者：汝信　付崇兰　2013年8月出版 / 估价：59.00元

低碳发展蓝皮书
中国低碳发展报告(2012~2013)
著(编)者：齐晔　2013年7月出版 / 估价：69.00元

低碳经济蓝皮书
中国低碳经济发展报告(2013)
著(编)者：薛进军　赵忠秀　2013年7月出版 / 估价：98.00元

东北蓝皮书
中国东北地区发展报告(2013)
著(编)者：张新颖　2013年8月出版 / 估价：79.00元

发展和改革蓝皮书
中国经济发展和体制改革报告No.6
著(编)者：邹东涛　2013年7月出版 / 估价：75.00元

国际城市蓝皮书
国际城市发展报告(2013)
著(编)者：屠启宇　2013年1月出版 / 估价：69.00元

国家竞争力蓝皮书
中国国家竞争力报告No.2
著(编)者：倪鹏飞　2013年4月出版 / 估价：69.00元

宏观经济蓝皮书
中国经济增长报告(2012~2013)
著(编)者：张平　刘霞辉　2013年7月出版 / 估价：69.00元

减贫蓝皮书
中国减贫与社会发展报告
著(编)者：黄承伟　2013年7月出版 / 估价：59.00元

金融蓝皮书
中国金融发展报告(2013)
著(编)者：李扬　王国刚　2012年12月出版 / 估价：59.00元

经济蓝皮书
2013年中国经济形势分析与预测
著(编)者：陈佳贵　李扬　2012年12月出版 / 估价：59.00元

经济蓝皮书春季号
中国经济前景分析——2013年春季报告
著(编)者：陈佳贵　李扬　2013年5月出版 / 估价：59.00元

经济信息绿皮书
中国与世界经济发展报告(2013)
著(编)者：王长胜　2012年12月出版 / 估价：69.00元

就业蓝皮书
2013年中国大学生就业报告
著(编)者：麦可思研究院　王伯庆　2013年6月出版 / 估价：98.00元

民营经济蓝皮书
中国民营经济发展报告No.10（2012~2013）
著(编)者：黄孟复　2013年9月出版 / 估价：69.00元

农村绿皮书
中国农村经济形势分析与预测(2012~2013)
著(编)者：中国社会科学院农村发展研究所
　　　　　国家统计局农村社会经济调查司
2013年4月出版 / 估价：59.00元

企业公民蓝皮书
中国企业公民报告NO.3
著(编)者：邹东涛　2013年7月出版 / 估价：59.00元

企业社会责任蓝皮书
中国企业社会责任研究报告(2013)
著(编)者：陈佳贵　黄群慧　彭华岗　钟宏武
2012年11月出版 / 估价：59.00元

区域蓝皮书
中国区域经济发展报告(2012~2013)
著(编)者：戚本超　景体华　2013年4月出版 / 估价：69.00元

人口与劳动绿皮书
中国人口与劳动问题报告No.14
著(编)者：蔡昉　2013年6月出版 / 估价：69.00元

生态城市绿皮书
中国生态城市建设发展报告(2013)
著(编)者：李景源　孙伟平　刘举科　2013年3月出版 / 估价：128.00元

西北蓝皮书
中国西北发展报告(2013)
著(编)者：杨尚勤　石英　王建康　2013年3月出版 / 估价：65.00元

西部蓝皮书
中国西部发展报告(2013)
著(编)者：姚慧琴　徐璋勇　2013年7月出版 / 估价：69.00元

长三角蓝皮书
全球格局变化中的长三角
著(编)者：王战　2013年6月出版 / 估价：69.00元

中部竞争力蓝皮书
中国中部经济社会竞争力报告(2013)
著(编)者：教育部人文社会科学重点研究基地
　　　　　南昌大学中国中部经济社会发展研究中心
2013年10月出版 / 估价：59.00元

中部蓝皮书
中国中部地区发展报告（2013~2014）
著(编)者：喻新安　2013年10月出版 / 估价：59.00元

中国省域竞争力蓝皮书
中国省域经济综合竞争力发展报告(2012~2013)
著(编)者：李建平　李闽榕　高燕京
2013年3月出版 / 估价：198.00元

皮书系列 2013全品种
经济类·社会政法类

中小城市绿皮书
中国中小城市发展报告(2013)
著(编)者：中国城市经济学会中小城市经济发展委员会
《中国中小城市发展报告》编纂委员会
2013年8月出版 / 估价：98.00元

珠三角流通蓝皮书
珠三角流通业发展报告(2013)
著(编)者：王先庆 林至颖 2013年8月出版 / 估价：69.00元

社会政法类

殡葬绿皮书
中国殡葬事业发展报告(2013)
著(编)者：朱勇 李伯森 2013年3月出版 / 估价：59.00元

公益蓝皮书
中国公益发展报告(2013)
著(编)者：朱健刚 2013年5月出版 / 估价：78.00元

城市生活质量蓝皮书
中国城市生活质量指数报告(2013)
著(编)者：张平 2013年7月出版 / 估价：59.00元

国际人才蓝皮书
中国海归创业发展报告(2013)No.2
著(编)者：王辉耀 路江涌 2013年6月出版 / 估价：69.00元

城乡统筹蓝皮书
中国城乡统筹发展报告(2013)
著(编)者：程志强 潘晨光 2013年3月出版 / 估价：59.00元

国际人才蓝皮书
中国留学发展报告(2013) No.2
著(编)者：王辉耀 2013年8月出版 / 估价：59.00元

创新蓝皮书
创新型国家建设报告(2012~2013)
著(编)者：詹正茂 2013年7月出版 / 估价：69.00元

行政改革蓝皮书
中国行政体制改革报告(2013)No.3
著(编)者：魏礼群 2013年3月出版 / 估价：69.00元

慈善蓝皮书
中国慈善发展报告(2013)
著(编)者：杨团 2013年7月出版 / 估价：69.00元

华侨华人蓝皮书
华侨华人研究报告(2013)
著(编)者：丘进 2013年5月出版 / 估价：128.00元

法治蓝皮书
中国法治发展报告No.11(2013)
著(编)者：李林 2013年3月出版 / 估价：85.00元

环境竞争力绿皮书
中国省域环境竞争力发展报告(2010~2012)
著(编)者：李建平 李闽榕 王金南
2013年3月出版 / 估价：148.00元

反腐倡廉蓝皮书
中国反腐倡廉建设报告No.3
著(编)者：李秋芳 2013年8月出版 / 估价：59.00元

环境绿皮书
中国环境发展报告(2013)
著(编)者：杨东平 2013年4月出版 / 估价：69.00元

非传统安全蓝皮书
中国非传统安全研究报告(2012~2013)
著(编)者：余潇枫 2013年7月出版 / 估价：69.00元

教师蓝皮书
中国中小学教师发展报告(2013)
著(编)者：曾晓东 2013年3月出版 / 估价：59.00元

妇女发展蓝皮书
福建省妇女发展报告(2013)
著(编)者：刘群英 2013年10月出版 / 估价：58.00元

教育蓝皮书
中国教育发展报告(2013)
著(编)者：杨东平 2013年2月出版 / 估价：59.00元

妇女发展蓝皮书
中国妇女发展报告No.5
著(编)者：王金玲 高小贤 2013年5月出版 / 估价：65.00元

金融监管蓝皮书
中国金融监管报告2013
著(编)者：胡滨 2013年5月出版 / 估价：59.00元

妇女教育蓝皮书
中国妇女教育发展报告No.3
著(编)者：张李玺 2013年10月出版 / 估价：69.00元

科普蓝皮书
中国科普基础设施发展报告(2013)
著(编)者：任福君 2013年4月出版 / 估价：79.00元

公共服务蓝皮书
中国城市基本公共服务力评价(2012~2013)
著(编)者：侯惠勤 辛向阳 易定宏 出版时间：2013年 / 估价：55.00元

口腔健康蓝皮书
中国口腔健康发展报告(2013)
著(编)者：胡德渝 2013年12月出版 / 估价：59.00元

皮书系列 2013全品种 — 社会政法类

老龄蓝皮书
中国老龄事业发展报告(2013)
著(编)者:吴玉韶　2013年4月出版 / 估价:59.00元

民间组织蓝皮书
中国民间组织报告(2012~2013)
著(编)者:黄晓勇　2013年4月出版 / 估价:69.00元

民族蓝皮书
中国民族区域自治发展报告(2013)
著(编)者:郝时远　2013年7月出版 / 估价:98.00元

女性生活蓝皮书
中国女性生活状况报告No.7(2013)
著(编)者:韩湘景　2013年10月出版 / 估价:78.00元

气候变化绿皮书
应对气候变化报告(2013)
著(编)者:王伟光　郑国光　2013年11月出版 / 估价:59.00元

汽车社会蓝皮书
中国汽车社会发展报告(2013)
著(编)者:王俊秀　2013年6月出版 / 估价:59.00元

青少年蓝皮书
中国未成年人新媒体运用报告(2012~2013)
著(编)者:李文革　沈　杰　季为民
2013年7月出版 / 估价:69.00元

人才竞争力蓝皮书
中国区域人才竞争力报告(2013)
著(编)者:桂昭明　王辉耀　2013年2月出版 / 估价:69.00元

人才蓝皮书
中国人才发展报告(2013)
著(编)者:潘晨光　2013年8月出版 / 估价:79.00元

人权蓝皮书
中国人权事业发展报告No.3(2013)
著(编)者:李君如　2013年11月出版 / 估价:98.00元

社会保障绿皮书
中国社会保障发展报告(2013)No.6
著(编)者:王延中　2013年4月出版 / 估价:69.00元

社会工作蓝皮书
中国社会工作发展报告(2012~2013)
著(编)者:蒋昆生　戚学森　2013年7月出版 / 估价:59.00元

社会管理蓝皮书
中国社会管理创新报告No.2
著(编)者:连玉明　2013年9月出版 / 估价:79.00元

社会建设蓝皮书
2013年北京社会建设分析报告
著(编)者:陆学艺　唐　军　张　荆
2013年5月出版 / 估价:69.00元

社会科学蓝皮书
中国社会科学学术前沿(2012~2013)
著(编)者:高　翔　2013年9月出版 / 估价:69.00元

社会蓝皮书
2013年中国社会形势分析与预测
著(编)者:汝　信　陆学艺　李培林
2012年12月出版 / 估价:59.00元

社会心态蓝皮书
中国社会心态研究报告(2012~2013)
著(编)者:王俊秀　杨宜音　2012年12月出版 / 估价:59.00元

生态文明绿皮书
中国省域生态文明建设评价报告(2013)
著(编)者:严　耕　2013年10月出版 / 估价:98.00元

食品药品蓝皮书
食品药品安全与监管政策研究报告(2013)
著(编)者:唐民皓　2013年6月出版 / 估价:69.00元

世界创新竞争力黄皮书
世界创新竞争力发展报告(2012~2013)
著(编)者:李建平　李闽榕　赵新力
2013年11月出版 / 估价:79.00元

世界社会主义黄皮书
世界社会主义跟踪研究报告(2012~2013)
著(编)者:李慎明　2013年3月出版 / 估价:99.00元

危机管理蓝皮书
中国危机管理报告(2013)
著(编)者:文学国　范正青　2013年12月出版 / 估价:79.00元

小康蓝皮书
中国全面建设小康社会监测报告(2013)
著(编)者:潘　璠　2013年11月出版 / 估价:59.00元

形象危机应对蓝皮书
形象危机应对研究报告(2013)
著(编)者:唐　钧　2013年9月出版 / 估价:118.00元

舆情蓝皮书
中国社会舆情与危机管理报告(2013)
著(编)者:谢耘耕　2013年8月出版 / 估价:78.00元

政治参与蓝皮书
中国政治参与报告(2013)
著(编)者:房　宁　2013年7月出版 / 估价:58.00元

宗教蓝皮书
中国宗教报告(2013)
著(编)者:金　泽　邱永辉　2013年7月出版 / 估价:59.00元

皮书系列 2013全品种 行业报告类

行业报告类

保健蓝皮书
中国保健服务产业发展报告No.2
著(编)者:中国保健协会　中共中央党校
2013年7月出版 / 估价:198.00元

保健蓝皮书
中国保健食品产业发展报告No.2
著(编)者:中国保健协会
　　　　中国社会科学院食品药品产业发展与监管研究中心
2013年3月出版 / 估价:198.00元

保健蓝皮书
中国保健用品产业发展报告No.2
著(编)者:中国保健协会　2013年3月出版 / 估价:198.00元

保险蓝皮书
中国保险业竞争力报告(2013)
著(编)者:罗忠敏　2013年7月出版 / 估价:89.00元

餐饮产业蓝皮书
中国餐饮产业发展报告(2013)
著(编)者:中国烹饪协会　中国社会科学院财经战略研究院
2013年5月出版 / 估价:60.00元

测绘地理信息蓝皮书
中国地理信息产业发展报告(2013)
著(编)者:徐德明　2013年12月出版 / 估价:98.00元

茶业蓝皮书
中国茶产业发展报告 (2013)
著(编)者:李闽榕　杨江帆　2013年11月出版 / 估价:79.00元

产权市场蓝皮书
中国产权市场发展报告(2012~2013)
著(编)者:曹和平　2013年12月出版 / 估价:69.00元

产业安全蓝皮书
中国保险产业安全报告(2013)
著(编)者:李孟刚　2013年10月出版 / 估价:59.00元

产业安全蓝皮书
中国产业外资控制报告(2012~2013)
著(编)者:李孟刚　2013年10月出版 / 估价:69.00元

产业安全蓝皮书
中国金融产业安全报告(2013)
著(编)者:李孟刚　2013年10月出版 / 估价:69.00元

产业安全蓝皮书
中国轻工业发展与安全报告(2013)
著(编)者:李孟刚　2013年10月出版 / 估价:69.00元

产业安全蓝皮书
中国私募股权产业安全与发展报告(2013)
著(编)者:李孟刚　2013年10月出版 / 估价:59.00元

产业安全蓝皮书
中国新能源产业发展与安全报告(2013)
著(编)者:北京交通大学中国产业安全研究中心
2013年3月出版 / 估价:69.00元

产业安全蓝皮书
中国能源产业安全报告(2013)
著(编)者:北京交通大学中国产业安全研究中心
2013年3月出版 / 估价:69.00元

产业安全蓝皮书
中国海洋产业安全报告(2012~2013)
著(编)者:北京交通大学中国产业安全研究中心
2013年3月出版 / 估价:59.00元

产业蓝皮书
中国产业竞争力报告(2013) NO.3
著(编)者:张其仔　2013年12月出版 / 估价:79.00元

电子商务蓝皮书
中国城市电子商务影响力报告(2013)
著(编)者:荆林波　2013年5月出版 / 估价:69.00元

电子政务蓝皮书
中国电子政务发展报告(2013)
著(编)者:洪毅　王长胜　2013年9月出版 / 估价:59.00元

杜仲产业绿皮书
中国杜仲种植与产业发展报告(2013)
著(编)者:胡文臻　杜红岩　2013年8月出版 / 估价:78.00元

房地产蓝皮书
中国房地产发展报告No.10
著(编)者:魏后凯　李景国　2013年5月出版 / 估价:69.00元

服务外包蓝皮书
中国服务外包发展报告(2012~2013)
著(编)者:王　力　刘春生　黄育华
2013年9月出版 / 估价:89.00元

工业设计蓝皮书
中国工业设计发展报告(2013)
著(编)者:王晓红　2013年7月出版 / 估价: 69.00元

会展经济蓝皮书
中国会展经济发展报告(2013)
著(编)者:过聚荣　2013年4月出版 / 估价:65.00元

皮书系列 2013全品种
行业报告类

会展蓝皮书
中外会展业动态评估年度报告(2013)
著(编)者：张 敏 2013年8月出版 / 估价：68.00元

基金会蓝皮书
中国基金会发展报告(2013)
著(编)者：刘忠祥 2013年7月出版 / 估价：79.00元

基金会绿皮书
中国基金会发展独立研究报告(2013)
著(编)者：基金会中心网 2013年11月出版 / 估价：49.00元

交通运输蓝皮书
中国交通运输业发展报告(2013)
著(编)者：崔民选 王军生 2013年6月出版 / 估价：69.00元

金融蓝皮书
中国金融发展报告(2013)
著(编)者：李 扬 王国刚 2012年12月出版 / 估价：59.00元

金融蓝皮书
中国金融中心发展报告(2012~2013)
著(编)者：王 力 黄育华 2013年10月出版 / 估价：59.00元

金融蓝皮书
中国商业银行竞争力报告(2013)
著(编)者：王松奇 2013年10月出版 / 估价：79.00元

金融监管蓝皮书
中国金融监管发展报告(2013)
著(编)者：胡 滨 2013年5月出版 / 估价：59.00元

科学传播蓝皮书
中国科学传播报告(2013)
著(编)者：詹正茂 2013年6月出版 / 估价：69.00元

口岸生态绿皮书
中国口岸地区生态文化发展报告No.1(2013)
著(编)者：胡文臻 刘 静 2013年8月出版 / 估价：78.00元

"老字号"蓝皮书
中国"老字号"企业发展报告No.3(2013)
著(编)者：张继焦 丁惠敏 黄忠彩
2013年10月出版 / 估价：69.00元

"两化"融合蓝皮书
中国"两化"融合发展报告(2013)
著(编)者：曹淑敏 工业和信息化部电信研究院
2013年8月出版 / 估价：98.00元

流通蓝皮书
湖南省商贸流通产业发展报告No.2
著(编)者：柳思维 2013年10月出版 / 估价：75.00元

流通蓝皮书
中国商业发展报告(2012~2013)
著(编)者：荆林波 2013年4月出版 / 估价：89.00元

旅游安全蓝皮书
中国旅游安全报告(2013)
著(编)者：郑向敏 谢朝武 2013年5月出版 / 估价：78.00元

旅游绿皮书
2013年中国旅游发展分析与预测
著(编)者：张广瑞 刘德谦 宋 瑞
2013年5月出版 / 估价：69.00元

贸易蓝皮书
中国贸易发展报告(2013)
著(编)者：荆林波 2013年5月出版 / 估价：49.00元

煤炭蓝皮书
中国煤炭工业发展报告No.5(2013)
著(编)者：岳福斌 2012年12月出版 / 估价：69.00元

煤炭市场蓝皮书
中国煤炭市场发展报告(2013)
著(编)者：曲剑午 2013年8月出版 / 估价：79.00元

民营医院蓝皮书
中国民营医院发展报告(2013)
著(编)者：陈绍福 王培舟 2013年9月出版 / 估价：89.00元

闽商蓝皮书
闽商发展报告(2013)
著(编)者：李闽榕 王日根 林 琛
2013年3月出版 / 估价：69.00元

能源蓝皮书
中国能源发展报告(2013)
著(编)者：崔民选 2013年7月出版 / 估价：79.00元

农产品流通蓝皮书
中国农产品流通产业发展报告(2013)
著(编)者：贾敬敦 王炳南 张玉玺 张鹏毅 陈丽华
2013年7月出版 / 估价：98.00元

期货蓝皮书
中国期货市场发展报告(2013)
著(编)者：荆林波 2013年7月出版 / 估价：69.00元

企业蓝皮书
中国企业竞争力报告(2013)
著(编)者：金 碚 2013年11月出版 / 估价：79.00元

汽车蓝皮书
中国汽车产业发展报告(2013)
著(编)者：国务院发展研究中心产业经济研究部
中国汽车工程学会 大众汽车集团（中国）
2013年7月出版 / 估价：79.00元

人力资源蓝皮书
中国人力资源发展报告(2012~2013)
著(编)者：吴 江 田小宝 2013年6月出版 / 估价：69.00元

软件和信息服务业蓝皮书
中国软件和信息服务业发展报告(2013)
著(编)者:洪京一 工业和信息化部电子科学技术情报研究所
2013年6月出版 / 估价:98.00元

商会蓝皮书
中国商会发展报告 No.5 (2013)
著(编)者:黄孟复 2013年8月出版 / 估价:59.00元

商品市场蓝皮书
中国商品市场发展报告(2013)
著(编)者:荆林波 2013年7月出版 / 估价:59.00元

私募市场蓝皮书
中国私募股权市场发展报告(2013)
著(编)者:曹和平 2013年10月出版 / 估价:69.00元

体育蓝皮书
中国体育产业发展报告(2012~2013)
著(编)者:江和平 张海潮 2013年5月出版 / 估价:69.00元

投资蓝皮书
中国投资发展报告(2013)
著(编)者:杨庆蔚 2013年3月出版 / 估价:79.00元

物联网蓝皮书
中国物联网发展报告(2013)
著(编)者:黄桂田 张全升 2013年10月出版 / 估价:80.00元

西部工业蓝皮书
中国西部工业发展报告(2013)
著(编)者:方行明 刘方健 姜 凌 等
2013年7月出版 / 估价:69.00元

西部金融蓝皮书
中国西部金融发展报告(2013)
著(编)者:李忠民 2013年10月出版 / 估价:69.00元

信息化蓝皮书
中国信息化形势分析与预测(2013)
著(编)者:周宏仁 2013年7月出版 / 估价:98.00元

休闲绿皮书
2013年中国休闲发展报告
著(编)者:刘德谦 唐 兵 宋 瑞
2013年5月出版 / 估价:59.00元

中国林业竞争力蓝皮书
中国省域林业竞争力发展报告No.3(2012~2013)(上下册)
著(编)者:郑传芳 李闽榕 张春霞 张会儒
2013年8月出版 / 估价:139.00元

中国农业竞争力蓝皮书
中国省域农业竞争力发展报告No.2 (2010~2012) (上下
著(编)者:郑传芳 宋洪远 李闽榕 张春霞
2013年7月出版 / 估价:128.00元

中国总部经济蓝皮书
中国总部经济发展报告(2013~2014)
著(编)者:赵 弘 2013年9月出版 / 估价:69.00元

住房绿皮书
中国住房发展报告(2012~2013)
著(编)者:倪鹏飞 2012年12月出版 / 估价:69.00元

资本市场蓝皮书
中国场外交易市场发展报告(2012~2013)
著(编)者:高 峦 2013年2月出版 / 估价:79.00元

文化传媒类

传媒蓝皮书
2013年:中国传媒产业发展报告
著(编)者:崔保国 2013年4月出版 / 估价:69.00元

创意城市蓝皮书
北京文化创意产业发展报告(2013)
著(编)者:张京成 王国华 2013年3月出版 / 估价:69.00元

创意城市蓝皮书
青岛文化创意产业发展报告(2013)
著(编)者:马 达 2013年5月出版 / 估价:69.00元

动漫蓝皮书
中国动漫产业发展报告(2013)
著(编)者:卢 斌 郑玉明 牛兴侦
2013年4月出版 / 估价:69.00元

广电蓝皮书
中国广播电影电视发展报告(2013)
著(编)者:庞井君 2013年6月出版 / 估价:88.00元

广告主蓝皮书
中国广告主营销传播趋势报告N0.8
著(编):中国传媒大学广告主研究所
      中国广告主营销传播创新研究课题组
      黄升民 杜国清 邵华冬
2013年11月出版 / 估价:98.00元

纪录片蓝皮书
中国纪录片发展报告(2013)
著(编)者:何苏六 2013年10月出版 / 估价:78.00元

文化传媒类

两岸文化蓝皮书
两岸文化产业合作发展报告(2013)
著(编)者:胡惠林 肖夏勇 2013年7月出版 / 估价:59.00元

全球传媒蓝皮书
全球传媒产业发展报告(2013)
著(编)者:胡正荣 2013年1月出版 / 估价:79.00元

视听新媒体蓝皮书
中国视听新媒体发展报告(2013)
著(编)者:庞井君 2013年6月出版 / 估价:69.00元

文化创新蓝皮书
中国文化创新报告(2013)No.4
著(编)者:于 平 傅才武
2013年7月出版 / 估价:79.00元

文化蓝皮书
中国文化产业发展报告(2012~2013)
著(编)者:张晓明 胡惠林 章建刚
2013年1月出版 / 估价:59.00元

文化蓝皮书
中国城镇文化消费需求景气评价报告(2013)
著(编)者:王亚南 2013年5月出版 / 估价:79.00元

文化蓝皮书
中国公共文化服务发展报告(2013)
著(编)者:于 群 李国新 2013年10月出版 / 估价:98.00元

文化蓝皮书
中国文化消费需求景气评价报告(2013)
著(编)者:王亚南 2013年6月出版 / 估价:79.00元

文化蓝皮书
中国乡村文化消费需求景气评价报告(2013)
著(编)者:王亚南 2013年6月出版 / 估价:79.00元

文化蓝皮书
中国中心城市文化消费需求景气评价报告(2013)
著(编)者:王亚南 2013年5月出版 / 估价:79.00元

文化品牌蓝皮书
中国文化品牌发展报告(2013)
著(编)者:欧阳友权 2013年6月出版 / 估价:75.00元

文化软实力蓝皮书
中国文化软实力研究报告(2013)
著(编)者:张国祚 2013年7月出版 / 估价:79.00元

文化遗产蓝皮书
中国文化遗产事业发展报告(2013)
著(编)者:刘世锦 2013年9月出版 / 估价:79.00元

文学蓝皮书
中国文情报告(2012~2013)
著(编)者:白 烨 2013年1月出版 / 估价:59.00元

新媒体蓝皮书
中国新媒体发展报告No.4(2013)
著(编)者:尹韵公 2013年5月出版 / 估价:69.00元

移动互联网蓝皮书
中国移动互联网发展报告(2013)
著(编)者:官建文 2013年4月出版 / 估价:79.00元

国别与地区类

G20国家创新竞争力黄皮书
二十国集团(G20)国家创新竞争力发展报告(2013)
著(编)者:李建平 李闽榕 赵新力
2013年12月出版 / 估价:118.00元

澳门蓝皮书
澳门经济社会发展报告(2012~2013)
著(编)者:郝雨凡 吴志良 2013年4月出版 / 估价:69.00元

德国蓝皮书
德国发展报告(2013)
著(编)者:李乐曾 郑春荣 2013年5月出版 / 估价:69.00元

东南亚蓝皮书
东南亚地区发展报告(2013)
著(编)者:王 勤 2013年11月出版 / 估价:59.00元

东盟蓝皮书
东盟发展报告(2013)
著(编)者:黄兴球 庄国土 2013年11月出版 / 估价:59.00元

俄罗斯黄皮书
俄罗斯发展报告(2013)
著(编)者:李永全 2013年9月出版 / 估价:69.00元

非洲黄皮书
非洲发展报告No.15(2012~2013)
著(编)者:张宏明 2013年7月出版 / 估价:79.00元

港澳珠三角蓝皮书
粤港澳区域合作与发展报告(2012~2013)
著(编)者:梁庆寅 陈广汉 2013年8月出版 / 估价:59.00元

国际形势黄皮书
全球政治与安全报告(2013)
著(编)者:李慎明 张宇燕 2012年12月出版 / 估价:59.00元

韩国蓝皮书
韩国发展报告(2013)
著(编)者:牛林杰 刘宝全 2013年6月出版 / 估价:69.00元

皮书系列 2013全品种

国别与地区类·地方发展类

拉美黄皮书
拉丁美洲和加勒比发展报告(2012~2013)
著(编)者:吴白乙 2013年5月出版 / 估价:79.00元

美国蓝皮书
美国问题研究报告(2013)
著(编)者:黄 平 倪 峰 2013年6月出版 / 估价:69.00元

欧亚大陆桥发展蓝皮书
欧亚大陆桥发展报告(2012~2013)
著(编)者:李忠民 2013年10月出版 / 估价:59.00元

欧洲蓝皮书
欧洲发展报告(2012~2013)
著(编)者:周 弘 2013年3月出版 / 估价:79.00元

日本经济蓝皮书
日本经济与中日经贸关系发展报告(2013)
著(编)者:王洛林 张季风 2013年5月出版 / 估价:79.00元

日本蓝皮书
日本发展报告(2013)
著(编)者:李 薇 2013年5月出版 / 估价:59.00元

上海合作组织黄皮书
上海合作组织发展报告(2013)
著(编)者:李进峰 吴宏伟 2013年7月出版 / 估价:79.00元

世界经济黄皮书
2013年世界经济形势分析与预测
著(编)者:王洛林 张宇燕 2013年1月出版 / 估价:59.00元

香港蓝皮书
香港发展报告(2013)
著(编)者:薛凤旋 2013年6月出版 / 估价:49.00元

新兴经济体蓝皮书
金砖国家发展报告(2013)——合作与崛起
著(编)者:林跃勤 周 文 2013年3月出版 / 估价:69.00元

亚太蓝皮书
亚太地区发展报告(2013)
著(编)者:李向阳 2013年1月出版 / 估价:59.00元

印度蓝皮书
印度国情报告(2012~2013)
著(编)者:吕昭义 2013年9月出版 / 估价:59.00元

越南蓝皮书
越南国情报告(2013)
著(编)者:吕余生 2013年7月出版 / 估价:65.00元

中亚黄皮书
中亚国家发展报告(2013)
著(编)者:孙 力 2013年6月出版 / 估价:79.00元

地方发展类

北部湾蓝皮书
泛北部湾合作发展报告(2013)
著(编)者:吕余生 2013年7月出版 / 估价:79.00元

北京蓝皮书
北京公共服务发展报告(2012~2013)
著(编)者:张耘 2013年3月出版 / 估价:65.00元

北京蓝皮书
北京经济发展报告(2012~2013)
著(编)者:赵弘 2013年5月出版 / 估价:59.00元

北京蓝皮书
北京社会发展报告(2012~2013)
著(编)者:戴建中 2013年6月出版 / 估价:59.00元

北京蓝皮书
北京文化发展报告(2012~2013)
著(编)者:李建盛 2013年4月出版 / 估价:69.00元

北京蓝皮书
中国社区发展报告(2013)
著(编)者:于燕燕 2013年6月出版 / 估价:59.00元

北京旅游绿皮书
北京旅游发展报告(2013)
著(编)者:鲁 勇 2013年10月出版 / 估价:98.00元

北京律师蓝皮书
北京律师发展报告NO.3(2013)
著(编)者:王隽 周塞军 2013年9月出版 / 估价:70.00元

北京人才蓝皮书
北京人才发展报告(2012~2013)
著(编)者:张志伟 2013年5月出版 / 估价:69.00元

城乡一体化蓝皮书
中国城乡一体化发展报告·北京卷(2012~2013)
著(编)者:张宝秀 黄序 2012年7月出版 / 估价:59.00元

大湄公河次区域蓝皮书
大湄公河次区域合作发展报告(2012~2013)
著(编)者:刘 稚 2013年4月出版 / 估价:69.00元

甘肃蓝皮书
甘肃省经济发展分析与预测(2013)
著(编)者:朱智文 罗 哲 2012年12月出版 / 估价:69.00元

地方发展类 — 皮书系列 2013全品种

甘肃蓝皮书
甘肃省社会发展分析与预测(2013)
著(编)者:安文华 包晓霞 2012年12月出版 / 估价:69.00元

甘肃蓝皮书
甘肃省舆情发展分析与预测(2013)
著(编)者:陈双梅 郝树声 2012年12月出版 / 估价:69.00元

甘肃蓝皮书
甘肃省县域社会发展分析与预测(2013)
著(编)者:魏胜文 柳民 曲玮
2012年12月出版 / 估价:69.00元

甘肃蓝皮书
甘肃省文化发展分析与预测(2013)
著(编)者:刘进军 周晓华 2012年12月出版 / 估价:69.00元

关中天水经济区蓝皮书
中国关中—天水经济区发展报告(2013)
著(编)者:李忠民 2013年7月出版 / 估价:59.00元

广东外经贸蓝皮书
广东对外经济贸易发展研究报告(2012~2013)
著(编)者:陈万灵 2013年3月出版 / 估价:65.00元

广西北部湾经济区蓝皮书
广西北部湾经济区开放开发报告(2013)
著(编)者:广西北部湾经济区规划建设管理委员会办公室
广西社会科学院 广西北部湾发展研究院
2013年7月出版 / 估价:69.00元

广州蓝皮书
2013年中国广州经济形势分析与预测
著(编)者:庾建设 郭志勇 沈奎
2013年6月出版 / 估价:69.00元

广州蓝皮书
2013年中国广州社会形势分析与预测
著(编)者:易佐永 杨秦 顾涧清
2013年7月出版 / 估价:69.00元

广州蓝皮书
广州城市国际化发展报告(2013)
著(编)者:朱名宏 2013年4月出版 / 估价:59.00元

广州蓝皮书
广州创新型城市发展报告(2013)
著(编)者:李江涛 2013年4月出版 / 估价:59.00元

广州蓝皮书
广州经济发展报告(2013)
著(编)者:李江涛 刘江华 2013年4月出版 / 估价:69.00元

广州蓝皮书
广州农村发展报告(2013)
著(编)者:李江涛 汤锦华 2013年4月出版 / 估价:59.00元

广州蓝皮书
广州汽车产业发展报告(2013)
著(编)者:李江涛 杨再高 2013年4月出版 / 估价:59.00元

广州蓝皮书
广州商贸业发展报告(2013)
著(编)者:陈家成 王旭东 荀振英
2013年4月出版 / 估价:69.00元

广州蓝皮书
广州文化创意产业发展报告(2013)
著(编)者:甘新 2013年3月出版 / 估价:59.00元

广州蓝皮书
中国广州城市建设发展报告(2013)
著(编)者:董皞 冼伟雄 李俊夫
2013年8月出版 / 估价:69.00元

广州蓝皮书
中国广州科技与信息化发展报告(2013)
著(编)者:庾建设 谢学宁 2013年8月出版 / 估价:59.00元

广州蓝皮书
中国广州文化创意产业发展报告(2013)
著(编)者:王晓玲 2013年8月出版 / 估价:59.00元

广州蓝皮书
中国广州文化发展报告(2013)
著(编)者:徐俊忠 汤应武 陆志强
2013年8月出版 / 估价:69.00元

贵州蓝皮书
贵州法治发展报告(2013)
著(编)者:吴大华 2013年4月出版 / 估价:69.00元

贵州蓝皮书
贵州社会发展报告(2013)
著(编)者:王兴骥 2013年4月出版 / 估价:59.00元

海峡经济区蓝皮书
海峡经济区发展报告(2013)
著(编)者:李闽榕 王秉安 谢明辉(台湾)
2013年10月出版 / 估价:78.00元

海峡西岸蓝皮书
海峡西岸经济区发展报告(2013)
著(编)者:福建省人民政府发展研究中心
2013年7月出版 / 估价:85.00元

杭州都市圈蓝皮书
杭州都市圈经济社会发展报告(2013)
著(编)者:辛薇 2013年7月出版 / 估价:59.00元

河南经济蓝皮书
2013年河南经济形势分析与预测
著(编)者:刘永奇 2013年2月出版 / 估价:65.00元

河南蓝皮书
2013年河南社会形势分析与预测
著(编)者:刘道兴 牛苏林 2013年1月出版 / 估价:59.00元

河南蓝皮书
河南城市发展报告(2013)
著(编)者:谷建全 王建国 2013年1月出版 / 估价:69.00元

皮书系列 2013全品种　地方发展类

河南蓝皮书
河南经济发展报告(2013)
著(编)者:喻新安　2013年1月出版 / 估价:59.00元

河南蓝皮书
河南文化发展报告(2013)
著(编)者:谷建全　卫绍生　2013年3月出版 / 估价:69.00元

黑龙江产业蓝皮书
黑龙江产业发展报告(2013)
著(编)者:于渤　2013年5月出版 / 估价:69.00元

黑龙江蓝皮书
黑龙江经济发展报告(2013)
著(编)者:曲伟　2013年5月出版 / 估价:69.00元

黑龙江蓝皮书
黑龙江社会发展报告(2013)
著(编)者:艾书琴　2013年1月出版 / 估价:65.00元

湖南城市蓝皮书
城市社会管理
著(编)者:罗海藩　2013年5月出版 / 估价:59.00元

湖南蓝皮书
2013年湖南产业发展报告
著(编)者:梁志峰　2013年5月出版 / 估价:89.00元

湖南蓝皮书
2013年湖南法治发展报告
著(编)者:梁志峰　2013年5月出版 / 估价:79.00元

湖南蓝皮书
2013年湖南经济展望
著(编)者:梁志峰　2013年5月出版 / 估价:79.00元

湖南蓝皮书
2013年湖南两型社会发展报告
著(编)者:梁志峰　2013年5月出版 / 估价:79.00元

湖南县域绿皮书
湖南县域发展报告No.2
著(编)者:朱有志　袁准　周小毛
2013年7月出版 / 估价:69.00元

江苏法治蓝皮书
江苏法治发展报告No.2(2013)
著(编)者:李力　龚廷泰　严海良
2013年7月出版 / 估价:88.00元

京津冀蓝皮书
京津冀区域一体化发展报告(2013)
著(编)者:文魁　祝尔娟　2013年3月出版 / 估价:89.00元

经济特区蓝皮书
中国经济特区发展报告(2013)
著(编)者:陶一桃　钟坚　2013年3月出版 / 估价:89.00元

辽宁蓝皮书
2013年辽宁经济社会形势分析与预测
著(编)者:曹晓峰　张晶　张卓民
2013年1月出版 / 估价:69.00元

内蒙古蓝皮书
内蒙古经济发展蓝皮书(2012~2013)
著(编)者:黄育华　2013年7月出版 / 估价:69.00元

浦东新区蓝皮书
上海浦东经济发展报告(2013)
著(编)者:左学金　陆沪根　2012年12月出版 / 估价:59.00元

青海蓝皮书
2013年青海经济社会形势分析与预测
著(编)者:赵宗福　2013年3月出版 / 估价:69.00元

人口与健康蓝皮书
深圳人口与健康发展报告(2013)
著(编)者:陆杰华　江捍平　2013年10月出版 / 估价:98.00元

山西蓝皮书
山西资源型经济转型发展报告(2013)
著(编)者:李志强　容和平　2013年3月出版 / 估价:79.00元

陕西蓝皮书
陕西经济发展报告(2013)
著(编)者:杨尚勤　石英　裴成荣
2013年3月出版 / 估价:65.00元

陕西蓝皮书
陕西社会发展报告(2013)
著(编)者:杨尚勤　石英　江波
2013年3月出版 / 估价:65.00元

陕西蓝皮书
陕西文化发展报告(2013)
著(编)者:杨尚勤　石英　王长寿
2013年3月出版 / 估价:59.00元

上海蓝皮书
上海传媒发展报告(2013)
著(编)者:强荧　焦雨虹　2013年1月出版 / 估价:59.00元

上海蓝皮书
上海法治发展报告(2013)
著(编)者:潘世伟　叶青　2012年12月出版 / 定价:69.00元

上海蓝皮书
上海经济发展报告(2013)
著(编)者:沈开艳　2013年1月出版 / 估价:59.00元

上海蓝皮书
上海社会发展报告(2013)
著(编)者:卢汉龙　周海旺　2013年1月出版 / 估价:59.00元

上海蓝皮书
上海文化发展报告(2013)
著(编)者:蒯大申　2013年1月出版 / 估价:59.00元

地方发展类

皮书系列 2013全品种

上海蓝皮书
上海文学发展报告(2013)
著(编)者:陈圣来　2013年1月出版　/　估价:59.00元

上海蓝皮书
上海资源环境发展报告(2013)
著(编)者:张仲礼　周冯琦　2013年1月出版　/　估价:59.00元

上海社会保障绿皮书
上海社会保障改革与发展报告(2012~2013)
著(编)者:汪泓　2013年1月出版　/　估价:65.00元

深圳蓝皮书
深圳经济发展报告(2013)
著(编)者:吴忠　2013年5月出版　/　估价:69.00元

深圳蓝皮书
深圳劳动关系发展报告(2013)
著(编)者:汤庭芬　2013年5月出版　/　估价:69.00元

深圳蓝皮书
深圳社会发展报告(2013)
著(编)者:吴忠　余智晟　2013年11月出版　/　估价:69.00元

温州蓝皮书
2013年温州经济社会形势分析与预测
著(编)者:胡瑞怀　王春光　2013年1月出版　/　估价:69.00元

武汉城市圈蓝皮书
武汉城市圈经济社会发展报告(2012~2013)
著(编)者:肖安民　2013年5月出版　/　估价:59.00元

武汉蓝皮书
武汉经济社会发展报告(2013)
著(编)者:刘志辉　2013年5月出版　/　估价:59.00元

扬州蓝皮书
扬州经济社会发展报告(2013)
著(编)者:张爱军　2013年1月出版　/　估价:78.00元

长株潭城市群蓝皮书
长株潭城市群发展报告(2013)
著(编)者:张萍　2013年6月出版　/　估价:69.00元

浙江蓝皮书
浙江金融业发展报告(2013)
著(编)者:刘仁伍　2013年4月出版　/　估价:69.00元

浙江蓝皮书
浙江民营经济发展报告(2013)
著(编)者:刘仁伍　2013年4月出版　/　估价:59.00元

浙江蓝皮书
浙江区域金融中心发展报告(2013)
著(编)者:刘仁伍　2013年4月出版　/　估价:79.00元

浙江蓝皮书
浙江市场经济发展报告(2013)
著(编)者:刘仁伍　2013年4月出版　/　估价:79.00元

郑州蓝皮书
2012~2013年郑州文化发展报告
著(编)者:王哲　2013年5月出版　/　估价:69.00元

中国省会经济圈蓝皮书
合肥经济圈经济社会发展报告No.4(2012~2013)
著(编)者:王开玉　等　2013年7月出版　/　估价:79.00元

中原蓝皮书
中原经济区发展报告(2013)
著(编)者:刘怀廉　2013年3月出版　/　估价:68.00元

社会科学文献出版社
SOCIAL SCIENCES ACADEMIC PRESS (CHINA)

社会科学文献出版社成立于1985年，是直属于中国社会科学院的人文社会科学专业学术出版机构。

成立以来，特别是1998年实施第二次创业以来，依托于中国社会科学院丰厚的学术出版和专家学者两大资源，坚持"创社科经典，出传世文献"的出版理念和"权威、前沿、原创"的产品定位，走学术产品的系列化、规模化、数字化、国际化、市场化经营道路，社会科学文献出版社先后策划出版了著名的图书品牌和学术品牌"皮书"系列、《列国志》、"社科文献精品译库"、"全球化译丛"、"气候变化与人类发展译丛"、"近世中国"等一大批既有学术影响又有市场价值的图书。

在国内原创著作、国外名家经典著作大量出版的同时，社会科学文献出版社长期致力于中国学术出版走出去，先后与荷兰博睿出版社合作面向海外推出了《经济蓝皮书》、《社会蓝皮书》等十余种皮书的英文版；此外，《从苦行者社会到消费者社会》、《二十世纪中国史纲》、《中华人民共和国法制史》等11种著作入选新闻出版总署"经典中国国际出版工程"。

面对数字化浪潮的冲击，社会科学文献出版社力图从内容资源和数字平台两个方面实现传统出版的再造，并先后推出了皮书数据库、列国志数据库、中国田野调查数据库等一系列数字产品。

在新的发展时期，社会科学文献出版社结合社会的需求、自身的条件以及行业的发展，提出了新的创业目标：精心打造人文社会科学成果推广平台，发展成为一家集图书、期刊、声像电子和数字出版物为一体，面向海内外高端读者和客户，具备独特竞争力的人文社会科学内容资源经营商和海内外知名的专业学术出版机构。

中国皮书网

发布皮书研创资讯,传播皮书精彩内容
引领皮书出版潮流,打造皮书服务平台

栏目设置:

- □ 资讯:皮书动态、皮书观点、皮书数据、皮书报道、皮书新书发布会、电子期刊
- □ 标准:皮书评论、皮书研究、皮书规范、皮书专家、编撰团队
- □ 服务:最新皮书、皮书书目、重点推荐、在线购书
- □ 链接:皮书数据库、皮书博客、皮书微博、出版社首页、在线书城
- □ 搜索:资讯、图书、研究动态
- □ 互动:皮书论坛

www.pishu.cn

中国皮书网依托皮书系列"权威、前沿、原创"的优质内容资源,通过文字、图片、音频、视频等多种元素,在皮书研创者、使用者之间搭建了一个成果展示、资源共享的互动平台。

自2005年12月正式上线以来,中国皮书网的IP访问量、PV浏览量与日俱增,受到海内外研究者、公务人员、商务人士以及专业读者的广泛关注。

2008年10月,中国皮书网获得"最具商业价值网站"称号。

2011年全国新闻出版网站年会上,中国皮书网被授予"2011最具商业价值网站"荣誉称号。

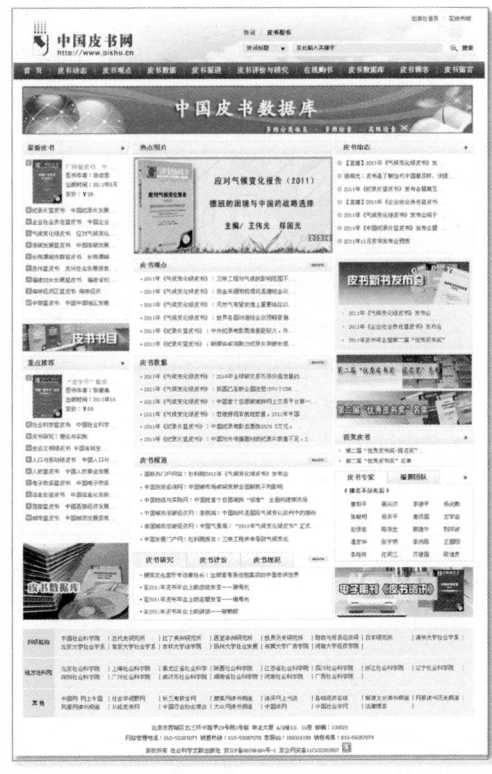

权威报告　热点资讯　海量资源
当代中国与世界发展的高端智库平台

皮书数据库 www.pishu.com.cn

　　皮书数据库是专业的人文社会科学综合学术资源总库,以大型连续性图书——皮书系列为基础,整合国内外相关资讯构建而成。包含七大子库,涵盖两百多个主题,囊括了近十几年间中国与世界经济社会发展报告,覆盖经济、社会、政治、文化、教育、国际问题等多个领域。

　　皮书数据库以篇章为基本单位,方便用户对皮书内容的阅读需求。用户可进行全文检索,也可对文献题目、内容提要、作者名称、作者单位、关键字等基本信息进行检索,还可对检索到的篇章再作二次筛选,进行在线阅读或下载阅读。智能多维度导航,可使用户根据自己熟知的分类标准进行分类导航筛选,使查找和检索更高效、便捷。

　　权威的研究报告,独特的调研数据,前沿的热点资讯,皮书数据库已发展成为国内最具影响力的关于中国与世界现实问题研究的成果库和资讯库。

皮书俱乐部会员服务指南

1. 谁能成为皮书俱乐部会员?
- 皮书作者自动成为皮书俱乐部会员;
- 购买皮书产品(纸质图书、电子书、皮书数据库充值卡)的个人用户。

2. 会员可享受的增值服务:
- 免费获赠该纸质图书的电子书;
- 免费获赠皮书数据库100元充值卡;
- 免费定期获赠皮书电子期刊;
- 优先参与各类皮书学术活动;
- 优先享受皮书产品的最新优惠。

阅　读　卡

3. 如何享受皮书俱乐部会员服务?
(1)如何免费获得整本电子书?

　　购买纸质图书后,将购书信息特别是书后附赠的卡号和密码通过邮件形式发送到pishu@188.com,我们将验证您的信息,通过验证并成功注册后即可获得该本皮书的电子书。

(2)如何获赠皮书数据库100元充值卡?

　　第1步:刮开附赠的密码涂层(左);
　　第2步:登录皮书数据库网站(www.pishu.com.cn),注册成为皮书数据库用户,注册时请提供您的真实信息,以便您获得皮书俱乐部会员服务;
　　第3步:注册成功后登录,点击进入"会员中心";
　　第4步:点击"在线充值",输入正确的卡号和密码即可使用。

皮书俱乐部会员可享受社会科学文献出版社其他相关免费增值服务
您有任何疑问,均可拨打服务电话:010-59367227　QQ:1924151760
欢迎登录社会科学文献出版社官网(www.ssap.com.cn)和中国皮书网(www.pishu.cn)了解更多信息

皮书数据库
www.pishu.com.cn

皮书数据库二期全新上线

- 皮书数据库（SSDB）是社会科学文献出版社整合现有皮书资源开发的在线数字产品，全面收录"皮书系列"的内容资源，并以此为基础整合大量相关资讯构建而成。

- 皮书数据库现有中国经济发展数据库、中国社会发展数据库、世界经济与国际政治数据库等子库，覆盖经济、社会、文化等多个行业、领域，现有报告30000多篇，总字数超过5亿字，并以每年4000多篇的速度不断更新累积。2009年7月，皮书数据库荣获"2008~2009年中国数字出版知名品牌"。

- 2011年3月，皮书数据库二期正式上线，开发了更加灵活便捷的检索系统，可以实现精确查找和模糊匹配，并与纸书发行基本同步，可为读者提供更加广泛的资讯服务。

更多信息请登录

中国皮书网
http://www.pishu.cn

皮书微博
http://weibo.com/pishu

皮书博客
http://blog.sina.com.cn/pishu

请到各地书店皮书专架／专柜购买，也可办理邮购

咨询／邮购电话：010-59367028　59367070　　邮　　箱：duzhe@ssap.cn
邮购地址：北京市西城区北三环中路甲29号院3号楼华龙大厦13层读者服务中心
邮　　编：100029
银行户名：社会科学文献出版社发行部
开户银行：中国工商银行北京北太平庄支行
账　　号：0200010009200367306
网上书店：010-59367070　　qq：1265056568
网　　址：www.ssap.com.cn　　　www.pishu.com